FILMBIBLIOTHEK

Wohl kaum ein Regisseur hat in den letzten Jahrzehnten die Gemüter von Publikum und Kritik mehr erregt als der Amerikaner David Lynch. Seine Filmrätsel wie LOST HIGHWAY oder MULHOLLAND DRIVE wurden ausgiebig mit Preisen bedacht und zugleich kontrovers diskutiert, während die Fernsehserie TWIN PEAKS ein neues Zeitalter der TV-Kultur einläutete. Lynchs Visionen sind verstörende Reisen durch den amerikanischen Alptraum, hin zu einem schwer greifbaren Horror, der hinter den idyllischen Fassaden der Kleinstädte lauert. »Das ist meine Vorstellung vom Kino«, sagt Lynch, »Gegensätze, die miteinander tanzen.«

Der Verlag der Autoren widmet David Lynch, der dieses Jahr seinen 60. Geburtstag feierte, eine erweiterte und aktualisierte Neuausgabe von *Lynch über Lynch*. Nur hier, im Gespräch mit dem Londoner Filmjournalisten und Herausgeber dieses Buches Chris Rodley, gibt der ansonsten als äußerst schweigsam bekannte Regisseur ausführlich Auskunft über die Entstehung und die Interpretation seiner Filmvisionen. Doch damit nicht genug: Lynch erzählt auch von seiner Kindheit und Jugend in amerikanischen Klein- und Vorstädten, er berichtet von seiner Malerei und seinen zahlreichen anderen künstlerischen Projekten. Kurz: Dieses Buch bringt uns den Menschen David Lynch so nahe wie nie zuvor.

»Wunderbare Gespräche, die immer dann am spannendsten sind, wenn vom Kino gerade nicht die Rede ist – und doch von nichts anderem.« *Süddeutsche Zeitung*

Lynch über Lynch

Herausgegeben von Chris Rodley

Aus dem Amerikanischen von Marion Kagerer
und Daniel Bickermann

Verlag der Autoren

Titel der Originalausgabe:
Lynch on Lynch. Revised edition

Photonachweis:
Filmbild Fundus. D-85604 Zorneding
www.filmbildfundus.de

Bibliografische Information Der Deutschen Bibliothek
Die Deutsche Bibliothek verzeichnet diese Publikation in der Deutschen
Nationalbibliografie; detaillierte bibliografische Daten sind im Internet über
http://dnb.ddb.de abrufbar.

© dieser Ausgabe Verlag der Autoren, Frankfurt am Main 2006
Alle Rechte vorbehalten
Lizenzausgabe mit freundlicher Genehmigung von
Faber and Faber Publishers
3 Queen Square, London WC1N 3AU
© David Lynch 2005
Einführung und Kommentar © Chris Rodley 2005

Satz: SVG – Satz- und Verlagsgesellschaft mbH, Darmstadt
Umschlag: Bayerl + Ost, Frankfurt am Main
Druck: betz-druck GmbH, Darmstadt
Printed in Germany
ISBN 3-88661-291-0

INHALT

Einleitung des Herausgebers	7
Shadow of a Twisted Hand Across My House Kindheit, Erinnerung und Malerei	15
Garden in the City of Industry Von *The Bride* zu THE GRANDMOTHER	48
I See Myself ERASERHEAD	77
A Bug Dreams of Heaven Hüttenbauen und THE ELEPHANT MAN	112
Oww, God, Mom, The Dog He Bited Me Photographie und DUNE	136
She Wasn't Fooling Anyone, She Was Hurt and She Was Hurt Bad Musik und BLUE VELVET	162
Suddenly My House Became a Tree of Sores Eine TWIN PEAKS-Geschichte	208
It's a Great Big Wonderful World WILD AT HEART und weird on top	257
Ants in My House LOST HIGHWAY	289
It's a Great Big Wonderful World Revisited THE STRAIGHT STORY	327

*Billy Finds a Book of Riddles Right
in His Own Backyard*
MULHOLLAND DRIVE   353

Filmographie   391

Über den Herausgeber   415

Register   417

EINLEITUNG

> Die Definition des »Unheimlichen« fiel besonders schwer. Weder blanker Terror noch leichte Beklemmung: Das Unheimliche war leichter ex negativo zu beschreiben als durch sein eigentliches Wesen.
>
> *Anthony Vidler, The Architectural Uncanny*

Vidlers Schilderung der Schwierigkeiten bei den ersten Versuchen, das »Unheimliche« genau zu definieren – das in der Romantik zum ersten Mal thematisierte Gefühl von »Unbehagen« – könnte ebenso für die Probleme gelten, denen Kritiker und Zuschauer bei den Filmen David Lynchs begegnen. Wenn es schwierig ist, sowohl die eigene Erfahrung beim Sehen eines Lynch-Films zu definieren als auch das Wesen dessen zu bestimmen, was man da sieht, dann weil das Unheimliche den Kern von Lynchs Werk ausmacht.
Intuitiv hat Lynch in seinem Bestreben, diesem schwer faßbaren Phänomen Ausdruck zu verleihen, sämtliche Aspekte des Filmemachens aktiviert. Nur wenige zeitgenössische Regisseure arbeiten in diesem Maße mit den Grundelementen des Kinos. Sein Gespür für das Ineinandergreifen von Ton und Bild, für den Rhythmus von Sprache und Bewegung, für Raum, Farbe und musikalische Effekte machen ihn zu einer Ausnahmeerscheinung. Er arbeitet im Epizentrum des Mediums. Doch seine Originalität und Kreativität kommen vor allem aus einer ungewöhnlichen Bereitschaft und Fähigkeit, in die tieferen Schichten der eigenen Psyche vorzudringen. Die Wahrhaftigkeit, mit der Lynch dieses Innenleben auf die Leinwand bringt, hatte eine Wiederbelebung des Mediums zur Folge.
Lynchs Beschäftigung mit der Malerei und dem Avantgarde-Film mag den ausgeprägten Formwillen in seinem Filmwerk erklären, sie erklärt jedoch nicht die Kraft seiner Vision. Für Lynch entsteht diese Kraft nur, wenn alle Elemente des Kinos verschmelzen und eine, wie er es nennt, »Stimmung« produzieren; wenn alles, was man hört und sieht, zu einem bestimmten »Gefühl« beiträgt. Am spannendsten sind für ihn die Gefühle, die den Empfindungen und emotionalen Engrammen

von Träumen am nächsten kommen, dem entscheidenden Moment des Alptraums, der sich durch die Schilderung der Ereignisse nicht vermitteln läßt. Konventionelles filmisches Erzählen mit dem Anspruch auf Logik und Verständlichkeit ist für Lynch daher von geringem Interesse; ebenso die Beschränkung, innerhalb des jeweils gewählten Genres zu bleiben. In Lynchs Universum kollidieren Welten. Das »Unbehagen« bei seinen Filmen erwächst nicht zuletzt aus der Vermischung der Genres, die vom Publikum wahrgenommen wird als das Fehlen von Regeln und Vereinbarungen, die Behagen und – was das wichtigste ist – Orientierung garantieren.

Die von Lynch angestrebte undefinierbare »Stimmung« oder »Empfindung« ist eng mit einer Form von intellektueller Unsicherheit verbunden – die er das »Irren in Finsternis und Verwirrung« nennt. Hier kommt das Unheimliche in Lynchs Filmen klar zum Ausdruck. Es wohnt nicht einfach in allem, was fremd, merkwürdig oder grotesk ist. Es ist das Gegenteil von dem, was durch Überzeichnung seinen Schrecken verliert. Das »Unheimliche innerhalb des Ängstlichen«, um die Freudsche Terminologie zu verwenden, ist eher Grauen als realer Schrekken, eher Spuk als Erscheinung. Es verwandelt das Heim in etwas Un-Heimliches, erzeugt ein beunruhigendes Nichtvertrautsein im scheinbar Vertrauten. Oder, wie Freud es formuliert: »Das Unheimliche ist unheimlich, weil es insgeheim allzu vertraut ist, deshalb wird es verdrängt.« Dies ist das Wesen von Lynchs Kino.

Wie Vidler zeigt, hat das Unheimliche seinen Ursprung in den Erzählungen Edgar Allan Poes und E.T.A. Hoffmanns. Ästhetisch manifestierte es sich zunächst in der Schilderung scheinbar friedlicher häuslicher Szenen, die durch das Eindringen eines furchterregenden, fremden Wesens gestört werden. Dies ist der Stoff, aus dem ERASERHEAD, BLUE VELVET, TWIN PEAKS, LOST HIGHWAY und MULHOLLAND DRIVE gemacht sind. Seinen psychologischen Ausdruck fand »das Unheimliche« in der Metapher des Doppelgängers: Die Bedrohung wird als Ebenbild des eigenen Ichs wahrgenommen, was umso schreckenerregender ist, als das Andere sich offensichtlich als das Gleiche erweist. In Lynchs Œuvre findet dies seine Entsprechung in den Variationen über das Jekyll and Hyde-Syndrom: Jeffrey/Frank in BLUE VELVET, Leland Palmer/Bob in TWIN PEAKS, Fred Madison/Pete Dayton in LOST HIGHWAY und –

am ambitioniertesten – Betty Elms/Diane Selwyn und Rita/ Camilla Rhodes in MULHOLLAND DRIVE.
Das Unheimliche ist auch ein Kind der aufkommenden Großstädte. Mit dem zunehmenden Gefühl der Isolation von Natur und Vergangenheit entwickelte es sich zu einer modernen Form der Angst, die mit Krankheit und psychischen Störungen verbunden ist – vor allem mit Platzangstsymptomen (Agoraphobie und Klaustrophobie). Lynchs eigene Panik vor Städten und seine Liebe zur Natur und einer idyllischen, traumhaften Vergangenheit mögen zu der Platzangst beigetragen haben, die in seinen Filmen so deutlich zum Ausdruck kommt – nicht zuletzt durch die häufige Verwendung des Breitwand-Formats. Figuren wie Fred Madison in LOST HIGHWAY sind von einem Vakuum umgeben – sie stecken in der ungewissen Topographie ihres Lebens fest. Oder, wie in Henrys Fall in ERASERHEAD –, es muß sowohl seine Umgebung wie sein Innenleben mit größter Sorgfalt abgetastet werden. Unsicherheit, Entfremdung, der Mangel an Orientierung und innerem Gleichgewicht sind in »Lynchland« mitunter so stark, daß die Frage aufkommt, ob es überhaupt möglich ist, sich »zu Hause« zu fühlen. Sowohl Fred Madison als auch Diane Selwyn sind gezwungen, extreme Maßnahmen zu ergreifen, um sich eine Illusion von Stabilität und Glück zu erkämpfen, indem sie für sich selbst unschuldigere Parallelidentitäten und Parallelwelten erschaffen – Traumszenarien, in denen die Geschehnisse damit kämpfen, die Realität eines mentalen Kollapses zu überwinden.
Die Avantgarde der Moderne hat das Unheimliche als ästhetische Kategorie wiederbelebt, indem sie es als Instrument zur »Entvertrautmachung« einsetzte. Die Surrealisten lokalisierten es im Zustand zwischen Träumen und Wachen, daher ihr Interesse am Kino. Wenn Lynch wirklich, wie die Kritikerin Pauline Kael einmal behauptet hat, »der erste populäre Surrealist« ist, »ein Frank Capra der Traumlogik«, dann wegen seines Interesses an dieser »Entvertrautmachung« und dem Wachtraum als Zustand. MULHOLLAND DRIVE ergibt sich vollständig aus Diane Selwyns Verwirrung darüber, was tatsächlich geschieht, was vielleicht geschehen ist, was hätte geschehen können und was noch geschehen könnte. »He, schönes Kind, Zeit zum Aufwachen«, sagt der geheimnisvolle Cowboy, aber wann genau ist sie denn eingeschlafen? Seit Powell und Pressburgers

Film A MATTER OF LIFE AND DEATH aus dem Jahr 1946, in dem Peter Carter unter »einer Serie höchst organisierter Halluzinationen, den Erlebnissen im wahren Leben nicht unähnlich«, leidet, wurde die Traumhaftigkeit des Kinos nicht mehr so brillant ausgekostet. Nachdem sich die großen Studios aus vielen Terrains zurückgezogen haben und die Independents – in gewisser Hinsicht – lediglich die Lücken füllen, scheint Lynch der einzig legitime Erbe des amerikanischen »Traumkinos« zu sein.
Lynch war immer ein Träumer, der die intellektuelle Traumdeutung bestenfalls für unangemessen und schlimmstenfalls für destruktiv hält. Kritiker und Publikum sind oft frustriert von seiner Weigerung, sich an der präzisen Analyse seiner Filme zu beteiligen. Die neuen Technologien und der Informationsfluß, von dem sie abhängen, verschärfen diese Situation noch. Heutzutage ist ein Filmkommentar des Regisseurs ein übliches Extra bei einer DVD-Veröffentlichung. Für Lynch wäre das der reinste Alptraum. Er zeigt lieber, anstatt zu erklären. Er fühlt lieber, anstatt Vorschriften abzugeben. Seine Arbeitsweise ist demzufolge nicht nur intuitiv, sondern auch offen für das Eingreifen von Schicksal, Glück und Zufall. So gesehen ist sein Filmschaffen beinahe ein Glaubensakt. Ein heikles Jonglieren mit geheimnisvollen Mächten. Er bezeichnet sich selbst als »Radio«, das versucht, den Empfang auf Ideen und Bilder einzustellen. Dieser Prozeß des intuitiven Erkennens, eine Form von Kontemplation, hat bei ihm zu verblüffenden Ergebnissen geführt.
Bei BLUE VELVET hat der meditative Prozeß eine klassische Sigmund-Freud-Geschichte zum Vorschein gebracht, trotz Lynchs Beteuerung, nichts von Psychoanalyse zu verstehen – was seine engere Umgebung jederzeit bestätigen würde. Daß Dorothy Vallens möglicherweise am »Stockholm-Syndrom« leidet oder Fred Madison in LOST HIGHWAY eine »psychogene Fuge« durchlebt – beides nachgewiesene Psychosen –, war Lynch nicht bewußt. Ihm sind nicht nur die Lehrbucherklärungen zu ihn interessierenden Phänomenen unbekannt, er lehnt auch deren nachträgliche restriktive Auslegung durch Definitionen, Theorien und Lehrmeinungen ab.
Durch sein außergewöhnlich erfolgreiches »Einklinken« in diverse Seelenzustände, ohne dabei traditionelles Fachwissen zu Rate ziehen zu müssen oder zu wollen, kommt Lynch gele-

gentlich ohne einen beliebten Nothelfer des amerikanischen Kinos aus: den Subtext. BLUE VELVET zum Beispiel scheut sich nicht, Farbe zu bekennen. Darin liegt zum Teil das Schokkierende, aber auch das Beeindruckende des Films. LOST HIGHWAY oder MULHOLLAND DRIVE sind deswegen auf den ersten Blick schwieriger zu durchschauen, weil Lynch nun experimentellere narrative Formen und abstraktere Ideen benötigt, um die zunehmend verinnerlichte Welt auszudrücken, die seine Figuren als Reaktion auf ihre Enttäuschungen, Ängste und extreme Taten bewohnen müssen.

Bezeichnenderweise erhielt Lynch nach dem Kinostart von TWIN PEAKS: FIRE WALK WITH ME zahlreiche Briefe von jungen Mädchen, die von ihren Vätern mißbraucht worden waren. Sie waren erstaunt, woher Lynch so genau wußte, wie das ist. Trotz der Tatsache, daß Inzest und Kindestötung in der »abstrakten« Gestalt von Killer Bob auftreten, empfanden die Opfer die Darstellung als der subjektiven Erfahrung entsprechend. Dabei greift Lynch nicht nur auf sein eigenes Innenleben zurück, er hat ein geradezu »unheimliches« Einfühlungsvermögen in die Erfahrungen anderer, ob Mann oder Frau, alt oder jung; er macht sie sich zu eigen. Daher besteht kaum ein Widerspruch zwischen Lynchs erklärter glücklicher, »normaler« Kindheit und dem oft qualvollen, anormalen Leben seiner Figuren. Hierin hat Lynchs Widerstand gegen autobiographische Lesarten seiner Filme ihre Grundlage – und auch in der verkürzenden Banalität eines Ansatzes, der aus Bequemlichkeit statt Phantasie und Einfühlungsvermögen nur Autobiographisches am Werk sieht.

Übrig bleibt der unübersehbare Widerspruch, daß ein »normaler« Mensch derart »abwegige« Filme macht; daß ein humorvoller, charmanter, »volksnaher« Regisseur aus Missoula, Montana, immer wieder unter den Stein schaut, um rote Ameisen, Finsternis und Verfall ans Tageslicht zu befördern. Stuart Cornfeld, der Produzent von THE ELEPHANT MAN (und nicht Mel Brooks, dem es zugeschrieben wurde), hat für dieses Paradox die Bezeichnung »Jimmy Stewart vom Mars« geprägt. Sie taugt als humorvoll binäre Beschreibung ebenso wie als trügerisch simple Kurzfassung eines komplexeren Phänomens. Jimmy Stewart begann, wie David Thompson in *A Biographical Dictionary of Film* feststellt, mit dem vertrauten Image des »unschuldigen Jünglings vom Lande mit großen Augen

und breitem Akzent, der in eine verrückte, komplizierte Welt gerät«. In den 50er Jahren wurde Stewart zunehmend gegen diesen etablierten Typus besetzt, seine Rollen zeigten Ansätze von »Wahn und Schwermut ... bedrückte, verdrossene, einsame Menschen«. Ist Lynch nun der Jimmy Stewart aus Frank Capras MR. SMITH GOES TO WASHINGTON von 1939 oder der aus Alfred Hitchcocks VERTIGO von 1958? Enge Freunde werden sagen, »seine Stärke ist die gute Laune«; Lynch selbst meint, mit einem Lächeln, er »irre in Finsternis und Verwirrung umher«.
Dieser Gegensatz wurde beim Filmstart von THE STRAIGHT STRORY besonders deutlich – einer herzerwärmenden Geschichte über das ländliche Amerika, eingeklemmt zwischen die beiden urbanen Alptraumwelten von LOST HIGHWAY und MULHOLLAND DRIVE. Und obwohl THE STRAIGHT STORY den Gemälden von Norman Rockwell, Andrew Wyeth oder Grant Woods klassischem American Gothic mehr schuldet als Lynchs eigener, furchtvoller, düsterer Palette, so erscheint der Film doch zugleich in höchstem Maße persönlich und doch diametral unterschiedlich von all seinen bisherigen Werken.
In jüngster Zeit hat sich Lynch von seiner geliebten Malerei wegbewegt hin zur Welt der Computer, wo er sich auf die digitale Manipulation photographischer Bilder konzentriert. Natürlich nur, wenn er nicht gerade Möbelstücke entwirft, töpfert, seine eigene Musik aufnimmt oder zusammen mit Caroline Thompson, der Mitarbeiterin von Tim Burton bei EDWARD MIT DEN SCHERENHÄNDEN und NIGHTMARE BEFORE CHRISTMAS, an seinem ersten animierten Spielfilm arbeitet: *Snoot World*.

Ein Blick in die Bücherregale bei Asymmetrical Productions, Lynchs Filmgesellschaft in den Hügeln Hollywoods, ist der beste Wegweiser durch Lynchland. Die Buchrücken stecken das Terrain ab: *The Murderer Next Door, The Complete Do-It-Yourself Manual, Original Sin, Radical Golf, Getting Started in Film, Greek Love, Jackson Pollock, The Dark Room, Greetings from Minnesota, America Ground Zero, Harm's Way, Utopian Craftsmen* und *Homeboy*. Lynch würde sagen: find's raus.

Chris Rodley

DANKSAGUNG

Mein Dank geht zuerst und vor allem an David Lynch für seine Bereitschaft, eine Reihe von Interviews über sich ergehen zu lassen, aus denen dieses Buch zum Großteil besteht; das erste fand im Januar 1993 statt, eine Vielzahl von Sitzungen folgte im September 1995, Februar, Oktober und Dezember 1996 und, für diese erweiterte Auflage, an zwei Tagen im Oktober 2002. Als David seine Mitarbeit zusagte, schlug er ein simples Frage-und-Antwort-Schema vor, mit der Begründung, die Fragen wären wahrscheinlich interessanter als die Antworten. Diese Reaktion beruhte nicht nur auf seiner sprichwörtlichen Bescheidenheit, sie zeugt auch von der Beklemmung, die ihn regelmäßig befällt, wenn er über seine Arbeit sprechen soll. Die Furcht wurde mit den Jahren nicht geringer – direkt nach unserem letzten Interview rief er mich an, um mir mitzuteilen, daß er sich gerade in ein Zentrum für Vergewaltigungsopfer einweisen läßt. Umso mehr weiß ich sein Vertrauen, seine Zuversicht, seinen Langmut und seine enorme Großzügigkeit bei der Erstellung dieses Buches zu schätzen. Am Ende hatten wir achtundzwanzig Stunden Gespräch auf Band. Ich brauche wohl nicht zu erwähnen, wie falsch er mit der Meinung über seine Antworten lag.

Ein ganz herzliches Dankeschön geht an Melissa Larner, die jeden Satz gelesen, zum Teil korrigiert und interpunktiert und erneut gelesen hat, die David und mich angespornt und unterstützt hat, das zur Sprache zu bringen, worauf es uns ankam, bevor irgend jemand das Manuskript zu Gesicht bekam. *Heißer als der Asphalt in Georgia.* Sie hatte ja keine Ahnung, daß sie sieben Jahre später das alles noch einmal würde machen müssen. Und ich hatte keine Ahnung, daß ich so gesegnet sein würde, sie immer noch vorzufinden, allzeit bereit. *This is the girl.*

Großen Dank schulde ich Walter Donohue, dem Geduldsengel bei Faber and Faber, der, nachdem er das Buch in Auftrag gegeben hatte, sich mit blindem Vertrauen, Faxen und ständig wechselnden Abgabeterminen begnügen mußte, wo er eigentlich einen souveränen Steuermann gebraucht hätte. Für die erweiterte Auflage mußte er technisch noch ausgefeiltere Verzögerungstaktiken ertragen, wie die mitternächtliche e-mail, die baldige Lieferung in Aussicht stellt, oder die Nachricht auf der Mailbox, die einen Rückruf verspricht. Selbst unter diesen Umständen blieben seine Sensibilität und sein Verständnis als Lektor in all diesen Jahren wundersam intakt.

Herzlichen Dank auch an einige von Davids engsten Freunden und Mitarbeitern für ihre Kooperation, ihre Zeit und ihre unschätzbaren Kommentare: Mary Sweeney, Peggy Reavey, Isabella Rossellini, Toby Keeler, Angelo Badalamenti, Stuart Cornfeld, Robert Engels, Barry Gifford und Patricia Arquette. Jay Aaseng, Will Jorgenson und der kürzlich verstorbenen Jennifer Syme bei Lynchs Asymmetrical Productions danke ich für ihre Freundlichkeit und Hilfsbereitschaft, wenn ich das Telefon belagerte; dem *Icon Magazine* in New York danke ich für die Erlaubnis, Material verwenden zu dürfen, das ich für die Coverstory ihrer ersten Ausgabe gesammelt hatte. Und Wendy Palmer von CIBY 2000 gebührt Dank, das Projekt mit angeschoben zu haben. *Rockin' good news.*

Dieses Buch ist dem Andenken an Gaye Pope gewidmet, die leider im Jahr 2003 verstorben ist. Gaye hatte viele Aufgaben bei Asymmetrical, und man stieß im Abspann eines Filmes oft auf ihren Namen, zum Beispiel als »Executive Assistant to David Lynch« – aber für mich war sie eine Heilige. Ohne sie hätte die Erstellung der ersten Ausgabe dieses Buches die fünfjährige Entstehungszeit von ERASERHEAD ohne weiteres übertreffen können. Ihre unermüdliche Unterstützung bei allen organisatorischen Details in jeder Phase des Projekts – ganz zu schweigen von dem nie versiegenden Nachschub an *verdammt* gutem Kaffee und Truthahnsandwiches während unserer Interviewsitzungen – war von so unschätzbarem Wert, *daß es nicht mehr lustig ist*. Von ihrem warmen, einladenden Lächeln ganz zu schweigen.

Shadow of a Twisted Hand Across My House
Kindheit, Erinnerung und Malerei

David Lynch wurde am 20. Januar 1946 in Missoula, Montana, geboren. Er selbst meint, er sei »nur dort gewesen, um auf die Welt zu kommen«, denn bereits zwei Monate später zog die Familie nach Sandpoint, Idaho. Sein Vater Donald war als Agrarwissenschaftler für das Landwirtschaftsministerium tätig und wurde oft versetzt, was die Familie zu einem Wanderleben zwang. Nach nur zwei Jahren in Sandpoint, wo Lynchs Bruder John zur Welt kam, zog die Familie nach Spokane, Washington, wo sich mit Martha, dem dritten Kind, erneut Familienzuwachs einstellte. Von da ging es nach Durham, North Carolina, dann nach Boise, Idaho, und schließlich nach Alexandria, Washington. Da war Lynch erst vierzehn Jahre alt.

Man ist versucht, dieses unstete Leben für vieles verantwortlich zu machen, was in Lynchs Kino so charakteristisch und verstörend ist. Das »Außenseitertum« seiner Hauptfiguren verbindet sich oft mit einem ausgeprägten Ortsempfinden und einem spürbaren Einfluß der Umgebung auf die Menschen. Sowohl Henry in ERASERHEAD als auch Jeffrey in BLUE VELVET sind klassische Alter egos des Regisseurs: Unschuldige (bzw. Kinder), die verzweifelt versuchen, ihre unmittelbare Umgebung und das, was mit ihnen geschieht, zu verstehen. Fernsehserien tragen im Titel oft den Namen des Ortes, in dem sie spielen, doch die Kleinstadt Twin Peaks wirkt weitaus realer als jedes Dallas, Peyton Place oder Knotts Landing, obwohl sich auch dort allerlei Unerklärliches und Paranormales ereignet.

Welchen Einfluß seine Kindheit im einzelnen auch haben mag, Lynch hat für seine Arbeit ungeniert und fruchtbringend in ihren Bildern, Klängen, Texturen und Ereignissen geplündert. Sie dient ihm noch immer als scheinbar unbegrenzter, persönlicher Fundus, ein hochspezifisches und verschlüsseltes Arsenal von Sinneseindrücken, Geheimnis-

David Lynch bei den Dreharbeiten zu THE ELEPHANT MAN

sen und Hinweisen. Sein absolutes Vertrauen in die schwer faßbare Bedeutung und Relevanz dieser Erinnerungen verleiht dem Werk seine oft elektrisierende Wirkung, einen direkten Draht zum Mittelpunkt des Planeten, weder vermittelt noch behindert durch intellektuelle Bedenken und geleitet von einer auf Intuition und Atavismus gründenden Arbeitsweise.

Lynchs Bericht über seine Kindheit setzt sich, im Laufe der Jahre, zu einer Reihe erlesener »Schnappschüsse« zusammen, mentaler Polaroidaufnahmen von bildhafter Dichte, in denen sich oft Komik mit Grauen mischt. Mit Vergnügen spielt er mit einem bestimmten Repertoire audiovisueller Bezüge. Die Schnappschüsse sind Verführung und Ablenkung zugleich, sie versprechen Enthüllung und bieten Zuflucht. Michel Chion vermutet, daß die »unwirkliche Präzision dieser Schilderungen« auf die amerikanische Schulfibel *Good Times in Our Streets* zurückgeht – ein Schulbuch, auf das sich Lynch bezieht, und das mit seiner stark bearbeiteten, Comic-strip-artigen Darstellung der amerikanischen Mittelschicht den Modus seiner eigenen Erinnerungen spiegelt.

Ob Lynch nun bewußt eine unschuldige, goldene Vergangenheit konstruiert oder nicht, seine Darstellung der Kindheit weist ihn als großartigen Geschichtenerzähler aus – wobei er durch verblüffende Bilder ein gewisses Maß an Privatheit wahrt. Die Bilder sind symptomatisch für Lynchs Bedürfnis, in einer eigenen, kodierten Sprache zu kommunizieren. Sein Mißtrauen gegen Wörter, vor allem, wenn sie Interpretationen liefern oder Sinn festlegen sollen, tritt im Gespräch permanent zutage. Lynch ist ein eingefleischter Autodidakt.

Vielleicht ist deshalb seine spielerische, aus vier Wörtern bestehende »Autobiographie« aus dem Jahre 1990 – »Eagle Scout, Missoula, Montana« – so treffend. Sie weist ironisch auf die Bedeutung von Orten hin, kommt mit einem Minimum an Wörtern aus (die uns viel oder wenig sagen) und verweist listig auf einen wichtigen Aspekt seiner Biographie –

den des ultimativen Do-it-yourself-Künstlers und Regisseurs. Toby Keeler, seit sechsunddreißig Jahren mit Lynch befreundet, meinte, »David war immer ein Macher. Als ich ihn kennenlernte, arbeitete er an seinem Eagle Scout-Abzeichen. Das bekommt man nicht geschenkt, ich glaube sogar, er hat es bis zur höchsten Stufe gebracht, obwohl er nicht gern darüber spricht. Noch heute geht seine Fähigkeit, aus Nichts etwas zu machen, direkt zurück auf das Pfadfindermotto ›Allzeit bereit.‹«

Donald Lyons weist in seiner Besprechung für die Zeitschrift *Film Comment* zurecht darauf hin, daß LOST HIGHWAY ein »Malerfilm« ist. Mit der Malerei hat alles begonnen, deshalb ist sie der geeignetste Ausgangspunkt für dieses Buch. Die Erkenntnis des Teenagers, daß Malerei ein ordentlicher Beruf sein kann, ist der erste große Wendepunkt in seinem Leben. Toby Keeler erinnert sich: »Als er die Malerei entdeckte, gab es für ihn nichts anderes mehr. Der Kerl arbeitete wie ein Besessener!« Lynch brach die Schule ab und verschrieb sich dem »Leben in der Kunst« – ein Entschluß, der von seinen Eltern nicht gerade unterstützt, aber doch toleriert wurde. Das Medium hat ihn nie wieder losgelassen. Die dunkel glänzenden Gemälde der späteren Jahre, gelegentlich bevölkert von spindeldürren Gestalten in einer bedrohlich-schwarzen Trümmerlandschaft, drücken auf meisterhafte Weise das kindliche Staunen und Erschrecken aus, das in seinen Filmen so oft zum auslösenden Moment wird.

RODLEY: *Als Kind sind Sie mit Ihren Eltern in regelmäßigen Abständen umgezogen – von Stadt zu Stadt und Staat zu Staat. Wie empfanden Sie dieses unstete Leben?*
LYNCH: Gut und schlecht; man lebt sich an einem Ort ein, und dann ist man plötzlich woanders: Man muß sich neue Freunde suchen, sich zurechtfinden. Manchen Kindern tut das sehr gut – sie entwickeln die Fähigkeit, mit anderen auszukommen – andere macht es kaputt. Aber als Eltern weiß man nicht, zu welcher Sorte die eigenen Kinder gehören. Man muß einfach umziehen.

Zu welcher Sorte gehörten Sie?
Ich hatte den Dreh ziemlich schnell raus. Ich merkte, wie ich mich verhalten mußte, um klarzukommen. Wenn man mal dazugehört, kann man tun und lassen, was man will, aber als Außenseiter hat man's schwer, man steht permanent unter Druck, weil man dazugehören will, das beansprucht viel Zeit und man kommt nicht zu dem, was man eigentlich will.
Hatten Sie dadurch Probleme in der Schule?
Ja, aber ich spreche nicht vom Unterricht, ich spreche von den anderen Kindern. Wenn man ein Außenseiter ist, spürt man das, und es kann einem ganz schön zu schaffen machen. Jedes Kind spürt das. Für einen Außenseiter, der am Ort bleiben muß, wär's natürlich prima, wenn er umziehen und es woanders nochmal probieren könnte! Es ist ein Schock, aber solche Schocks können sehr gesund sein. Plötzlich bekommt man etwas mehr Durchblick. Keinen Schlag mit dem Hammer auf den Kopf, aber es reicht, um ein paar Leitungen durchzupusten. Irgendwo wird ein Kanal frei, und man hat etwas mehr Durchblick.
Sie haben oft von Ihrem Vater und seiner Arbeit als Wissenschaftler für das Landwirtschaftsministerium gesprochen. Was sind Ihre schönsten Erinnerungen an ihn?
Wie er im Anzug und einem gigantischen Cowboyhut zur Arbeit ging. Damals in Virginia hab ich mich schrecklich geniert wegen des Huts, heute finde ich ihn absolut cool. Es war ein graugrüner, gigantischer Förstercowboyhut; mein Vater setzte ihn auf und ging aus dem Haus. Er fuhr nie mit dem Bus oder dem Auto zur Arbeit, er marschierte los und lief mit dem Hut auf dem Kopf mehrere Meilen über die George-Washington-Bridge in die Stadt.
War Ihre Mutter Hausfrau, oder ging sie auch einer bezahlten Tätigkeit nach?
Nein, sie hat nicht gearbeitet. Ich weiß nicht, welchen Abschluß sie hat, aber sie hatte studiert. Eine Zeitlang hat sie irgendwas gearbeitet, aber ich bin mir nicht sicher, ich weiß es nicht mehr.

Aber Ihre Eltern haben sich an der Uni kennengelernt?
Ja, in Duke. Doch damals ging der Vater zur Arbeit, und die Mutter blieb zu Hause. In den meisten Fällen. Wo ich hinkam, war es jedenfalls so.
Ihre Jugendzeit in den 50er Jahren hat Ihre Filmarbeit offenbar stark beeinflußt. Zwar sind Filme wie BLUE VELVET *und* LOST HIGHWAY *fast grimmig modern und zeitgenössisch, dennoch schwingen optisch und atmosphärisch die 50er mit. Was fasziniert Sie so an diesen Jahren?*
Wenn man heute ins Valley fährt, sieht man Autos aus den 50ern; wenn man das Radio einschaltet, spielt ein Sender Country und Western, ein anderer nur neue Sachen und der dritte *oldies but goodies*. Damals tauchte Elvis Presley auf. Gleichgültig, wieviel Musik es davor gegeben hat, damals wurde der Rock'n'Roll geboren. Die 50er sind immer noch unter uns. Es ist noch alles da. Es ist nie verschwunden.
Es war in vieler Hinsicht eine phantastische Zeit. Die Autos wurden noch von den richtigen Leuten gemacht. Die Designer hatten wirklich was drauf, Heckflossen und Chrom und wahnsinnige Sachen. Die PS waren wichtig, die Kids kannten jedes Modell und warteten schon sehnsüchtig auf das vom nächsten Jahr. Sie wußten über jedes Detail Bescheid. Das waren Skulpturen auf Rädern, wissen Sie. Heute, wo man per Computer aerodynamische Autos entwirft, haben die Kisten einen besseren C-Wert, fressen weniger Benzin und bei hundertfünfzig Sachen fliegt der Kofferraumdeckel nicht mehr auf. Die alten Karren haben zwar einen Crash überlebt, nur die Insassen waren, naja, Mus! Aber ich sage Ihnen, der Thrill ist *weg*. Der Schrott, den wir jetzt durch die Gegend fahren, wär was für B. B. King gewesen!
Es lag etwas in der Luft, das heute *völlig* fehlt. Es war ein irres Gefühl, und nicht nur, weil ich ein Kind war. Es war wirklich eine Zeit voller Hoffnung, und es ging aufwärts statt abwärts. Man hatte das Gefühl, daß einem alle Türen offenstehen. Die Zukunft leuchtete. Wir ahnten nicht, daß wir damals das Fundament für künftige Katastrophen legten. Sämtliche Probleme existierten bereits, aber sie wurden

von einer glänzenden Fassade verdeckt. Dann fing die Fassade an zu bröckeln oder zu faulen, und der Dreck quoll heraus.
Wenn Sie sagen, die Probleme existierten bereits, woran denken Sie dabei?
Damals ging es mit der Umweltverschmutzung so richtig los. Das Plastik kam auf, wilde Untersuchungen zu Chemikalien und Polymeren, medizinische Experimente, die Atombombe und jede Menge Tests. Die Welt schien so groß, daß man das Zeug einfach irgendwo hinwerfen konnte, und es machte nichts aus, stimmt's? Die Sache geriet völlig außer Kontrolle.
In der Pressemappe zu WILD AT HEART *1990 faßten Sie Ihre Biographie in vier Wörtern zusammen: »Eagle Scout, Missoula, Montana«. Warum?*
Bei den Pfadfindern gibt es *cub scouts* und *boy scouts*. Das sind prima Organisationen, aber irgendwann waren sie auf einmal so *out*, daß es nicht mehr lustig war! Und ausgerechnet in der Zeit, als ich bei den Pfadfindern war! Bei den Pfadfindern zu sein, war fast schon peinlich und unanständig, eben überhaupt nicht cool, selbst wenn die Eagle Scouts das höchste sind! Ich wurde einer, damit ich austreten und die Sache hinter mich bringen konnte. Mein Vater, Gott hab ihn selig, hat immer gesagt: »Eines Tages wirst du stolz darauf sein«. Also hab ich's im Lebenslauf erwähnt!
Waren Sie nicht als Eagle Scout bei der Amtseinführung John F. Kennedys dabei?
Ja. Man hatte die Eagle Scouts gebeten, die Prominenten auf ihre Tribünenplätze vor dem Weißen Haus zu führen. Es war die kälteste Amtseinführung der Geschichte – 20. Januar 1961, an dem Tag hab ich auch Geburtstag. Ich stehe bei eisiger Kälte im Schnee neben einer Toreinfahrt zum Weißen Haus. Man hatte uns gesagt, die Limousinen kämen bei einem der fünf Tore heraus, wir sollten nach oben auf die Tribüne rennen und über die Mauer schauen, ob sie kommen. Ich sah, daß sie auf das Tor zufuhren, an dem ich stand, und rannte wieder nach unten, doch der Secret Service forderte

alle auf, zurückzutreten. Ich drehte mich um und wollte gehen, da sagt einer von den Geheimdienstlern: »Du da!«. Ich drehte mich um, er deutete auf mich, und ich fragte: »Ich?«, und er: »Ja, komm her.« Er nahm mich mit und stellte mich zwischen sich und einen Kollegen in eine Mauer aus Geheimdienstlern, die breitbeinig entlang der Auffahrt standen. Auf der anderen Seite standen noch mehr Geheimdienstler. Das Tor ging auf, zwei Wagen kamen im Schrittempo heraus und rollten an mir vorbei. Die Fensterscheiben waren einen halben Meter von meiner Nasenspitze entfernt. Im ersten Wagen sah ich Präsident Eisenhower und den künftigen Präsidenten Kennedy. Sie trugen Zylinder und unterhielten sich. Ike saß auf meiner Seite, Kennedy vielleicht zwei Meter weg. Dann glitt der nächste Wagen vorbei, mit Johnson und Nixon, allerdings unterhielten *die* sich *nicht*. Jahre später hab ich begriffen, daß ich in diesen paar Sekunden, zwischen den beiden Geheimdienstlern, vier aufeinanderfolgende Präsidenten zu Gesicht bekommen hatte.

Woran erinnern Sie sich bei der Ermordung Kennedys?
Das war schon schlimm. Ich dekorierte gerade eine Vitrine in der Eingangshalle unserer High School, daher hörte ich es vor allen anderen. Dann kam eine Durchsage, und wir hatten schulfrei. Judy Westerman, meine damalige Freundin, war katholisch, und ihr Herz schlug für diesen Präsidenten, daß es schier unglaublich war! Sie heulte und schluchzte, also brachte ich sie nach Hause. Sie ging auf ihr Zimmer und kam vier Tage nicht mehr heraus!
Natürlich hatte es auch davor Fernsehberichte gegeben, aber jetzt saß die ganze Nation vor dem Fernseher und sah sich dieselben Bilder an. Und alle sahen, wie Jack Ruby Oswald abknallte. Man sprach von den »vier dunklen Tagen« – der Witz ist, Judy lag in diesen vier Tagen in ihrem abgedunkelten Zimmer, für sie war's wirklich dunkel!

Wenn man sich Ihr Werk betrachtet, drängt sich die Vermutung auf, daß Sie als Kind vor vielem Angst hatten. Stimmt das?
Oh ja! Aber ich war eher beunruhigt als verängstigt. Wirk-

lich *beunruhigt*. Ich dachte immer, »irgendetwas stimmt da nicht«, und das beunruhigte mich. Ich hatte einen Verdacht, der an Sicherheit grenzte.
Sie sagten einmal, Ihre jüngere Schwester Martha hätte auch Angst gehabt, allerdings vor grünen Erbsen! Ist das wahr?
Ja. Ich glaube, es hatte mit der Konsistenz und der festen Haut zu tun, und dem, was zum Vorschein kam, wenn man die Haut zerdrückte. Es hatte mehr mit dem harten Äußeren und dem weichen Inneren zu tun als mit dem Geschmack. Aber ich bin mir nicht sicher, da müssen Sie sie selbst fragen. Es gab jedesmal einen Aufstand in der Familie, und meine Schwester hat die Erbsen verschwinden lassen.
Warum haben Ihre Eltern nicht einfach aufgehört, ihr Erbsen vorzusetzen?
Die Sache mit dem Gemüse, wissen Sie.
Daß Gemüse gesund ist?
Ja.
Aber doch nicht, wenn man Angst davor hat ...
Nein, natürlich nicht. Dann sollte man's mit einem anderen Gemüse versuchen. Irgendwas wird schon funktionieren.
Wissen Ihre Eltern heute von Ihren Kindernöten, selbst wenn sie ihnen damals nicht bewußt waren?
Ich glaube, jedes Kind nimmt Dinge wahr, die ihm zu schaffen machen, und niemand kann etwas dafür. Das ist nun mal so. Ein Kinderhirn funktioniert nun mal so. Da sind vielleicht 75 Prozent Phantasie und 25 Prozent Wirklichkeit.
Als Kind hatten Sie große Angst vor der Stadt, nicht wahr? Sogar noch als junger Mann.
Richtig, aber ich glaube, wenn man in der Stadt aufwächst, hat man Angst vor dem Land, und wenn man auf dem Land aufwächst, hat man Angst vor der Stadt. Meine Großeltern mütterlicherseits wohnten in Brooklyn, deshalb fuhr ich öfter nach New York und bekam so einiges mit. Ich hatte eine Heidenangst. Ich weiß noch, wenn in der Subway der Zug einfuhr, kam als erstes ein Windstoß, dann ein Geruch und ein Geräusch. Mich packte jedesmal der Horror, wenn ich nach New York fuhr.

Mein Großvater besaß ein Mietshaus in Brooklyn, die Wohnungen hatten keine Küchen. Eine Frau briet sich ihr Spiegelei auf *dem Bügeleisen* – das hat mich tief beunruhigt. Jeden Abend schraubte mein Großvater die Antenne vom Auto ab, damit sie nicht von den Gangs geknickt wurde. Ich *spürte* die Angst förmlich in der Luft. Hervorragender Zündstoff für spätere Brände.
Wie meinen Sie das?
Ich erkannte, daß es unter der Oberfläche eine zweite Welt gibt, und noch mehr andere Welten, wenn man tiefer gräbt. Ich wußte es als Kind, aber ich konnte es nicht beweisen. Es war nur so ein Gefühl. Ein blauer Himmel und Blumen sind etwas Friedvolles, doch daneben gibt es eine zweite Macht – wilder Schmerz und Verwesung. Wie bei den Wissenschaftlern: Sie beginnen an der Oberfläche und fangen zu graben an. Sie dringen zu den subatomaren Partikeln vor, und auf einmal befinden sie sich in einer sehr abstrakten Welt. Sie haben was von abstrakten Malern. Man kann sich kaum mit ihnen unterhalten, weil sie in einer ganz anderen Welt leben.
Wie und wann wurde Ihr Interesse an der Kunst geweckt?
Als Kind hab ich dauernd gemalt und gezeichnet. Ich bin meiner Mutter dankbar, daß sie sich weigerte, mir Malbücher zu schenken, weil sie die Phantasie einengen. Und mein Vater, der beim Staat angestellt war, brachte stapelweise Papier nach Hause. Ich zeichnete hauptsächlich Munition, Pistolen und Flugzeuge, der Krieg war ja gerade erst vorbei, und es lag vermutlich noch in der Luft. Ich hatte einen Helm, ein Koppel, eine Feldflasche und Holzgewehre. Ich zeichnete sie, weil sie zu meiner Welt gehörten. Browny Automatic wassergekühlte Maschinenpistolen waren mein Lieblingsmotiv. Mit vierzehn fuhr ich mit meinen Großeltern väterlicherseits nach Montana. Mein Großvater zog zurück auf die Ranch, auf der mein Vater aufgewachsen war – die Sweet Ranch in Montana –, und sie setzten mich in Hungry Horse bei Tante Nonie Krall ab. Der Ort hat zweihundert Einwohner und liegt ganz in der Nähe des Hungry Horse Dam, überall gab es Souvenirläden mit ausgemergelten Pferdchen.

Tante Nonie und Onkel Bill Kraft hatten einen Drugstore und nebenan wohnte ein Maler, Ace Powell, aus der Schule von Charlie Russell und Frederic Remington. Ich ging oft zu ihm hinüber und zeichnete. Auch seine Frau war Malerin, sie hatten immer Papier und was man sonst noch zum Malen braucht. Aber das war eine so abgelegene Ecke irgendwo im Westen, es kam mir gar nicht in den Sinn, daß die Malerei etwas Ernstzunehmendes sein könnte – ich dachte, das macht man nur im Westen.
Wann haben Sie gemerkt, daß die Malerei ein ordentlicher Beruf ist?
Wir zogen nach Virginia, und ich wußte nicht, was ich werden wollte. Ich hatte keine Ahnung. Außer, daß ich gern malte. Mein Vater war Wissenschaftler, daher dachte ich, vielleicht werd ich auch Wissenschaftler. Denken konnte man das nicht nennen – ich hatte *null* eigene Gedanken! Dann lernte ich meinen Freund Toby Keeler kennen, vor dem Haus meiner Freundin Linda Styles. Toby tat zweierlei: Er erzählte mir, sein Vater sei Maler – was mein Leben völlig veränderte –, und er hat mir die Freundin ausgespannt!
Ich besuchte seinen Vater in dessen Atelier in Georgetown, er war ein echt cooler Typ. Er arbeitete noch für sich, gehörte noch nicht richtig zur Kunstszene, trotzdem widmete er sein Leben dieser Sache. Ich war hingerissen. Tobys Vater Bushnell Keeler und ich wurden Freunde, und ab dem Moment war für mich klar, daß ich Maler werden wollte. Ich war damals in der neunten Klasse. Er machte mich auch auf ein Buch von Robert Henri aufmerksam, *The Art Spirit*, es wurde sozusagen zu meiner Bibel, es enthielt die Regeln fürs Künstlerleben. Es war eine von den phantastischen Begebenheiten, die einem den Weg weisen – daß ich Toby vor Lindas Haustür begegnet bin ... 1960, vielleicht auch '61.
Viele Ihrer Bilder aus den späten 80er und frühen 90er Jahren beschäftigen sich mit dem Haus: Shadow of a Twisted Hand Across My House, Ants In My House *oder* Suddenly My House Became a Tree of Sores. *Warum?*

Viele meiner Bilder beruhen auf Erinnerungen an Boise, Idaho und Spokane, Washington. Manche Leute beschäftigen sich, aus Veranlagung, mit dem Präsidenten der Vereinigten Staaten oder mit Afrika und Asien. Sie denken über Tausende von Meilen, große Probleme und Zusammenhänge nach. Das läßt mich völlig kalt. Ich denke lieber über eine traute Umgebung nach – einen Zaun, einen Graben, jemanden, der ein Loch buddelt, an ein Mädchen im Haus und einen Baum, und was in dem Baum vor sich geht – einen kleinen überschaubaren Ort, zu dem ich Zugang habe. Im Grunde ist es dasselbe: Es liegt in der menschlichen Natur, es sind dieselben Beweggründe.
Das Haus ist in Ihren Gemälden oft ein bedrohlicher Ort. In House and Garden *zum Beispiel besteht der Garten aus verklebten Heftpflastern. Er wirkt mehr wie ein Grab als ein Garten. Warum?*
Im Haus kann viel schiefgehen. Als Kind empfand ich unser Haus als klaustrophobisch, aber nicht, weil ich schlechte Eltern gehabt hätte. Ein Haus ist wie ein Nest – es taugt nur für gewisse Zeit. Heftpflaster verwende ich in meinen Gemälden wegen der Farbe und weil sie mit Wunden in Zusammenhang stehen. Watte hat einen ähnlichen Reiz – sie hat was Medizinisches.
Mein Vater machte häufig Experimente zu Baumkrankheiten und Insekten. Ihm standen riesige Wälder als Versuchsareal zur Verfügung. Dadurch kam ich mit Insekten, Krankheiten und Wachstum in einer organischen Welt in Berührung, einem Wald etwa, oder einem Garten. Sowas fasziniert mich – die Erde, wie die Pflanzen rauskommen und was auf ihnen herumkrabbelt, was in einem Garten so alles los ist – so viele Texturen und Bewegungen. Man könnte sich ewig damit beschäftigen. Und so ein Garten ist vielen Attacken ausgesetzt. Da gibt's jede Menge Tod und Gemetzel, Krankheiten, Würmer, Raupen, Ameisen. Da ist einiges los.
Sie gehen den Dingen anscheinend gern auf den Grund und geben sich nicht mit dem äußeren Anschein zufrieden. Wie in der Eröffnungssequenz von BLUE VELVET: *von der*

Eigenheimidylle zu den wimmelnden Insekten unter dem Rasen.
Ein National Geographic-Photo von einem Garten ist etwas *Wunderschönes*. Eine Fichte vor einem blauen Himmel mit weißen Wölkchen geht ans Herz. Blickt man allerdings genauer hin, sieht man, was ein Baum alles durchstehen muß, um so groß zu werden. Als Gärtner hat man alle Hände voll zu tun.
Meine Kindheit bestand aus eleganten Einfamilienhäusern, Alleen, dem Milchmann, Burgenbauen im Garten, Flugzeuggebrumm, blauem Himmel, Gartenzäunen, grünem Gras und Kirschbäumen. Amerikanischer Mittelstand wie im Bilderbuch. Aber aus dem Kirschbaum tropft eine zähe Masse – manchmal schwarz, manchmal gelb, und Millionen Ameisen krabbeln darauf herum. Ich erkannte, daß man bei genauerem Hinsehen unter dieser Idylle *immer* rote Ameisen entdeckt. Weil ich in einer heilen Welt aufwuchs, empfand ich das andere als Kontrast.
Ich habe Leben in extremen Nahaufnahmen beobachtet. Einmal habe ich zum Beispiel Speichel mit Blut vermischt, oder lange Einstellungen auf eine friedliche Umgebung. Ich hatte viele Freunde, aber ich war gern für mich allein und beobachtete das Gewusel der Insekten im Garten.
In dem Gemälde Shadow of a Twisted Hand Across My House *ist die Hand im Verhältnis zum Haus riesig. Draußen wartet das Grauen.*
Genau. Manchmal sind die Proportionen auf den Bildern merkwürdig, ein Käfer ist größer und das Haus kleiner. Das ist qualvoll. Ich bin da nicht allein. Die Menschen spüren, daß es außerhalb der eigenen vier Wände – in vielen Fällen leider sogar *innerhalb* – Probleme gibt, mit denen man sich auseinandersetzen muß, die man sich nicht einfach wegwünschen kann.
Und wie ist es bei Mom's Home and She's Really Mad? *Auch sie ist im Verhältnis zum Haus viel zu groß. Für gewöhnlich gelten die Väter als bedrohlich. Warum hier die Mutter?*

Mhm. Weiß ich auch nicht. Äh ... keine Ahnung, ob das was mit meiner Psyche zu tun hat oder nur so ein Einfall ist.
Ihre Gemälde beschwören im allgemeinen die Welt eines verängstigten Kindes. Ihre frühen Kurzfilme THE ALPHABET *und* THE GRANDMOTHER *scheinen auch aus dieser Welt zu kommen. Sie wirken nicht gerade wie Erinnerungen an eine glückliche Kindheit.*
Nein. Aber ich hatte eine idyllische Kindheit. Mich stört dabei nur, daß viele Psychopathen behaupten, sie hätten eine glückliche Kindheit gehabt. Dann sage ich mir, »Moment mal, hatte ich *wirklich* eine glückliche Kindheit?« Die Antwort ist ziemlich einfach: Ich hatte eine sehr glückliche Kindheit. Meine Erinnerungen daran sind sehr angenehm. Ich hab mal einen Satz gelesen über die Sehnsucht nach dem Glücksgefühl vergessener Kindheitsträume. Es *war* ein Traum, weil die Welt so klein war. Mein Blick reichte zwei, drei Blocks weit. Was dahinter geschah, gehörte nicht zu mir – null! Und die paar Blocks waren riesig.
Da bekommen all die kleinen Details überdimensionales Gewicht. Ein Garten, ein Zaun, ein Sonnenstrahl auf irgendetwas bedeutet Glück. Man kann Stunden am selben Fleck in einer Ecke des Gartens verbringen. Manchmal tauchen diese Erinnerungen auf, und mich überkommt ein Glücksgefühl. In den Augen eines Kindes war alles friedlich und schön. Am Himmel zogen langsam Flugzeuge vorbei. Auf dem Wasser schwammen Gummitiere. Die Mahlzeiten dauerten fünf Jahre, und die Zeit des Mittagsschlafs schien endlos.
Sie sagten, Ihre Kindheit sei wie ein Traum gewesen. Glauben Sie, daß wir dazu neigen, die Vergangenheit zu fiktionalisieren?
Wir betrachten uns in allen Erinnerungen durch eine rosa Brille. Wir handeln besser, treffen bessere Entscheidungen, sind netter zu den Leuten und rechnen uns mehr zugute, als wir wahrscheinlich verdienen. Wir beschönigen wie verrückt, um weitermachen zu können. Eine akkurate Erinnerung an die Vergangenheit würde wahrscheinlich in die Depression führen.

Inwieweit kann man sich dann auf das eigene Gedächtnis verlassen?
Wie Fred Madison in LOST HIGHWAY sagt: »Ich erinnere mich an die Dinge lieber auf meine Art«. Zu einem gewissen Grad tut das jeder. Doch die meiste Zeit des Tages war ein Traum. Man kann sich immer in seine Phantasie flüchten und in eine völlig andere Welt abdriften.
Da Sie in Ihrem Werk so stark aus der Vergangenheit schöpfen, fällt es Ihnen manchmal schwer, Erinnerungen und Ereignisse aus der Kindheit wachzurufen?
Wenn man's auf Kommando tun müßte, wär's schwierig. Aber manchmal ist man mit einer Sache beschäftigt, die einen an etwas erinnert, und dann kommen diese Dinge hoch. Ich hatte allerdings auch schon plötzliche Eingebungen – das ist dann wie eine Erinnerung. Sie wird von einem phantastischen Glücksgefühl begleitet, aber ich kann mich beim besten Willen nicht entsinnen, *wo* es sich ereignet hat. Das *Gefühl* ist ganz real, aber ich weiß nicht mehr, wann es gewesen sein soll. Und die Fetzen sind so klein, daß ich nicht genügend Anhaltspunkte habe, um festzustellen, ob es wirklich passiert ist.
Haben Sie das Gefühl, daß mit zunehmendem Alter mehr Erinnerungen hochkommen?
Ja. Das ist, glaube ich, ein Schutzmechanismus. Wenn man älter wird, beschäftigt man sich so intensiv mit den Dingen, daß man die kleinen Details nicht mehr wahrnimmt und solche Erfahrungen nicht mehr macht. Deshalb kommt ab und zu was hoch, und man wird zurückversetzt. Irgendein kleines Detail. Es ist so wichtig, rauszugehen, sich hinzusetzen und die Dinge still von unten zu betrachten. Als Kind blickt man zu allem empor, wenn man also in die Hocke geht, nach oben blickt und die Welt von unten betrachtet, ist es ungefähr wieder dasselbe. Außer, daß man viel mehr weiß. Das macht vieles kaputt.
Es gibt so viel Geheimnisvolles, wenn man ein Kind ist. Etwas so simples wie ein Baum ergibt keinen Sinn. Aus der Ferne betrachtet ist er klein und sobald man näher kommt,

scheint er zu wachsen – man begreift die Gesetze noch nicht. Mit dem Erwachsenwerden glauben wir die Gesetze zu verstehen, doch in Wirklichkeit erleben wir eine Verarmung der Phantasie. Als Kind fand ich die Welt schlichtweg phantastisch. Natürlich hatte ich die üblichen Ängste, vor der Schule etwa – ich weiß, da gab's gewisse Probleme. Aber diese Probleme hatten alle anderen auch, meine Ängste waren also ganz normal. Damals empfand ich die Schule als ein Verbrechen an jungen Leuten. Sie vernichtete die Saat der Freiheit. Die Lehrer haben Wissen oder eine positive Einstellung nicht gefördert. Die Leute, die ich interessant fand, gingen nicht zur Schule.

Ich fühle mich meistens zwischen neun und siebzehn, manchmal auch wie ein Sechsjähriger. Finsternis hat sich seit damals breitgemacht. Eine Finsternis aus Erkenntnissen über die Welt, die menschliche Natur und meine eigene Natur, vermischt zu einem Ball aus Schlamm.

Ungeachtet dessen, ob sich die Dinge nun genau wie in Ihrer Erinnerung ereignet haben, scheinen Ihre Kindheitserinnerungen Sie doch kontinuierlich mit Material zu versorgen.

Ja, das stimmt. Und es passiert ja auch immer Neues. Manchmal tut sich zwischen dem Alten und dem Neuen ein wunderbarer Zusammenhang auf.

Was befriedigt Sie so an der Malerei, und warum verspüren Sie noch immer den Drang zum Malen?

Also, man kann sich in einen Sessel setzen – ich sitze furchtbar gern im Sessel und döse – und davonschweben. Manchmal, vor allem wenn ich einschlafe oder mit geschlossenen Augen dasitze ... schwebe ich durch diesen speziellen Raum, in dem die Bilder von selbst auftauchen, ohne mein Zutun. Sobald ich darüber nachdenke, ist es vorbei. Weil ich sie nicht bewerte und nicht allzu viel über sie nachdenke, kommen sie einfach. Meistens in Form einer Serie. Wenn es sich um ein Gesicht handelt, unterscheidet sich das nächste Gesicht nur geringfügig vom ersten: Die Grundrichtung bleibt gleich. Manche dieser Vorstellungen oder Bilder sind richtig spannend. Die Malerei ist ein Mittel, sie auf Dauer festzu-

halten. Man hat etwas, das man anschauen kann. Neunundneunzig Prozent der Bilder hat man nach einer Woche vergessen. Ein Gemälde hält die Erinnerung an sie wach; und es existiert. Man arbeitet so lange daran, bis man meint, daß es fertig ist und man Gefallen daran findet – es ist schon ein wenig aufregend, davorzustehen und seine Entstehung erlebt zu haben.
Ich habe da eine Theorie: Wenn man einem Lehrer zuhört und dabei zeichnet, hat die Zeichnung vielleicht überhaupt nichts mit dem zu tun, was man hört, aber wenn man abgefragt wird, braucht man nur mit dem Finger über die Zeichnung zu fahren und die Worte – die der Lehrer gesagt hat – sind darin aufgezeichnet. Als ob man eine Plattennadel wär. Echt irre.
Träume sind ein Grundelement Ihres Filmschaffens. Spielen sie in Ihrem Leben eine wichtige Rolle?
Wichtig sind nur die Wachträume, die kommen, wenn ich ruhig im Sessel sitze und die Gedanken schweifen lasse. Im Schlaf kann man seine Träume nicht kontrollieren. Ich tauche gern in eine selbstgemachte Traumwelt ein, eine Welt, die ich mir aussuche und vollständig in der Hand habe.
Wenn man nach einem schlimmen Traum aufwacht, sich daran erinnert und einem Freund erzählt, was in dem Traum passiert ist, wirkt er gar nicht schrecklich. Man sieht den Leuten an, daß die Geschichte nicht so furchterregend ist, wie man dachte.
Genau da liegt die Macht des Films. Und selbst der schafft es nicht, denn der oder die Träumende hat ihn tausendprozentig für sich gekauft. Der Traum war eine Exklusivvorstellung. Er hinterläßt eine einzigartige, nachhaltige Wirkung bei dem, der geträumt hat. Mit Sound, Szenen und Zeit im Film kommt man aber einer Rekonstruktion für andere schon wesentlich näher.
Was ist denn, nach einem schlimmen Traum, das fehlende Element, das anderen so schwer zu vermitteln ist?
Das Subjektive. Bob würde auf denselben Traum anders reagieren als Sam oder Susie. Es kann etwas völlig Absurdes

sein, was mir im Traum Angst macht, bei *mir* funktioniert es eben. Doch diese Angst ist einfach zu abstrakt. Mein Freund Jack Fisk hat immer wieder von einem Autoreifen geträumt, der in einer Garage auf einem Regal hin- und herrollt. Er rollt in die eine Richtung, bis er knapp vorm Runterfallen ist, dann rollt er zurück, bis er am anderen Ende fast runterfällt. Der rollende Reifen machte ihm Angst. Was soll's! Der wesentliche Faktor läßt sich absolut nicht vermitteln. Es ist zusätzliche Information nötig. Da ist ein Kern mit einem bestimmten Wissen beladen.

Das hat sich mir in WILD AT HEART *vermittelt, in der Szene mit dem Autounfall, wo Sherilyn Fenn herumläuft und von ihrem Lippenstift und ihrer Handtasche redet, während ihr das Gehirn aus dem Schädel quillt. Laura Dern schreit, dazu ertönt eine einfache, unheimliche Melodie von Angelo Badalamenti. Das Ganze ergibt einen beängstigenden und tief melancholischen Moment. Wie orchestriert man so etwas?*

Das Ganze ist mehr als die Summe seiner Teile. *Manchmal.* Diese Dinge sind schwer zu erklären. Nur soviel: Wenn man etwas zusammenstellt, hat man verschiedene Möglichkeiten. Man redet und hört zu, überlegt und fühlt, bis man etwas hat, von dem man glaubt, daß es funktioniert. Aber das gilt für jede Szene.

Die Szene stand vermutlich im Drehbuch. Gleicht sie im Film der schriftlichen Vorlage?

Nein. Aber das ist bei mir immer so. Manchmal mischt das Schicksal mit. Manchmal arbeitet es gegen dich, manchmal für dich. Man wird in seine Schranken verwiesen. Man glaubt, so vieles im Griff zu haben, aber das stimmt nicht. Bei dieser Szene setzte ich mich mit Angelo Badalamenti zusammen und erklärte ihm, was ich wollte. Eine simple Kindermelodie aus den fünfziger Jahren. Angelo legt los. Er kann alles spielen, er hat alle Stilrichtungen drauf. Er fängt also zu spielen an, ich sage was dazu, er spielt was anderes, ich reagiere darauf, und er versucht, ein Gefühl dafür zu entwickeln, was ich meine. Man fängt irgendwo an und tastet sich voran. Und wenn ich plötzlich ganz aufgeregt werde, weiß er, daß er's hat. Und spielt das ganze Stück. Wir legen es unter das Bild und BOOM! Ich sage Ihnen: Achtzig Prozent des Horrors in dieser Szene kommt von der Musik. Sie schafft die Emotion.

Als Sie anfingen, sich mit anderen etablierten Malern zu beschäftigen, wer hat Sie nachhaltig beeindruckt?

Francis Bacon ist für mich die zentrale Figur, die Nummer eins, mein persönlicher Held. Ich kann mit vielen Malern etwas anfangen, aber der Thrill beim Anblick eines Gemäldes ... Ich habe in den 60er Jahren die Bacon-Ausstellung der Marlborough Gallery besucht, sie gehört zum Eindrucksvollsten, was ich je im Leben gesehen habe.

Was hat Sie an Bacon am meisten fasziniert? Die Verwendung der Farbe oder das Sujet?

Alles. Sujet und Stil waren eins, untrennbar, perfekt. Der Raum, die Langsamkeit und das Tempo, die Oberflächenstrukturen, alles. Normalerweise mag ich nur wenige Jahre im Werk eines Malers, aber bei Bacon mag ich alles.

Im Grunde hat er immer wieder ein und dasselbe Bild gemalt.

Na und! Sobald man zwei ähnliche Filme hintereinander macht, schreien die Leute nach etwas Neuem. Es ist jammerschade, daß Filme nach einer gewissen Zeit abgesetzt werden. Das schlimmste, was ich je erlebt habe, war bei den Filmfestspielen in Cannes, als das Publikum einen Fellinifilm ausbuhte. Für den nächsten Tag war WILD AT HEART angesetzt, und sie buhen seinen Film aus. Ganz egal, wie der Film ist, ich war völlig fertig. *Fix und fertig.* Fellini hat doch einen Punkt erreicht, wo er Respekt verdient hätte.

Bacons Gemälde enthalten oft eine Geschichte, aber es wird nicht klar, was da genau vor sich geht. Interessiert Sie das?

Ganz richtig. Fragmente einer Geschichte. Wenn Bacon einen Film gemacht hätte, wie hätte der ausgesehen, was wäre daraus geworden? Und wie würde das Kino diese Oberflächenstrukturen und Räume übersetzen? L'ULTIMO TANGO A PARIGI ist stark von Bacon beeinflußt. Doch seine Malerei ist etwas Besonderes. Das war sein Metier, darin war er Mei-

ster. Edward Hopper mag ich auch, aber mehr aus filmischen als aus malerischen Gründen. Wenn man seine Bilder sieht, kommt man sofort ins Träumen. So ist es mir auch mit Bacon gegangen – seine Gemälde sind immer ein Impuls, wie Musik auch.
Sie haben einmal gesagt, Sie versuchten beim Malen meist, »aus dem Weg zu gehen«. Was haben Sie damit gemeint?
Das ist wie bei den Japanern und ihren Gärten. Das meiste erledigt die Natur, sie selbst stutzen höchstens mal einen Zweig, zwingen ihm ihren Willen auf, damit er in einer bestimmten Art und Weise wächst. Sie schneiden aus und halten bestimmte Dinge vom Garten fern. Das meiste erledigen die Pflanzen. Es ist eine Wechselbeziehung – Natur und Mensch arbeiten zusammen. In der Malerei hat die Farbe eine bestimmte Struktur, ihren eigenen Willen sozusagen. Ein Pinsel ist etwas höchst Artifizielles, das winzige Striche macht. Nach einer Reihe von Pinselstrichen hat sich etwas verändert. Jetzt spricht nicht mehr die Farbe, sondern zu sehr der Mensch. Also muß man Zufälle und Merkwürdiges zulassen – es arbeiten lassen, damit die Sache organisch wird. Das hab ich damit gemeint.
Ich bewundere Leute, die eine Idee haben und sie dann malen. Das wäre bei mir völlig ausgeschlossen. Ich weiß auch nicht, warum. Sobald ich anfange, verändert es sich.
Wie bei den Surrealisten und ihrer »écriture automatique?«
Ja. Wenn man, sagen wir mal, Textschnipsel, die man mal produziert hat, oder auch jemand anderer, zerhacken und willkürlich zusammensetzen oder durcheinanderwerfen würde, wie bereits geschehen, und sie dann lesen würde, das könnte phantastisch sein. Es könnte was ganz Neues auslösen. Man muß immer ein Türchen offen lassen, damit andere Kräfte mitmischen können. Die Grenzen sind so eng, wenn man seine Sachen im stillen Kämmerlein schreibt, man will sie irgendwie öffnen, rauswerfen und anderen Einflüssen aussetzen. Daraus entstehen neue Ideen, und dann wird's wirklich unglaublich. Wenn man versucht, sich selbst auszuklinken, kann man die phantastischsten Sachen erleben.

Wenn ich die Farbe mit den Fingern auftrage und das Ganze
dem Autopiloten überlasse, gerate ich in ... ich weiß nicht
genau was, aber es hat wohl viel mit Kindheitserlebnissen zu
tun. Für mich bedeutet Kindlichkeit nicht, daß in den Bildern keine Sexualität vorkommt, ich glaube nämlich, Kinder
sind sexuell ziemlich helle. Sie kennen die Begriffe noch
nicht und drücken sich unbeholfen aus, aber sexuell läuft da
sicher viel, was wir als Kinder nicht verstehen.
Ich würde meine Bilder gern beißen, aber das geht nicht, die
Farben sind bleihaltig. Was bedeutet, daß ich Schiß hab. Ich
habe das Gefühl, noch nicht wirklich eingedrungen zu sein,
die Bilder strahlen immer noch zu viel Sicherheit und Ruhe
aus.
*Sie haben auch gesagt, der Schauplatz Ihrer Bilder könnte
überall sein, Ihre Filme spielten dagegen in Amerika.*
Das Gemälde entsteht aus der Farbe, aus Aktion und Reaktion. Was den Schauplatz angeht ... manche Leute öffnen die
Fenster in einem Haus, aber ich will tiefer in das Haus eindringen und die Dinge unter den Dingen finden. Vielleicht
ist das der Schauplatz meiner Bilder. Ich habe auch eine Vorliebe für Fabriken. Eine heitere Landschaft finde ich stinklangweilig. Ich mag die Vorstellung von Mensch und Erdreich – eine Zeche mit schwerem Gerät, und vielleicht ein
paar schlammige Pfützen, auf denen allerlei kleine Organismen wachsen und über denen die Mücken wie kleine Hubschrauber schwirren.
Bestimmte Dinge an Amerika gefallen mir, daraus beziehe
ich meine Ideen. Wenn ich herumlaufe und etwas sehe, fallen mir kleine Geschichten ein oder Figuren, deshalb halte
ich es für richtig, amerikanische Filme zu machen.
*Hat das etwas mit der Natur des photographischen Bildes zu
tun? Daß man die Kamera auf etwas richten muß und es
schwierig ist, einen Film zu machen, der »nirgendwo« spielt?*
Ich mag das amerikanische »Nirgendwo«. ERASERHEAD ist
ein amerikanischer Film, aber er spielt in einer Zwischenwelt. In einer dreckigen, kleinen, vergessenen, verborgenen
Ecke. Ich liebe solche Ecken. Dort gibt es Geheimnisse zu

entdecken. Es sind kleine, wahrhaftige Orte, die man leicht übersieht. Man muß sich fallenlassen und sie aufspüren, und man erkennt sie im Grunde erst, wenn die Bestandteile zusammenkommen. Dann fangen sie zu sprechen an, und man versteht ihre Wahrheit besser. Zuerst verliebt man sich in sie, aber noch hat man sich nicht darauf eingelassen.
Die Idee, einen Film über »Nirgendwo« zu machen – ist das rote Zimmer in TWIN PEAKS *so ein Ort?*
Ja. Dort existiert das Problem Zeit nicht. Dort ist alles möglich. Es ist eine Freizone, völlig unkalkulierbar und daher ziemlich aufregend, aber auch beängstigend. Solche Orte zu besuchen, ist einfach phantastisch. Eine Fichte und eine Tasse Kaffee – in meinen Augen eine ziemlich dramatische Kombination. [Lacht.]
Der »Untergrund« Ihrer Bilder besteht aus einer ziemlich begrenzten Palette. Sie sind sehr dunkel, erinnern an Asche, Schlamm, geronnenes Blut etc. – sehr wenig Farbe. Warum?
Ich wüßte nichts damit anzufangen. Farbe ist für mich zu real. Sie läßt wenig Platz für Träume. Je mehr schwarz man zu einer Farbe mischt, um so mehr Traumqualität bekommt sie. Eine Tube Kadmiumgelb auf fünfhundert Tuben Schwarz – das wär vielleicht 'ne Möglichkeit.
Worin besteht für Sie die Verbindung zwischen Schwarz und Traum?
Schwarz hat Tiefe. Schwarz ist wie eine kleine Pforte. Man tritt ein, und weil es dahinter immer noch dunkel ist, setzt die Phantasie ein und vieles, was da drinnen vor sich geht, manifestiert sich. Man sieht das, wovor man Angst hat. Und das, was man liebt, wie in einem Traum.
Wie würden Sie die Figuren in Ihren Gemälden beschreiben?
Das sind Fragmente von Körpern oder sowas. Ich kann keine ganze Figur malen, ich weiß nicht, warum. Bacon konnte Figuren malen, ich bin dazu nicht imstande. Manchmal male ich zu viel davon und muß dann eine Menge vernichten.
Ihre Figuren haben etwas Fliehendes, als versuchten sie, eiligst von der Bildfläche zu verschwinden. Sie sehen jedenfalls

nicht aus, als wollten sie sich lange aufhalten. Stimmen Sie dem zu?
Ja. Vielleicht stecken sie in Schwierigkeiten. Ich weiß es nicht. Beim Anblick der Bilder ist Angst zu spüren, aber sie haben auch etwas Komisches. Letztendlich jedoch ist das zentrale Thema Leben in Finsternis und Verwirrung – das trifft jedenfalls eindeutig auf mich selbst zu: Ich irre in Finsternis und Verwirrung.
Wissen Sie, wie Hunde im Wohnzimmer sind? Sie scheinen sich bestens zu amüsieren. Sie stubsen einen Ball durch die Gegend, knabbern Sachen an, japsen und sind glücklich. So sollten die Menschen sein. Wir stecken manchmal in großen Schwierigkeiten, aber im Grunde sollten wir ziemlich glücklich sein. Ich weiß auch nicht, warum wir's nicht sind.
Nehmen Finsternis und Verwirrung mit der Zeit ab, oder wird es schlimmer? Brauchen Sie sie für Ihre Arbeit?
Es geht vorüber. Und es geht bei jedem Menschen vorüber. Ich bin überzeugt, daß es nicht bis in alle Ewigkeit so bleibt. Ich weiß nicht, warum wir in Finsternis und Verwirrung umherirren müssen, aber zum Teil ist es echt angenehm. Wenn man krank wird, gefoltert oder erschossen wird, hört der Spaß allerdings auf. Oder wenn einem das Herz bricht oder das Haus abbrennt.
Können Sie mit Ihrem Werk eine Ordnung in die Finsternis und Verwirrung bringen, zu der Sie in der Realität nicht fähig sind?
Ja, genau so ist es. Filme und Gemälde sind Dinge, die man unter Kontrolle hat. Eine Idee in etwas Materielles zu übersetzen, ist ein wunderbarer Vorgang, und ein zu Herzen gehender. Wer weiß warum? Für mich ist es die schönste Tätigkeit, die es gibt.
Die Figuren in Ihren Gemälden haben etwas Ungelenkes; sie haben spindeldürre Beine, sind rachitisch, unbeholfen. Sie haben wahrscheinlich schon bei den einfachsten Dingen Probleme. Sie erinnern mich an gewisse Szenen in Ihren Filmen, wie die in TWIN PEAKS, *in der Dale Cooper und Sheriff*

Harry Truman mit den Drehhockern kämpfen, als sie die traumatisierte Ronette Pulaski im Krankenhaus besuchen.
Einer meiner Lieblingsfilme ist LOLITA, und die beste Szene ist die mit dem Klappbett. Der Schwarze und James Mason stellen das Bett zur schlafenden Sue Lyon ins Zimmer und wollen sie nicht wecken. Manche Leute sind technisch nicht sonderlich begabt, und es gibt einfache Geräte, die kompliziert zu handhaben sind. Darin liegt so viel Absurdes. Bei der Szene aus TWIN PEAKS hatten wir zwar die Drehstühle, aber das Ganze hat sich erst während der Dreharbeiten entwickelt. Cooper und Sheriff Truman müssen leise sein; Ronette steht sichtlich unter einem schweren Schock, dadurch ergibt sich eine gewisse Nervosität und zugleich eine absurde Komik. Und es ist nun mal eine Tatsache, daß bestimmte Dinge nicht optimal konstruiert sind, sich als kompliziert erweisen und erstmal untersucht werden müssen.
Für die Figuren in Ihren Gemälden und die Personen in Ihren Filmen scheint das Leben ein schwieriger Balanceakt zu sein. Manchmal im wörtlichen Sinne, nach ihrem Gang zu schließen. Für Bobby in TWIN PEAKS *zum Beispiel.*
Ja. Wir bemühen uns alle um Gleichgewicht. Es ist das ultimative Ziel. Das ist eine schwierige Sache, das perfekte Gleichgewicht. Ich glaube, perfektes Gleichgewicht erzeugt eine Art Glücksgefühl. Manchmal geht alles ganz schnell, und es entsteht ein Gleichgewicht, ein flüchtiges allerdings. Eines schönen Tages wird es von Dauer sein, und man wird an einen anderen Ort versetzt. Hier fehlt den Menschen das Gleichgewicht fast völlig. Alles schwingt hin und her in dem Versuch, ein Gleichgewicht zu finden, dorthin zu gelangen, aber es klappt nicht. Der Grund, warum es nicht klappt, liegt vermutlich darin, daß die Leute nicht aufs Ganze gehen, sondern immer nur reagieren, ihren Aktionen fehlt der tiefe Gedanke. Dabei reagieren sie gar nicht so sehr mit dem Verstand, sondern hauptsächlich emotional, deshalb wird es immer völliger Irrwitz bleiben.
Da der Begriff Gleichgewicht für Sie so wichtig ist, würden Sie – zum Beispiel – sagen, daß die Figur des Jeffrey

Beaumont am Ende von BLUE VELVET *eine Art inneres Gleichgewicht erlangt?*
Das ist kein vollständiges Portrait. Der reale Jeffrey Beaumont hätte Millionen anderer Gedanken, die im Film nicht gezeigt werden – den würden noch ganz andere Phantasien umtreiben. Man kann nicht alles zeigen. Man könnte vielleicht sagen, daß er etwas lernt und daß es ein Schritt in eine bestimmte Richtung ist. Mehr nicht. Er hat etwas erlebt und etwas in Erfahrung gebracht.
Auch Ihren Gemälden fehlt jede Ahnung eines Lichts. Sie scheinen dunkle, lieblose Welten zu beschreiben. Stimmt das?
Ich finde gerade die dunklen Seiten schön. Ich habe wohl nicht gelernt, die helleren Seiten des Lebens so zu malen, daß ich Gefallen daran finde, obwohl ich es für machbar halte – Henri Rousseau schafft es, oder Richard Diebenkorn, auf seine Art. Meine Bilder sind organische, brutale Komödien. Sie müssen brutal gemacht sein, primitiv und roh, und um das zu erreichen, versuche ich, mehr die Natur malen zu lassen als mich.
Es ist das Verhältnis der Formen zueinander, was Gefallen erregt. Schon das Wort *Gefallen* weist vielleicht auf die Liebe hin. Wenn man an etwas wirklich Gefallen findet, sagt man, »ich liebe es«. Man ist irgendwie hingerissen. Auch auf der dunklen Seite geschieht viel Schönes, und für mich muß es einfach so sein, damit ich es lieben kann.
Auf Ihren Bildern sind häufig einzelne ausgeschnittene Buchstaben zu Sätzen zusammengeklebt. Auch das erinnert mich an TWIN PEAKS, *wo der Killer Bob seinen Opfern Buchstaben unter die Fingernägel steckt. Und natürlich an Ihren ersten Kurzfilm,* THE ALPHABET. *Was fasziniert Sie an Buchstaben und Wörtern?*
Die Wörter auf den Bildern sind manchmal wichtig, damit man darüber nachzudenken beginnt, was sich auf ihnen sonst noch ereignet. Oft finde ich ein Wort auch als Form spannend, und es entwickelt sich etwas daraus. Früher habe ich kleine Buchstaben ausgeschnitten und aufgeklebt. Es

sieht einfach gut aus, wenn sie wie Zähne in Reih und Glied stehen. Ich klebte sie mit einem Klebstoff auf, der mich an Salbe erinnert. Die Wörter verändern die Wahrnehmung dessen, was sich auf dem Bild ereignet. Und sie erzeugen ein nettes Gegengewicht zu anderen Ereignissen. Manchmal werden sie auch zum Bildtitel.

Ein Wort ist auch Textur. Wenn man durch die Gegend fährt, sieht man Telephonleitungen, Wolken am blauen Himmel oder Smog und viele, viele Wörter und Bilder. Man sieht Schilder und merkwürdige Lichter, und die Menschen gehen darin unter. Der einzelne hat nicht genug Gewicht. Er wird verschluckt. Das gefällt mir gar nicht. Ich mag spartanische Räume. Und ich mag Räume mit einer gewissen Unregelmäßigkeit. Man kann es in Zahlen ausdrücken – sagen wir mal, $1^1/_2$. Stellt man eine Figur hinein, ist es eine starke 7. Plötzlich kann man die Figur erkennen, man erkennt ihr Gesicht und wie sie sich bewegt – wie in ERASERHEAD. In WILD AT HEART ist viel mehr los. Dort entsteht eine Art Wahn, eine Verrücktheit in der Welt. Darum ging es in dem Film.

Sie sagen, ein Wort kann Textur sein. Textur hat Sie schon immer besonders fasziniert, nicht wahr?

Ich bin besessen von Texturen. Wir sind von so viel Vinyl umgeben, daß ich ständig nach anderen Texturen suche. Einmal habe ich eine Maus mit Enthaarungscreme komplett enthaart, weil ich wissen wollte, wie es aussieht – es sah wunderschön aus.

Eines Ihrer Bilder trägt den Titel I See Myself. *Es wirkt wie zwei Seiten ein und derselben Sache. Eine Figur ist dunkel, die andere weiß und skelettartig. Als blicke man über eine Wasserscheide. An was dachten Sie, als Sie dieses Bild malten?*

Naja, jeder von uns hat mindestens zwei Seiten. Ich hab mal gehört, daß das Erdendasein dazu dient, durch Wissen und die Erfahrung vereinter Gegensätze göttliche Weisheit zu erlangen. Dazu dient unser Dasein. Die Welt, in der wir leben, ist eine Welt der Gegensätze. Der Trick ist, die Gegensätze zu versöhnen.

Und der Gegensatz besteht darin, daß das eine gut und das andere böse ist?
Das muß wohl so sein. Ich weiß nicht, warum [lacht], aber ... ich weiß nicht, was ich dazu sagen soll! Es sind einfach Gegensätze, sonst nichts. Und das bedeutet, daß es etwas in der Mitte gibt. Und die Mitte ist kein Kompromiß, sondern die vereinte Kraft von beidem.
Vielen Menschen ist die dunklere Seite ihrer Psyche unheimlich – Sie scheinen sich mit der Ihren ganz wohl zu fühlen. Warum?
Keine Ahnung. Ich war schon immer so. Ich hab immer beide Seiten gemocht, und ich glaube, um das eine zu schätzen, muß man das andere kennen – je mehr Dunkelheit man anhäuft, desto mehr Licht sieht man auch.
Wenn sich diese dunkle Seite in Ihrem Werk artikuliert oder zum Ausdruck kommt, fällt es Ihrer Familie schwer, eine Beziehung dazu herzustellen?
Sehen Sie, das ist mein Problem, denn darüber sollte ich mir wirklich keine Gedanken machen. Ich weiß, ich tu's, aber man macht seine Arbeit, und die ist phantastisch. Man hat Glück, daß man sie liebt und gut macht. Bei allem, was danach kommt, wird einem mulmig. Man kommt sich vor wie im Zoo.
Aber es ist ein riskantes Geschäft, öffentlich kreativ zu sein.
Es gibt viel zu sehen, wenn man was präsentiert. Und man öffnet sich vielen, vielen Dingen. Darum macht man es zwar nicht, aber es ist unvermeidlich. Wenn es eine Kehrseite gibt, dann ist es das. Ich bin aus Missoula, Montana, verstehen Sie. Ich bin ein stinknormaler Typ.
Heißt das, in Missoula ist jeder per definitionem »stinknormal«?
[Lacht.] Wenn man heute sagt, daß man aus Montana ist, runzeln die Leute die Stirn, weil der Unabomber da oben gewohnt hat. Und bei vielen Leuten, die sich in den Wald verziehen, sind ein paar Schrauben locker. Der Wald ist einer der Orte, wohin man sich zurückziehen kann, um so zu leben, wie man will, weit weg von jeder Menschenseele, die

einem dazwischenfunken könnte – der Staat, das Finanzamt und dergleichen.
Man hat Sie liebevoll den »Jimmy Stewart vom Mars« genannt und wollte damit unter anderem den offenkundigen Unterschied zum Ausdruck bringen zwischen Ihrem Werk und der Person, die Sie zu sein scheinen. Viele Leute haben Sie einen »Widerspruch« genannt. Stimmt das?
Da ist was Wahres dran, denn man hat ein Äußeres und ein Inneres, und manchmal stehen die beiden im Widerspruch – bei jedem, bei jedem menschlichen Wesen.
Aber bei manchen Leuten ist diese »Kluft« deutlicher. Trifft das auf Sie zu?
Vielleicht. Eine Riesenkluft. In den Synapsen!
Der Punkt kommt oft im Zusammenhang mit David Cronenberg zur Sprache. Er sieht aus und klingt wie ein normaler, ausgeglichener Mensch, und doch produziert er verstörende, kinematographische Alpträume. Da erhebt sich die Frage: Ist er im Grunde ein Wahnsinniger, der aus taktischen Gründen das Verhalten eines Normalen annimmt? Oder ist er im Grunde ein normaler Mensch, der sich in aller Öffentlichkeit austoben muß? Was kommt zuerst?
Er ist beides. Es ist einfach so. Was in der Arbeit rauskommt, ist in meinen Augen viel wahrer als die Art, wie wir herumlaufen. Da spaziert die Spitze eines Eisbergs herum, und oft hat es nichts damit zu tun, was im Inneren los ist.
Weil wir gerade davon sprechen, wie wenig man wirklich sieht – ein anderes Bild – Billy Finds a Book of Riddles Right in His Own Back Yard *hat mich sofort an die Szene aus* BLUE VELVET *erinnert, in der Jeffrey auf einer Wiese ein Ohr findet. Was fasziniert Sie an der Vorstellung, in vertrauter Umgebung etwas zu finden?*
Stellen Sie sich vor, Sie finden *tatsächlich* ein Rätselbuch und fangen an, die Rätsel zu lösen, aber sie sind sehr vertrackt. Es würden sich aufregende Geheimnisse auftun. Jeder von uns findet so ein Rätselbuch, das ist einfach so im Leben. Und man kann sie lösen. Das Problem ist, man löst sie innerlich, und selbst wenn man jemandem die Lösung verrie-

te, würde der einem nicht glauben oder es nicht so verstehen wie man selbst. Man würde plötzlich feststellen, daß die Kommunikation nicht hundertprozentig ist. Es gibt viele solche Vorgänge im Leben, wo die Worte versagen.
Das Schöne am Film ist, daß er ein wenig von dem erzählen kann, wo die Worte versagen. Aber er erzählt nicht alles, denn es gibt so viele Andeutungen und Gefühle in der Welt, daß ein Geheimnis bleibt, und wo es ein Geheimnis gibt, dort gibt es ein Rätsel zu lösen. Ist man erst mal auf dieser Schiene, will man unbedingt einen Sinn finden, und wir bekommen auf vielen Lebenswegen kleine Hinweise, daß das Geheimnis gelöst werden kann. Wir erhalten kleine Beweise – nicht den einen großen – aber genug, um weiter zu suchen.
Daß es ein Geheimnis gibt, ist ungeheuer spannend. Daß mehr vor sich geht, als unser Auge wahrnimmt, ist eine spannende Sache. Nehmen wir mal an, man sieht etwas und hält es für etwas anderes – ein Mann geht abends hinter einem Fenster vorbei und hält etwas in der Hand. Vielleicht hat man genau das gesehen, was man zu sehen glaubte, und unsere Phantasie entspricht genau der Wirklichkeit. Doch in der Mehrzahl der Fälle, wenn wir hingehen und uns anschauen könnten, was wirklich geschieht, würden wir auf unserem Phantasietrip enttäuscht. Deshalb finde ich Fragmente so interessant. Den Rest kann man sich dazuträumen. Man wird zum Mitspieler. Wir wissen, daß etwas vor sich geht. Nicht in jedem Haus, aber in vielen. Sogar Dinge, die unsere Vorstellung übersteigen. Deshalb gibt es so viele Talk-Shows im Fernsehen. Die Leute treten auf und erzählen ihre Stories; das hat kathartische Wirkung. Man hat es immer geahnt, jetzt wird es ausgesprochen und öffentlich gemacht. Allerdings geht dabei viel vom Geheimnis verloren.
Aber das sind ja fast schon Gemeinplätze. Jeder erinnert sich, als Kind mißbraucht worden zu sein. Man fragt sich, wer nicht.
Ja, aber angeblich gibt es im Patienten das Bedürfnis, an etwas zu glauben, das gar nicht geschehen ist. Es ist erfunden und ruiniert die ganze Familie. Und keiner glaubt, daß es

nicht geschehen ist, denn so ist es heutzutage: Jeder nimmt das Schlimmste an.
Zwingt das den Filmemacher, das »Böse« jenseits alles Vorstellbaren bzw. im Extrem zu zeigen, wie Frank Booth in BLUE VELVET?
Ich vermute, es treibt einen weiter raus. Oder weiter rein. Oder man bekommt einen anderen Blickwinkel.
Sie haben als Kind gemalt und tun es immer noch – empfinden Sie die Malerei noch immer als Ihre Hauptbeschäftigung, aus der alles andere entsteht?
Ja. Die Malerei kann wahre Aussagen über alle Aspekte des Lebens machen. So ist das mit der Malerei. Das gleiche gilt für die Musik. Es gibt Dinge, die sich mit Worten nicht ausdrücken lassen. Darum geht es in der Malerei und beim Filmemachen. Es gibt Wörter, und es gibt Geschichten, und mit dem Film kann man Dinge erzählen, die man mit Worten nicht erzählen kann. Das ist die wunderbare Sprache des Kinos. Es hat etwas mit Zeit und Simultanität zu tun und all den Regeln der Malerei. Die Malerei zieht sich durch alles andere hindurch.
Glauben Sie, mehr von der Malerei zu verstehen als vom Film?
Ehrlich gesagt verstehe ich von beidem nicht viel. Es gibt das »Verstehen«, und es gibt das intellektuelle Begreifen. Ich gehöre nicht zu denen, die coram publico darüber reden können, wie man etwas macht. Wenn ich vor einem Bild sitze, das im Entstehen ist, und es spricht zu mir, dann agiere und reagiere ich. Ich gehe intuitiv vor. Der Rest kommt von selbst. Genau so ist es bei einer Filmszene: Sie steht vielleicht im Drehbuch, aber wenn man sie vor Augen hat, ist alles im Fluß. Wenn ein Satz beim Drehen nicht funktioniert, ändert man ihn – man merkt, wie er lauten muß. Man merkt, daß das Licht so und nicht anders sein muß, ebenso das Tempo. Die Szene spricht zu dir. Leider spricht sie erst, wenn alle Elemente beisammen sind. Man muß auf dem Sprung sein. Auf der Hut sein. Man muß ganz in dieser Welt sein.

ERASERHEAD war für mich deshalb so schön, weil ich in diese Welt eindringen und in ihr leben konnte. Es *gab* keine andere Welt. Manchmal höre ich Songs, die damals angeblich sehr populär waren, und ich habe keine Ahnung davon, obwohl ich dabei war. In eine andere Welt zu versinken, ist etwas sehr Schönes. Doch bei dem finanziellen Druck heutzutage ist das fast eine Katastrophe. Das Filmemachen geht viel zu schnell. Viele Bilder streifen nur die Oberfläche. Sie gehen nicht in die Tiefe, denn wenn man mit 80 Stundenkilometern Wasserski fährt, kommt man nicht unter die Oberfläche. Bleibt das Boot allerdings stehen oder bremst, versinkt man in der Tiefe. Und dort liegen die guten Ideen.
In früheren Interviews haben Sie oft gesagt, es sei schwierig, über bestimmte Ideen zu reden, weil sie »zu abstrakt« seien. Was meinen Sie damit?
Die Leute wollen, daß man was erzählt, und in gewisser Weise verstehe ich das, aber reden nicht alle so ziemlich über das gleiche? Manche Vorgänge lassen sich einfach nicht in Worte fassen. Die andere Gefahr ist, daß man etwas zerredet. Man überlegt, wie man es ausdrücken soll, man erkennt das wahre Gesicht, und es geht etwas vom Zauber verloren. Das ist eine heikle Angelegenheit. Wenn man über etwas spricht – es sei denn, man ist Dichter –, werden große Dinge klein.
Oder die Kritiker – sobald man etwas sagt, heißt es: »Na klar, das hab ich mir gedacht«. Aber es gilt erst, wenn man es gesagt hat. Es ist auch schrecklich einschränkend, Dinge zu definieren. Sie sind dann lediglich das, was sie sind. Und ich mag Dinge, die mehr sind. Es ist wie mit einem toten Autor: Man liest sein Buch, man kann ihn nicht mehr fragen und hat trotzdem viel von dem Buch. Es spielt keine Rolle, was er sich gedacht hat. Es wär vielleicht ganz interessant, aber es spielt wirklich keine Rolle. Was ich Ihnen über meine Intentionen bei meinen Filmen erzählen könnte, ist irrelevant.
Ich kann mir keine unterschiedlicheren Tätigkeiten vorstellen als die Malerei und kommerzielles Filmemachen. In der Malerei üben Sie innerhalb eines definierten Raums absolute

Kontrolle aus. Und es ist eine einsame Arbeit, keine kollektive Anstrengung.
Es gibt Unterschiede, aber auch viele Ähnlichkeiten. Ich habe nicht wirklich Kontrolle über die Farbe, auch da gibt es Aktion und Reaktion, Geben und Nehmen. Wenn man sich mit Leuten zusammentut, um einen Film zu machen, haben die zuerst *null* Ahnung. Dann lesen sie das Drehbuch und kommen der Sache näher. Sie schleppen ein Requisit an und man sagt, »Nein, nein, nein, das paßt aus diesem oder jenem Grund nicht«; sie stutzen und sind der Sache wieder ein Stück näher – sie ziehen ab und machen bessere Angebote; man könnte sie fast schon fragen, »Was hältst du für das beste?«, und beide kämen zum selben Ergebnis. Sie klinken sich ein. Einer nach dem anderen klinkt sich ein. Nicht perfekt, natürlich, aber man kommt sich viel näher. Und dann spielt es keine Rolle mehr, wie viele Leute dabei sind: Alle machen denselben Film, es entsteht eine Atmosphäre, in der man vom Rest der Welt abgeschnitten ist und in der man in dieser anderen Welt lebt. Das ist ein wunderbarer Zustand.
Im Vergleich zum Filmemachen ist die Malerei oft eine sehr intime Tätigkeit. Empfinden Sie sie als privater? Liegt Ihnen daran, Ihre Bilder zu zeigen?
Das ist echt heikel, denn man lernt ziemlich schnell, daß ein Bild, das man selbst aufregend findet, für andere nicht unbedingt aufregend ist. Und doch hat man den Drang, seine Arbeit zu zeigen. Meistens ist es eine demütigende, katastrophale Erfahrung. Man klammert sich an diejenigen, denen die Sachen gefallen, aber man stellt jedesmal fest, daß es ihnen nicht so sehr gefällt, wie man es sich wünscht. Beim Film ist es dasselbe. Wenn man es wegen des Geldes tut oder einen kommerziellen Film zu machen versucht, schaut man auf die Kasseneinnahmen und weiß, woran man ist. Macht man es aus irgendeinem anderen Grund, geht die Veröffentlichung ziemlich an die Nieren.
Der Name David Lynch ist eine feste Größe im Kino. Belastet Sie das, wenn Sie Ihre malerischen bzw. photographischen Arbeiten zeigen?

Ja. Aber noch schlimmer ist die Sache mit der »Prominentenmalerei«. Das ist wirklich zum Kotzen. Und es hat katastrophale Folgen. Nehmen Sie Don Van Vliet (alias Captain Beefheart): Um seiner Malerei mehr Gewicht und vielleicht auch Glaubwürdigkeit zu verleihen, mußte er die Musik aufgeben. Wenn man mal für eine Sache bekannt ist, ist es schwierig, etwas anderes anzufangen und damit ernstgenommen zu werden.
Ich könnte natürlich meinen Namen ändern! Ich hab daran gedacht, Namen sind ohnehin etwas Merkwürdiges. Das Wort »Eiter« ruft viele Assoziationen hervor. Ein ansprechendes Photo von einem Eiterklumpen – mit den Titel »Eiter« – könnte was Tolles sein. Einem Wort bestimmte Bedeutungen anzuheften kann durchaus sein Gutes haben, es kann aber auch katastrophal sein.
Würden Sie sich wünschen, daß die Leute Ihr Filmwerk vergessen, wenn sie vor ihren Bildern stehen?
Das ist unmöglich. Sie stellen sofort Vergleiche an, entdecken Bezüge und sowas. Es geht einfach nicht.
Viele zeitgenössischen Künstler machen jetzt auch Filme – Robert Longo, David Salle, Larry Clark, Julian Schnabel usw. Was haben Ihrer Meinung nach Leute, die primär Maler sind, davon, sich filmisch zu betätigen?
Es geht immer um Ideen. Manche Ideen sind malerischer Natur, andere filmischer Natur. Das Tolle am Film ist, daß er mit Zeit und Ton arbeitet, mit Geschichten, Figuren und so weiter und so fort. Film kann wie Performance sein. Man strebt die magische Mischung aller Bestandteile an. Dann wird »das Ganze mehr als die Summe aller Teile«, und das ist die Mühe wert. Auf Leute mit Ideen wirkt das Kino wie ein Magnet, und ich frage mich, wie man sich so lange davon fernhalten kann.

Garden in The City of Industry

Von *The Bride* zu THE GRANDMOTHER

Bildungsinstitutionen, etablierte Lernmethoden, Wörter und sogar einzelne Buchstaben sind in Lynchs Werk oft mit Frustration, Mißtrauen oder Angst verknüpft. Nach allem, was man hört, war Gelehrsamkeit nie sein Ziel, und wenn die Schulnoten zum Problem wurden, verteidigte Bushnell Keeler sie mit dem Hinweis auf Lynchs unübersehbare künstlerische Begabung. Seine erste Frau Peggy Reavey glaubt, daß ihn die Schule oft gelangweilt hat: »In der High School war er ein miserabler Schüler, aber er war sehr beliebt. Er sieht gut aus und war in der Studentenvereinigung. Er hat sich durchcharmiert. Er war kein Außenseiter; die Rolle hat er nie gespielt.«
1964 begann Lynch ein Kunststudium an der Boston Museum School, gab das Studium jedoch nach einem Jahr auf, um mit seinem Freund Jack Fisk (heute ein Ausstatter, der gelegentlich auch Regie führt) auf eine dreijährige Europareise zu gehen. Nach nur zwei Wochen brachen sie die Reise ab, Lynch kehrte zu Bushnell Keeler nach Alexandria zurück. Da seine Eltern die finanzielle Unterstützung gestrichen hatten, mußte Lynch seinen Lebensunterhalt selbst verdienen. Unter anderem half er beim Streichen des Keelerschen Hauses, wie Toby sich nur zu gut erinnert: »Er fing im Klo im Obergeschoß an, mit einem drei Zentimeter breiten Pinsel. Einem winzigen Pinselchen. Er brauchte drei Tage für das Klo, vermutlich einen Tag allein für den Heizkörper! Er pinselte jede Ritze aus und strich das Ding wahrscheinlich penibler als im Neuzustand. Er brauchte eine Ewigkeit! Meine Mutter muß noch heute lachen, wenn sie an David und das Klo denkt.«
Erst 1965, als Lynch in die Pennsylvania Academy of Fine Arts in Philadelphia aufgenommen wurde, änderte sich die Situation an allen Fronten. Philadelphia hat nachhaltigen Eindruck auf Lynch gemacht und sein Werk spürbar beein-

flußt. Dort traf er auch Peggy Reavey, eine Kommilitonin an der Akademie. 1967 heirateten sie, ihre Tochter Jennifer kam im April des darauffolgenden Jahres zur Welt. Immer wieder wurde auf Lynch, den studentischen Vater wider Willen, verwiesen, der sein »Leben für die Kunst« durch die Anforderungen des Familienlebens beeinträchtigt sah – eine Haltung, die später in ERASERHEAD anklingt. Doch wie Reavey sagt: »Er war zweifellos ein Vater wider Willen, aber ein sehr liebevoller. Ich war schwanger, als wir heirateten. Wir waren beide Eltern wider Willen.«

Auch Lynchs Malstil änderte sich. Beim Eintritt in die Akademie hatte er bunte Bilder gemalt, doch nun trugen seine Gemälde plötzlich alle Symptome einer belasteten Phantasie. Reavey erinnert sich: »Ich weiß nicht, was der Auslöser war, aber plötzlich fing er an, ganz dunkle Sachen zu machen. Große, schwarze Bilder«. Das erste hieß *The Bride* und war, in Reaveys Augen, ein Durchbruch. »Ich weiß, es hört sich grauenhaft an, aber es war die abstrakte Figur einer Braut, die sich selbst abtreibt. Es war überhaupt nicht abstoßend. Es war gespenstisch, verstörend und wunderschön gemalt.« Der folgenreichste Schritt in Lynchs akademischem Werk stand allerdings noch aus – der Übergang von der Malerei zum Trickfilm. Er sollte zum ersten Kurzfilm führen, THE ALPHABET, in dem das Lernen als Vergiftungsprozeß geschildert wird.

Die Beteuerung aus späteren Jahren, er hätte »das Sprechen lernen müssen«, ist kein Tarnmanöver, sondern Tatsache. »Ich war mit David in seiner präverbalen Zeit zusammen«, erzählt Reavey. »Er sprach nicht wie viele andere Künstler. Er gab Geräusche von sich, breitete die Arme aus und heulte wie der Wind. In THE ALPHABET brachte er seinen Frust über die Notwendigkeit verbaler Kommunikation zum Ausdruck. Der Film erzählt von der Hölle eines nonverbalen Menschen.«

Da mag es einleuchten, daß Lynch sich in seinen späteren Filmen so intensiv mit der Sprache beschäftigt und den spezifischen, oft höchst exzentrischen Ausdrucksweisen von

Figuren. Immer wieder schwärmt er von der Stimme eines bestimmten Schauspielers. Er hat ein feines Ohr für Sprechrhythmen und alles Akustische: THE GRANDMOTHER, sein zweiter Kurzfilm, reduziert (bzw. überhöht) allen Dialog zum reinen Toneffekt. Denkt man an seinen »Haß« auf Wörter – wie Isabella Rossellini es nennt –, weil sie so »unpräzise« seien, dann wird klar, daß Lynchs Verhältnis zur Sprache nicht nur komplex, sondern im zeitgenössischen Kino beispiellos ist. »Er hat einen Weg gefunden, sich die Wörter dienstbar zu machen«, so Reaveys Fazit. »Er benutzt sie nonverbal. Er malt mit ihnen. Sie sind taktil, haben sinnliche Qualität. Er ist ein sehr poetischer Mensch.«

RODLEY: *Als Sie zum ersten Mal mit Kunsterziehung in Berührung kamen, was hielten Sie davon?*
LYNCH: An jeder High School gab es irgendeinen Kurs. Leider – ich bin sicher, das ist auf der ganzen Welt so – trifft es zu: »Die Könner machen, die Nichtskönner unterrichten.« Das ist nicht ganz fair, aber was man geboten bekommt, ist nicht sonderlich inspirierend, die Aufgaben, die gestellt werden, sind es auch nicht, und meistens engen sie die Leute ein. Es dauert nicht lang und bei dem, was im Kopf frei ist und sich entwickeln könnte, geht eine Klappe zu, und man wird bewegungsunfähig. Ich wußte, daß es schädlich war für die Phantasie, aber ich wußte nicht, wie schädlich.
Glauben Sie, daß Sie nie zum Film gekommen wären, wenn die erste Phase Ihres Kunststudiums erfreulicher gewesen wäre?
Ich weiß nicht, denn der Wechsel zum Film war mehr Schicksal als irgendeine Art von bewußtem Entschluß. Es war schon irre, wie es dazu kam. Ich brauchte gar nichts zu tun, ich verspürte nur so einen Wunsch ... viele Leute haben Wünsche, aber sie werden vereitelt. Ich hatte Wünsche, und nach und nach kam eins zum anderen, und sie wurden wahr.
Sie begannen die Kunstausbildung an der Corcoran University in Washington D.C. War das ein volles Studium?

Nein. Schon während der High School besuchte ich dort Samstagskurse. Nicht als Student, ich ging nur zu einem Malkurs. Dann mietete ich mithilfe von Tobys Vater ein Atelier in einem Hinterzimmer. Jack Fisk und ich teilten uns das Zimmer, dann wurde es zu eng, und jeder bekam sein eigenes. Bis zur Abschlußprüfung zogen wir noch dreimal um. Es waren tolle Ateliers, tolle Räume. Wir haben viel gemalt. Nach der High School ging ich dann für ein Jahr an die Boston Museum School.
In jenem Jahr brachen Sie das Studium ab, um mit Ihrem Freund Jack Fisk in Europa zu studieren. Was gefiel Ihnen nicht?
Jack war an die Cooper Union gegangen und war nicht gerade begeistert, und ich war an der Boston Museum School. Die Schule war nicht schlecht, aber eine Schule ist wie ein Haus – die Bewohner sind das Problem. Ich war nicht im mindesten inspiriert. Im Gegenteil, es zog mich runter, weil ich so hohe Erwartungen hatte. Also sind wir nach Europa abgehauen. Einer von Tobys Onkeln besorgte uns spottbillige Tickets, dafür mußten wir uns um eine Gruppe junger Mädchen kümmern. Wir hatten lediglich dafür zu sorgen, daß alle im Flieger saßen. [Lacht.]
Was waren das für Mädchen?
Das waren reiche Töchter. Ich saß neben einer aus Chicago, ihr Vater war Kinobesitzer, ausgerechnet! Sie wurde auf Europatour geschickt. Damals war es nicht alltäglich, nach Europa zu reisen. Und Europa war viel fremder. Man spürte die Dinge in der Luft. Das vorige Jahrhundert schien noch viel greifbarer. Das war noch so, als ich THE ELEPHANT MAN drehte, aber Freddie Francis sagte mir, daß inzwischen so gut wie keiner der Schauplätze mehr existiert. Wir könnten denselben oder einen ähnlichen Film heute nicht mehr an englischen Originalschauplätzen drehen.
Soviel ich weiß, sind Sie – unter anderem – nach Europa gegangen, um bei Oskar Kokoschka zu studieren. Warum ausgerechnet bei ihm?
Lyonel Feinigers Sohn war einer meiner Lehrer an der Bo-

ston Museum School. Er hatte einen Draht zu Kokoschka. Ich sollte mich mit einem Empfehlungsschreiben an dessen Schule melden. Das Komische ist, damals war ich gar nicht so begeistert von seinen Sachen. Heute allerdings halte ich ihn fast für den Größten. Wär' toll gewesen, wenn es geklappt hätte.
Die auf drei Jahre angelegte Europareise endete angeblich schon nach fünfzehn Tagen. Warum?
Ich war neunzehn und konnte noch nicht selbständig denken; die anderen dachten für mich. Jack und ich fuhren nach Salzburg, ich schleppte eine Zeichenmappe mit mir herum. Sie wog um die zwanzig Kilo. Einen Koffer mit Wandfarbe hatte ich vorausgeschickt. Sie wirkte fast wie Gesso, nur war sie viel billiger. Wie doppelt dicke Wandfarbe. Ich fürchtete, sowas in Europa nicht zu finden, deshalb hatte ich den Koffer vollgepackt und über den Teich geschickt. In Salzburg war gerade THE SOUND OF MUSIC angelaufen, und wir sahen es uns an, um eine Vorstellung zu bekommen, wo wir gelandet waren. In Wirklichkeit war Salzburg äußerst merkwürdig. Sowas von unmalerisch, und so sauber ... es roch gut – es gab Fichten, und ich mag den Geruch von Fichten –, die Burg war auch da, nur Kokoschka fehlte. Da war die Luft sofort nach unserer Ankunft raus, der Rest war eine einzige Pleite.
Wann sind Sie nach Philadelphia gezogen?
Es war eine Art Tiefpunkt. Ich kehrte nach Virginia zurück, weil mir nichts anderes einfiel. Meine Eltern waren nach Walnut Creek in Kalifornien gezogen, und als ich aus Europa zurückkam, hatte ich keine Bleibe. Ich versuchte bei Toby unterzukommen. Geld hatte ich auch keins. Die Vereinbarung mit meinen Eltern lautete, solange ich zur Schule ginge, würden sie für meinen Unterhalt aufkommen, und als ich ihnen mitteilte, daß ich nicht mehr auf die Schule ginge, drehten sie den Geldhahn zu.
Also besorgte ich mir einen Job im Architekturbüro von Tobys Onkel, wo ich Pläne zeichnen mußte. Mein Hauptproblem war, daß ich morgens nicht aus den Federn kam.

Ich wollte nur nachts arbeiten. Das war auch der Grund, warum ich bei mehreren Jobs rausflog. Das Büro fing um acht Uhr morgens zu arbeiten an, und mir wurde körperlich übel, wenn ich früh aufstehen mußte. [Lacht.]
Das lange Schlafen oder die Unfähigkeit, morgens aus dem Bett zu kommen, deutet darauf hin, daß Sie damals ziemlich unglücklich waren.
Oh ja. Manchmal schlief ich sechzehn Stunden. Und blieb danach zwei Tage auf. Nachdem ich im Architekturbüro rausgeflogen war, arbeitete ich in einem Rahmengeschäft, der Besitzer hieß Michaelangelo Aloca, bis ich wieder gefeuert wurde. Ich hatte mich dumm angestellt und einen Rahmen verkratzt. Michaelangelo warf mich raus, aber dann tat ich ihm leid, und er stellte mich als Hausmeister an.
Aber Bushnell Keeler hatte sich mit meinem Vater und ein paar Malern aus der Umgebung verschworen, mir das Leben sauer zu machen. Ich hab die Geschichte erst vor kurzem erfahren. Ich hatte Bushnell jederzeit auf eine Tasse Kaffee und ein Schwätzchen besuchen können. Doch plötzlich sagte er, er hätte zu viel zu tun, ich solle verschwinden usw. Alles nur, damit ich wieder an die Kunsthochschule ging. Es war gut gemeint, aber ich war fix und fertig.
Was hat Sie schließlich dazu bewogen, wieder aufs College zu gehen – diesmal an die Philadelphia Academy?
Jack Fisk ging auf die Akademie, und als er zu Besuch kam, erzählte er, wie toll es dort wäre. Mehr brauchte ich nicht zu hören. Ich bewarb mich, und bis vor kurzem wußte ich nicht, daß Bushnell angerufen, von mir geschwärmt und behauptet hatte, ich hätte das Zeug dazu.
Der Unterschied zur Boston Museum School war, daß es in Boston zwar ein paar ernsthafte Maler gab, aber nicht genügend, und das Klima einfach nicht gestimmt hat. In Philadelphia gab es große und ernsthafte Maler, und alle haben sich gegenseitig inspiriert, es war eine schöne Zeit dort.
Warum hat man Sie nicht zur Rede gestellt und offen aufgefordert, wieder aufs College zu gehen, statt diesen umständlichen Trick anzuwenden?

Es hätte nicht funktioniert. In diesem Alter ist man sehr rebellisch. Ich glaube, man muß ausgetrickst werden, man muß selbst draufkommen. Es muß aussehen, als wäre es die eigene Idee. Es hat funktioniert.
Sie haben mehrfach Ihre mangelnde gedankliche Eigenständigkeit als Kind und Jugendlicher erwähnt, und Sie sagten einmal, Sie hätten erst mit einundzwanzig angefangen, selbständig zu denken. Fing das an, als Sie nach Philadelphia kamen?
Ja, genau um diese Zeit. Meinen ersten eigenständigen Gedanken hatte ich wahrscheinlich auf der Brücke. Es war eine Mischung aus Angst und Hoffnung. Die beiden haben sich immer bekämpft und besonders, als ich über diese Brücke lief. Ich murmelte vor mich hin: »Ich bin nicht in Philadelphia ... Ich bin nicht in Philadelphia ... Ich bin in Philadelphia.« Als ich etwas mehr als die Hälfte der Brücke überquert hatte, war ich in Philadelphia. [Lacht.] Ich wollte nie nach Philadelphia, ich wollte immer nach Boston. Das Wort »Boston« elektrisierte mich. Was ich von dem Wort »Philadelphia« *nicht* behaupten kann.
Was war der konkrete Anlaß, von der Malerei zu den ersten Filmexperimenten überzugehen?
Eines meiner Bilder. Ich weiß nicht mehr welches, aber es war ein fast vollkommen schwarzes Bild. Mit einer Figur in der Mitte. Ich weiß noch, *wo* es war: ich befand mich in diesem phantastischen Saal der Pennsylvania Academy of Fine Art. Man fühlte sich ausgesprochen wohl in der Akademie, sie hatte großartige Räumlichkeiten. Der Geruch stimmte, und es gab gute Leute dort. Der Saal war riesig, die Leute hatten sich kleine Arbeitsecken abgetrennt. Es waren also noch andere im Raum, es lief dauernd Musik, und man wurde in Ruhe gelassen. Man konnte zu jeder Tages- und Nachtzeit kommen und arbeiten. Und wie ich so die Figur auf dem Bild betrachte, höre ich plötzlich einen Atemzug und sehe eine kleine Bewegung. Da wünschte ich mir, daß sich das Bild wirklich bewegen könnte, nur ein ganz kleines bißchen. Und das war es dann.

Ich weiß noch, daß ich mit Bruce Samuelson sprach. Wir wollten einen Trickfilm machen. Meine Spezialität waren Automatenpuppen, er malte so richtig fleischige Bilder. Einmal hatte ich eine Art Flipper gebaut: Eine Kugel rollte über eine Rampe und schloß dabei mehrere Stromkreise; dadurch wurde zuerst ein Streichholz angerissen, das einen Feuerwerkskörper entzündete, dann öffnete sich der Mund einer Frauenskulptur, und es ging ein rotes Licht an. Wenn der Feuerwerkskörper explodierte, stieß die Frau einen Schrei aus. Ich baute auch eine Reihe von »Automatenfrauen« – Frauen, die sich in Schreibmaschinen verwandelten.
Bruce und ich wollten also eine automatisch-fleischige Mischung produzieren. Es wurde nichts draus, aber die Idee mit dem Bild, das sich bewegt, hatte sich bei mir festgesetzt. Allerdings hatte ich null Ahnung von Film oder Photographie. Ich dachte, eine 16-mm-Kamera wäre ein bestimmtes Modell und war von den Preisunterschieden überrascht, als ich herumtelefonierte. Also kaufte ich mir die billigste, im Photorama in Philadelphia. Es war kein Billigladen, nur ein ganz normales Photogeschäft. Wahrscheinlich nicht das beste. Ich will die Leute nicht schlechtmachen, sie waren sehr nett zu mir.
Sie hatten eine 16-mm-Kamera mit Federwerk. Ich sagte: »Ich muß damit Einzelbilder machen können«, und als sie meinten, das ginge, hab ich sie genommen. Dann fragte ich, »Wie belichtet man?«, und man erklärte mir, »Ganz einfach. Sie nehmen zwei Photolampen, eine links, eine rechts, im 45°-Winkel zum Objekt gerichtet, das Licht wird zurückgeworfen und geht in die Linse.« Darauf ich: »Okay, prima, jetzt muß ich das Ding nur noch fixieren.«
Man stellte mir ein Zimmer in einem alten Hotel zur Verfügung, das die Akademie gekauft hatte. Die ersten drei Etagen waren bewohnt, auf den übrigen Etagen standen Messingbetten, schöne Teppiche und Stehlampen in den Gängen. Die Zimmer waren leer, die Studenten konnten mit dem fast geräuschlosen Fahrstuhl nach oben fahren und darin arbeiten. Ich holte mir einen Schrank aus dem Gang und

machte die Kamera mit Klebeband auf dem Schrank fest, damit sie nicht wackeln konnte. Die Kamera hatte keine Ausspiegelung, deshalb mußte ich den Rand des Gemäldes mit ins Bild nehmen, ich hatte den Heizkörper, die Wand und einen Teil vom Fenster mit im Bild. Ich wollte aus meinem Gemälde einen etwa einminütigen Trickfilm machen. Dazu baute ich mir in diesem Zimmer eine plastische Leinwand. Ich bat Jack Fisk, von mir einen Gipsabdruck zu machen. Wir montierten drei Exemplare von mir zusammen und bauten daraus eine gestaltete Projektionsfläche.
Dann mußte ich eine Vorrichtung basteln, die oben auf dem Projektor saß und den fertigen Film durch den Projektor und in einer Endlosschleife bis zur Decke hinauf und wieder herunter führte. Dann hängte ich meine Leinwand auf und zog den Projektor zurück, bis genau das auf der Leinwand zu sehen war, was ich haben wollte, und das Drumherum verschwand. Es hat prima funktioniert. Es war wie eine Gemälde- und Skulpturenshow plus Film. Alle Stunde ging für zehn Minuten das Licht aus, damit der Film zu sehen war. Es war eine tolle Sache, aber sie kostete 200 Dollar. Das kam mir schrecklich teuer vor. Ich nannte den Film schließlich SIX MEN GETTING SICK. Dazu spielte ich auf einem Kassettenrekorder ein Endlosband mit Polizeisirenen ab. Es war meine Jahresabschlußarbeit, und ich teilte mir den ersten Preis mit einem gewissen Noel Mahaffey.
Hat Sie dieses Erstlingswerk angespornt, weiterzumachen, oder war der finanzielle Schock zu groß?
Der finanzielle Schock überwog. Und als Gemälde war das Ding nicht in Ordnung. Aber es hat sich bewegt, und das fand ich interessant. Ich hatte einen Kommilitonen, H. Barton Wasserman. Er mag es nicht, wenn ich ihn einen Millionär nenne, aber er hatte genug Geld, mir 1000 Dollar anzubieten – damals ein schwindelerregender Betrag –, damit ich für ihn was Ähnliches mache. Er wollte einen Projektor kaufen und ihn neben dem Stuhl am Boden festschrauben, damit er ihn nur einzuschalten brauchte, und eine Leinwand aufstellen, auf die das Ganze projiziert würde. Bei ausge-

schaltetem Projektor wäre die Leinwand einfach eine Plastik. Ich fand die Idee phantastisch.
In meiner Begeisterung lief ich erneut zu Photorama und kaufte mit 450 von den 1000 Dollar eine gebrauchte Bolex-Kamera. Sie hatte einem Arzt gehört und sah so aus, als hätte sie den edlen Lederkoffer nie verlassen. Objektive, ein Motor, jede Menge Zubehör ... eine wunderschöne Kamera eben. Ich machte mich mit ihr vertraut, dann begann ich, das Ding für Bart zu bauen. Ich habe, glaub ich, zwei Monate daran gearbeitet.
Den fertigen Film brachte ich ins Labor und holte ihn am nächsten Tag ab. Vor der Haustür drehte ich mich um und rollte ihn aus, ich wollte ihn gegen die Sonne halten und anschauen. Ich weiß noch, es waren nicht einmal einzelne Bilder zu erkennen. Nur ein verschwommener Streifen. Er ergab eine Art Bild, aber es war wie Kaugummi endlos in die Länge gezogen. Ich sah den ganzen Film durch, er war *von vorn bis hinten* im Eimer. Die Kamera hatte einen defekten Transportmechanismus, und der Film wurde ohne Führung durchs Bildfenster gezogen, statt Bild für Bild.
Man sollte meinen, wem sowas passiert, der ist am Boden zerstört. Aber ich war beinahe froh darüber. Ohne zu wissen, warum. Ich rief Bart an und sagte, »Bart, der Film ist ein Desaster. Die Kamera war kaputt, und die Aufnahmen sind nichts geworden.« Darauf er: »Reg dich nicht auf, David, mach mir mit dem restlichen Geld was anderes. Gib mir nur 'ne Kopie«. Ende.
Damals hatte ich bereits angefangen, über eine Kombination aus Trick- und Realfilm nachzudenken. Dann kam mir die Idee zu THE ALPHABET. Der Film war vier Minuten lang. Zu der Zeit kam meine Tochter Jennifer auf die Welt, und ich nahm ihr Schreien mit einem kaputten Ewer-Kassettenrecorder auf. Ich wußte nicht, daß er kaputt war, aber das Geschrei und alles, was ich sonst noch aufnahm, war phantastisch. Das beste war, mir gefiel der Sound, gerade weil das Laufwerk kaputt war. Und das Labor hat nichts verlangt, weil das Laufwerk kaputt war. Ich hatte in jeder Hinsicht Glück.

So kam es schließlich auch dazu, daß ich THE GRANDMOTHER drehen konnte. Meine Erleichterung vor der Haustür damals lag wohl an dem unterschwelligen Bewußtsein, wenn ich den Film für Bart gemacht hätte, wäre es nicht weitergegangen für mich. Statt dessen drehte ich THE ALPHABET, der als Film ausreichte, um die die Aufmerksamkeit des American Film Institute zu erregen, als ich ihn für ein Stipendium einreichte. Das andere hätte nicht ausgereicht. Das weiß ich.
Wenn Sie sagen, Sie waren froh, daß aus dem Film für Wasserman nichts geworden ist, heißt das, daß Sie eine Art sechsten Sinn hatten?
Schon möglich, daß ich deshalb froh war. Meine Überlegung war nicht: »Der nächste Film wird viel besser, deshalb schadet es mir nicht«. Ich merkte nur, daß es mir seltsamerweise nichts ausmachte.
Woher kam die Idee zu THE ALPHABET?
Die Nichte meiner Frau Peggy hatte eines Nachts schlecht geträumt und im Schlaf gequält das Alphabet aufgesagt. Daraus entstand THE ALPHABET. Der Rest ist einfach unterbewußt.
Was meinen Sie mit »unterbewußt«?
Ich mußte mich nie artikulieren, wissen Sie. Maler müssen nicht reden. Jede Idee hatte eine andere Sprache, ganz tief drin. Ich mußte sie nie an die Oberfläche holen. Die Sachen waren pur, und damit eben besser. Ich konnte sie einfach kommen lassen. Deshalb bleibt das Reden immer unbefriedigend.
In dem Film ist das Lernen eindeutig etwas Unangenehmes.
Lernen ist etwas Bedrohliches. Es wird einem aufgezwungen. Es ist notwendig, aber unangenehm. Mir fiel auf, daß lernen, statt Freude zu machen, zu einem fast alptraumhaften Prozeß verkehrt wird, von dem die Leute träumen – schlecht träumen. THE ALPHABET ist ein kleiner Alptraum über die Angst beim Lernen.
Welche Überlegung stand hinter dem weißgeschminkten Gesicht des Mädchens? Ging es um maximalen Kontrast zur endlosen Schwärze?

Genau. Und ich wollte von der normalen Hautfarbe weg. Bei normaler Hautfarbe hat man sofort den Impuls, sie zu verfremden. Sonst wäre es zu real geworden.
Der Film endet mit dem verstörenden, brutalen Bild eines Mädchens, das hellrotes Blut über ein weißes Laken spuckt. Warum?
SIX MEN GETTING SICK war eigentlich nicht brutal, aber auf seine simple Art ein wenig beunruhigend. THE ALPHABET läßt sich auf verschiedene Arten interpretieren. Dann sind wir bei dem Thema Interpretation. Ich habe mir nie groß Gedanken darüber gemacht. Es schien ein logischer Schluß: daß sie auf eine Art Gift reagiert.
Bereits hier scheint der Ton eine wichtige Rolle zu spielen. Stimmen Sie dem zu?
Ja, aber er war ziemlich primitiv. Wie gesagt, die meisten Effekte hab ich auf einem kaputten Kassettenrecorder aufgenommen. Als ich sie zusammenhatte, ging ich damit in ein Studio namens Calvin de Frame. Dort gab es ein Filmstudio, eine Tonabteilung und eine Kameraabteilung. Erst hatte ich einiges von Photorama gelernt, dann bei Calvin. Die Leute waren echt klasse. Ich konnte mit meinen Fragen hingehen, und sie beantworteten sie. Wenn sie die Antwort nicht wußten, holten sie jemanden.
Einer von ihnen war Herb Cardwell, der erste Kameramann bei ERASERHEAD. Er brachte mir drei Lichttechniken bei – Führungslicht, Aufhellung und Spitze bzw. Kante. Bei THE ALPHABET hatte ich wild drauflosgeleuchtet, bei THE GRANDMOTHER ging ich systematischer vor.
Ein anderer, Bob Collum, *war* buchstäblich die Tonabteilung. Wenn man Photos von Ausrüstungen aus den 40er und 50er Jahren sieht, überall Hammerschlaglackierung, die Skalen sind aus schwarzem Emaille – riesige Spulen, perfekte Aussteuerungsmesser, ohne jeden Schnickschnack. Und echt primitiv. So ein Studio hatte Bob. Man fühlte sich wie in eine andere Zeit versetzt. Als ich zum zweiten Mal ankam, um THE GRANDMOTHER zu mischen, sollte ich wieder mit Bob arbeiten. Ich hatte etwas Material zusammen

und sagte, ich sei soweit, daß wir den Sound machen könnten, doch er fing mich an der Tür ab und sagte: »Schlechte Nachricht, David.« Darauf ich: »Was?« und er: »Ich kann dir nicht helfen, wir haben seit unserem letzten Gespräch ein paar Aufträge reinbekommen, aber ich hab einen Assistenten eingestellt.«

Mir brach fast das Herz. Ich dachte, ich dreh durch. Ich soll an irgendeinen Stümper abgeschoben werden, das überleb ich nicht. Da sagte Bob: »Ich stell ihn dir vor.« Ich schau rüber, und da steht ein Kerl, einsfünfundachtzig vielleicht, Typ Strich in der Landschaft, mit einem Haarschnitt, ich weiß auch nicht, das war nicht mal ein Militärhaarschnitt, das war eine Idiotenfrisur. Er steht auf und kommt grinsend auf mich zu. Bob sagt: »Das ist Alan Splet«, wir schütteln uns die Hände, und ich hätte schwören können, daß ich die Unterarmknochen rasseln höre! Ich dachte, ich dreh durch. Tja, so hab ich Al kennengelernt, und wir haben seitdem immer zusammengearbeitet.

THE ALPHABET *brachte Ihnen ein Stipendium für* THE GRANDMOTHER *ein. Wie ging das vor sich?*

Allmählich wurde ich filmsüchtig. Da tritt wieder mal Bushnell Keeler auf die Bildfläche. Er erzählt mir, daß sein Schwager für den National Endowment for the Arts arbeitet, daß es ein neugegründetes American Film Institute gebe und daß sie Filmemachern Stipendien verleihen. »Du brauchst nur ein Drehbuch und deine bisherigen Arbeiten einzureichen.« Ich war ein ziemlicher Leichtfuß. Die Nachricht ging beim einen Ohr rein und beim anderen wieder raus, ich habe nicht sofort was unternommen. Aber schließlich besorgte ich mir die Unterlagen und schrieb das Drehbuch zu THE GRANDMOTHER.

War es das erste Mal, daß Sie eine Filmidee schriftlich ausformulierten?

Ja. Ich weiß nicht mehr, wieviele Seiten es waren, aber es war kein normales Drehbuch. Es war ein undefinierbares Etwas. Lauter kleine Bilder und sowas, eine Mischung aus Telegrammstil und Gedicht. Immer wieder fragte ich mei-

nen Freund Charlie Williams: »Ist das ein Experimentalfilm?«, und er darauf: »Ja, David!«, als ob ich, naja, ein bißchen bescheuert wär! Aber ich habe THE ALPHABET mit eingereicht.
Ich lebte in Philadelphia, war mit Peggy verheiratet und hatte eine kleine Tochter, Jennifer. Ich wohnte in einem Haus mit *zwölf* Zimmern! Drei Stockwerke, siebenunddreißig Fenster, aber groß! Das war eine Villa. Mit einem offenen, kohlebeheizten Kamin und einem gigantischen Keller. Gigantisch hohe Decken, vorn und hinten Treppenaufgänge. Das Schlafzimmer hatte 36 Quadratmeter, für das ganze Haus hatte ich 3500 Dollar bezahlt. Con tutto! Da können Sie sich vorstellen, in welcher Gegend es stand!
Gegenüber befand sich das Leichenschauhaus, daneben Pop's Diner. Die Gegend hatte eine tolle Atmosphäre – Fabriken, Rauch, Schienen, Diners, die merkwürdigsten Gestalten und die finstersten Nächte. Den Leuten waren Geschichten ins Gesicht gebrannt, und ich sah Bilder, die mich nicht mehr losließen – mit Heftpflaster zusammengehaltene Plastikvorhänge, mit Lumpen zugestopfte Fensterscheiben – auf meinem Weg durchs Leichenschauhaus zum Hamburgerrestaurant. Ein kleines Mädchen, das seinen Vater anbettelt, nach Hause zu kommen, und er hockt am Straßenrand; Typen, die einen anderen aus dem fahrenden Wagen zerren. Lauter solche Szenen.
Wir lebten billig, aber in der Stadt herrschte die Angst. In unserer Straße wurde ein kleiner Junge erschossen, und an der Stelle, wo er gelegen hatte, blieben die Kreidestriche fünf Tage sichtbar. Bei uns wurde zweimal eingebrochen, man hat uns die Fenster zerschossen und den Wagen gestohlen. Die ersten Einbrecher kamen drei Tage, nachdem wir eingezogen waren, aber ich hatte ein Schwert, das Peggys Vater mir geschenkt hatte. Ich weiß nicht, aus welcher Epoche es stammte, aber ich hatte es unter dem Bett liegen. Ich wache auf und sehe dicht vor mir Peggys Gesicht mit einer Angst, wie ich sie hoffentlich nie wieder zu sehen kriege. »Da ist jemand im Haus!« Ich sprang auf, schlüpfte verkehrt herum

in die Unterwäsche, holte das Schwert hervor und brüllte: »Raus hier, aber schnell!« Ich lief mit erhobenem Schwert zur Treppe und brüllte immer weiter. Die Einbrecher waren völlig perplex, das Haus hatte so lange leergestanden, und sie waren schon öfters gekommen. Es dämmerte ihnen, daß da jetzt jemand wohnte, und sie verzogen sich. Ohne Probleme zu machen. Die Nachbarn waren aufgewacht und dachten, ich hätte Peggy vor die Tür gesetzt!
Ich erzähle den Leuten immer, das einzige, was uns vor der Außenwelt beschützte, waren die Ziegelmauern. Dabei hätten sie genausogut aus Papier sein können. Das Gefühl, dauernd in Gefahr zu sein, war extrem, wir lebten in ständiger Angst. Um uns herum gab es Gewalt, Haß und Dreck. Trotzdem ging der stärkste Einfluß in meinem ganzen Leben von dieser Stadt aus. Und das Timing war perfekt. Ich habe furchtbare Dinge gesehen, aber es war auch ungeheuer spannend.
Orte wie diese haben Sie offensichtlich zu Ihren Geschichten inspiriert, doch wie stand es – im malerischen Sinne – mit der Textur von Industriestädten und Landschaften?
Wenn man ein fabrikneues Stück Metall auf einer Freifläche aufstellt, ist es zu Anfang nicht sehr attraktiv. Es sieht vielleicht ganz nett aus, aber mehr auch nicht. Dann macht sich die Natur ans Werk, und ziemlich schnell wird daraus etwas Phantastisches. Für mich begann alles in Philadelphia, die Stadt ist alt genug, und es liegt genug in der Luft, daß sie sich von selbst weiterentwickelt. Sie verfällt, aber in traumhafter Schönheit. Das regt die Phantasie an. Das Zusammenspiel von Chemie und Natur erzeugt etwas, das nur durch das Zusammenwirken von Mensch und Natur möglich ist.
Mußten Sie die Familie finanziell allein über Wasser halten, oder hat Peggy auch gearbeitet?
Nein. Es war hart. Ich verdiente Geld, indem ich Graphiken druckte, und Peggy kümmerte sich um Jennifer. Es war eine ziemlich trostlose Zeit. Ich mußte den ganzen Tag Graphiken drucken, und dann malte ich ja auch.
Ab wann ging's bergauf?

Ich weiß noch, es war eine trübe Jahreszeit. Es war kalt und regnerisch, und ich hatte das Stipendium längst vergessen. Und dann lag in der Post ein Schreiben über die erste Stipendiatenrunde, in dem stand, daß ich in der engeren Wahl für die zweite Runde sei. Die ersten waren Stan Brakhage und Bruce Conner – Namen, von denen ich gehört hatte. Sie waren beide älter und hatten schon viel gemacht. Das waren gestandene freie Avantgardefilmer. »Ausgeschlossen!«, dachte ich, »völlig ausgeschlossen!«
Also schlug ich mir die Sache aus dem Kopf. Immer wenn ich aus dem Haus ging, sagte ich zu Peggy: »Ruf mich an, wenn was Aufregendes ist, und ich ruf dich an, wenn was Aufregendes ist.« Daher riefen wir uns nie an! Eines Tages ruft sie an, und dieser Anruf hat mein Leben verändert. Am anderen Ende der Leitung waren George Stevens Junior und Tony Vellani – die Oberbosse am American Film Institute. Sie sagten, sie wollten mir das Stipendium verleihen: »Ihr Budget beträgt 7200 Dollar ...« – nein, 7119 Dollar waren es, glaub ich, – »schaffen Sie's für 5000?« Sollte ich da nein sagen? Ich sagte: »Ja«. Ich schwebe, es drückt mich vor Glück an die Decke. Das Gefühl sollte jeder kennenlernen dürfen! Aber man kann es nur wahrhaft genießen, wenn man völlig am Boden ist.

Haben Sie jemals wieder einen solchen Anruf bekommen? »Hier sind 45 Millionen, machen Sie DUNE*?«*
Nein! Nie wieder! Das gab's nur einmal. Nicht, daß sich das nicht übertreffen ließe, aber das ist etwas anderes. Ich hielt es wirklich für unmöglich. Und dann war es möglich. Es war einfach perfekt.

Haben Sie je darüber nachgedacht, was geworden wäre, wenn sich das Blatt damals nicht gewendet hätte?
Vielleicht hätte ich versucht, THE GRANDMOTHER zu drehen, aber es hätte viel länger gedauert, und das schöne an diesem Stipendium ist, daß man eine Infrastruktur zur Verfügung hat, um sein Werk auch zu zeigen. Das gab dem ganzen Unternehmen ein solides Fundament. Wenn man als Nobody im heimischen Keller einen Film macht, ist es

schwierig, ein Publikum zu finden und das nächste Projekt zu starten. Aber wenn man wirklich begeistert ist, macht man es. Es ist einfach schade, wenn man so kämpfen muß.
Da Sie nun Ihr erstes Drehbuch geschrieben hatten – haben Sie sich daran gehalten oder haben Sie bei der Gelegenheit gemerkt, daß Drehbücher nur Entwürfe sind?
Nein. Ich hab es nie wieder zur Hand genommen. Aber wegen des Drehbuchs war ich gezwungen, mich immer wieder zu fragen, ob die Story da war oder nicht bzw. so viel von ihr, wie ich mir vorstellte. Ich halte Drehbücher für eine gute Sache. Doch wenn sie perfekt wären, bräuchte man nur das Drehbuch zu veröffentlichen, und die Leute könnten es lesen. So ist es aber nicht. [Lacht.]
Es ist Ihr erster Film mit mehreren Personen. Wie haben Sie Ihre Darsteller ausgesucht?
Ich hatte Dorothy McGinnis als Großmutter. Und von der Kunstakademie Bob Chadwick und Virginia Maitland, die miteinander liiert waren. Und einen kleinen Jungen aus der Nachbarschaft, Richard White. Nicht, daß ich ihn gesehen und die Geschichte sozusagen für ihn geschrieben hätte, aber irgendwann entdeckte ich den Jungen, er gehörte schon früh zum Team. Ich habe den Film also aus meiner unmittelbaren Umgebung besetzt.
Ich war ja mehr oder weniger auf mich gestellt. Peggy war eine große Hilfe. Sie war meine rechte Hand. Und mit den Filmresten habe ich meine Tochter Jennifer gefilmt, wie sie durch das schwarze Zimmer krabbelt. Aber an dem Tag, als ich das oberste Stockwerk schwarz strich, wurde ein Kind vor dem Haus erschossen. So schlimm es derzeit in LA ist, ich hab nicht so viel Angst wie damals in Philadelphia. Es passierte in unmittelbarer Nähe, und ich war damals sehr dünnhäutig.
Was die Filmsprache angeht, ist der Film viel ambitionierter als THE ALPHABET. *Er wirkt nicht mehr wie ein Gemälde bzw. wie aus Standbildern zusammengesetzt. Da Sie nie eine Filmhochschule besucht hatten, wie schwierig war das für Sie?*

Es kam von selbst. Ich glaube, man braucht nur gesunden Menschenverstand. Man will, daß jemand von A nach B geht, und hat eine logische Lösung vor Augen. Auch beim Anschauen der Muster lernt man schnell dazu. Ich weiß nicht mehr, ob ich viel nachgedreht habe, bei ERASERHEAD mußten wir jedenfalls jede Menge neu drehen. Wir lernten dazu. Am Anfang machten wir Probeläufe und hielten sie schon für perfekt. Dann lernt man was ganz Neues und macht es nochmal, und plötzlich stimmt es.
Der Ton wird in dieser Phase sehr dicht und einfallsreich. Und die Musik fängt an, eine wichtige atmosphärische Rolle zu spielen.
Mein Freund Ronnie Culbertson hatte eine Gruppe namens Tractor, deshalb bat ich ihn, Musik für den Film zu komponieren. Den Rest erledigten Alan Splet und ich selbst. Als ich Alan kennenlernte, hatte ich mir ein paar Effekte aus dem Studio besorgen wollen. Aber erstens waren sie grauenhaft und alle auf Platte. Man hörte jeden Kratzer, jede Welle. Alan sagte, »Hör zu, ich hab keine Ahnung, wo du herkommst, Bob hat mir von dir erzählt, und ich weiß, daß du diese Dinge sehr ernst nimmst, aber ich muß erst mal rausfinden, was du willst. Hören wir uns die Platten mal an, und wenn irgendwas dabei ist, was dir zusagt ...« Wir hörten uns so gut wie jede Platte an. Daraufhin meinte Alan, »Sieht wohl so aus, als müßten wir unsere Effekte selbst herstellen«, und ich erwiderte: »So ist es.« Wir machten dreiundsechzig Tage lang Effekte.
Wir waren unzertrennlich! Ich verbrachte den ganzen Tag dort. Und wir nahmen das ganze Haus in Beschlag. Sie hatten im Studio kein Hallgerät, und ich wollte ganz bestimmte Pfiffe, also postierte ich mich am einen Ende des Schachts der Klimaanlage, Al stand am anderen Ende und nahm meine Pfiffe auf. Nur um den Hall aus dem Schacht aufs Band zu bekommen. Wir wandten alle Tricks und Kniffe an, die mit der primitiven Studioausrüstung möglich waren. Wir bogen uns das Zeug zurecht, holten das letzte heraus und erhielten sehr, sehr dichte – vier Spuren Effekte. Ich erinnere

mich noch an den Abend, als Alan sagte, »Laß uns aufdrehen, wir sollten uns die Sache mal zu Gemüte führen.« Nach der vielen Mühe hatten wir uns noch nichts zusammen angehört. Wir drehten voll auf, und es war das Beste, was ich je gehört hatte. Alles voll da. Es war *wirklich* sensationell. Wir waren begeistert. Der Junge konnte zaubern.
Sie haben Alan Splet völlig in Beschlag genommen.
Ich hab ihn in Beschlag genommen, und Calvin de Frame zahlte sein Gehalt. Eines Tages kam Bob Collum zu mir. Al sitzt da, aber er sagt keinen Ton, weil Bob sein Boss ist, auch wenn sie enge Freunde sind. Und Bob sagt, »David, hier ist der Deal. Wir haben nichts gesagt, aber du und Al, ihr habt das ganze Haus in Beschlag genommen, wir mögen euch sehr und respektieren euch, und wir wollen euch helfen, so gut wir können. Es gibt zwei Möglichkeiten: Entweder du zahlst pro Stunde oder du zahlst pro Spule. Ich geh jetzt vor ins Büro, der Unterschied macht einige tausend Dollar aus.« Und er überredete sie, per Spule abzurechnen, das sind vielleicht vier oder fünf Effekte pro Zehnminutenspule. Das Minimum.
Mein ursprüngliches Budget betrug 7200 Dollar. Tony Vellani kam mit der Bahn angereist, um sich den fast fertigen Film anzusehen, und sie legten nochmal 2200 Dollar drauf, genau die Summe, die ich brauchte, um den Film abzuschließen. Hätte ich per Stunde abrechnen müssen, hätte ich es nicht geschafft. Wir haben so viele Stunden in diesen Film investiert, es war nicht mehr lustig!
Wenige Regisseure legen so viel Wert auf den Ton wie Sie, obwohl er das halbe Kinoerlebnis ist – in manchen Fällen sogar mehr. Sie waren immer auch der Sound-Designer Ihrer Filme.
Genau. Aber Regisseure treffen und unterhalten sich äußerst selten mit ihren Kollegen. Man hat keine Ahnung, was die anderen machen. Ich weiß, zwischen Regisseur und Sound Designer findet ein Dialog statt. Muß ja. Aber wie weit geht dieser Dialog, wie tief steigt man ein? Das gleiche gilt für die Musik. Und die Kamera. Für alle Aspekte. Sie können sensationell sein, aber wenn sie nicht auf den Film

abgestimmt sind, bleibt es ein Sammelsurium, das nicht zusammenpaßt. Das ganze steht und fällt damit, alle auf eine Linie zu bringen und unermüdlich daran zu arbeiten, daß alles, was rauskommt, in diese Welt paßt. Alan und ich waren überzeugt, daß das Bild den Ton diktiert. Aber das ist nicht unbedingt gesagt. Manchmal hört man einen Sound, und plötzlich bringt *der* ein Bild hervor. Oder aus einem Musikstück entsteht eine ganze Szene. Da gibt es keine Regeln. Wenn es stimmt, spürt man es einfach.

Es gibt eine Stelle in THE GRANDMOTHER, *da wird Mark über den nassen Fleck auf seinem Bettlaken gehalten, und der Ton dazu klingt wie das Piepsen eines gefangenen Vogels. Man könnte sich keine andere Untermalung zu diesem Bild vorstellen. Sie stimmt haargenau.*

Wenn man es in O-Ton machen würde, wär es was anderes. Aber das ist nur ein Ausgangspunkt für die nächste Ebene akustischer Untermalung, die die Intensität dessen, was der Junge durchmacht, erhöht. Es geht darum, Klänge zu finden, die passen und auch wieder nicht passen. Sie stehen in keinem direkten Zusammenhang, aber sie verstärken die Emotion, die Atmosphäre. Ich erinnere mich, daß einer der Effekte – beim Zurückziehen der Bettlaken – in Wirklichkeit ein Golfschlag rückwärts war.

Die Farbe ist aus diesem Film noch weitgehend verbannt. Die Gesichter sind auch diesmal weiß und die Räume völlig schwarz. Das bißchen Farbe – vor allem die Rottöne – ist allerdings sehr knallig. Warum?

Da ist was Komisches passiert. Ich hatte die Gesichter weiß geschminkt, aber das Labor wußte nichts davon. Also haben sie die Farben verstärkt, um die Hauttöne rauszuholen. Wahrscheinlich war es ein republikanisches Labor. Es sollte wohl möglichst normal aussehen! Sie haben das Rot bis zum Anschlag hochgejagt. Und jedes Rosa, das aus dem Weiß sickern sollte, war knallrosa. Und jeder Mund war so rot, roter geht's nicht. Mir gefiel das. Aber ich wollte nichts sagen. Sie haben alles daran gesetzt, den Hautton rauszuholen, deshalb sieht alles gleich aus. Daher das starke Rot.

Das letzte Bild ist mir etwas unklar. Was passiert mit dem Jungen?
Er versucht ... wieder zu träumen. Einen Weg zu träumen ... das ist mir nicht gelungen. Es war so: Am Schluß liegt er mit dem Kokon da, aber ich hatte den Kokon schon vernichtet. Ich hätte einen zweiten bauen und ihn ihm über den Kopf ziehen sollen, statt dessen hab ich es mit Animation versucht. Die kleinen Zweige, die von der Seite ins Bild ragen, finde ich schön, aber den Kokon hab ich gemalt, und er ist eindeutig zu flach.
In THE GRANDMOTHER *gibt es wesentlich weniger Animation. Kommt das daher, daß Sie sich inzwischen mehr für den Realfilm interessierten – auch wenn einiges davon mit Stoptrick gemacht ist?*
Wahrscheinlich haben Sie recht. Und auch hier hat die Story mir gesagt, so muß es sein. Das war nichts Bewußtes. Nur einfach: Das stimmt hier.
In THE GRANDMOTHER *spielen Sie bereits mit der Art, wie sich Leute bewegen. Die Bewegungen der Eltern zum Beispiel haben gelegentlich etwas Bedrohliches bzw. Exzentrisches. Was hat es damit auf sich?*
Ich weiß es nicht. Das ist eben die Welt des kleinen Jungen. Seine Sicht. Und ich glaube, Eltern müssen sich auf eine bestimmte Weise bewegen. Sie bewegen sich nicht immer normal. Sie tun etwas, und man versteht überhaupt nicht, was sie eigentlich treiben. Irgendwas ist komisch: Man kriegt es nicht zu fassen, kapiert es nicht und kann nicht damit umgehen.
Beide Kurzfilme - obwohl in Farbe gedreht – sind immer noch vorwiegend schwarz.
Ja. Für die Aufnahmen zu THE ALPHABET und THE GRANDMOTHER strich ich bei mir zu Hause die Wände schwarz. Für mich ist es eine Frage des Verhältnisses – eine bestimmte Menge schwarz läßt soundsoviel Farbe zu. Vielleicht gibt es sogar eine mathematische Formel dafür. Das habe ich ausprobiert. Bei THE GRANDMOTHER habe ich mit Kreide Striche gezogen, um die Ecken anzudeuten, wo Decke und Wand aneinanderstoßen usw. – um die Türen herum.

Ich mag Farbe, nur wenn es zu bunt wird, bleibt man an der Oberfläche, und das will ich nicht. Manche Geschichten muß man in Farbe machen, BLUE VELVET etwa. Da kam Schwarzweiß gar nicht in Frage!
Die Eltern sind äußerst unangenehm. Haben Ihre Eltern den Film gesehen?
Aber ja doch.
Haben sie sich gefragt: »Hat David uns so gesehen?«
Wir haben nie darüber gesprochen, aber ich bin sicher, daß sie sich oft gefragt haben, wo das alles herkommt. Nach dem Motto, »der arme David«. Weil es nichts mit meiner tatsächlichen Kindheit zu tun hat. Aber wir bekommen eben eine ganze Menge außerhalb von zu Hause mit. Ideen sind etwas äußerst seltsames, plötzlich treten sie ins Bewußtsein, und man weiß nicht, woher sie kommen. Wo sie existiert haben, bevor wir mit ihnen Bekanntschaft machten. Sie können etwas bedeuten oder einfach Stoff für die Arbeit sein. Ich weiß es nicht.
Toby Keeler sagte einmal zu mir, Sie seien ein Ideenmensch.
Ideen sind das beste, was es gibt. Irgendwo sitzen sämtliche Ideen herum, und hin und wieder springt eine auf und tritt ins Bewußtsein. Man sieht, weiß und spürt etwas, alles zur gleichen Zeit, begleitet von einem plötzlichen Glücksgefühl, und man verliebt sich in die Idee. Es ist unfaßbar, daß man Ideen haben kann, und jemand gibt einem Geld, um einen Film daraus zu machen.
Und man muß ihnen treu bleiben, denn sie sind mehr, als man anfangs meint. Sie sind eine Art Geschenk, und auch wenn man sie nicht hundertprozentig versteht, solange man ihnen treu bleibt, klingen sie auf unterschiedlichen Ebenen wahr. Doch wenn man sie zu stark verändert, klingen sie gar nicht mehr, dann klappert es nur noch. Ich glaube wirklich, daß die Beach Boys recht hatten: »Be true to your school«. Später sagt dann vielleicht jemand: »Das verkauft sich nicht« oder: »Das spielt hundert Millionen Dollar ein.« Wenn man schon zu Anfang darüber nachdenkt, denkt man in meinen Augen über das Falsche nach.

Der Baum, die Erde und die organische Materie in Marks Zimmer in THE GRANDMOTHER *gehört später, in* ERASERHEAD, *auch zur Welt in Henrys Heizkörper. Und in* TWIN PEAKS *markiert ein kleiner Erdhügel – fast wie ein Altar – die Stelle, an der Laura Palmer ermordet wurde. Was hat es damit auf sich?*
Keine Ahnung. Die simpelste Erklärung wäre irgendetwas über meinen Vater und den Wald. Aber auch andere Menschen haben Eltern, die im Garten arbeiten, und in ihrer Arbeit kommt nichts dergleichen vor. Ich weiß es nicht.
Erdhügel mag ich einfach. Ich mag sie *wirklich*. Als wir ERASERHEAD drehten, wohnten Peggy und ich mit Jennifer in einem Einfamilienhaus in LA, in einer sauberen Gegend, das Haus war allerdings erschwinglich. Wir hatten einen runden Eßtisch aus Holz. An ihrem Geburtstag verließ Peggy aus irgendeinem Grund das Haus, und Jennifer und ich begannen, eimerweise Erde ins Haus zu tragen. Wir errichteten einen eineinhalb Meter hohen Erdhaufen auf dem Eßtisch, begruben den ganzen Eßtisch unter diesem Berg aus Erde, bohrten kleine Tunnel hinein und steckten kleine, abstrakte Tonfiguren in die Tunnel. Peggy war hin und weg, als sie nach Hause kam. Also ließen wir unser Werk monatelang stehen. Es fraß die Tischplatte an, weil es innen zu gären begann. Als wir den Berg schließlich abräumten, war der Lack ziemlich versengt. Es war eine nette Skulptur.
Woher das kommt, weiß ich nicht. Erdhügel kommen immer wieder in meinen Filmen vor, aber ich hinterfrage sie nicht. Es ist ein wiederkehrendes Motiv, und ich bilde mir jedesmal ein, es völlig neu zu entdecken. Ich kann mich nicht erinnern, es schon einmal verwendet zu haben. Und dann sagt irgendwer: »Hast du nicht schon mal zehn Pfund Erde eingebaut?« Oh! Dann sag ich: »Jetzt weiß ich nicht, ob ich's nochmal mache.« Man fängt zu zweifeln an. Schwierige Entscheidung.
Hat die Figur der Großmutter irgendwelche Vorbilder in Ihrem Leben? Im Film hat sie etwas von einer Erlösergestalt.

Ja. Großmütter sind was besonderes. Ich hatte zwei phantastische Großmütter. Und zwei phantastische Großväter. Und sie waren eng miteinander befreundet. Aber darauf beruht der Film nicht – er beruht auf den Erfordernissen der Figur – und dem, was der Prototyp hergab. Großmütter fangen wieder zu spielen an. Sie werden lockerer, und ihre Liebe ist bedingungslos. Genau das malt sich der Junge aus.
Warum muß sie sterben?
Dafür gibt es einen Grund. Das Phantasiegebilde ist durch falsche Gedanken verwest.
Hat H. Barton Wasserman Ihre Aktivitäten noch verfolgt?
Nein. Zwischen THE ALPHABET und THE GRANDMOTHER war ziemlich viel Zeit vergangen. Ich hatte ihm mittlerweile eine Kopie von THE ALPHABET gegeben, und damit waren wir sozusagen quitt. Mein Vater hatte mir auch nochmal unter die Arme gegriffen, damit ich THE ALPHABET fertigstellen konnte, weil mir wieder mal das Geld ausgegangen war.
Einer der offenkundigen Unterschiede zwischen beiden Filmen, abgesehen von technischen Verbesserungen, ist die Einführung einer durchgehenden Handlung. Hatten Sie beschlossen, fortan Geschichten zu erzählen?
Ja. Die Ideen begannen sich zu verknüpfen. Ich hatte eigentlich nicht an eine Story gedacht. Aber so, wie sie kamen, gab es so etwas wie einen Anfang, eine Mitte und ein Ende. Das war eine Überraschung. Die Story war da. Aber ich hatte es nicht vorgehabt. Ich kann mich nicht mal dran erinnern, wie sie zustandegekommen ist. Ich weiß nicht, warum ich mir die Story ausgedacht habe.
Es war das erste Mal, daß ich etwas einreichte und jemand es lesen und beurteilen würde, um zu entscheiden, ob sie dafür zahlen wollten. Man merkt, wie es in Hollywood läuft: Einer schreibt ein Drehbuch, das an einen anderen weitergegeben wird, und es setzt ein Prozeß ein, bei dem derjenige, der das Drehbuch in die Hand bekommt, es verstehen will. Deshalb werden viele Stories zu Tode erklärt. Heutzutage lesen zehn Leute das Ding, und alle müssen es verstehen. Wenn es

erst alle verstehen, ist nichts Abstraktes mehr übrig, ist es nicht mehr das, was der Autor ursprünglich wollte, das Ding enthält *bereits jetzt* 50 Millionen Kompromisse. Und keiner der zehn ist vielleicht glücklich damit. Ganz sicher nicht der, der es geschrieben hat. Das Drehbuch steckt schon in Schwierigkeiten. Sowas ist nicht gut.
Wenn man ein Buch schreibt, liest es vielleicht der Lektor oder so jemand, aber es bleibt viel unverfälschter, und man hat viel mehr Freiheit. Man kann Risiken eingehen und muß nicht alles erklären. Sobald sie die Richtung erkennen, heißt es, »Ja, ich hab es gespürt«, oder »Keine Sorge, das ist wunderbar abstrakt«, oder was auch immer.
An diesem Punkt bewegen Sie sich bereits auf die Filmindustrie zu.
Ja, aber nicht bewußt. Bewußt bewege ich mich auf gar keine Industrie zu, und ich weiß, der einzige Grund, nach LA zu gehen, war für mich, daß das American Film Institute hier sein Centre hatte. Es fing damit an, daß Tony Vellani nach Philadelphia kam und THE GRANDMOTHER sah. Er sagte zweierlei: »Ich fahre zurück, rede mit George Stevens und besorge Geld, damit Sie den Film fertigmachen können.« Und: »Sie müssen nach LA ans Centre kommen, ich werde mich dafür einsetzen.« Er sagte auch, daß er Alan Splet zum Chef der Tonabteilung machen wollte.
Gut, daß er kam.
Sehr gut sogar. Ganz ausgezeichnet.
Noch mehr Glücksgefühl.
Noch mehr Glücksgefühl. Und dann schwitzte ich eine Weile Blut, weil ich dachte, es würde nicht klappen und Tony hätte mich verarscht. Aber siehe da, es hat geklappt. Tony gab mir ein Studienverzeichnis fürs erste Jahr, und ich erinnere mich an ein Photo, das mir nicht aus dem Kopf ging. Es war ein Photo von den Stipendiaten in einem Raum, und im Kamin brannte ein Feuer. Ich bin mir nicht hundertprozentig sicher, aber einige von ihnen hatten Pullover an, und ich dachte, in Kalifornien tragen die Leute Pullover, dann muß es manchmal kühl sein abends. In mei-

ner Vorstellung war es auf dem Photo Abend. »Tolles Klima«, dachte ich, »tagsüber warm und nachts kühl – kühl genug, um einen Pullover zu tragen! Irgendetwas sagte mir, da will ich leben. Also gingen wir nach Kalifornien. Alan Splet war schon vier Wochen davor umgezogen.
Al hatte einen Blindenausweis. Er konnte sehen, durfte aber nicht Autofahren. In Philadelphia hatte er eine Zeitlang einen Packard, aber den fuhr sein Freund Bob, Al fuhr nur mit. Es machte ihm Spaß, Bob mit den linken Rädern auf der Straße und mit den rechten auf dem unbefestigten Rand fahren zu lassen. Der Packard war ein schwerer Wagen. Er hatte Stoßdämpfer wie ein Laster, aber mit optimaler Federung. Al wollte spüren, wie die Stoßdämpfer die Unebenheiten der Straße abfingen, egal wie holprig sie war.
Al ist letztes Jahr gestorben. Er hatte Krebs. Der Gute hat drei Jahre dagegen angekämpft. Ich habe Alan geliebt, er war einer meiner besten Freunde. Es machte einfach Spaß, mit Al am Soundtrack zu arbeiten, weil er diesen Enthusiasmus hatte. Aber es ist dasselbe wie die Arbeit mit Schauspielern. Man arbeitet unheimlich gern mit ihnen, und beim nächsten Mal arbeitet man plötzlich nicht mehr mit ihnen. Man arbeitet mit einem anderen. Leider kann ich mit Alan nicht mehr arbeiten.
Sie sagten einmal, der Wohnort prägt den Menschen. Los Angeles ist ein ganz spezielles, eigenartiges Umfeld. Was reizt Sie an dieser Stadt?
Ich liebe LA. Aber wie jeder Ort verändert er sich permanent. Es dauert länger als bei anderen Städten, bis man LA zu schätzen lernt, weil es so weitläufig ist und jede Gegend ihre eigene Atmosphäre hat. Was ich an dieser Stadt wirklich mag: wenn man ab und zu herumfährt – vor allem abends. Es weht der Wind der großen Zeit des Silver Screen. Die Erinnerung erwacht zum Leben. Man wünscht sich einfach, damals gelebt zu haben. Wenn man sich in die Vergangeheit zurückversetzen lassen könnte, wäre das der Ort, an den man zurückwollte. Vielleicht haben sie es damals nicht so zu schätzen gewußt, aber es muß phantastisch gewesen sein, in

der Anfangszeit des Kinos dort zu leben. Bis es umkippte, in den 50er Jahren wahrscheinlich, oder in den 60ern.
Wenn Sie Städte immer mit Angst in Verbindung gebracht haben, hatten Sie vor Los Angeles keine Angst? LA kann einem ganz schön Angst einjagen.
Es gibt so viel Licht in dieser Stadt. Natürlich jagt einem LA Angst ein, aber als ich aus Philadelphia hier ankam, spürte ich, wie die Angst von mir abfiel – die Angst, auf die Straße zu gehen. Es war eine Überraschung, rückblickend zu erkennen, unter welchem Druck ich in Philadelphia gestanden hatte. LA war wie ein Traum. Ich weiß noch, das Benzin kostete zwischen dreiundzwanzig und fünfundzwanzig Cents die Gallone. Ich hatte einen Volkswagen und konnte ihn für drei Dollar volltanken. Die Sonne schien mir auf den Rücken, der Volkswagen war vollgetankt, und ich konnte es mir leisten. Ich konnte in einen Laden gehen und mir kaufen, was ich brauchte. Ich hatte es geschafft. Mit *nichts*. Ich konnte mir alles leisten, was andere Leute auch hatten. Und dann lief etwas aus dem Ruder. Das Benzin wurde teurer, alles wurde teurer, und jetzt ist es *echt* schwierig. In bestimmten Gegenden ist es schon ein Problem, das Nötigste zum Leben zu besorgen. Aber es gab diese kurze goldene Zeit.
Wenn Sie ab 1970 wußten, daß Sie Filme machen wollten, glauben Sie, es war unvermeidlich, daß Sie eines Tages hier landen würden?
Nein. Filme kann man überall machen. Ich bin an kein Studio gebunden. Mit diesen merkwürdigen modernen Kommunikationsmitteln kann man sogar im Wald wohnen und mit seinem Agenten verhandeln und viel am Computer erledigen. Es ist wirklich wichtig, sich aufzuhalten, wo man sich zu Hause fühlt. Ich bin hier nicht groß geworden, aber ich lebe hier länger als an jedem anderen Ort. Und ich genieße es, die Vergangenheit zu spüren. Eine traumhafte Kinovergangenheit.
Sie zogen hierher, noch bevor Sie mit ERASERHEAD *begannen?*

ERASERHEAD: Ein kleiner Junge (Brad Keeler) trägt Henrys abgetrennten Kopf in die Bleistiftfabrik

Jack Nance als Henry Spencer in ERASERHEAD

Ja, ich kam 1970 hierher, mit den Dreharbeiten zu ERASERHEAD habe ich erst im Juni '72 begonnen, mit den Vorbereitungen fing ich allerdings schon '71 an.

I See Myself

ERASERHEAD

Wie ein unvermuteter Besucher von einem fernen Planeten begann ERASERHEAD 1976 seine schleichende Invasion. Der Film, der die Kritiker kalt erwischte und erste außerirdische Verbündete fand – das mitternächtliche Kinopublikum –, war ein Ereignis. Typisch für die leicht verwirrte Kritikerreaktion ist eine frühe englische Besprechung, die ERASERHEAD zwar außergewöhnliche Originalität zugestand, jedoch nur mühsam Zugang zu dessen bemerkenswertem Innenleben fand. Eine exakte bzw. sinnvolle Inhaltsangabe zu liefern, erwies sich als schwierig. Die gebräuchlichen Kriterien verwerfend, zog der Rezensent das Fazit, ERASERHEAD sei ein Film, »den man erleben, nicht erklären« müsse.

Lynch hätte sich keine bessere Resonanz wünschen können, denn sie entspricht, umgekehrt, seiner eigenen am meisten. Seine Weigerung, die Bilder, Töne und Ideen, die – oft noch während der Dreharbeiten – in seinem Bewußtsein auftauchen, zu hinterfragen, zeugt nicht nur von ihrer Authentizität, sie zeugt auch von Lynchs gelegentlicher Unfähigkeit, ihre Bedeutung in Worte zu fassen. Der Wunsch, mit seinen Filmen das Publikum »direkt anzusprechen«, verbunden mit dem Vertrauen auf die Augen und Ohren der Zuschauer, erzeugen diese seltsame Wirkung auf die Sinne.

Selbst wenn Lynch für sich selbst die Bedeutung bestimmter Sequenzen genau kennen mag, reagiert er oft mit einer Mischung aus »Weiß ich nicht/Sag ich nicht«: Das wird nirgends deutlicher als bei ERASERHEAD, seinem zweifellos persönlichsten und mysteriösesten Film. Lynch ist nicht bereit, Bildern oder Sequenzen Begriffe zuzuordnen nur um der Erklärung oder Rechtfertigung willen. Er hält dies fraglos für einen irrelevanten und überflüssigen Teil des kreativen Prozesses, wenn nicht gar für abträglich. Seine engste Umgebung hat gelernt, diese Haltung zu akzeptieren. Toby Keeler erzählt: »Ich hab ihn mal gefragt, ›Worum geht's bei

WILD AT HEART, David?‹ Darauf er: ›Um eine Stunde fünfundvierzig.‹« Oder, wie Peggy Reavey meint: »Wenn er Ihnen sagen könnte, worum es in seinen Filmen geht, würde es nicht darum gehen.«

Lynchs Weigerung, jede eindeutige Lesart von ERASERHEAD zu bestätigen oder seine eigenen Überlegungen hinter den vielen abstrakten Bildern preiszugeben, erstreckt sich über die Interpretation hinaus auf Produktionsdetails, vor allem was die Herstellung des »Babys« betrifft. Sie ist ein streng gehütetes Geheimnis, das vielleicht nur die kleine, eingeschworene Gruppe der Mitwirkenden kennt. Lynch äußert sich dazu nur unverbindlich (»Es wurde in der Nähe geboren«; »Vielleicht wurde es gefunden«). Zunächst scheint Lynch damit lediglich auf spielerische Weise das Geheimnis des Films wahren zu wollen. Es könnte jedoch auch ein Hinweis darauf sein, daß Henry Spencers Welt für Lynch noch immer so real ist, daß jede andere Erklärung schlicht undenkbar ist.

Der Kern des Teams von ERASERHEAD bestand aus Kameramann Herbert Cardwell (später abgelöst von Frederick Elmes), Sound Designer Alan Splet, Catherine Coulson (in einer Vielzahl von Rollen), Doreen Small, die für Produktionsleitung und Requisiten zuständig war, und dem Schauspieler Jack Nance. Lynchs Verbundenheit mit diesem Film rührt nicht zuletzt von seiner erklärten Liebe zu den Menschen, der Zeit und einer bestimmten Art des Filmemachens – der langsamen Art. Grund genug vielleicht, die entscheidenden Geheimnisse nicht preiszugeben.

Schon durch die endlosen Dreharbeiten verleiht der Film dem Begriff »Liebesmüh« neue Bedeutung. Mit fünf Jahren Produktionszeit gehört ERASERHEAD zu den eindrucksvollsten Beispielen für den unerschütterlichen Willen eines Regisseurs, trotz beträchtlicher Widrigkeiten seine Vision auf die Leinwand zu bringen. Über so viele Jahre hinweg mit einem so kleinen Etat eine derart hermetische Welt erzeugt zu haben, ist eine bemerkenswerte Leistung.

»Er war schon immer ein Arbeitstier«, sagt Peggy Reavey. »Er hat sich so hineingekniet, manchmal war es ganz schön

anstrengend.« Da sie bereits an den Kurzfilmen mitgearbeitet hatte, war ERASERHEAD keine sonderliche Überraschung für sie. Sie erinnert sich an einen Abend, in der schwierigen Zeit in Philadelphia, als Lynch für eine Szene einen Duschkopf, einen Vorhang und ganz spezielle Schrauben brauchte. Es war schon zwei Uhr nachts. »Am nächsten Morgen sollte die Müllabfuhr kommen, also verließ er das Haus, durchwühlte sämtliche Mülltonnen in der Straße und kam mit allem, was er brauchte, zurück. Ich war gar nicht erbaut, denn das bedeutete, daß wir weiterarbeiten mußten. Er ist ungeheuer findig und läßt sich durch nichts beirren, und er hat eine unglaublich kreative Energie, wenn es darum geht, Kräfte zu bündeln. Er war immer davon überzeugt, daß das, was er vorhat, machbar ist. Es war eine Freude zuzusehen, wie er mit so wenig Mitteln auskam.«
Die Ehe sollte an dem Endlosprojekt ERASERHEAD allerdings scheitern. »Mit David Lynch zusammenzuleben, ist ein Haufen Arbeit«, gesteht Reavey. »Jetzt hat er einen Fulltime-Stab. Wir sind immer noch gute Freunde. Ich hab nur den Job gekündigt.« Und es sind schöne Erinnerungen geblieben, zum Beispiel an ein Weihnachten aus der Anfangszeit von ERASERHEAD, als Lynch Zeitungen austrug: »David hoffte, von den Leuten, bei denen er Zeitungen austrug, ein Trinkgeld zu bekommen. Also ging ich zu ›Pick and Save‹ und kaufte Weihnachtskarten, die er an sich selbst adressierte, in der Hoffnung, ein paar zusätzliche Dollar geschickt zu bekommen. Ich glaube nicht, daß jemand was geschickt hat. Es war ziemlich hart und ein herrlicher Kontrast, wenn man an Davids heutiges Leben denkt. Ich hatte immer das Gefühl, daß David es schaffen würde, weil er imstande war, sich durch Mülltonnen zu wühlen und aufzutreiben, was er brauchte.«

RODLEY: *Für* ERASERHEAD *brauchten Sie fünf Jahre. Es muß Ihnen sehr viel an dem Film gelegen haben, um sowohl das Projekt als auch Ihren eigenen Enthusiasmus über eine so lange Produktionszeit aufrecht zu erhalten. Was lag Ihnen so sehr am Herzen?*

LYNCH: Die Welt. In meiner Vorstellung war es eine Welt zwischen einer Fabrik und einem Arbeiterviertel. Ein kleiner, namenloser, kranker, fast stummer, verlorener Ort, an dem kleine Details und kleine Qualen existierten. Und die Menschen kämpfen im Dunkeln. Sie leben in einem Grenzland, und das sind die Menschen, die mir wirklich am Herzen liegen. Henry ist eindeutig einer von ihnen. Sie verirren sich in der Zeit. Sie arbeiten entweder in der Fabrik oder werkeln an irgendwas herum. Es ist eine Welt, die weder hier noch dort ist. Sie ist aus der Luft in Philadelphia entstanden. Ich sage immer, das ist meine PHILADELPHIA STORY. Nur ohne Jimmy Stewart!
Manchmal stand ich abends am Set und stellte mir die ganze Welt darum herum vor. Ich stellte mir vor, daß ich das Haus verlasse, und es gibt nur wenig Autos – vielleicht eines in der Ferne, aber im Schatten – und ganz wenig Menschen. Die Fenster sind nur schwach erleuchtet, und es bewegt sich nichts dahinter, der Coffee-Shop ist leer bis auf einen einsamen, lallenden Gast. Es war einfach so eine *Stimmung*. Das Leben in dieser Welt ... war ganz anders. Heute geht alles so schnell beim Filmemachen, daß die Welt nicht zu ihrem Recht kommt. Sie will, daß man ein bißchen in ihr lebt, sie hat so viel zu bieten, und man ist einfach ein wenig zu schnell. Das ist schade.
Als der Romanschriftsteller J. G. Ballard BLUE VELVET *besprach, meinte er, der Film gleiche »einer Neuverfilmung von* THE WIZARD OF OZ, *mit einem Drehbuch von Franz Kafka und Francis Bacon als Ausstatter«. Kafka kommt einem bei* ERASERHEAD *zweifellos in den Sinn. Mögen Sie sein Werk?*
Ja. Der einzige Künstler, bei dem ich das Gefühl habe, daß er mein Bruder sein könnte, ist Franz Kafka – ich wage es kaum zu sagen, weil ich dann immer zu hören bekomme: »Da bist du nicht der einzige!«. Ich mag ihn wirklich sehr. Einige seiner Sachen gehören zu den spannendsten Wortgebilden, die ich je gelesen habe. Wenn Kafka einen Krimi geschrieben hätte, wäre ich sofort zur Stelle. Das würde ich gern verfilmen, keine Frage.

In gewisser Weise ist Henry mit Joseph K. in Kafkas Prozeß *verwandt – ein Mann, abwechselnd erstaunt und alarmiert durch das, was mit ihm geschieht.*
Henry ist sich ganz sicher, daß da etwas geschieht, aber er versteht es kein bißchen. Er beobachtet die Dinge sehr genau, weil er versucht, sie zu begreifen. Er könnte die Ecke dieser Kuchenschachtel studieren, nur weil sie in seinem Blickfeld steht, und sich wundern, warum er sich ausgerechnet so gesetzt hat, daß sie jetzt da steht. Alles ist neu. Es macht ihm nicht unbedingt Angst, aber es könnte der Schlüssel zu etwas sein. Alles muß unter die Lupe genommen werden. Vielleicht versteckt sich irgendwo ein Hinweis.
In ERASERHEAD *wird kaum zwischen Außen- und Innenwelt unterschieden – in* TWIN PEAKS *kommt das später noch viel stärker zum Tragen. Der Blick aus dem Fenster fällt auf eine Mauer, und auch wenn sich die Geräusche ändern, ist es in Henrys Apartment meist genauso laut wie draußen. Man hat das Gefühl, sie lassen niemals nach, es herrscht ein konstanter ...*
Druck. Wie gesagt, es ist eine Industriewelt, und es geht einiges vor sich – vieles unsichtbar, aber hörbar. Ich persönlich fand Henrys Wohnung – besser gesagt, sein Zimmer –, auch wenn Henry undurchschaubare Qualen leidet, sehr gemütlich. Ein Plätzchen zum Grübeln. Die Beklemmung läßt nicht nach, aber das gilt für uns alle. Der Druck wird immer stärker. Irgendwie würde ich ganz gern in Henrys Zimmer wohnen, mich dort aufhalten. Ich liebe Hitchcocks REAR WINDOW, weil es die gleiche Atmosphäre hat, und obwohl ich weiß, was passiert, bin ich gern in diesem Zimmer und spüre diese Zeit. Ich kann sie fast riechen.
Wie kam ERASERHEAD *zustande?*
Das Schicksal schlug wieder mal zu und war mir freundlich gesinnt. Das Centre war völlig chaotisch und desorganisiert, was toll war. Man lernte schnell, wenn man etwas auf die Beine stellen wollte, mußte man sich selbst drum kümmern. Sie wollten den Leuten Freiheit lassen. Wenn man etwas in

die Wege leitete, wurde man unterstützt. Es gab kein richtiges Programm. Es wurden den ganzen Tag Filme gezeigt, die man sich ansehen konnte. Wenn man etwas Bestimmtes sehen wollte oder empfohlen bekam, ging man hoch, und der Film war da. Der Vorführraum war phantastisch. Sie konnten alles, was auf Zelluloid existierte, zeigen. Und sie zogen wirklich seltene Kopien an Land. Der Lüster verschwand in der Decke und wurde dabei dunkel. Und sie hatten die *besten* Filmvorführer!
Das erste Jahr verbrachte ich damit, ein 45seitiges Drehbuch mit dem Titel *Gardenback* zu schreiben. Das ganze entwikkelte sich aus einem Bild, das ich gemalt hatte. Das Skript hatte eine Story, in meinen Augen, und es kam ein »Monster« darin vor, wie einige es wohl nennen würden. Wenn man ein Mädchen betrachtet, springt etwas über. In dieser Story ist dieses Etwas ein Insekt.
Dann passierte zweierlei. Caleb Deschanel las das Skript, rief mich an und meinte, er fände es gut. Er war Stipendiat am Centre und Kameramann. Er sagte, er wolle es verfilmen. Ich war einverstanden. Ich hatte mit Caleb an einem Film gearbeitet, den er für einen gewissen Gill Dennis gedreht hatte. Darin sollte eine Schlange zwischen Wand und Tapete kriechen, also baute ich die Schlange und die Deko für Gill. Es war nicht grandios, aber es erfüllte seinen Zweck. Und dann erzählte mir Caleb von einem Produzenten bei Fox, der eine Serie mit Low-budget-Horrorfilmen machen wollte. Caleb kannte ihn etwas näher und bat mich um Erlaubnis, ihm *Gardenback* zu zeigen.
Frank Daniel – der ehemalige Leiter der tschechoslowakischen Filmhochschule – war mit Abstand der beste Lehrer, den ich je hatte. Ein genialer Lehrer. Einfach unglaublich! Ich hatte nie viel für Lehrer übrig, aber Frank mochte ich, weil er in gewissem Sinne kein Lehrer war. Er erzählte einfach. Er liebte das Kino und wußte alles. Frank wollte immer mit mir über *Gardenback* reden, aber Reden war ja nicht meine Sache. Eines Tages besuchten Caleb, Frank und ich den Typen bei Fox. Und der sagte: »Ich gebe Euch

50 000 Dollar, damit Ihr den Film machen könnt. Caleb wird ihn drehen, es wird ein Liebhaberprojekt – Ihr sorgt dafür, daß alle umsonst mitmachen.« Aber er sagte auch: »Es sind nur fünfundvierzig Seiten. Ihr müßt auf 115 oder 110 kommen – es muß ein Spielfilm werden.« Ich war wie vor den Kopf geschlagen. Was meinte er damit?
Frank versuchte es mir zu erklären. Er sagte in etwa, »Du brauchst Szenen zwischen den Figuren. Sie müssen etwas sagen. Denk dir einen Dialog aus.« Ich wußte immer noch nicht, wovon er sprach. »Was sollen sie denn sagen?«, fragte ich. Und so [lacht] fingen wir an, uns einmal pro Woche zu treffen, es war eine Art Experiment, weil ich keine Ahnung hatte, worauf sie hinauswollten. Ich war neugierig, was sie zu sagen hatten. Irgendwann kam dann ein Drehbuch zustande. Gill Dennis war Schriftsteller und kam zu unseren Besprechungen. Tony Vellani saß auch mit dabei. Sie redeten auf mich ein, ich ging nach Hause und versuchte, etwas aufs Papier zu bringen.
Was ich schrieb, war nicht zu gebrauchen, aber ich lernte etwas über Dramaturgie, über Szenen. Ich weiß nicht mal genau, was, aber es sickerte ein und setzte sich fest. Das Skript war allerdings kaum zu gebrauchen. Ich wußte, ich hatte es nur verwässert. Es kam mir jetzt viel normaler vor. Die Passagen, um die es mir ging, waren noch vorhanden, aber sie waren mit dem anderen Zeug zugemüllt. Das erste Jahr war vorbei, und da stand ich nun mit dem Ding.
Am ersten Tag des zweiten Jahres kamen die alten Stipendiaten ins Haus, um die neuen kennenzulernen. Am Schluß wurden Gruppen gebildet und auf verschiedene Räume verteilt. Ich kam zu einer Gruppe von Neuen. Ich empfand das als Demütigung und verstand nicht, warum. Ich hab mich wahnsinnig aufgeregt. Mein ganzer Frust kam raus, und ich stürmte zu Frank Daniel hoch. Ich platzte einfach in sein Büro und brüllte: »Ich verschwinde. Ich hör auf«. Dann ging ich zu Alan und erzählte es ihm. »Ich verschwinde!«, sagte ich, und Alan meinte: »Ich geh mit«. Er hatte auch die Nase voll, und wir stürmten aus dem Haus.

Wir gingen ins Hamburger Hamlet, saßen da und tranken Kaffee. Es war aus.
Schließlich ging ich nach Hause, und Peggy fragte, »Was ist denn los, zum Teufel? Alle zehn Minuten ruft jemand an!« Ich sagte ihr, daß ich die Sache hingeschmissen hätte, darauf meinte sie nur: »Sie wollen dich sprechen.« Ich beruhigte mich und ging am nächsten Tag hin, ich wollte mir nur anhören, was sie zu sagen hatten. Frank sagte: »Wir müssen etwas falsch machen, wir halten große Stücke auf dich, und du bist sauer. Was willst du machen?« Ich erwiderte: »Garantiert nicht diese *Gardenback*-Scheiße – das Ding ist versaut!« »Was willst du machen?«, fragte er und ich sagte: »Ich will ERASERHEAD machen.« Darauf er: »Okay, dann mach ERASERHEAD«.
Sie hatten die Idee schon im Kopf?
Ich hatte ein 21seitiges Skript. »Das sind einundzwanzig Seiten«, sagten sie, und Tony oder irgendjemand meinte, »Das wird ein einundzwanzigminütiger Film«. Ich entgegnete: »Ich glaube, er wird länger.« Sie akzeptierten das Skript schließlich als 42minütigen Film. Das beste war – sie hatten nämlich ein schlechtes Gewissen –, daß ich die Ausrüstung des Centres benutzen durfte. Mein Freund David Khasky war für sämtliche Kameras und Kabel, die Lampen, eben für alles verantwortlich. Es war die reinste Wonne, Sachen auszusuchen und auszuprobieren. Ich hatte einen Volkswagen mit einem großen hölzernen Dachträger, auf dem tonnenweise Zeug Platz hatte. Er war eineinhalb Meter hoch mit Kabeln und Lampen vollgepackt. Im Wagen stapelte sich die Kameraausrüstung. Ich fuhr zu den Schuppen runter, lud ab, fuhr zurück und holte mehr.
Die Schuppen gehörten zu einem ehemaligen Gutshaus in der Doheny Road. Es war ein komplettes kleines Gut, mit einem Gewächshaus und einem gemauerten Gartenhaus mit Schindeldach. Aber es war alt und verrottete allmählich. Es gab Garagen mit einem großen, L-förmigen Heuboden über den Garagen, einen großen Schuppen, um Feuerholz aufzuschichten, noch eine riesige Garage und freies Gelände, da-

mit die Laster das Holz und alles anliefern konnten. Es gab ein Dienstbotenquartier und darüber Zimmer für die Angestellten von Doheny; Küchen, Badezimmer, wie ein kleines Hotel, und noch vieles mehr. Ich bekam vier oder fünf Zimmer, den Heuboden und zwei Garagen.
Die haben Sie einfach in Beschlag genommen?
Ja. Die wollte sowieso niemand. Sie standen leer. Wir hatten einen Kameraraum, einen Aufenthaltsraum, einen Schneideraum, Zimmer für die Deko, einen Vorratsraum und ein Bad. Wir waren sozusagen Herr im Haus. Ich hatte die Schuppen viele Jahre.
Man wußte, daß Sie da waren, aber man ließ Sie in Ruhe?
Ja. Sie wußten allerdings nicht, daß ich auch dort wohnte – ich wurde im zweiten Jahr geschieden und zog dort ein. Manchmal wohnte ich auch bei Jack Nance und Catherine Coulson. Al übernachtete auch oft in den Schuppen. Das war noch so eine Sache: Da Al Chef der Tonabteilung war, hatte ich Zugang zum gesamten Tonstudio, den Nagras, Mikrophonen, Kabeln usw. Und zum Tontechniker. Alles lief zu meinen Gunsten. Ich sollte das tun, was mir am meisten am Herzen lag, nämlich Filme machen. Ich hatte praktisch mein eigenes kleines Studio.
Bekamen Sie ein Stipendium für das Centre, oder mußten Ihre Eltern dafür aufkommen?
Man muß hineinkommen und sich irgendwie durchschlagen. Mein Vater lieh mir Geld – mir, Peggy und Jennifer –, und Peggys Eltern griffen uns auch unter die Arme.
Wovon lebten Sie während dieser Zeit?
Ich weiß nicht mehr, in welchem ERASERHEAD-Jahr es war, aber ich trug Zeitungen aus, das *Wall Street Journal*. Davon lebte ich. Wir drehten nur nachts, und ich hatte die Nachtschicht. Also mußte ich zu einem bestimmten Zeitpunkt mit dem Drehen aufhören und meine Runde machen, die anderen haben solange auf mich gewartet. Ich erledigte die Sache so schnell, daß ich nur etwa eine Stunde und acht Minuten weg war. Manchmal sogar nur neunundfünfzig Minuten, ich setzte alles daran, es in einer Stunde zu schaffen.

Warum drehten Sie nur nachts?
Na, weil es dunkel war! Und tagsüber war die Stadtgärtnerei da, es war laut, und es waren Leute da. Abends waren alle weg. Und es war ein Nachtfilm. Die Atmosphäre stimmte, das ist das Entscheidende.
Betrachteten Sie sich jetzt primär als Filmemacher?
Darüber hab ich nicht nachgedacht; ich habe meinen Film gemacht. Aber ich hatte immer das Gefühl, daß es da draußen Filmemacher gibt und ich nicht dazugehöre. Das war nicht meine Welt. Ich habe mich nie zum System gezählt.
Aber mit den Möglichkeiten am Centre, sahen Sie sich jetzt auch Arbeiten anderer Filmemacher an? Sie haben des öfteren Fellini erwähnt, einen Regisseur, der nicht nur gelegentlich von physischer Abnormität fasziniert war, sondern auch gern seine unmittelbare Umgebung zum Schauplatz machte. Wie in ROMA? Ja. Ich liebe Fellini. Und wir haben am selben Tag Geburtstag, wenn man an Astrologie glaubt ... Er stammt aus einer ganz anderen Zeit und hat eine italienische Sicht auf das Leben. Aber seine Filme haben etwas Besonderes. Sie haben Atmosphäre. Sie bringen einen zum Träumen. Sie sind so magisch und lyrisch, überraschend und phantasievoll. Der Mann war einzigartig. Würde man seine Filme eliminieren, würde ein großes Stück Kino fehlen. Es gibt nichts Vergleichbares. Ich mag Bergman, aber seine Filme sind ganz anders. Dürr. Dürre Träume.
Und ich halte Herzog für einen der Großen der Filmgeschichte. Der wirklich Großen. In England sah ich STROSZEK im Fernsehen. Ich hatte den Anfang verpaßt und hielt es für eine Dokumentation. Ich war nach den ersten zwei Sekunden gefesselt. Etwas derartiges hatte ich noch nie gesehen.
Später lernte ich ihn in New York kennen, und er zeigte mir ein Reisetagebuch, das er im Jahr zuvor geführt hatte: *Rocking the Perimeter of Germany.* Er hatte jeden einzelnen Tag aufgezeichnet, er muß den spitzesten Bleistift der Welt gehabt haben. Die Handschrift war gestochen klar, aber so winzig, daß man eine Lupe brauchte. Das Tagebuch war

sehr klein – etwa fünf auf fünf Zentimeter –, und auf jeder Seite standen vier- oder fünfhundert Sätze. Es war unglaublich!
Herzog kann ganz schön verrückt sein. Er hat gedroht, Leute am Set zu erschießen!
Das ist nicht verrückt! Machen Sie sich nichts vor!
Das sind alles europäische Regisseure. Hat Sie das europäische Kino damals mehr interessiert?
Ja, in bezug auf das, was ich machen wollte. Es gibt verschiedene Gründe, sich Filme anzusehen: Einfach so, und dann gibt es Filme, die einen von der Leinwand mitten ins Herz treffen. Die meisten davon kamen wahrscheinlich aus Europa.
Hat es etwas damit zu tun, daß sie nicht so plotorientiert sind wie amerikanische Filme?
Ja. Genau. Ich glaub schon.
Wie steht es mit Jacques Tati? Den erwähnen Sie auch gelegentlich.
Ja, ich liebe ihn. Seinen ganzen Stil, und wie er die Dinge sieht. Sehen Sie, auch er ist ungeheuer erfinderisch, optisch und akustisch, in Choreographie und Musik. Und diese kindliche Liebe zu seinen Figuren; das finde ich wunderbar. Ich habe seine Tochter kennengelernt. Und dann höre ich, daß er verbittert gestorben ist und daß man ihn in seinem eigenen Land nicht sonderlich geliebt hat. Es ist zum Heulen.
Wie steht es mit dem Prolog zu ERASERHEAD *und dem Mann im Planeten? Er hat offensichtlich eine zentrale Funktion. Wie hängt er mit Henrys Geschichte und dem Rest des Films zusammen?*
Es gibt einen Zusammenhang. Glauben Sie mir, den gibt es. Prolog bedeutet das, was vorausgeht, stimmt's? Genau darum geht es. Was da geschieht, ist sehr wichtig. Kaum jemand hat über den Vorspann geschrieben. Ein Kanadier, George Godwyn, hat sich damit befaßt. Er kam und unterhielt sich mit mir, interviewte Jack Nance und beschrieb seine Sicht. Ich sagte nicht viel dazu, aber ich hab ihm ein paar Fragen beantwortet. Es passieren gewisse Dinge in der Sequenz, die der Schlüssel zum Rest sind. Und ... sonst nichts.

Und die wären ...
Finden Sie es raus. [Lacht.]
Viele Interpretationen von Teilaspekten in ERASERHEAD *enden zwangsläufig bei Freud, weil es so viele offensichtliche ...*
... Dinge gibt, an denen man sich festhalten kann – psychologische Dinge, ja.
Stört es Sie, wenn die Leute dem Film mit einer Lehrmeinung begegnen? Egal welcher Couleur? Sie scheinen sich gegen jegliche Deutung Ihrer Arbeit zu wehren – besonders gegen Ihre eigene!
Nein. Die Sache ist die, ich liebe die Vorstellung, daß etwas für unterschiedliche Leute unterschiedliche Bedeutung haben kann. Das gilt doch für alles. Zum Beispiel der O. J. Simpson-Prozeß. Jeder hört dieselben Worte, sieht dieselben Gesichter und Gesten, dieselbe Wut, denselben Frust, dieselben Beweise, und jeder kommt im Kopf zu einem ganz anderen Urteil. Selbst einen ganz konventionellen Film, in dem einem alles vorgekaut wird, erleben die Leute auf unterschiedliche Weise. Das ist eben so.
Und dann gibt es Filme oder Bücher, die man einmal liest, und wenn man sie zehn Jahre später nochmal liest, hat man viel mehr davon. Man hat sich verändert; das Werk ist das gleiche geblieben. Doch plötzlich hat es viel mehr Bedeutung für einen, je nach persönlicher Verfassung. Ich mag Dinge, die einen bestimmten Kern in sich tragen. Sie müssen abstrakt sein. Je konkreter sie sind, desto unwahrscheinlicher ist es, daß sich diese Wirkung einstellt. Der Autor oder Regisseur muß es spüren, in gewisser Weise wissen und ehrlich damit umgehen. Jede einzelne Entscheidung läuft über diese eine Person, und wenn derjenige sein Werk aufrichtig beurteilt, ergibt es für ihn einen Sinn, er spürt, daß es ehrlich ist und stimmt. Wenn es erstmal an die Öffentlichkeit kommt, hat man nicht mehr den geringsten Einfluß darauf. Man kann darüber reden, es verteidigen, dies und jenes tun. Es funktioniert nicht. Die Leute mögen es trotzdem nicht. Man hat sie verloren. Man gewinnt sie nicht zurück. Zwanzig Jahre später sagen sie vielleicht, »Mein Gott! Ich hab

mich getäuscht.« Vielleicht finden sie es nach zwanzig Jahren auch grauenhaft, obwohl sie es ursprünglich mochten. Wer weiß? Man hat es nicht in der Hand.
Es gibt Dinge, die finde ich wunderschön, und ich weiß nicht warum. Manche Dinge machen so viel Sinn, und es ist schwierig zu erklären, warum. Ich habe ERASERHEAD *gespürt*, nicht gedacht. Es war ein stiller Vorgang: von meinem Inneren auf die Leinwand. Ich filmte etwas, gab ihm ein bestimmtes Tempo, fügte den richtigen Sound dazu, und dann konnte ich sagen, ob es funktioniert oder nicht. Schon um diesen Punkt zu erreichen, wird sonst endlos geredet. Und wenn man in Hollywood seine Ideen nicht aufschreiben oder stichwortartig zusammenfassen kann, oder wenn sie so abstrakt sind, daß sie sich nicht zusammenfassen lassen, haben sie keine Überlebenschance. Ein Film braucht Abstraktes, doch nur ganz wenige bekommen die Chance, das im Kino voll auszuschöpfen. Das Werk ist eine Verlängerung des eigenen Ichs, und man begibt sich in Gefahr, wenn man etwas kreiert. Es ist ein Risiko.
Besteht das Problem bei der Freudschen Analyse für Sie darin, daß dieser Ansatz die Tendenz zu der Aussage enthält: »Dies bedeutet das, weil wir alle Teil desselben ...
... kollektiven Unbewußten sind. Ja, aber die Sache ist die, wenn zwei Psychoanalytiker zusammenkommen, sind sie sich auch nicht immer einig. Es mag exakte Wissenschaften geben, aber die Seelenheilkunde gehört nicht dazu.
Können wir ein wenig über die Szenen im Heizkörper reden? Jahre später, als in TWIN PEAKS *unvermutet der Mann von einem anderen Ort auftauchte, hatte er starke Ähnlichkeit mit der Frau in der Heizung. Sie scheinen aus einer ähnlichen Gegend zu kommen. Stimmt das?*
Ja. Das Bodenmuster in Henrys Wohnung ist dasselbe wie im Roten Zimmer in TWIN PEAKS. Das ist *eine* Ähnlichkeit. Die Frau in der Heizung stand ursprünglich nicht im Drehbuch zu ERASERHEAD. Eines Tages saß ich im Vorratsraum und zeichnete die Frau in der Heizung, aber ich weiß nicht, woher mir die Idee kam. Doch als ich die fertige Zeichnung

betrachtete, ergab sie einen Sinn. Dann sah ich die Heizung vor mir – ein Gerät, um in einem Raum Wärme zu erzeugen; das machte mich glücklich – mich als Henry sozusagen. Ich erkannte die Tür zu einer anderen Welt. Ich rannte ans Set und sah mir den Heizkörper genauer an. Es gibt viele unterschiedliche Modelle, aber so einen hatte ich noch nie gesehen. Er hatte eine kleine Kammer, wie eine eingebaute Bühne. Das ist kein Witz. Sie war vor meiner Nase, und das änderte alles. Ich mußte also die Türen und die Bühne bauen und alles, was dazugehört. Eins führte zum anderen, und plötzlich war die Frau in der Heizung da.
Sie hat schlechte Haut. Wahrscheinlich hat sie als Kind starke Akne gehabt, und sie kleistert sich das Gesicht mit Makeup zu, um es zu vertuschen. Aber ihr Glücklichsein kommt von innen. Ihr Äußeres ist nicht ausschlaggebend.
Ein Film ist erst fertig, wenn er fertig ist. Man muß auf alles gefaßt sein, und man merkt, daß der Film beinahe *weiß*, wie er eines Tages aussehen wird. Zuerst entdeckt man einzelne Auschnitte – man wird ganz aufgeregt, verliebt sich und legt los –, aber der Film weiß, daß man das Ganze noch nicht vor Augen hat. Wird der Betreffende das andere auch entdecken? Man hat nur eine Möglichkeit: dranbleiben, aufpassen und es spüren. Vielleicht platzt das andere dann ins Bewußtsein. Aber es war immer da, irgendwo.
1974, als ERASERHEAD *aus Geldmangel »auf Eis lag«, drehten Sie einen wenig gezeigten Kurzfilm mit dem Titel* THE AMPUTEE. *Wie kam er zustande?*
Das AFI testete zwei verschiedene Sorten von Schwarzweiß-Videobändern. Sie wollten sich einen Vorrat zulegen, und Fred Elmes sollte das Material testen, um herauszufinden, welche Sorte angeschafft werden sollte. Fred kam zu den Schuppen runter und verkündete, er wolle am folgenden Tag die Testfilme drehen. Ich glaube, sie wollten ihm was dafür bezahlen, weil er knapp bei Kasse war. In meinem Kopf ging sofort ein Lämpchen an. Ich fragte, »Fred, was willst du denn drehen?« Er meinte: »Ach, ich weiß nicht, ir-

gendein Testbild oder sowas.« Darauf ich: »Hätten sie was dagegen, wenn du was anderes drehtest? Wie wär's, wenn ich was schriebe und wir zwei verschiedene Versionen von derselben Sache drehen würden? Dann könnten sie das Material begutachten, und wir hätten was gedreht.« Er antwortete: »Ich glaub nicht, daß sie was dagegen hätten. Das wär vielleicht sogar besser.«
Ich blieb die ganze Nacht auf und schrieb und arbeitete mit Catherine Coulson an einer Konstruktion. Das war 'ne tolle Sache, wir konnten nämlich nicht mit O-Ton drehen, deshalb filmten wir, spulten zurück und spielten die Geräusche live ein. Es war ganz schön aufregend, den Sound sozusagen im Fluge zu machen.
Worum geht es in dem Film?
Catherine sitzt in einem Sessel, sie ist beidseitig amputiert. Sie liest einen Brief durch, den sie geschrieben hat. Sie liest ihn sich laut vor, im Kopf. Ein Arzt kommt herein – das bin ich –, um die Stümpfe zu versorgen, und das war's dann auch schon. [Lacht.] Ziemlich minimal.
Catherine Coulson scheint für ERASERHEAD *sehr wichtig gewesen zu sein.*
Und wie! Jack Nance, der den Henry spielte, war ihr Ehemann. Dadurch wurde sie mit hineingezogen. Und dann merkte sie, daß sie ein ganz wichtiger, notwendiger Bestandteil war, damit das Ding zustande kommen konnte. Sie blieb von Anfang bis Ende dabei. Sie sollte eine Krankenschwester spielen. Henry und Mary sollten ins Krankenhaus gehen, um das Baby abzuholen, aber die Szene wurde nie gedreht. Catherine witzelte immer: »Wann kommt meine Szene dran?«, noch fünf Jahre später. Aber Catherine ist ein Mensch, der jeden persönlichen Wunsch zurückstellt und die Wünsche der anderen erfüllt. Wenn alle anderen tagsüber schliefen, verdiente sie Geld als Kellnerin. Sie brachte das Trinkgeld und Essen aus dem Restaurant mit und kümmerte sich um alles. Sie hat sogar mehrmals eigenes Geld in den Film gesteckt.
Zuerst hielt sie Al den Galgen. Dann ließ sie sich von Herb

Cardwell die Kamera erklären und wurde eine erstklassige Kameraassistentin. Wir waren nur zu fünft, deshalb hatte jeder einen Job. Wenn der Kamerawagen bewegt werden mußte, hatte jeder eineinhalb Jobs, damit es klappte. Wir probierten endlos. Herb war ein Pedant, wenn es um sanfte Kamerafahrten ging. Er brachte uns bei, wie wir den Wagen schieben sollten. Das Wort »sanft« wurde superwichtig: Es ging ums Gefühl. Und ohne Geld brauchten wir ewig. Alles dauerte ewig. Weil wir uns nicht richtig auskannten. Wir hatten nur unseren gesunden Menschenverstand.

Catherine Coulson erzählte, Sie hätten Jahre vor ihrem Auftritt als Log Lady in TWIN PEAKS *prophezeit, daß sie eines Tages mit einem Holzscheit in einer Fernsehserie auftreten würde. War das ein Witz?*

Nein. Die Idee kam mir während ERASERHEAD, und ich erzählte sie ihr, Jack und jedem, der es hören wollte. [Lacht.] Der Titel lautete *I'll Test My Log with Every Branch of Knowledge!* Eine halbstündige Fernsehsendung mit Catherine als Dame mit dem Scheit. Ihr Mann ist bei einem Waldbrand umgekommen, und seine Urne steht auf dem Kaminsims, neben den Pfeifen und der Zipfelmütze. Er war Holzfäller. Der Kamin ist mit Brettern vernagelt. Sie hat ein kleines Kind, aber keinen Führerschein, deshalb fährt sie mit dem Taxi. Jede Sendung sollte damit beginnen, daß sie einen Experten eines bestimmten Wissensgebietes anruft. Angenommen, diesmal ruft sie einen Zahnarzt an, allerdings vereinbart sie einen Termin für das Scheit. Das Scheit setzt sich in den Zahnarztstuhl, bekommt ein Lätzchen umgebunden, und der Zahnarzt röntgt das Scheit nach Karieslöchern und alles, was dazugehört, und der Sohn ist auch dabei. Manchmal gehen sie auch in ein Diner, aber sie kommen nie dorthin, wo sie eigentlich hinwollen. Das war die Idee. Man sollte jede Woche etwas dazulernen, verstehen Sie? Im Ernst! In einer irgendwie absurden Welt.

Wie hat sich das schließlich in TWIN PEAKS *manifestiert?*

Wir drehten den Pilotfilm und kamen an die Szene mit der Bürgerversammlung, und da kam mir plötzlich, daß Cathe-

rine darin vorkommen mußte. Sie sollte nur ein Scheit im Arm halten und das Licht ein- und ausschalten, um die Aufmerksamkeit der Leute zu erregen, sie ist nämlich ein Medium – auch wenn das zu diesem Zeitpunkt in TWIN PEAKS noch nicht vorkam. Eine Dame mit einem Holzscheit, damit mußte es eine besondere Bewandtnis haben ... Wir haben viel Resonanz bekommen, und sie wurde zu einer festen Figur.
Hat Catherine Jack Nances berühmte Frisur entworfen?
Am ersten Drehtag frisierte Charlotte Stewart Jack, aber auch Jacks Frisur war Schicksal. Ich wollte, daß ihm die Haare zu Berge stehen – an den Seiten kurz und oben lang. Jack hat Haare, wenn man die toupiert und dann kämmt, bleiben sie stehen. Es war ein phantastischer Haarschopf. Und als wir zum ersten Mal sahen, was mit der Riesenmähne angestellt worden war und wie hoch sie war, sagte ich: »Das ist es!« Nach zwei bis drei Wochen fanden wir den Haarschopf ganz normal. Wenn wir unterwegs waren, setzten wir Jack auf den Rücksitz. Er saß da, in Kostüm und Maske, und wir kutschierten ihn zum Drehort, aber wir achteten immer darauf, daß er in der Mitte saß, damit ihn niemand sah!
Jack war ein unbeschreiblicher Profi. Unglaublich! Man hatte das Gefühl, er wäre schon seit Jahrmillionen im Theater oder in alten Filmen gewesen. Er brachte stets sein Handwerkszeug mit: einen kleinen Schminkkoffer, kleine Pinsel und merkwürdige Utensilien; er breitete sie vor sich aus und machte sich an die Arbeit.
Jetzt, nach seinem Tod, wird er als Henry mehr als in jeder anderen Rolle in Erinnerung bleiben. Durch den Film erhielt er eine Art ironischen Kultstatus.
Ich betrachte Jack als einen meiner besten Freunde. Mit ERASERHEAD fing es an, und im Laufe von fünfundzwanzig Jahren haben wir sechs Spielfilme zusammen gemacht – und die Fernsehserie TWIN PEAKS. Jack war der unbesungene Held unter den Schauspielern. Sein trockener, absurder Humor wird mir fehlen, seine Geschichten und seine Freundschaft. Und alle Figuren, die er noch gespielt hätte.

Sie und Jack haben bei ERASERHEAD *ausgiebig probiert, nicht wahr? Jedes Detail wurde minutiös erarbeitet.*
Ja. Eine Zeitlang probierten wir – nur ich und Jack in diesem Raum – und legten alles fest. Die Proben dauerten eine Ewigkeit. Sie waren nicht nur wichtig für den Film, Jack liebte Details. Deshalb lösten wir das Ganze in Millimeterschritte auf. Es war irre.
Wie beim Trickfilm?
Ja, fast. Jede kleinste Einzelheit wurde geplant, und sei es nur ein Gang von der Ecke am Schrank vorbei hierher. Aber es war phantastisch. Es war bloß ein Gang, aber in Henrys Gehirn konnten dabei Millionen Dinge vor sich gehen. Wir hatten viele Strahler, die kleine Lichtkegel warfen. Herb brauchte viel Zeit zum Ausleuchten. Beide, Herb Cardwell und Fred Elmes waren Pedanten, und wir fanden unseren Rhythmus. Wenn man zwei Jahre an einem Film gearbeitet hat, findet man seinen Rhythmus. Das Pensum reduzierte sich auf ein, zwei Szenen pro Nacht. Für eine Schlüsselszene brauchten wir immer die ganze Nacht.
Der Augenblick, in dem die Dinge zu sprechen beginnen, tritt ein, wenn die Kamera läuft. Und weil die Kamera läuft, respektieren die anderen es – es hat fast was Religiöses –, alle sind freundlich und ruhig und tun ihre Arbeit, und zum ersten Mal steht es vor einem.
Stellt das diesen ersten Take nicht unter enormen Druck?
Doch. Beim ersten Take schreien dich Millionen Dinge an. Es ist merkwürdig, aber sobald man was sieht, spüren die Schauspieler meist, daß es stimmt. Weil zum ersten Mal alle wirklich an einem Strang ziehen. Da wird es ganz real. Manchmal geht es blitzschnell. Wenn etwas nicht stimmt, merkt man es ganz deutlich. Bei den Proben ging es relativ ruhig zu – wir waren ja nur zu fünft –, die Sache hat sich entwickelt und wurde bis in die subatomaren Partikel ausgearbeitet, und das liebe ich.
Wenn Sie sich die Muster ansahen, hat sich die Kerntruppe viel darüber unterhalten, was erreicht worden war und was nicht?

Ja. Ein Spruch von Herb lautete: »Beim Anschauen der Muster sollte es keine Überraschungen geben.« Vor allem, wenn man zuvor Probeaufnahmen gemacht hat und die Sache läuft. Das Labor weiß, was man sich vorstellt. Sie entwickeln den Film entsprechend und ziehen eine Kopie. Da gibt es keine Überraschungen. Meistens gab es auch keine. Aber wie gesagt, manches mußten wir nochmal drehen, das war echt ärgerlich, weil wir beim ersten Mal so lange dafür gebraucht hatten. Und wenn man bei Schwarzweiß was sehen will, muß man es ausleuchten. Es gibt so viel dunkle Szenen in dem Film. Die Farben trennen sich automatisch.
Ich habe gehört, Sie hätten der gesamten Mannschaft vor Drehbeginn SUNSET BOULEVARD *gezeigt. Warum diesen Film?*
SUNSET BOULEVARD gehört zu meinen fünf Lieblingsfilmen, keine Frage. Aber es gab keinen konkreten Zusammenhang zu ERASERHEAD. Nur das Schwarzweißerlebnis einer bestimmten Atmosphäre.
Die Figuren in SUNSET BOULEVARD *bewohnen eine ganz eigene Welt; ein totes Hollywood. Eine Vergangenheit.*
Ganz recht. Der Film ist wie eine Straße in diese andere Welt, eine wunderschöne Straße. Ich unterhielt mich mit Billy Wilder, die Villa lag nicht mal am Sunset Boulevard. Ich wünschte, ich hätte das nie erfahren. *Natürlich* stand sie am Sunset Boulevard. Da steht sie doch! Und sie steht noch immer da.
Ich habe mich gefragt, ob es einen Zusammenhang mit dem Prolog des Films gibt. Die Geschichte wird von einem Toten erzählt; vielleicht »träumt« oder erfindet er den ganzen Film für uns.
Vielleicht, ja. Kann was dran sein. Irgendeine Ähnlichkeit muß es ja geben, weil ich den Film so liebe. Aber ich weiß nicht, welche.
Träumt Henry den Film? Oder ist Henry ein Traum?
Sehen Sie, die Frage kann ich nicht beantworten.
Was ich fragen will, ist, aus welcher Perspektive wird der Film erzählt? Manchmal ist das schwer festzustellen.

Umso besser. Ich wüßte gar nicht, was ich dazu sagen sollte. Als Schriftsteller würde ich die Geschichte vielleicht in der ersten Person erzählen, oder in der dritten ... keine Ahnung. Es ist, wie es ist.

Wenn Sie sich selbst auf eine Interpretation des Geschehens festlegen, bevor Sie mit dem Drehen beginnen – oder währenddessen –, haben Sie das Gefühl, daß Sie das in Ihren Möglichkeiten beschränkt?

Ja, aber sehen Sie, darüber denke ich gar nicht nach. Und ich kann Ihnen nicht einmal so recht sagen, wie ich darüber nachdenke. Ich weiß jedenfalls genug, um den Leuten sagen zu können, was sie in einer Szene tun sollen. Und wenn sie es dann tun, weiß man genug, um sagen zu können: »Hier stimmt es, und hier stimmt es nicht«. Man könnte dem Schauspieler natürlich sagen: »Es stimmt nicht, weil ...« und Gründe nennen. Statt dessen benutzt man eine Analogie, die nichts damit zu tun hat, aber sie kapieren, worum es geht. Und wenn sie es dann richtig machen, wissen sie oft gar nicht, wie richtig es ist, aber es stimmt.

Wie stark haben Sie an der Sprechweise der Figuren gearbeitet? Die wenigen Sätze werden auf ganz eigene Art gesprochen.

Ich brauchte eine ganz bestimmte Sprechweise. Sie entstand bei den Proben. Es gab viele Sprechweisen, die völlig falsch gewesen wären. Also arbeitet man so lange, bis sie zur Figur und zur Atmosphäre paßt. Man probiert Phrasierungen, laut und leise, dieses und jenes. Man kann den Dialog auch als eine Art Toneffekt oder musikalischen Effekt betrachten. Und doch hat er viel mit der Figur zu tun. Wenn der Weg erst gefunden ist, sprechen sie auch richtig. Man hofft natürlich, das alles möglichst früh zu finden und festzulegen.

Der Soundtrack hat eine große Dichte. Eine kontinuierliche, fast unterschwellige »Gespenstigkeit«.

Gespenstisches fasziniert mich – das, was man »Raumton« nennt. Der Ton, den man hört, wenn Stille herrscht, zwischen Wörtern oder Sätzen. Es ist eine heikle Angelegenheit,

denn in diesen scheinbar stillen Ton können Gefühle eingebracht werden und es kann das Bild einer größeren Welt entstehen. All das ist wichtig, um diese Welt zu erzeugen.
Eines dieser Gespenster ist anscheinend Elektrizität: das Geräusch und die Ladung von elektrischem Strom. Bei ERASERHEAD *manifestiert sich zum ersten Mal Ihre diesbezügliche Faszination. Was hat es damit auf sich?*
Ich versteh es auch nicht ... da kommen Dinge ins Haus ... Dinge, die woanders gebaut oder hergestellt werden und alle etwas über die Zeit, über das Leben erzählen. Und wenn dann etwas nicht in Ordnung ist, wenn sie nicht richtig funktionieren, kann das auch etwas bedeuten.
Ich habe zufällig ein Faible für Elektrizität, aber von den neuen Steckdosen in Amerika bin ich nicht begeistert. Ich mag die Elektrizität der 40er und 50er Jahre. Und die Schornsteinindustrie. Ich mag Feuer, Rauch, und ich mag den Lärm. Doch die Geräusche sind leiser geworden. Das Geräusch eines Computers ist eine Micky Mouse im Vergleich zu einer Ladung Starkstrom. Es gibt viel Strom, aber er ist anders, er geht mir nicht ans Herz.
In vielen Szenen Ihrer Filme ist die Elektrizität defekt: Bei TWIN PEAKS *flackert die Neonlampe im Obduktionssaal, in Dorothy Vallens Apartmenthaus in* BLUE VELVET *summen die Glühbirnen. Stromstöße scheinen drohende Gefahr oder Entdeckung anzukündigen, wie die Strobelight-Effekte, die Sie ständig in* TWIN PEAKS *verwenden.*
Genau, ganz genau. So ist es. Was es bedeutet, weiß ich nicht.
Elektrizität steht mit dem Unerklärlichen in Zusammenhang.
Ja, aber Wissenschaftler verstehen das nicht. Sie sagen: »Das sind in Bewegung gesetzte Elektronen«. Doch auch sie erreichen den Punkt, wo sie zugeben müssen: »Wir wissen nicht, warum es so ist«. Ich bin kein Wissenschaftler und habe mich mit keinem Stromfachmann unterhalten, aber Elektrizität ist eine Macht. Wenn Elektronen an einem Draht entlanglaufen – haben sie diese Kraft? Es ist erstaunlich. Wie kamen eine

Steckdose oder ein Stecker zu ihrer Form? Oder Glühbirnen: Ich spüre, wie die umherschwirrenden Elektronen mich treffen. Wie unter einer Hochspannungsleitung. Wenn man mit verbundenen Augen auf der Autobahn fahren und sich wirklich konzentrieren würde, würde man spüren, wann man unter der Hochspannungsleitung durchfährt. Eine solche Menge Strom ist beunruhigend – das weiß man jetzt. Da wächst ein Tumor im Kopf. Nur weil man den Strom nicht sieht, heißt das noch lange nicht, daß er einen nicht umhaut.
Durch die Assoziation mit Killer Bob in TWIN PEAKS *bekommt er etwas Böses.*
Ja, wenn Bob in der Nähe ist, passiert Merkwürdiges. Vielleicht treffen da zwei Welten zusammen. Da ist kein Tanz im Wohnzimmer an einem normalen Sommerabend. Da geschehen ganz andere Dinge. Ein Luftzug, eine Störung, und plötzlich kommt alles mögliche von draußen rein.
Wenn man bedenkt, daß sich die Produktion von ERASERHEAD *über fünf Jahre erstreckte, muß es doch sehr schwierig gewesen sein, eine in so hohem Maß hermetische Welt aufrecht zu erhalten.*
Es war grauenhaft. Trotzdem rede ich gern über ERASERHEAD, weil es mich in eine wunderbare Zeit zurückversetzt, mit großartigen Erinnerungen. Aber dazwischen, wenn wir wieder mal pleite waren, war ich immer wieder erstaunt, wieviel sich über die Jahre hinweg hielt. Jacks Frisur hat sich nicht plötzlich geändert, und die Schuppen und das American Film Institute waren auch noch da. Es gab eine Szene, da geht Henry den Flur entlang, dreht den Türknopf und eineinhalb Jahre später tritt er durch die Tür! Da kann einem himmelangst werden, wenn man die Atmosphäre erhalten will und alles stimmen muß, damit es nach fünf Jahren noch zusammenpaßt. Das ist ziemlich schwierig.
Hatten Sie dazwischen die Hoffnung aufgegeben, den Film je fertigstellen zu können?
Mehr als einmal. Einmal wollte ich einen zwanzig Zentimeter großen Miniatur-Henry bauen und ihn per Trick durch Miniatursets aus Pappe laufen lassen, um die fehlenden Sze-

nen einzubauen. Bei jedem Film gibt es schwierige Zeiten, selbst nach jedem Film. Nicht allen gefällt, was man gemacht hat, und negative Resonanz hat große Wirkung. Selbst das Positive zerrt an den Nerven, denn dann will man beim nächsten Mal wieder gut ankommen. Man muß ausschließlich an die Arbeit denken, auch wenn es nicht immer leicht fällt. Bei THE ELEPHANT MAN hab ich manchmal gedacht, ich schaff es nicht, ebenso am Ende von DUNE. Ich hatte so viel reingesteckt, und es wurde eine solche Enttäuschung. Heute denke ich, ich hätte mich nicht so lange mit ERASERHEAD aufhalten sollen. Ich hätte in der Zeit lieber mehr Filme machen sollen, aber dazu kam es nicht. Es war extrem frustrierend, so lange bei der Stange zu bleiben. Ich konnte nichts Neues in Angriff nehmen, weil ERASERHEAD nicht fertig war. Ich hatte nichts vorzuweisen. Ich sah, wie die Welt an mir vorbeizog, und versuchte Geld aufzutreiben und kam schrittchenweise voran.

Wenn man sich allerdings die Kontaktabzüge der vielen hundert Photos ansieht, die während der Dreharbeiten entstanden, lächeln Sie buchstäblich auf jedem.

Ich war eine Frohnatur. Wollen Sie mich auf den Arm nehmen? Ich ließ nur ganz selten den Kopf hängen. Und damals hab ich alles selbst gebaut. Ich bat Jack um Hilfe bzw. Fred oder Catherine. Wir haben unser eigenes Stück auf die Beine gestellt, verstehen Sie? Es war phantastisch. Ich hatte den Job als Zeitungsausträger. Und Sojabohnen. Damals gab es für mich nur Sojabohnen. Sie sind sehr schwer verdaulich – ich kann sie wirklich nicht empfehlen! Geröstete Sojabohnen aus dem Glas, zu einem vernünftigen Preis, und ich wußte, daß sie gesund waren, also hab ich sie gefuttert. Es war keine schlechte Zeit.

Aber Sie mußten auch an Peggy und Jennifer denken. Haben Ihre Eltern Ihren Entschluß unterstützt, einen Film, eventuell auf Kosten der Familie, zu machen?

Eines Abends besuchte ich meine Eltern. Mein Bruder und meine Schwester waren auch da – das kam selten vor. ERASERHEAD dümpelte schon eine ganze Weile vor sich hin,

immer, wenn wir genug Geld hatten, machten wir stückchenweise weiter. Aber ich hatte Jennifer, und kein Geld. Mein *jüngerer* Bruder und mein Vater ließen mich im dunklen Wohnzimmer Platz nehmen. Mein Bruder arbeitet jetzt bei Boeing, er ist sehr verantwortungsbewußt. Er hat eine äußerst merkwürdige, experimentelle Ader, trotzdem ist er sehr verantwortungsbewußt.
Sie ließen mich Platz nehmen und erklärten mir, ich solle die Idee mit dem Film endlich aufgeben und mir eine Arbeit suchen. Ich war tief getroffen. Es wurde ein sehr emotionaler, grauenhafter Abend. Doch das Ergebnis war, daß ich es einfach nicht konnte. Ich lebte schon wer weiß wie lange im ERASERHEAD-Land. Aber sie hatten die Karten auf den Tisch gelegt, und ich wußte, woran ich war. Ich fühlte mich noch mehr auf mich allein gestellt.
Es ist nochmal gutgegangen, aber es hätte auch das Ende sein können. Meine Devise war immer, man kann nichts Neues anfangen, solange man mitten in einem Projekt steckt. Man ist gefangen, bis man die Sache zum Abschluß gebracht hat.
Was sagten Ihre Eltern, als der Film fertig war?
Außer an jenem Abend, als es mehr um Jennifer und meine Exfrau Peggy ging, haben mich meine Eltern enorm unterstützt. Mein Vater hat den halben THE ALPHABET finanziert, und in meiner Zeit am AFI bekam ich einen monatlichen Zuschuß. Er hat mir immer Geld gegeben. Er notierte sich, wieviel ich ihm schuldete, und es war einer meiner glücklichsten Tage, als ich meinem Vater die Schulden zurückzahlen konnte. Es hätte ihm nichts ausgemacht, wenn ich es nicht getan hätte, aber es war phantastisch! Meine Eltern verstehen die Filme nicht unbedingt oder warum ich sie mache, aber sie unterstützen mich trotzdem.
Soviel ich weiß, mußte das AFI den Film wegen Komplikationen mit der Produktion von Spielfilmen stoppen. Was war da genau los?
Meine Welt war sehr klein, aber draußen, in der großen Welt, war EASY RIDER herausgekommen. Und EASY RIDER sollte Folgen für das American Film Institute haben, denn

das AFI wollte Spielfilme machen. Ich glaube, sie hatten eine Vereinbarung mit ein paar Studios, die Spielfilme mit 250 000 bzw. 500 000 Dollar finanzieren wollten. Und dann hörte das Studio plötzlich, wie wenig EASY RIDER gekostet hatte, und sie sagten: »Moment mal!« Ich weiß nicht, was sie nach diesem »Moment mal!« gesagt haben, jedenfalls wollten sie das AFI nicht mehr sponsern. Sie hatten wahrscheinlich Angst, das AFI könnte Filme produzieren, die gut genug wären, ihren eigenen Produktionen Konkurrenz zu machen. Dann kamen die Gewerkschaften an: »Wenn wir euch beim AFI Ausrüstung und Fachwissen zur Verfügung stellen, okay, aber wenn Ihr uns mit Euren Filmen dann Konkurrenz macht, finden wir das nicht mehr okay.« Also gab das AFI die Order aus: keine Spielfilme mehr.
Stanton Kaye war ein Regiestipendiat am Centre, er hatte grünes Licht für den ersten AFI-Spielfilm bekommen. Es war eine Riesenproduktion, sie hieß PURSUIT OF TREASURE. Der Film sollte in Utah gedreht werden, aber es gab von Anfang an Probleme. Erhebliche Probleme! Einmal hatten sie niemanden, der ihnen die Goldbarren baute – den Schatz. Tony Vellani fand heraus, daß ich Gipsabgüsse machen konnte. Also wurde ich nach Utah geflogen und fabrizierte mit einem gewissen Happy im Keller eines Hotels Goldbarren. Es war ziemlich verrückt! Irgendwann hatte ich die Nase voll und sagte: »Weißt du was, mein Freund Jack Fisk kann auch Abgüsse machen. Ich laß ihn holen.« Jack wollte Ausstatter werden, er war genau der Richtige. Er übernahm den Job, und ich flog heim. Der Film wurde nie fertig, obwohl er viel Geld kostete. Das war ein weiterer Nagel im Spielfilmsarg des AFI.
Und als es so aussah, als ob ERASERHEAD ein ausgewachsener Spielfilm würde, mußten sie sich davon distanzieren. So kamen wir auf die »Produziert in Zusammenarbeit mit ...«-Variante. Und dann übertrafen sie sich selbst. Weil ich Geld auftreiben mußte und meine Beteiligung sich rapide in Luft auflöste, schenkten sie mir 40 von ihren 50 Prozent. ERASERHEAD gehört mir demnach zu 90 Prozent. Die Leute

verdienen immer noch dran. Jeder, der in den Film investiert hat, hat sein Geld zurückbekommen und einen Profit gemacht. Und es ist noch nicht vorbei. Schon erstaunlich, daß das Ganze ein so gutes Ende nahm.
Was ist mit dem Baby? Wie wurde es gemacht?
Darüber will ich nicht reden.
Angeblich wollte sogar Stanley Kubrick es wissen ...
Kubrick hat mir ein großes Kompliment gemacht. Kurz vor Drehbeginn zu THE ELEPHANT MAN in England tauchten ein paar Leute von Lucas Films auf. Sie kamen vorbei, um Jonathan Sanger zu besuchen, und begrüßten mich. Wir unterhielten uns im Flur der Lee International Studios in Wembley, da sagten sie: »Wir sind froh, Sie angetroffen zu haben, David. Gestern trafen wir draußen in den Elstree-Studios Kubrick. Wir unterhielten uns, und er fragte, ›habt Ihr Lust, heut abend bei mir meinen Lieblingsfilm anzuschauen?‹« Sie gingen hin. Es war ERASERHEAD. Ich schwebte im siebten Himmel. Kubrick ist für mich einer der allergrößten! Fast jeder seiner Filme gehört zu meinen Top Ten.
Um kurz auf das Baby zurückzukommen. Geht es darum, daß nicht darüber geredet werden soll, oder was?
Nichts unternommen werden soll. Ich will Ihnen den Hauptgrund nennen. Man macht etwas, aber ...
Sie haben es also gemacht? Es ist Ihr ...
Nein. Ich hab nichts gesagt. Ich sag überhaupt nichts.
Ich dachte, Sie hätten es gemacht. Es sei Ihre Schöpfung?
Das hab ich nie gesagt und werde es auch nicht tun. Es kann genauso gut jemand anderer gewesen sein. Vielleicht wurde es gefunden. Jedes Kind weiß heute, wie soetwas gemacht wird. Findet heraus, daß das Haus nicht am Sunset Boulevard steht. Oder wie bei CLIFFHANGER. Die Reportage über die Helikopterszene haben mehr Leute gesehen als den Film selbst! Zauberer behalten ihre Geheimnisse für sich. Sie wissen, sobald sie sie verraten, sagt irgendjemand: »Wollen Sie mich verarschen?« Ich finde das grauenhaft. Die Leute merken es gar nicht, aber sobald sie das Geheimnis erfah-

ren, stirbt etwas in ihnen. Sie sind toter als zuvor. Sie freuen sich nicht über ihr Wissen. Sie sind froh, es nicht zu wissen. Und sie *sollen* es nicht wissen. Weil es nichts mit dem Film zu tun hat und den Film nur *ruiniert*! Wozu sollten sie darüber reden? Sowas ist grauenhaft! Jack Nance sagte immer, »Es kann genauso gut eine Socke mit zwei Knöpfen sein!« [Lacht.]
Und trotzdem, Sie haben es selbst gesagt, wo es ein Geheimnis gibt, existiert ein enormes Verlangen, mehr zu erfahren.
Es gibt Geheimnisse, wenn man die herausfindet, gewinnt man etwas, das den Verlust durch das Wissen aufwiegt. Das ist eine andere Art von Geheimnissen. An die glaube ich auch. Aber darüber zu reden, wie gewisse Dinge in einem Film gemacht wurden, nimmt dem Film viel.
Ich habe irgendwo gelesen, Sie hätten während der Arbeit an ERASERHEAD *eine Katze seziert, um eine Vorstellung vom Gewebe zu bekommen.*
Ich habe alle Körperteile studiert, die Membranen, das Fell, die Haut, und es gibt viele Gewebe, die einerseits ziemlich unappetitlich sind, wenn man sie jedoch isoliert und von einem abstrakteren Standpunkt betrachtet, sind sie total schön.
Ihre Tochter Jennifer sagte einmal in einer Dokumentation, ERASERHEAD *trage stark autobiographische Züge – der Kunststudent als Vater wider Willen – und daß sie die Inspiration zu dem Baby geliefert hätte, weil sie mit Klumpfüßen auf die Welt gekommen sei. Das ist sehr 1:1 gedacht, nicht wahr?*
Sicher. Klar, da der Mensch lebt und Dinge in seiner Umgebung wahrnimmt, kommen ihm Ideen. Aber dann müßte es 100 Millionen ERASERHEAD-Stories geben. Jeder, der ein Kind hat, macht ERASERHEAD? Das ist lächerlich! Das ist doch nicht alles. Da kommen Millionen Dinge zusammen. Jede Familie hat eine andere Art, sich mit sich und den Problemen auseinanderzusetzen.
Aber Peggy und Sie haben sich während ERASERHEAD *getrennt?*
Ja, so etwa nach dem ersten Jahr.

Für einen Außenstehenden muß es sehr schwierig gewesen sein, sich in der »hermetischen« Welt von ERASERHEAD *zurechtzufinden. Besonders, wenn nachts gedreht und tagsüber geschlafen wird.*
Ja. Vielleicht war das mit ein Grund. Aber wir haben uns in aller Freundschaft getrennt und sind bis heute Freunde geblieben.
War es in dieser ersten Zeit sehr schwierig, auf die einzig mögliche Art einen Film zu machen und gleichzeitig ein Privatleben als Ehemann und Vater aufrechtzuerhalten?
Schwierig? [Lacht.] Sehen Sie, ich wollte nie heiraten. Ich hatte mir ein ganz anderes Leben vorgestellt. Ich wollte wirklich ein sogenanntes »Künstlerleben« führen und ganz darin aufgehen. Vater zu werden ist ein physischer Schock. Aber ein schöner Schock. Aus diesen kleinen Geschöpfen werden Leute, und dann macht es wirklich Spaß, sich mit ihnen zu unterhalten. Das ist richtig nett.
Sie haben wieder geheiratet, Mary, die Schwester von Jack Fisk, und bekamen einen Sohn, Austin. Wann war das?
'77. Die DUNE-Periode.
Das war sicher nicht einfach, aber auf ganz andere Art.
Wir fingen im Valley in LA an, aber Marys Eltern, ihr Bruder und alle anderen waren noch in Virginia, und irgendwann fand Mary die Farm. Ich liebte den Flecken. Sieben Hektar! Wirklich toll. Sie zogen ein, aber ich mußte wegen DUNE nach Mexiko City. Wir haben uns eine Zeitlang kaum gesehen.
Fällt es Ihnen heute leichter, alles unter einen Hut zu bringen?
Es ist leichter, denn beim Aufstieg will man so wenig Gepäck wie möglich. Man hat alle Hände voll zu tun. Später hat sich so manches erledigt, und wenn einem das etwas Sicherheit gibt in dieser seltsamen Welt, dann ist es leichter. Aber es gibt noch immer sehr viel zu tun, und man braucht Zeit zum Nachdenken. Man muß Ideen bekommen, und da sind Ablenkungen tödlich. Schlicht tödlich!
Sissy Spacek, die Jack Fisk geheiratet hat, taucht bei ERA-

SERHEAD *im Nachspann auf. In welcher Form hat sie bei dem Film mitgewirkt?*
Als die beiden noch nicht verheiratet waren, brachte Jack Sissy eines Tages mit ans Set. Jack verdiente viel Geld als Ausstatter, Sissy verdiente viel Geld als Schauspielerin. Jack arbeitete für Billy Friedkin, der zwei oder drei Filme vorbereitete. Friedkin war damals eine große Nummer, und einer der Filme war irgendwas Surrealistisches. Sie sahen sich jede Menge Magrittes an, Jack schleppte Bücher und dergleichen an. Er war für mehrere Wochen engagiert und wurde gut bezahlt, brauchte das Geld aber nicht. Er hatte ein schlechtes Gewissen, weil er nicht viel dafür tat. Also gab er mir die Schecks. Auch Sissy sprang manchmal ein. Als Jack den »Mann im Planeten« spielte, bediente sie die Klappe und half mit. Die Maske im Gesicht und am Körper, die ich ihm für die Szene verpaßt hatte, verursachte ihm große Schmerzen. Er brauchte drei Tage, um sich davon zu erholen!
Warum haben Sie mitten in der Produktion den Kameramann gewechselt und Herb Cardwell durch Frederick Elmes ersetzt?
Herb stand neun Monate hinter der Kamera. Er war einer der merkwürdigsten Menschen, die mir je begegnet sind. In punkto Fachwissen ein Genie. Er konnte wissenschaftlich erklären, wie das mit dem Licht funktioniert, wenn es auf das Motiv und den Film trifft. Und was beim Entwickeln und Kopieren vor sich geht. Er wußte einfach *alles*. Er konnte komplizierte Apparate entwerfen und bauen. Er wußte viel mehr, als er für seine Zwecke brauchte. Sein Gehirn sog die Informationen, die Fakten auf wie ein Schwamm. Es machte ihn todmüde, aber er konnte nicht anders, er nahm einfach alles in sich auf. Ein echt toller Typ. Aber Herb ging das Geld aus, und eines Tages kam er zu mir und sagte, er müsse aussteigen. Wir hatten kein Geld. Er nahm einen Werbefilm an, der in Rio gedreht werden sollte. Fred Elmes gehörte zu den Stipendiaten des nachfolgenden Jahrgangs am AFI, und Tony Vellani meinte, er wäre der be-

ste Ersatz. Also arbeitete Herb Fred zwei Wochen lang ein. Sie waren sich sehr ähnlich, seltsamerweise.

Herb fuhr mit beiden Füßen Auto. Mit dem linken bremste er, mit dem rechten gab er Gas. Außerdem ist er ein ausgezeichneter Pilot und der sanfteste Fahrer, mit dem ich je gefahren bin. Wie oft wird man beim Abbiegen quer über die Sitzbank geschleudert? Nicht bei Herb. Er hat eine Art, in der Kurve zu beschleunigen, daß man nicht das geringste merkt. Wenn man es nämlich merkt, kriegt man einen flauen Magen und verkrampft sich. Autofahren verkrampft. Bei Herb merkte man plötzlich, daß es auch anders geht. Einfach *unglaublich*!

Es gibt viele wunderbar mysteriöse Geschichten über Herb. Wenn wir bei ERASERHEAD fertig waren mit Drehen, kam Herb oft nicht mit nach Hause – Alan und Herb wohnten zeitweilig bei uns, manchmal war auch mein Bruder da -, sondern ging irgendwoanders hin. Keiner wußte, wo Herb sich rumtrieb. Wenn er wiederkam, war er meistens müde. Er erzählte irgendwas, aber es klang immer ziemlich rätselhaft. Ich weiß heut noch nicht, was er getrieben hat. Jeder, einschließlich seiner Frau, hielt es für möglich, daß Herb ein Doppelleben führte. Wenn es so war, hat er es enorm gut geheimgehalten. Der Mann war ein Rätsel.

Später bekam er einen Job, bei dem er viel herumflog. Er installierte in Flugzeugen 16-mm-Projektoren, mit denen alte Filme gezeigt werden. Das war vor den Videos. Zuerst baute er mit fünf Kollegen neue Systeme in die Flieger ein, dann flog er mit und reparierte sie, wenn etwas nicht funktionierte. Einmal flogen sie nach England, landeten in Gatwick und fuhren zu einem Hotel in der Nähe des Flughafens. Am nächsten Tag sollten sie sich zum Frühstück treffen, in den nächsten Flieger steigen und woandershin fliegen. Herb kam immer zu spät. Immer. Da saßen sie nun alle beim Frühstück, nur Herb fehlte. Sie riefen in seinem Zimmer an, keine Antwort. Sie riefen nochmal an. Wieder nichts. Also gingen sie hoch und klopften an die Tür. Schließlich holten sie den Manager. »Wir können den Kerl nicht finden, wir waren mit ihm zum Frühstück verabredet. Vielleicht sollten Sie mal aufschließen.« Der Manager schloß auf, und Herb war tot. Er lag tot im Bett. Es wurden zwei Obduktionen durchgeführt, doch niemand weiß, woran er starb.

Als der Film fertig war, standen Sie vor dem Problem, ihn unter die Leute zu bringen. Das muß ein seltsames Gefühl gewesen sein, nachdem Sie sich so lange in dieser hermetischen Welt aufgehalten hatten. Jetzt mußte Ihre Schöpfung in die Welt hinaus. Wie ging das vor sich?
Zuerst versuchte ich, ihn in Cannes unterzubringen. Ein paar Festspielvertreter kamen ans AFI, als wir gerade beim Mischen waren. Wir haben den kompletten Film in acht Tagen gemischt, alles war so gut vorbereitet, daß es leicht zu schaffen war. Ich hab die Leute reingelassen, weil sie so sympathisch waren, ich mochte sie auf Anhieb. Sie gehörten zur Directors Fortnight oder sowas. Und sie machten ein paar sehr nette Bemerkungen über ERASERHEAD.
Dann führten wir ihn einem Freund von Terrence Malick vor – seinem Geldgeber, glaube ich. Terry versuchte mir beim Geldauftreiben zu helfen und meinte: »Zeig dem Mann ein paar Szenen, vielleicht hilft er dir.« Aber Terry hatte noch nichts gesehen. Wir stellten mehrere Szenen zusammen, und als der Typ kam und Platz nahm, zitterten mir die Knie. Ich stand am Mischpult mit Al, der den Soundtrack improvisierte. Da steht der Typ mitten im Film auf und schreit, »So verhält sich kein Mensch! So verhält sich kein Mensch! Das ist Bockmist!« Und geht raus. Er war stocksauer. Ron, der Vorführer oben, hörte es, und alle sahen sich gegenseitig an. Ich dachte, »Mann! Das wird echt schwierig werden.«
Al und ich wußten nichts über Cannes, aber es war unser Ziel. Dann wurde ich ziemlich krank, und ERASERHEAD war keine Tonkopie – wir hatten zwölf Filmrollen und zwölf Tonrollen. Also besorgte ich mir einen Einkaufswagen aus dem Supermarkt. Ich ging sogar hoch zum Filialleiter und erklärte ihm, wozu ich ihn brauchte: ich müsse nach New York und hätte so viel Filmmaterial. »Wenn Sie wüß-

ten«, sagte er, »wieviele von den Dingern geklaut werden, und da kommen Sie und fragen um Erlaubnis? Klar können Sie ihn mitnehmen, ich weiß, Sie bringen ihn zurück!«
Ich lud den Einkaufswagen voll und hob das letzte Geld von der Bank ab für das Ticket nach New York – den »red eye«. Ich wartete, bis der Vorführraum aufmachte, fuhr downtown und gab den Film ab. Der Vorführer war der einzige, den ich sah, er sagte: »Legen Sie ihn da zu den anderen, ich führ ihn vor, sobald ich kann.« Ich sah, daß fünf Filme vor mir dran waren. Den ganzen Tag bin ich vor dem Kino auf- und abgelaufen, ernährte mich von Kaffee und Doughnuts und hatte eine totale Matschbirne. Endlich, so gegen vier Uhr nachmittags, kam ERASERHEAD dran. Ich horchte an der Tür, ging rein und wieder raus, es dauerte eine Ewigkeit! Ich bin eine Millionen Tode gestorben. Endlich war es vorbei, ich saß in der Maschine und flog zurück nach LA. Drei Tage später, nachdem ich telefonisch versucht hatte herauszufinden, ob sie was gesagt hätten, sagte man mir, es sei gar niemand im Kino gewesen! Kein Schwein war da! Sie waren zwei Tage zuvor abgereist und der Vorführer spielte vor leerem Haus! Das war's also mit Cannes.
Dann wurde ich beim New York Film Festival abgelehnt, worauf Mary meinte: »Wie wäre es mit dem Los Angeles Film Festival«? »Das geht nicht«, erwiderte ich, und sie, »heute ist Einsendeschluß. Ich pack das Zeug ins Auto, und wir fahren hin«. Ich sagte: »Okay, ich bin in Cannes und New York abgelehnt worden, warum nicht auch hier«. Ich fuhr also hin und erzählte ihnen meine Story. Da meint der Typ: »Moment mal! Wir sind weder das New York Film Festival noch Cannes. Wir schauen uns den Film an. Keine Panik.« Und er wurde angenommen. Er wurde in der Mitternachtsvorstellung gezeigt, und *Variety* brachte einen fürchterlichen Verriß. Er kam nicht sonderlich gut an.
Nach der Vorführung fuhr ich nach Hause. Es war gegen zwei Uhr morgens, und ich fuhr zu Fred Elmes. Ich saß mit Fred im Wagen und nannte ihm jede Szene, die ich herausschneiden wollte und die genauen Stellen, wo ich schneiden

wollte, damit ich es nicht vergaß. Am nächsten Tag stellte ich die neue Schnittfassung her, was man nicht tun sollte. Aber ich schnitt den Film einfach zusammen und arrangierte ein paar Dinge neu, ich wollte es einfach – brauchte es. Die erste Fassung war viel zu lang, sie funktionierte nicht. Viele Leute finden es immer noch lang.
Der Typ vom LA-Filmfestival erzählte Ben Barenholtz von dem Film, worauf der um eine Kopie bat. Ben sagt, er sei noch während der ersten Rolle rausgegangen und hätte telefonisch durchgegeben, daß er den Film haben wolle. Er schickte einen gewissen Fred Baker, der mit uns den Vertrag aushandelte, und wir unterzeichneten ihn in Schwab's Drugstore. Es war ziemlich cool. Zurück zu SUNSET BOULEVARD.
Was hatten Sie herausgenommen?
Die Szene mit der Münzrolle. Ein Teil ist noch drin, doch ursprünglich war es eine Folge von Ereignissen, die Henry beobachtet. Als erstes sieht er zwei Kinder in der Gasse. Die Szene spielte bei Tag, aber es ziehen Rauch und Staub durch die Luft. Die Kinder buddeln in der Erde, finden ein paar pralle 10-Cent-Rollen und buddeln nach mehr. Henry beobachtet es vom Fenster aus und verläßt eilig die Wohnung. Als er im Flur ist, fängt das Baby zu schreien an. Er bleibt nicht stehen, sondern geht weiter, allerdings muß er die Treppe nehmen, weil der Fahrstuhl defekt ist. Als er unten ankommt, hallt das Babygeschrei durch den Fahrstuhlschacht. Er gibt dem Couchbein einen Fußtritt, worauf die Vermieterin herauskommt, ihn beschimpft und zurück nach oben schickt. Ich liebe diese kleine Sequenz. Jetzt sieht er nur, daß die Kinder weg sind und sich ein paar Erwachsene um die Münzrollen streiten, buddeln, zu buddeln aufhören und weiterstreiten. Es wird Nacht, und sie streiten immer noch. Ein bißchen was von dem Streit ist noch drin.
An jenem Abend steckte Jack Nance ein paar 10-Cent-Münzen ein. Ich hatte Münzen im Wert von 50 Dollar im Dreck liegen, was für mich so viel war wie 500 Millionen Dollar, und ich wollte jede Münze wiederhaben. Jack steht

auf dem Balkon im Obergeschoß des Schuppens und schreit: »Soso, Lynch! Wir arbeiten seit fünf Jahren für dich, und du willst dein Geld?«, und solches Zeug. Er macht mich richtig zur Sau. Damals beschloß ich endgültig, allen Beteiligten Prozente zu garantieren. Sie hatten sie schon, aber ich glaube, es hat sie motiviert! [Lacht.]
Wurde nicht noch eine andere Szene herausgenommen mit zwei ans Bett gefesselten Frauen?
Ja, sie gehörte zur selben Sequenz: den Ausflug wegen der Münzen. Henry schaut in ein Zimmer und sieht zwei ans Bett gefesselte Frauen und einen Mann mit einer Elektrobox. Es war ein wunderschönes Gerät. Oben kamen zwei Kontakte raus und unten dicke Kabel, der Mann testet sie, es sprühen riesige Funken, und er geht auf die Frauen zu. Und Henry geht weg! [Lacht.] Der Grund, warum ich es rausgenommen hab, war, daß es zu sehr ablenkte. Ich wollte nicht, daß die Leute nachzudenken beginnen, was nebenan los ist.
ERASERHEAD *fand seine Nische in Spätvorstellungen, etwa zur selben Zeit wie die frühen John Waters-Filme. Hat das dem Film geholfen?*
Ja. John Waters war auch einer, der mir sehr geholfen hat. Einer seiner Filme kam gerade neu raus – ich bin mir nicht sicher, welcher –, doch John hatte sich bereits als Underground-Rebell etabliert. Er gab ein Interview, aber er sprach nicht über seinen Film, er sagte den Leuten nur, sie sollten sich ERASERHEAD anschauen! Das hat dem Film sehr geholfen. Er lief in siebzehn Städten im regulären Programm. Und damals waren die Mitternachtsvorstellungen sehr beliebt, was heute leider nicht mehr der Fall ist. Am Nuart, hier in LA, lief der Film vier Jahre lang. Er lief zwar nur einmal die Woche, aber er stand die ganze Woche auf der Anzeigentafel. Ob die Leute ihn gesehen hatten oder nicht, er wurde in den vier Jahren bekannt. Ich wünschte, sie würden so etwas öfter machen. Viele Filme könnten es schaffen, wenn sie diese Plattform hätten.
In gewisser Hinsicht wäre ERASERHEAD *heute nicht mehr zu machen. Nicht die Produktion selbst, aber es wäre buch-*

stäblich unmöglich, ihn unter die Leute zu bringen, weil dieser »Underground«-Zirkel kaum noch existiert. Heute gehen Kinobesitzer und Verleiher selten solche Risiken ein. Alle wirklich experimentellen Arbeiten werden auf Video in Kunstgalerien gezeigt.
Das ist sicher richtig, aber darüber will ich nicht nachdenken. Wenn die Leute es wollen, kommt es wieder. Eine Zeit lang sieht es so aus, als gäbe es keine freien Filme mehr, und ein Jahr später gibt es zwanzig davon. Man weiß nie, was eines Tages daherkommt. Wahrscheinlich gibt es junge Filmemacher, die vor Ideen strotzen. Sobald sie etwas Geld und eine Kamera auftreiben, werden sie was ganz Experimentelles machen und kein Risiko scheuen. Und dann kommen die Filme ins Kino. Das Kino braucht manchmal die Sporen, damit Bewegung und frischer Wind hineinkommt. Dasselbe gilt für große Produktionen. Niemand kann vorhersehen, was passiert. Und das ist phantastisch.
Egal, wie seltsam eine Geschichte ist, sobald man mit einem Fuß drin ist, merkt man, daß diese Welt Regeln hat, die man befolgen muß. Manche Filme operieren so sehr an der Oberfläche, daß der Eindruck entsteht, als gäbe es keine Regeln. Ich versuche meist, den Ideen treu zu bleiben. Ich bin überzeugt, wenn man ehrlich ist und der Idee treu bleibt, spürt es das Publikum und geht mit. Mißachtet man die Regeln oder tut etwas aus dem falschen Grund, bringt man es gegen sich auf. Das Publikum will Vertrautes sehen, etwas, das sich festmachen läßt, und dann in dieser Sicherheit überrascht und in eine Welt geführt werden, in der es noch nicht war.
Ganz offensichtlich war für Sie die gesamte ERASERHEAD-*Periode eine ganz besondere Zeit. Doch wie fanden Sie – im nachhinein – den Film selbst?*
Aus irgendeinem Grund mußten wir uns zwei Jahre nach Abschluß des Films neue Kopien ansehen. Ich hatte Abstand gewonnen und war imstande, sie mir in aller Ruhe anzusehen. Ich fand den Film perfekt! [Lacht.] Es war das einzige Mal, daß ich das von einem eigenen Werk sagen konnte. An jenem Tag war ich wirklich zufrieden damit.

A Bug Dreams Of Heaven

Hüttenbauen und THE ELEPHANT MAN

Schutzengel sind sehr wichtig für David Lynch. In ERASERHEAD ist es die Frau in der Heizung, die Henry wirklich liebt. Am Ende des Films kehrt sie zurück, um ihn zu trösten, in einer Szene, die vielleicht im Jenseits spielt. Ihre Berührung erzeugt einen gleißenden Lichtstrahl in der ansonsten düsteren, industriellen Vision. In den Schlußminuten von WILD AT HEART rettet die gute Fee Sailor Ripley vor sich selbst; sie fordert ihn auf, der Liebe nicht den Rücken zu kehren und vereint ihn wieder mit Lula. Und am Ende von TWIN PEAKS: FIRE WALK WITH ME hat die tote Laura Palmer ihre eigene Engelsvision. Sie weint vor Freude; vielleicht wird sie jetzt gerettet. Dazu erklingt der Song »The Voice of Love«.

Vielleicht sind diese Schutzengel gemeint, wenn Lynch von »Abstraktionen« spricht; Phantasiegeschöpfe seiner Figuren und/oder tatsächliche Manifestationen einer anderen Welt – in diesem Fall der Welt der Liebe. Einer Welt ohne Angst, Gewalt, Einsamkeit und Finsternis. Eine Welt, in der keine roten Ameisen herumkrabbeln.

Nach ERASERHEAD sollte Lynch seinem eigenen Schutzengel in Gestalt von Stuart Cornfeld begegnen. Damals Produktionsleiter für Mel Brooks, hatte sich Cornfeld – mit zwanzig anderen – auf Empfehlung eines Freundes vom AFI Centre die erste Mitternachtsvorstellung von ERASERHEAD am Nuart in Los Angeles angesehen. »Der Film hat mich hundert Prozent umgehauen«, erinnert er sich. »Das war das Beste, was ich je gesehen hatte. Eine fast kathartische Erfahrung.«

Damit begann eine wichtige Bekanntschaft, aus der THE ELEPHANT MAN hervorging, der Film, mit dem Lynch Karriere machte. ERASERHEAD zeugte zwar von einem außergewöhnlichen und eigenwilligen Talent, doch es war bei weitem nicht klar, ob und wie dieses Talent daraufhin seinen

Platz in der – selbst auf dem freien Sektor – notorisch konservativen amerikanischen Filmindustrie erobern bzw. finden würde. THE ELEPHANT MAN bewahrte Lynch vielleicht davor, die nächsten fünf Jahre mit dem Versuch zu verbringen, eine weitere persönliche Vision als Low-Budget-Projekt zu realisieren.
Lynchs unerschütterliches Vertrauen in das Schicksal muß Bestätigung gefunden haben, als Cornfeld – der so etwas noch nie getan hatte – den Regisseur zu Hause anrief. Für Cornfeld war es keine Frage, wer bei THE ELEPHANT MAN die Regie übernehmen sollte, obwohl Mel Brooks ihm Alan Parker wärmstens empfohlen hatte. »Ich sagte nur immer wieder, es muß David Lynch sein, es muß David Lynch sein, es muß verdammt nochmal David Lynch sein! Ich setzte mich so vehement für ihn ein, weil ich mich wie neugeboren fühlte.«
Lynch schwärmt zwar von Mel Brooks' unaufdringlicher Unterstützung während der Produktion, doch er hat möglicherweise nie erfahren, wie hart Brooks um ihn als Regisseur des Films gekämpft hat. »Mel war total aggressiv«, erzählt Cornfeld und erinnert sich an eine Besprechung mit Freddie Silverman von NBC, bei der Brooks hoffte, mehrere Millionen Dollar für die Vorfinanzierung des Projekts zu bekommen. »Freddie fragte: ›Wer ist dieser David Lynch?‹, und Mel antwortete: ›Das beweist, was für'n verdammter Idiot Sie sind!‹« Cornfeld muß lachen, wenn er daran denkt, wie Silverman bat, das Drehbuch lesen zu dürfen. »Mel sagt, – ›Was meinen Sie damit – lesen? Wollen Sie behaupten, Sie wüßten besser als ich, was einen erfolgreichen Kinofilm ausmacht?‹ Ich traute meinen Ohren nicht. Er blieb knallhart.«
Brooks behielt diese Haltung bis zum Schluß bei, selbst gegenüber Paramount Pictures, der Verleihfirma. Cornfeld erinnert sich, daß auch dort die Funken flogen: »Als der fertige Film bei Paramount vorgeführt wurde, waren Michael Eisner und Barry Diller anwesend. Sie meinten: ›Wow, toller Film, aber den Elefanten am Anfang und die Mutter am Schluß solltet Ihr rausschmeißen.‹ Mel erwiderte: ›Wir sind Geschäftspartner. Wir haben euch den Film gezeigt, um

euch über den Stand dieses Geschäfts zu informieren und nicht etwa, um die Meinung hirnloser Wahnsinniger einzuholen‹, und knallte den Hörer auf die Gabel.«
Für die Fangemeinde von ERASERHEAD muß es schier unfaßbar gewesen sein, als der Name David Lynch im Zusammenhang mit einem Film mit englischen Stars erwähnt wurde, der überdies von einem großen Hollywood-Studio produziert wurde. Es folgten acht Oscar-Nominierungen, doch Paramounts zweites Eisen im Feuer, Robert Redfords Regiedebüt ORDINARY PEOPLE, heimste die Preise für den Besten Film und die Beste Regie ein. THE ELEPHANT MAN ging leer aus. Cornfeld erinnert sich, daß Brooks auch darauf eine Antwort parat hatte: »Mels Reaktion am nächsten Tag war, ›In zehn Jahren ist ORDINARY PEOPLE die Preisfrage in einem Fernsehquiz und THE ELEPHANT MAN ein Film, den sich die Leute ansehen.‹«
Wie die Frau in der Heizung so lieblich sang: »You've got your good things, and I've got mine.«

RODLEY: *Nach dem Abschluß von* ERASERHEAD *sagten Sie, so könnten Sie nie mehr einen Film machen. Was haben Sie damit gemeint?*
LYNCH: Ich wollte keine fünf Jahre mehr darauf verwenden. Aber mit genug Geld, um langsam arbeiten und in dieser Welt versinken zu können, sich mit einer kleinen Gruppe von Leuten ganz darauf einlassen zu können, weil es so wohltuend ist – so würde ich auch heute noch gern arbeiten. Für mein Leben gern.
Bei LOST HIGHWAY setzte ich mich mit einem der Produzenten, Deepak Nayar, zusammen und fragte ihn: »Wozu brauchen wir all diese Leute?« Und er meinte: »Okay, David, wir gehen alles durch, und du sagst uns, wen du brauchst.« Wir gingen das Ganze in Ruhe durch, und es gab nicht einen, auf den wir hätten verzichten können. Das einzige Problem bei dem ganzen Drumherum ist, sich auf das Wesentliche zu konzentrieren. Die Szene stimmt, aber um dich herum stimmt vieles nicht. Man hat es im Kopf und muß sich auf

den Doughnut konzentrieren, nicht auf's Loch. Wenn die gesamte Crew von ERASERHEAD schwarze Anzüge trüge wie Henry, eine Klempnermontur wie Marys Vater, wenn sie in dieser Welt lebte, sich langsam bewegen würde und ruhig wäre, würde mir das sehr helfen. Doch wenn man sieht, wie da drüben genau das Gegenteil – irgendwas heutiges oder falsches – von dem geschieht, was sich vor deinen Augen abspielt –, dann ist das ungeheuer störend. Es läuft nicht so, wie es laufen könnte.
Nachdem sich ERASERHEAD *in den einschlägigen Kreisen durchgesetzt hatte, kamen da die Angebote?*
ERASERHEAD wurde nicht sehr positiv aufgenommen, daher bekam ich keine neuen Angebote. Einmal rief ein gewisser Marty Michaelson an, er sollte mein erster Agent werden. Er war von ERASERHEAD begeistert und arbeitete bei der William Morris Agency. Ich traf mich mit ihm zum Lunch, und er sagte, er wolle mich vertreten. Damals arbeitete ich am Drehbuch zu *Ronnie Rocket*, und er half mir, Interessenten dafür zu finden. Es hat nicht geklappt, aber er hat sich große Mühe gegeben.
Angeblich sind Sie ein stadtbekanntes Gewohnheitstier. Um diese Zeit sollen Sie täglich in Bob's Big Boy Restaurant gesessen haben. Stimmt das?
Ja. Als ERASERHEAD zur Hälfte gediehen war, entdeckte ich Bob's. Jeden Nachmittag um halb drei trank ich viele Tassen Kaffee und einen Schoko-Shake – im Silberbecher. Ich hatte gemerkt, daß Zucker mich anturnt, also versetzte ich mich in einen regelrechten Zuckerrausch und notierte meine Einfälle auf den Servietten. Manchmal wurde ich so aufgedreht, daß ich nach Hause rennen und schreiben mußte. Ich bin zuckersüchtig. Zucker ist mein »Glücksgranulat.« Er ist mir eine große Hilfe. Ein Freund.
Wie lange dauerte Ihre Liebesaffaire mit Bob's?
Acht, neun Jahre. Das Ende von DUNE war so ziemlich das Ende von Bob's.
Gab es eine Zeit, in der Sie dann anfingen, fremde Manuskripte zu lesen?

Ja, aber das dauerte noch eine ganze Weile. Ich war ganz auf *Ronnie Rocket* fixiert. Und dann merkte ich, daß irgendwas schiefging – daß ich den Film nicht machen würde.
Hat eines der großen Studios angerufen? Das tun die für gewöhnlich früher oder später.
Ein Anruf kam ziemlich bald, ich sollte in ein Studio kommen und, naja, reden. Während des Gesprächs fragten sie mich, was ich vorhätte. Ich antwortete, *Ronnie Rocket*. Sie wollten wissen, worum es geht. Weil ich nicht gern zu viel erzähle, besonders, wenn es sich um Merkwürdiges oder Abstraktes handelt, sagte ich ihnen, es ginge um Elektrizität und einen ein Meter großen Mann mit roten Haaren. Und noch ein paar Kleinigkeiten. Sie waren sehr höflich, aber zurückgerufen haben sie nicht. [Lacht.]
Worum geht es denn in RONNIE ROCKET?
Es ist ein absurdes Mysterienspiel über die seltsamen Mächte der Existenz.
Was haben Sie damals sonst noch gemacht, außer zu schreiben?
Ich baute Hütten, und wer eine Hütte bauen kann, ist ein gemachter Mann.
Das ist wahrscheinlich eine sehr persönliche Ansicht, ich bin da nicht so sicher!
Hütten sind kleine Häuschen, in denen man etwas lagern kann, man kann sich aber auch in ihnen aufhalten. Sobald man die Vorstellung von einem Raum hat und die dazugehörige Form entwirft, entstehen Stimmungen, Lichtspiele an der Wand, allein zuzusehen, wie er entsteht, ist unglaublich! [Lacht.] Ich baue gern und bin ein begeisterter Sammler. Und als Sammler braucht man Stauraum. Ich baute eine aufwendige kleine Studiohütte aus Holz, das ich gesammelt hatte. Das Frustrierende ist nur, daß man nie das passende Werkzeug hat. Ich wünschte, ich könnte bei meinen Filmen alles selbst bauen, allerdings bräuchte ich dann eine Ewigkeit. Wie bei ERASERHEAD. Ich bin ein furchtbar frustrierter Hüttenbauer!
Mein Vermieter Edmund Horn war auch Holzsammler. Das

war ein äußerst merkwürdiger Vogel. Er war Konzertpianist und mit Gershwin herumgereist. Mit drei hatte er das Klavierspielen gelernt – ein Wunderkind –, war in den 30er Jahren nach Kalifornien gekommen und hatte Immobilien gekauft, weil er zu viel Geld hatte. Er war ein exzentrischer Millionär, der überall zu Fuß hinging und rumlief wie ein Penner. Der Penner in ERASERHEAD trägt einen von Edmunds löchrigen Pullovern. Und er rasierte sich die Achseln mit Regenwasser. Abends saß er in der Küche unter einer 40-Watt-Funzel vor seinem Farbfernseher. Sonst brannte im ganzen Haus kein Licht. Er war ein echter Geizhals, er zog das Holz aus dem Müll der Nachbarn und hatte im Lauf der Jahre Berge von erstklassigem Holz zusammengetragen, und ich überredete ihn, es mir für meine Hütte zu geben.
Mein Job als Zeitungsausträger brachte mich durch viele Stadtteile. Mittwoch und Donnerstag abend stellten die Leute den Müll auf die Straße, und dabei wird viel gutes Holz weggeworfen. Für meine Verhältnisse war Holz so unerschwinglich wie Gold. Ich hatte den riesigen Dachträger auf dem Auto und massenweise Stricke, ich zurrte das Holz fest und verschwand. Es fiel mir nicht leicht, anzuhalten, schließlich wollte ich meine Runde unter eine Stunde drücken, aber das Holz war ungeheuer wichtig. Ich konnte Pläne schmieden, was ich damit bauen wollte. Mittlerweile hat ein Bulldozer all meine Schuppen, Edmunds Haus und meinen kleinen Bungalow plattgemacht, das Grundstück steht jetzt leer.

ERASERHEAD *war eine ganz spezielle Erfahrung – eine lange Drehphase und eine winzige Crew. Nun standen Sie vor der Frage: Was kommt als nächstes?*
Das war ziemlich einfach. Als nächstes sollte *Ronnie Rocket* kommen! Ich hatte das Centre verlassen, ERASERHEAD lief in den Kinos, aber ich hatte keinen Cent daran verdient. Ich weiß nicht mehr, wie lange es dauerte, bis Stuart Cornfeld anrief. Aber ich lief buchstäblich ums Haus und beschwor seinen Namen. Stuart Cornfeld. Stuart Cornfeld. Stuart Cornfeld. Irgendwie hob der Name meine Laune. Rückblickend verstehe ich, warum.

Wie kam es schließlich zur Zusammenarbeit?
Stuart und ich trafen uns zum Lunch, weil er mich kennenlernen wollte. Er arbeitete für Mel Brooks. *Ronnie Rocket* hatte ihm gefallen, und er wollte mir helfen, das Projekt anzukurbeln. Aber es wurde nichts draus. Eines Tages rief ich ihn an und sagte, »Stuart, ich bin zu der Überzeugung gelangt, daß *Ronnie Rocket* nicht zustande kommen wird. Falls du Drehbücher kennst, die ich verfilmen könnte, würdest du mir weiterhelfen?« Darauf meinte er: »Ich such' was zusammen und lade dich zum Lunch ein.«
Wir trafen uns wieder im selben Lokal: bei Nibblers, am Wilshire Boulevard. Wir sitzen am Tisch und kommen an den Punkt, wo ich frage: »Okay, Stuart, was hast du anzubieten?« Und Stuart sagt: »Ich hab vier Sachen. Die erste heißt THE ELEPHANT MAN.« Irgendwas klickte, und ich sagte: »Das ist es!«
Ohne zu wissen, wovon er sprach?
Allein der Titel. Ich wußte nichts und doch alles. In dieser einen Sekunde. Dann erzählte er mir, daß es ein Drehbuch von zwei Autoren gäbe, daß ein gewisser Jonathan Sanger darauf eine Option hätte, und daß sie einen Regisseur suchten. Gemeinsam klapperten ich, die Autoren, Jonathan und Stuart sechs verschiedene Studios ab, doch das Drehbuch wurde überall abgelehnt. Wir wurden nicht nur abgelehnt, es lagen noch andere ELEPHANT MAN-Drehbücher herum. Plötzlich schwirrte an jeder Ecke THE ELEPHANT MAN rum.
Dann gab Stuart das Drehbuch von Chris de Vore und Eric Bergren Anne Bancroft. Anne las es, es gefiel ihr, und sie gab es Mel Brooks. Mel las es, und es gefiel ihm. Als erstes beschloß Mel Brooks, THE ELEPHANT MAN als ersten Film seiner neugegründeten Gesellschaft Brooks Films zu produzieren. Als zweites sagte er, »Jonathan ist dabei, Chris und Eric sind dabei, und Stuart, du bist auch dabei, aber wer ist dieser David Lynch?«
Sie erzählten ihm von ERASERHEAD. Mel wußte von dem Film, weil er auf der Anzeigentafel stand. Aber er hatte ihn

nicht gesehen. Also organisierten sie eine Vorführung, es war der reinste Horror. Meine Chancen, den Film zu machen waren ... gleich null. Egal, Jonathan sagte, Mel wolle sich ERASERHEAD anschauen. Es wurde immer schlimmer. Die Vorführung bekam eine Riesenbedeutung. Ich gehe hin und bin wieder mal wie gelähmt. Plötzlich stehe ich vor dem Kino. Ich weiß nichts mehr, außer, daß die Türen aufgingen. Jonathan kam raus und sah weder tot noch sonstwie aus, er machte ein Gesicht wie die Geschworenen beim Simpson-Prozeß. Man konnte nicht dahinterschauen. Und dann flogen die Türen auf, und Mel kam mit ausgestreckten Armen auf mich zu – er rannte fast! Er umarmt mich und sagt: »Du bist ein Wahnsinniger, ich liebe dich! Du bist dabei.«
Und dann fing Mel auch noch an, über ERASERHEAD zu reden. Ich kannte Mel nur als Komiker, wissen Sie, aber der Mann ist ein Phänomen. Ein kluger, sensibler Bursche. Während der Produktion von THE ELEPHANT MAN wußte er immer Bescheid, was lief und wie es lief. Er verhalf mir nicht nur zum Durchbruch, er unterstützte mich auch in einer Art und Weise, wie ich es nie wieder erlebt habe.
Später entdeckte Cornfeld David Cronenberg für THE FLY, *auch für Brooks' Gesellschaft. Es wurde Cronenbergs größter kommerzieller Erfolg, ohne daß er irgendwelche Kompromisse hätte eingehen müssen.*
Genau, richtig. Echt tolles Gruselzeug. Stuart spielte auch in meinem Leben eine große Rolle. Er rief mich aus heiterem Himmel an, das ist schon seltsam. So ein Anruf kann was Irres sein, weil die Stimme nicht einmal durch die Luft kommt, sondern direkt am Kopf ertönt.
Was macht Cornfeld jetzt?
Keine Ahnung. Ich rede nicht mit Stuart. Ich sollte vermutlich anrufen und ihn fragen, was ich als nächstes mache. [Lacht.]
Wieso haben Sie nie mehr mit Brooks gearbeitet?
Es hat sich nicht ergeben. Er schickte mir ein paar Sachen, bei denen ich Regie führen sollte, aber im Gegensatz zu THE ELEPHANT MAN, der in meinem Kopf spontan etwas auslö-

ste, war das bei den anderen Sachen aus dem einen oder anderen Grund nicht der Fall. Danach hätte ich vielleicht FRANCES drehen können – die Geschichte der Frances Farmer –, weil es das nächste Projekt von Chris und Eric war, und von Jonathan: dasselbe Team. Im nachhinein hätte ich's gern gemacht, aber damals hat es bei mir nicht gefunkt.
Sie sagten, THE ELEPHANT MAN *sei von mehreren Studios abgelehnt worden. Wie hat Brooks das Projekt zustandegebracht?*
Er hatte schon einen Deal mit Paramount. Er hat den Film durchgesetzt, nicht wir. Pauline Kael war auch maßgeblich daran beteiligt. Chris, Eric und ich hatten ein Büro gegenüber von Mels Büro bei Fox, und wir schrieben ein neues Drehbuch unter seiner Leitung. Wir saßen ungefähr zwei Monate täglich daran. Das Drehbuch wurde an Paramount geschickt. Pauline Kael hatte dort einen Job, wegen Warren Beatty oder so. Sie las Drehbücher und verfaßte Gutachten dazu. Ich glaube, als sie den Job aufgab, sagte sie: »Wenn Ihr bei Paramount was machen wollt, macht das!« Irgendjemand hat es übers Wochenende gelesen und fand es sehr bewegend. So wurde es ein Paramountfilm.
Vermutlich gab es keine weiteren Fragen, nachdem Mel das Team zusammengestellt hatte. Hat bei Paramount niemand gefragt: »Wer ist David Lynch?«
Schon möglich, aber das Gute an Mel ist, daß er so viel zu sagen hatte, und er sagte einfach: »Das ist es!«. Mel hatte völlige freie Hand über den gesamten Film. Er konnte zum Beispiel sagen: »Ich gebe David hundertprozentig freie Hand«, oder auch nicht. Keiner von den Studioleuten machte Mel Vorschriften. Er ließ mich vom ersten Tag an meinen Film machen. Ich stand unter seinem Schutz. Als wir fertig waren, wollten viele Leute bei EMI den Film neu schneiden, und Mel hat ihnen gesagt, was sie ihn können.
Was hatten sie auszusetzen?
Alles, was irgendwie mit Traum zu tun hatte, behagte ihnen nicht, und sie wollten daran herumbasteln. Sie können nichts in Ruhe lassen. Sie wollen Bedenken haben. Bei je-

dem Film kann man viele Bedenken haben: »Wer weiß, vielleicht gefällt dem Publikum dieses nicht oder es gefällt ihm jenes nicht. Das müssen wir rausschneiden.« Aber Mel war in der Lage, dem Einhalt zu gebieten.
Mußten Sie das Drehbuch von Chris und Eric umschreiben? Gab es Dinge im Drehbuch, die Sie vermißten?
Ja. Die Fassung von Chris und Eric enthielt den Kern der Geschichte, und in den haben sich alle verliebt. Aber es war nicht dieselbe Story. Das ganze beruht ja auf einem Kapitel aus Frederick Treves Buch *The Elephant Man and Other Reminiscences*. Und in diesem Kapitel atmete auf merkwürdige Weise das Wesen dieser schönen Seele. Es ergriff die Menschen, wie dieser Artikel, den Cronenberg aus dem *Time*-Magazin für DEAD RINGERS ausgeschnitten hat. Es läßt einem keine Ruhe. Man weiß, dahinter verbirgt sich Größeres.
Das Drehbuch von Chris und Eric war sehr gut, aber es hielt sich so eng an die wahre Begebenheit, daß es einen ungeheuer starken Anfang hatte und dann abflaute. Wir haben die ganze Sache umstrukturiert und viele neue Szenen geschrieben. Im Originaldrehbuch gab es weder den Anfang noch den Schluß. Ich hab viel gelernt bei dieser Arbeit, ich hatte sowas noch nie gemacht.
Können Sie Ihren Beitrag zum Drehbuch charakterisieren?
Keine Ahnung, was ich dazu beigetragen habe. Ich kann mich nicht erinnern. Was hat Chris dazu beigetragen? Was Eric? Wir drei sitzen in einem Zimmer und spulen kilometerlange Bänder mit unseren Gesprächen vor und zurück, und plötzlich legen wir was fest. Die Form ergibt sich aus den beteiligten Personen, es ist wirklich Teamwork. Mel hat auch eine Menge zum Drehbuch beigesteuert, zum Beispiel die Rolle des Nachtwächters. Mel fand sie zu schwach. Das war so ein Fall, wo jemand was sagt, und man findet nicht nur, daß er recht hat, es ist auch der nötige Schubs in die richtige Richtung, wo bis dahin die Spannung fehlte. Mel hat ein paar sehr kluge und hilfreiche Bemerkungen gemacht.

Aber die Probleme waren ganz anderer Natur als bei ERA-SERHEAD, *nicht wahr? Es handelt sich um eine historische Begebenheit, die von einer Starbesetzung gespielt werden sollte, mit einer Gefühlswelt, die nicht gerade aus dem* Midnight Movie *stammt.*
Das ist ja das Phänomenale an Mel, daß er mich und ERASERHEAD sieht und auf die Idee kommt, daß ich der Richtige bin. Ich bin nicht mal sicher, ob er zu Anfang hundertprozentig überzeugt war. Aber irgendetwas hat bei ihm gefunkt.
Und Sie konnten sich nicht fünf Jahre lang Zeit nehmen. Sie mußten zum ersten Mal Termine einhalten.
Ja. Meistens war es die absolute Hölle. Innerlich, wissen Sie. Innerlich wäre ich fast gestorben. Eines Morgens wachte ich auf, zog mir die Unterwäsche an und dachte: »Heute werde ich Sir John Gielgud inszenieren«. Eine absurde Vorstellung! Ein Mann aus Montana landet hier und tut sowas! Und dennoch machte es irgendwie Sinn. Aber ich bin tausend Tode gestorben.
Hat sich die Arbeit mit Sir John Gielgud in England so stark von der mit Jack Nance in LA unterschieden?
Jeder Schauspieler ist anders. Aber weil Jack Nance selbst ein so außergewöhnlicher Schauspieler war, konnte er mit den anderen arbeiten und wurde respektiert. Für mich ist der Regisseur dazu da, einen Satz zu stoppen, der aus irgendeinem Grund nicht stimmt, irreführend sein könnte, nicht paßt und nicht der Figur entspricht. Wichtig ist nur, daß alles über eine Person läuft. Und Sir John gehört zu den Maschinen, die statt ein bis zwei Knöpfen ein- bis zweitausend haben.
Ließ sich Gielgud auf Ihre Arbeitsweise ein?
Der Mann war für mich ein Heiliger. Ich habe sehr gern mit ihm gearbeitet. Er hatte nicht viele Drehtage, und ich erzähle immer die gleiche Story über ihn. Mir fiel auf, daß die Zigaretten, die er rauchte, eine Spezialanfertigung sein mußten – wunderschöne Schachteln, sozusagen von Hand gemacht für Sir John. Die Zigaretten waren oval. Er zündete sie an

und hielt sie so [macht eine Handbewegung] von sich weg. Wenn er gerade nicht rauchte – an der Zigarette zog –, hielt er sie hinter sich. Und der Rauch verzog sich blitzschnell. Er hatte nie auch nur einen einzigen Fussel an seiner Kleidung. Nichts war verrutscht. Er ging auf eine ganz bestimmte Art und sprach auf eine ganz bestimmte Art. Der ordentlichste Mensch, der mir je begegnet ist. In meinem ganzen Leben! *Kein einziger* Fussel ließ sich je auf ihm nieder! Sie schwebten herab, und plötzlich bogen sie ab! Man will etwas am Text ändern – ein Wort – und hat erst einen halben Satz gesagt, da weiß er schon, was man will ... und die Sache ist gebongt. Beim nächsten Mal hat er den Text geschickt geändert, um der Bitte zu entsprechen. Kleinste Nuancen. Dasselbe gilt für Jack Nance. Er verinnerlichte das Konzept und konnte es sofort umsetzen.
Ich habe mit einigen der besten Leute gearbeitet. Und sie kannten mich nicht. Wendy Hiller zum Beispiel. An ihrem ersten Drehtag packt sie mich am Kragen, führt mich im Studio herum und sagt: »Ich kenne Sie nicht! Ich werde Sie beobachten! Dann werden wir ja sehen«. Es hatte einen gewissen Humor, aber man muß sie für sich gewinnen, muß ihren Respekt gewinnen, um ihnen etwas sagen zu können. Das sind so ausgefuchste Hasen, daß es nicht mehr lustig ist!
Ich hatte nur ERASERHEAD gemacht, und wenn man aus Missoula in Montana, nach London kommt, um mit der Crème de la crème ein viktorianisches Drama zu filmen, ist das eine harte Nuß. Da kommt so ein Grünschnabel daher, irgendein Verrückter, na wenn die nicht nervös gewesen wären, hätte was nicht gestimmt mit ihnen! Es war phantastisch, aber ich bin die Nervosität nie losgeworden und habe mich nie sicher gefühlt.
Hatten Sie sich ein Programm zurechtgelegt nach dem Motto: »Wie kann ich Eindruck schinden?«
Nein, nein, nein. Man muß sich reinknien. Man bekommt eine Rolle zugewiesen und muß sie spielen. Man setzt einen Fuß vor den anderen. Irgendwann kommt man ans Ziel. Und so war es auch.

Anthony Hopkins als Dr. Frederick Treves in THE ELEPHANT MAN

Dr. Treves in der Pathologischen Gesellschaft. Hinter dem Vorhang John Hurt als John Merrick, der Elefantenmensch

Haben Sie gemerkt, ab wann Sie allmählich das Vertrauen der Schauspieler gewannen?
Nach der Hälfte. Man bekommt mal hier, mal da einen Hinweis, und man kniet sich rein und bleibt dran und tut, was man für richtig hält, um der Sache gerecht zu werden. Man darf nie nachlassen. Frank Capra erzählt in seinem Buch, daß er wegen Glenn Ford das Filmemachen aufgegeben hat. Er hatte so große Schwierigkeiten mit ihm und fühlte sich nicht stark genug, den Kampf durchzustehen. Ein Tier weiß, wann der Gegner Schwäche zeigt, es war eine grauenhafte Erfahrung für Capra. Es war sein Ende.
Heute ist es möglicherweise noch schlimmer. Wenn man einen Film mit einem der großen Kassenstars machen will, nimmt man es mit einem mächtigen Gegner auf.
Ja, sie müssen das Drehbuch absegnen, die Besetzung absegnen, einfach alles – *final cut*! [Lacht.]
Die Tatsache, daß John Travolta bei Roman Polanskis The Double *ausgestiegen ist und das Projekt anschließend abgebrochen wurde, demonstriert, wie mächtig Schauspieler geworden sind – selbst »wiederauferstandene«!*
Ja. Es ist Johns verdammte Pflicht und Schuldigkeit gegenüber der Filmgeschichte, Polanski zuzuhören! Die Welt steht auf dem Kopf! Mag ja sein, daß John neunzig Prozent der Rolle perfekt drauf hat, aber für die restlichen zehn muß er mit jemandem reden und offen sein. Es muß gar nichts Großartiges sein, aber man löst es gemeinsam. Wenn das nicht passiert, ist es streckenweise John Travoltas Film und streckenweise der von Polanski. Und was ist, wenn dann der Musiker dazukommt und etwas komponiert, was nicht das geringste damit zu tun hat? Wenn man sich darauf einläßt, wird das Ganze zur Farce!
Was halten Sie selbst davon, mit großen Kassenstars zu filmen?
Das ist wie mit einer scharfen Handgranate rumzulaufen. Sie muß nicht hochgehen, aber wenn, dann ist man dran. Es ist zu riskant.
Wovor zitterten Sie am meisten bei THE ELEPHANT MAN?

Am meisten zitterte ich, bevor es überhaupt losging, weil ich die Maske für den Elefantenmenschen bauen wollte. Ich hatte eine Idee für einen Anzug, der ganz organisch aussehen sollte, ohne dafür täglich fünf Stunden Maskenzeit ansetzen zu müssen. Es war mehr als ein Anzug. Es handelte sich um mehrere Schichten, die sich John Hurt täglich neu hätte »anverleiben« müssen.
Ich hatte ein Haus in Wembley, mit einer Garage, die ich zu meiner Werkstatt umfunktionierte. Dort hab ich das Ding gebaut. Ich weiß nicht mehr, wieviel Zeit wir vor Drehbeginn zur Verfügung hatten, aber ich arbeitete mehrere Monate in der Garage. Daneben ging ich zu Produktionssitzungen, auf Motivsuche, zu Castings und was so alles dazugehört. Ich hatte ein Konzept für die Maske. Aber es war eine der Situationen, wo zwei Leute einen Tunnel graben, der eine von der einen Seite des Bergs, der andere von der anderen, mit der Hoffnung, sich in der Mitte zu treffen!
Es sollte einfach nicht sein. Eines Tages brachte ich John Hurt mit und legte ihm das Ding an. Schon als ich es ihm über den Kopf zog, noch bevor es richtig saß, wußten wir beide, daß es Lichtjahre von dem entfernt war, was wir brauchten. Es sah nicht direkt falsch aus, aber das Material war nicht geschmeidig, sondern hart wie Beton! John konnte sich unmöglich damit bewegen. Es war völlig unmöglich! Er murmelte was von einem »heldenhaften Versuch«. Damals hätte es brenzlig werden können. Ich bin dem Mann ewig dankbar, daß er sich nie abfällig über mein Experiment geäußert hat.
Es war wie die vier dunklen Tage nach der Ermordung Kennedys. Ich hatte die gleiche Anzahl dunkler Tage. Es war so schlimm, daß ich einschlief und Alpträume hatte. Sie kennen sicher das Gefühl der Erleichterung, wenn man aus einem Alptraum aufwacht? Damals wünschte ich mir meine Alpträume zurück. Wach zu sein war noch viel schlimmer! Es war die einzige Situation, in der ich ernsthaft an Selbstmord dachte, um dieser Qual ein Ende zu machen. Weil ich nicht aus meiner Haut konnte, und genau das wollte ich

– ich wollte ein anderer sein, aus mir herauskriechen und diesen Menschen niemals gekannt haben! Aber ich konnte nicht aus meiner Haut. Ich aß nicht mehr richtig, schlief nicht mehr richtig, war wie gelähmt ... ich krepierte! Vierundzwanzig Stunden am Tag. Mel hatte gehört, daß die Maske nicht funktionierte, und flog sofort nach London. Doch aus irgendeinem Grund konnte er zwei Tage lang nicht kommen. Inzwischen hatte Jonathan ein paar Namen besorgt, darunter befand sich auch der von Chris Tucker. Er machte mir Vorwürfe, weil ich mir eingebildet hatte, es selbst hinzukriegen. Zu Recht.

Hatte er ERASERHEAD *und das Baby nicht gesehen?*
Das tut nichts zur Sache, denn wer weiß, womit ich da gearbeitet habe. Aber ich bin sicher, er hatte ihn nicht gesehen. Jedenfalls wurden Chris Tucker und ich gute Freunde. Als Mel kam, war ich felsenfest davon überzeugt, daß ich die Koffer packen müsse und die Sache gelaufen sei. Mel meinte nur, »Chris Tucker hat der Himmel geschickt!« und »David, du hättest es gar nicht erst versuchen sollen, du hast schon genug zu tun mit der Regie«. Das war alles. Keine weiteren Probleme. Mel hatte mich zum zweiten Mal gerettet. Doch da die Maske untauglich war, brauchte Chris erstmal Zeit, und wir mußten den Drehplan ändern. Es ist nochmals gutgegangen, aber es war demütigend und machte den schwierigen Job noch schwieriger. Allerdings habe ich eine Erfindung gemacht – die Haut. Eine Haut, die sich mitbewegt, irgendwann werde ich daran weiterbasteln. Nur kannte ich mich nicht genug damit aus, welche Materialien man auf der menschlichen Haut verwenden kann. Von dem Zeug, das Chris verwendet, kann man mit geschlossenen Augen ein Stück in der Hand halten und zusammendrükken, und wenn man es aus der Hand gibt und ein zweites Mal zusammendrückt, fühlt es sich genauso an. Es ist federleicht! Und so elastisch, daß man es fast nicht wahrnimmt. Ein tolles Zeug.

Hat sich dadurch das Grundkonzept der Maske verändert?
Es war so. Ich hatte inzwischen Mr. Nunn am London Hos-

Sir John Gielgud als Carr Gromm in THE ELEPHANT MAN

pital kennengelernt, wo sie einen Gipsabdruck des echten Elephantenmenschen hatten, der gleich nach dessen Tod abgenommen worden war. Sie hatten seinen Kopf, einen Arm und einen Fuß. Früher hatten sie auch sämtliche inneren Organe in Gläsern aufbewahrt, doch während des Zweiten Weltkriegs war eine Bombe eingeschlagen und hatte die Gläser zerstört. So verließ der Kopf zum ersten Mal seit dem Tod des Elephantenmenschen das London Hospital, als er zu Chris Tucker ins Studio gebracht wurde. Nun konnte Chris John Hurts Kopf und den von John Merrick in Einklang bringen. Die Sache ist völlig authentisch. Exakt.
Die Enthüllung von Gesicht und Körper John Merricks wird im Film geraume Zeit zurückgehalten. Welche Überlegung stand dahinter?
Das lag an Mel, er wollte es so. In der Szene, in der Tony Hopkins ihn besucht, zeigte ich ursprünglich mehr und schnitt die Szene dann um, damit man weniger sieht. Wir einigten uns darauf, etwas zu zeigen, weil ich das Gefühl hatte, die Leute würden sonst anfangen, das Ganze zu stark wie einen Horrorfilm aufzunehmen. Doch Mel hatte ebenfalls recht, das Verlangen, ihn zu sehen, wird immer größer, und darum war es ein heikler Balanceakt. Wir sehen ihn zum ersten Mal mit Schwester Norah. Das funktioniert, weil ihre Reaktion ganz normal ist und vermutlich der des Publikums entspricht. Das Problem ist, man weiß, was man herausgenommen hat, man ist nicht mehr so jungfräulich wie das Publikum, das ist echt knifflig.
Sie haben einmal gesagt, die Konkretisierung des Ortes entsteht durch die Akkumulation von Details – bei TWIN PEAKS *werden wir darauf zurückkommen. Was waren Ihre ersten Eindrücke von England und London?*
London ist wie LA, in gewisser Hinsicht. Es gibt viele unterschiedliche Gegenden in London. Das gefiel mir. Ich begriff etwas über England, aber für den Film holte ich mir die Inspiration bzw. die Ideen mehr aus Büchern über London als aus der Stadt selbst, denn ich konnte nirgends ein THE ELEPHANT MAN-Territorium entdecken. Eines Tages

John Hurt als John Merrick in THE ELEPHANT MAN: »Ich bin kein Tier! Ich bin ein menschliches Wesen! Ich… bin… ein Mensch!«

lief ich um ein baufälliges Krankenhaus, da erfaßte mich etwas wie ein kleiner Windstoß und ich war in jener Zeit – nicht nur in dem besagten Krankenzimmer –, nein, ich *kannte* jene Zeit. Und diese Kenntnis erfüllte mich mit einem Selbstvertrauen, das mir keiner mehr nehmen konnte. Ich wußte, wie es damals gewesen war, und dieses Wissen kam aus dem Krankenhaus. Aber es war nicht nur das Krankenhaus. Vielleicht waren es die Photos, möglicherweise kam da einiges zusammen, doch von da an glaubte ich zu wissen, wie es war. Das gab mir, mehr als alles andere, Selbstvertrauen.
Wie in THE SHINING? *Die Vorstellung, daß Architektur nicht nur Ziegel und Mörtel ist, sondern ...*
... ein Aufzeichnungsgerät. Da bin ich mir ganz sicher. Ich habe es selbst erlebt. Es hat sich offenbart, und ich hatte die richtige Antenne.
Ist das nicht ein nervenaufreibendes Geschäft, denn was macht man, wenn sich dieser sechste Sinn nicht einstellt?
Dann muß man den Schnabel halten. Wenn man nicht irgendwie, durch eine Art Gabe, dieses Wissen hat, muß man den Schnabel halten. Wenn mir jemand sein Drehbuch gibt, ist meine erste Reaktion: »Warum führen Sie nicht Regie? Sie haben es doch geschrieben«. Ich müßte es schon sehr plastisch vor Augen haben. Es müßte viele Nerven bei mir treffen, damit ich es mir zu eigen machen könnte. Und dann müßte ich von dem Betreffenden die Genehmigung bekommen, es zu meiner eigenen Sache zu machen, bevor ich loslege. Schließlich muß man mit den Schauspielern reden, und die könnten sagen: »Moment, holen wir doch den Autor und fragen ihn, was er eigentlich gemeint hat«. Man muß es sich wirklich angeeignet haben, es kennen.
Doch irgendwie waren Sie trotz allen Unsicherheiten, Ängsten und Zweifeln immer noch in der Lage, bei THE ELEPHANT MAN *Regie zu führen.*
Ja, irgendwas hat sich durchgesetzt. Viele Filmemacher kommen nach Amerika und machen amerikanische Stories. Man kann eine Nase dafür bekommen, aber es läuft noch

immer über das eigene Räderwerk. Es ist nur eine andere Sichtweise. Und diese spezielle Welt – John Merricks Welt – ist klein. In ihr gibt es das Krankenhaus, die Straßen, und es gibt die Menschen, denen er begegnet, und seine Probleme. Es geht nicht um den Präsidenten der Vereinigten Staaten. Es geht nur um die Princess of Wales, und das reicht völlig aus.
Was hat Sie veranlaßt, weiterzumachen, dranzubleiben?
Ich will Ihnen sagen, was mich hat weitermachen lassen, das war vor allem John Merrick – die Figur des Elefantenmenschen. Ein seltsamer, wunderbarer, unschuldiger Kerl. Das war es. Darum geht es in der ganzen Geschichte. Und dann die Industrielle Revolution. Oder man sieht Bilder von Explosionen – großen Explosionen –, sie haben mich immer an die Papillome an John Merricks Körper erinnert. Das waren sozusagen langsame Explosionen, die aus den Knochen hervorbrachen. Ich bin mir nicht sicher, was die Explosion ausgelöst hat, aber selbst die Knochen explodierten, nahmen die gleiche Konsistenz an, brachen durch die Haut und bildeten diese Wucherungen in Form von langsamen Explosionen. Die Vorstellung von Schloten, Ruß und Industrie unmittelbar neben dem verwucherten Fleisch war also auch etwas, das mich weitermachen ließ.
Menschen sind wie kleine Fabriken. Sie stoßen jede Menge kleiner Produkte aus. Die Vorstellung, daß etwas in einem wächst, all die Körperflüssigkeiten und Zyklen und Stoffwechsel, all die chemischen Prozesse, aus denen neues Leben entsteht, ans Tageslicht kommt, sich abnabelt und zu einem eigenständigen Wesen wird ... einfach unglaublich.
Hat sich Brooks stark in die Endfertigung eingemischt, nachdem der Film abgedreht war?
Nein. Während der Endfertigung bin ich ein paarmal zu Mel gefahren, um ihm den Film zu zeigen. Was mir wirklich Sorge bereitete, war, ob ich das *Adagio for Strings* am Schluß durchsetzen konnte, eigentlich sollte John Morris die ganze Musik machen. Morris hatte erstklassige Arbeit geleistet, aber ich mußte das Adagio einfach haben. Um es durchzu-

setzen, mußte ich Mel überzeugen, und Mel hält sehr viel von Morris. Also wurden wir zu einer Vorführung verdonnert, zu der Mel ganz unterschiedliche Leute einlud, und ich mußte beide Versionen zeigen, die mit dem *Adagio for Strings* und die mit der Schlußmusik von John Morris. Ich gebe Ihnen einen Rat: Zeigen Sie die Version, die Sie für die bessere halten, immer zuerst. Das haben wir getan. Nach der Vorführung herrschte Schweigen, und ich dachte, jetzt wird abgestimmt. Doch da dreht sich Mel zu John um und sagt sehr freundlich, »John, tut mir leid, ich bin für das *Adagio for Strings*. Der Film profitiert davon.« Darauf meinte John: »Na gut.« Aber es war nicht ich, der gewonnen hatte. Der Film hatte gewonnen.

THE ELEPHANT MAN *wurde für mehrere Oscars nominiert. Von* ERASERHEAD *ins Herz der Hollywood-Gemeinde mit nur einem Film. Wie war das?*

Wir bekamen acht Nominierungen und haben keine einzige gewonnen! Freddie Francis (der Kameramann) war nicht nominiert, Alan Splet (Ton) auch nicht. Ich erinnere mich, wie ich von den Nominierungen erfuhr, aber Freddies Name fehlte, deshalb rief ich ihn an, und wir bedauerten uns ein bißchen. Aber es war wie von Null auf Hundert in null Sekunden. Ich hab gar nicht begriffen, welche Seltenheit das war. Und in Amerika hielten mich alle für einen Engländer. Eine Frau las die nominierten Regisseure vor und sagte: »Der junge englische Regisseur David Lynch«. Und dergleichen. Ich war ein unbeschriebenes Blatt.

Bei den Oscars weiß niemand, wer gewinnt, trotzdem weiß es natürlich jeder, weil man es im Bauch hat. Jeder wußte, daß Robert Redford mit ORDINARY PEOPLE gewinnen würde. Also kann man sich getrost zurücklehnen und die Verleihung genießen. Man merkt, wie wenig man das Schicksal eines Films in der Hand hat. Das gibt einem Auftrieb, andererseits kann man dabei auch untergehen.

Es ist nicht zu übersehen, daß Erfolg – im Sinne öffentlicher Anerkennung – für viele Regisseure sehr wichtig ist. Wie stehen Sie zum Thema Erfolg?

Mir geht es mehr um den Respekt vor der Arbeit. Das bedeutet für mich Erfolg. Alles andere ist für mich glatter Hohn, weil es dem widerspricht, weshalb man etwas macht. Geld ist nur toll, weil man was damit machen kann. Ich will Geld verdienen, damit ich mehr machen kann. Manchmal, wenn es gut läuft, verdient man vielleicht sogar noch mehr, aber das ist nicht der Grund, warum man es macht. Das ist ein angenehmer Nebeneffekt.
Aber Los Angeles und Hollywood sind vom Hunger nach Geld und Erfolg getrieben.
Ja, und als Außenstehender spürt man das. Man spürt es, wenn man ein Lokal betritt – ob die eigenen Aktien gut stehen oder schlecht. Jeder in dieser Stadt kennt das Gefühl. Und jeder in dieser Stadt weiß, daß man nicht ewig oben bleibt. Es ist beinahe wie ein Fluch. Mit TWIN PEAKS kam die Öffentlichkeit viel stärker ins Spiel. Und durch BLUE VELVET. Es wird so viel Publicity um einen Film gemacht, und während der zwei Monate, die er läuft, begegnet man überall dem eigenen Konterfei. Dann verschwindet es wieder. Wie bei einem Karussell.
Wäre es Ihnen lieber, mit dieser Seite des Metiers überhaupt nichts zu tun zu haben?
Absolut. Manchen macht das richtig Spaß. Ich will, daß der Film unter die Leute kommt, nicht *ich*! Ich finde, man sollte sich da so weit wie möglich raushalten. Es ist, als würde man seine Sprößlinge ins College begleiten. Man muß sie ihr eigenes Leben leben lassen und sie nicht dauernd in Schutz nehmen. Steh ihnen bei, steck ihnen ab und zu zehn Dollar zu und sag ihnen, sie sollen von diesem oder jenem Mädchen die Finger lassen. Schick sie in die Welt hinaus und kümmere dich um deine Arbeit. Man sollte im Grunde ein mönchisches Leben führen. Soweit bin ich aber noch nicht. Ich muß ein paar schwache Seiten haben, es ist wie ein Spiel mit dem Feuer. Es ist eine Schwäche, in gewissem Sinne. [Lacht.]
Wollen Sie damit sagen, daß Erfolg in gewisser Hinsicht verdirbt?

Jede Wette! Erfolg ist etwas ganz Gefährliches. Er führt dich an der Nase herum und kann dich zu einem ausgesprochenen Fiesling machen. Er kann aber auch genau das sein, was man braucht, damit gewisse Wunden heilen, damit man lockerer wird und das tun kann, was man sich vorgenommen hat. Erfolge sind eine komplizierte Angelegenheit, psychologisch gesehen.
Aber ist es für Sie nicht wichtig zu wissen, daß die Leute von Ihrer Arbeit begeistert sind?
Doch, aber dann fängt man an, *darüber* nachzudenken. Und wenn man dann ganz andere Ideen hat, kommen einem Bedenken, und man sagt sich, »Jetzt bin ich erledigt«. Aber man hört ja die Kommentare der Leute nicht, daher ist es egal.
Sie könnten sich in Ihrer Werkstatt verstecken.
Und dann schaltet man das Radio ein! Scheitern ist die einzige Lösung!
Wenn Ihnen jemand sagen würde, daß er Sie für wirklich erfolgreich hält, wie würden Sie reagieren?
Ich würde sagen, »Was haben *Sie* denn geraucht?« [Lacht.]

Oww, God, Mom, The Dog He Bited Me
Photographie und DUNE

Auch wenn THE ELEPHANT MAN, was Umfang und Erfolg betrifft, eine überraschende Entwicklung für Lynch war, erwies sich DUNE für alle Beteiligten als Schock. Der Film zählt zu den klassischen Beispielen des zeitgenössischen Kinos, welches Chaos entstehen kann, wenn Welten kollidieren: wenn persönliche Visionen auf Mega-Summen treffen, Groß auf Klein, Naivität auf die Realität und Privates auf Öffentliches. Lynchs Fangemeinde mußte mit Entsetzen zusehen, wie der *Auteur* vom Räderwerk des epischen Kinos und dem Zwang zum »Spektakulären« buchstäblich aufgerieben wurde. Zu dem Zeitpunkt, als die Pressemitteilungen von einer Synthese aus Lynchs »künstlerischer« Vision und Dino de Laurentiis Mega-Dollar-Blockbuster schwärmten, stand der Regisseur in einem der acht Riesenstudios in Mexiko City zwischen der tausendköpfigen Schar von Mitwirkenden verloren herum.

Mit einem Monumentalepos als Vorlage muß DUNE vom ersten Moment an ein beängstigendes Unternehmen gewesen sein. Lynch macht klar, welche Aspekte der Geschichte ihn gereizt haben – nicht zuletzt die Figur des Paul Atreides, des Schlafenden, der erwachen muß (ein Seelenverwandter von Lynch und Henry Spencer?). Was ihn letztlich überzeugte, den Film zu machen, läßt sich schwer sagen. Stuart Cornfeld hat da seine eigene Theorie: »Ich glaube, David war lange genug ein bankrotter Künstler gewesen und hatte mit dem ständigen Alptraum gelebt: ›Es wird ja doch nichts draus‹. Es ist schwierig, zur eigenen Kunst zurückzukehren, wenn sie einen weniger weit bringt als die Umsetzung fremder Vorlagen – siehe THE ELEPHANT MAN. Und dann sagt Dino auch noch: ›Ich geb dir einen Blankoscheck für die Produktion ...‹ Wer weiß, was das für David bedeutete, von null auf das.«

Trotz der schlaflosen Nächte, die Lynch bei THE ELEPHANT

MAN durchlitten hatte, tat er einen Schritt weiter in die Finsternis. Diesmal allerdings endete der dreijährige Kampf um DUNE in einem persönlichen Alptraum. Wer ihn kannte, war nicht überrascht, daß Lynch fest daran glaubte, den Film zum Erfolg führen zu können. Peggy Reavey erinnert sich, daß Lynch, als sie noch an der Kunstakademie in Philadelphia studierten, davon überzeugt war, ein Perpetuum mobile bauen zu können und stolz zum Franklin Institute marschiert war. »Er ging schnurstracks zur Leitung und erzählte den Leuten, ›Ich glaub, ich weiß, wie man ein Perpetuum mobile baut. Ich bin Kunststudent.‹ Einstein hatte es nicht geschafft, wie wir wissen. Aber David meinte es ganz ernst. Der Typ erklärte ihm sehr freundlich, warum sein Konzept nicht aufgehen könne, wir verzogen uns und gingen Kaffee trinken.«

Das war vor dem Perpetuum mobile DUNE, aus dem Lynch – inzwischen ein äußerst nervös Schlafender – am Ende erwachte. Damals beschloß er ein für allemal, sich nie wieder das Recht auf den Endschnitt nehmen zu lassen und in sein eigenes Terrain zurückzukehren. Mary Sweeney, Lynchs langjährige Cutterin, Produzentin und »sweetheart« erzählt: »Er ist klug genug, großen Budgets aus dem Weg zu gehen, schon wegen DUNE, aber auch, weil er ein bescheidener Mensch ist. Er braucht das Gefühl, daß er seine künstlerische Freiheit hat, ohne Leuten verpflichtet zu sein, die zu viel in ihn investiert haben.« Der mit Lynch befreundete Drehbuchautor Robert Engels glaubt: »Er würde nie wieder ›overground‹ gehen. Er ist *der* freie Filmemacher. *Der* Einzelgänger. Das ist seine Nische. Wenn sie der Meinung wären, sie könnten ihn zu GUNS OF NAVARONE überreden, würden sie es tun, weil eine neue Sicht auf die uralte Story dabei herauskäme. Aber David hat keine Lust auf die uralte Story.«

Angesichts des jüngsten Erfolgs von Director's cut-Versionen, die aus dem einen oder anderen Grund bei Studios, Produzenten oder Zensoren in Ungnade gefallen sind, ist man versucht, sich eine rekonstruierte Fassung von DUNE

vorzustellen, genau so, wie Lynch sie ursprünglich vorgehabt hatte. Selbst in der vorliegenden Form ist der Film nicht nur hinreißend anzusehen und mit köstlichen Gemeinheiten gespickt, er ist auch ein klammheimlicher Hinweis auf BLUE VELVET: Was bricht in Lumberton anderes aus als ein Heiliger Krieg mit kosmischen Folgen?
Interessanterweise begann Lynch während des DUNE-Debakels, seine privatesten Werke auszustellen – seine Bilder, er erfand *The Angriest Dog in the World*, einen vierbildrigen Comic strip, der neun Jahre lang im *L.A. Reader* lief; darin geht es um einen angeketteten Hund, der vor Wut fast in Totenstarre verfällt. Fast wie im richtigen Leben.
Daneben widmete sich Lynch verstärkt seinem Interesse an der Photographie und hatte bereits eine Anzahl beeindruckender Industrielandschaften sowie eine humoristische »Bausatz«-Serie hervorgebracht. Mit der Präsentation des Innenlebens diverser Tiere rief er nicht nur die glitschigen Eingeweide aus ERASERHEAD ins Gedächtnis, sondern brachte auch seine anhaltende Leidenschaft für reine Textur zum Ausdruck.

RODLEY: *In der Entstehungszeit von* THE ELEPHANT MAN *und* DUNE *haben Sie nicht nur weiter gemalt, sondern sich auch intensiver mit Photographie beschäftigt. Warum?*
LYNCH: Was mir an der Photographie unter anderem gefällt, ist die Technik der Kamera. Das ist wirklich eine phantastische Sache. Jeder, der irgendwann ein Photo gemacht hat, spürt diese Erregung, wenn es vom Entwickeln zurückkommt. Es zwingt einen, den betreffenden Augenblick zu sehen, aber mit anderen Augen. Und manchmal, meist weil etwas schiefgelaufen ist, mit dem man nicht gerechnet hat, springt der Augenblick dich an und bekommt etwas Magisches. Auch hier hat man es nicht völlig in der Hand. Es ist eine Folge von Prozessen, und ich mag diese Prozesse, weil sie mehr Gelegenheit für Zufälle bieten.
An Ihren Photographien von Industrielandschaften finde ich interessant, daß sie völlig entvölkert sind. Dennoch spürt

man, daß die Gebäude von Menschen errichtet wurden und daß andere Menschen – die ebenfalls nicht zu sehen sind – in ihnen arbeiten. War es schlicht einfacher, Bilder ohne Menschen zu machen?
Wahrscheinlich hätten mich Menschen auf den Bildern gestört. Viele sind während der Motivsuche für Filme entstanden, wie etwa auf einem Trip nach Nordengland mit Freddie Francis für THE ELEPHANT MAN. Es war ein herrlicher Trip, aber ich kam circa zehn Jahre zu spät, vielleicht sogar mehr, und deshalb war es zugleich ein grauenhafter Trip. Die herrlichen, alten Fabrikbauten wurden durch kleine Kunststoff- und Aluminiumgebäude ersetzt, ohne jede optischer Ausstrahlung. Und es gab weder Rauch noch Feuer oder Ruß. Ich hatte mich sehr auf den Trip gefreut, aber es gab nichts als schöne, ländliche Gegend und Überreste stillgelegter, baufälliger Fabriken. Oft waren also gar keine Menschen in der Nähe. Aber es sind spannende Orte, wegen ihres Alters und weil die Natur sich an ihnen zu schaffen gemacht hat und sie allmählich verwesen – wie Leichen.
Was fasziniert Sie eigentlich an Fabriken und Industrie?
Die Wucht, glaub ich. Ich empfinde es als wohltuend, gigantischen Maschinen bei der Arbeit zuzusehen, z. B. wie sie geschmolzenes Metall verarbeiten. Und ich habe ein Faible für Feuer und Rauch. Auch die Geräusche sind gewaltig. Da ist was los. Es bedeutet, daß etwas produziert wird, und das gefällt mir. Bei THE ELEPHANT MAN konnte ich ein bißchen was einfließen lassen. Jetzt wird alles von Computern und Robotern gebaut. Sie sind sauberer, kleiner und effektiver.
Gibt es moderne Architektur, die Sie beeindruckt?
Das Bauhaus: die strenge Form. Ich mag graue Räume mit nichts als ein oder zwei Möbelstücken, gerade so viel, daß sich jemand hinsetzen kann. Und wenn der Betreffende dann dasitzt, nimmt man den Kontrast wahr, plötzlich wird der Raum schön und der Mensch interessant. Architektur ist eine phantastische Sache! Ein Haus braucht ein wie auch immer geartetes Dach und Fenster, damit Licht reinkommt,

doch es ist erstaunlich, wie wenig gelungene Häuser es gibt. Und die wenigen fallen auf, weil es so unglaublich angenehm ist, sich in ihnen aufzuhalten. Aber diese Mini-Malls und das ganze postmoderne Zeug – das ist der Tod für die Seele.
Von Downtown LA und Art deco bin ich begeistert. Ich liebe Diners. Ich mag keine dunklen Lokale. Ich mag Lokale mit Resopal und Metall und viel Silberglanz – Metall, Tassen, Gläsern und einer ordentlichen Coca-Cola-Maschine.
Um diese Zeit entstanden auch zwei andere Aufnahmen mit dem Titel Fish Kit *und* Chicken Kit, *auf denen das betreffende Tier auf humorvolle Art in seinen Einzelteilen präsentiert wird.*
Ja. Die Idee stammte von Modellbausätzen. Man bekommt eine Schachtel, nimmt die Einzelteile heraus, muß die Bauanleitung lesen und die Teile zusammenbauen. Und wenn man fertig ist, hat man das, was auf der Schachtel abgebildet ist. Ich war damals mit Mary Fisk verheiratet, wir waren zur Endfertigung von THE ELEPHANT MAN in England. Mary flog zurück nach Amerika, ich hatte eine Wohnung in Twickenham, und am Tag ihrer Abreise kaufte ich eine Makrele und brachte sie nach Hause, räumte den Tisch leer und zerlegte den Fisch. Ich beschriftete die Teile und arrangierte sie wie in einem Baukasten. Mit Gebrauchsanleitung, zum Beispiel, daß man den Fisch ins Wasser legen muß, wenn er zusammengebaut ist. Das war mein erster Bausatz.
Dann baute ich ein »Chicken Kit«. Mein Meisterstück in der Bausatzsparte! Ich hab mir viel einfallen lassen, zum Beispiel den Hinweis, daß die Federn nicht inklusive waren – bei vielen Bausätzen muß man Teile extra dazukaufen. Das ist Beutelschneiderei. Es gab auch eine Anleitung, wie die Federn einzusetzen waren – nicht mit dem weichen, flaumigen Ende zuerst, sondern mit dem harten, spitzen Ende. [Lacht.] Lauter dummes Zeug! Zum Teil auf spanisch, zum Teil auf englisch. Es war ganz schön bescheuert. Ich baute das Ding während der Dreharbeiten zu DUNE in Mexiko.

Bei diesen Photos fällt mir der englische Maler George Stubbs ein, der im Rahmen seiner Objektstudien Pferde sezierte.
Genau. Man fragt sich: »Wie funktioniert das Ding?« Wenn man sämtliche Teile zusammensetzt, hat man ein »Hühnchen«, aber wieso spaziert es herum? Und pickt im Sand? Schon irre.
Ich habe einen Entenbausatz gemacht, aber die Aufnahme war so schlecht, daß man die Anleitung nicht lesen konnte: alles viel zu dunkel. Und dann, während BLUE VELVET, hatte ich schon alles für einen Mäusebausatz vorbereitet. Ich hatte circa zwölf Mäuse im Gefrierschrank, aber den Bausatz hab ich dann doch nicht gebaut. Ich hatte das Haus gemietet, ich bin sicher, der Vermieter hat die Mäuse gefunden. Ich wollte was mit größeren Tieren machen, aber ich kam nie dazu.
DUNE war ein teures Filmepos mit spektakulären Effekten. Wie und warum kamen Sie zu diesem Projekt?
Das ist auch so eine Sache, die mich drei Jahre meines Lebens gekostet hat. Ich arbeitete damals an BLUE VELVET, doch das Projekt geriet aufs Abstellgleis. Ich dachte immer noch darüber nach, aber der Verantwortliche bei Warner Brothers fand das Drehbuch grauenhaft. Wenn man auf Ideen wartet, weiß man nicht, wie lange es dauert. Ich wußte, daß es nicht funktionierte und befand mich in diesem Schwebezustand, in dem man versucht, Ideen zu bekommen, damit es funktioniert.
Ich wollte Thomas Harris' *The Red Dragon* mit Richard Roth machen, dem späteren Produzenten von BLUE VELVET. Aber dann verlor ich die Lust. Etwa um die Zeit rief mich Dino de Laurentiis an und sagte: »Ich will, daß du DUNE liest.« Ich hatte »June« verstanden und fragte, »June?« »Nein, DUNE«. Und dann schwärmte ein Freund von mir, »Mann, das ist ein toller Science-fiction-Roman.« Ich sagte: »Das hab ich gehört.« Also las ich ihn.
Und dann geschah etwas Merkwürdiges. Ich war mit George Lucas verabredet, der mir den dritten STAR WARS-Film

Kämpfe auf Arrakis in DUNE

DUNE: Einer der riesigen Sandwürmer aus der Wüste von Arrakis

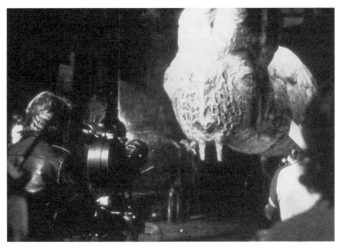

angeboten hatte, aber eigentlich hatte ich für Science fiction gar nichts übrig. Ich mag gewisse Elemente, aber nur in Kombination mit anderen Genres. George gibt, glaub ich, zu, daß er die besten Teile und andere Sachen aus *Dune* – dem Roman – für STAR WARS geklaut hat. Wieder einmal wußte ich nicht, wie mir geschah, und das nächste, woran ich mich erinnern kann, ist, daß ich pfeilgerade auf DUNE zusteuere. Und es gab kein Halten mehr.
Wieso dachte Dino de Laurentiis bei diesem Film an Sie?
Dino war an mir wegen THE ELEPHANT MAN interessiert. Er wollte einen Science-Fiction-Film machen, bei dem es um Menschen ging und nicht um Laserpistolen und Raumschiffe. Wir wollten alles ganz real und glaubwürdig machen. Keine High-Tech-Science fiction, wie die meisten Weltraumfilme. Alles sieht alt aus, als existierte es schon eine ganze Weile.
Er mag THE ELEPHANT MAN *gesehen haben, aber kannte er auch den persönlicheren* ERASERHEAD*?*
Als Dino und ich uns das erste Mal unterhielten, kannte er ERASERHEAD noch nicht und wußte daher über viele Dinge in meinem Kopf nicht Bescheid. Als er sich den Film schließlich ansah, fand er ihn grauenhaft. Mir war ziemlich klar, ich würde zurückstecken müssen. Erstens sollte der Film jugendfrei sein. Man kann sich Absonderlichkeiten ausdenken, aber sobald sie mit »jugendfrei« ankommen, muß man das meiste vergessen. Sie wissen ja, ich weiche gern vom Weg ab, schlage eine merkwürdige Richtung ein, aber hier konnte ich das nicht. Es gibt viele merkwürdige, aufregende Kleinigkeiten, von denen ich mich inspirieren ließ. Ich beschäftigte mich mit Wellen – Wasserwellen, Sandwellen, Wellenbewegung, Symbolen, Wiederholung von Formen, Verbindungsfäden.
Was hielten Sie von de Laurentiis? War er überzeugend?
Dino war ganz anders, als ich erwartet hatte – charmant, warmherzig und sehr überzeugend. Wir besprachen das Konzept, und ich war überzeugt, daß sich der Roman verfilmen ließe.

Es läßt sich leicht behaupten, DUNE *sei weniger ein David Lynch-Film als alle anderen, dennoch gibt es zahlreiche Ähnlichkeiten zwischen diesem Science Fiction-Epos und Henrys Welt in* ERASERHEAD *oder John Merricks Welt in* THE ELEPHANT MAN, *nicht wahr?*
Ja, es gibt so etwas wie einen roten Faden. In allen drei Welten dominieren Maschinen. Ich habe ein Faible für Fabrikmenschen, Stahl, Nieten, Bolzen, Winden, Öl und Rauch. Die Industrialisierung ist nie das zentrale Thema, aber sie lauert immer im Hintergrund. Es ist deprimierend, daß die Hochöfen in Amerika aussterben, und schade, daß es in DUNE so wenig Maschinen gibt. Als Kind haben mich Fabriken ungeheuer beeindruckt. Da ich im Nordwesten aufwuchs, hatte ich noch keine Großstadt gesehen. Als ich zum ersten Mal nach New York kam, war der Kontrast so groß, daß ich von da an jedesmal, wenn ich in die Nähe einer Stadt kam, einen Stromstoß verspürte. Das Leben ist eine Sache von Kontrasten. Wenn mitten im Getöse eine Bombe explodiert, berührt es einen kaum. Herrscht jedoch Stille, wenn die Bombe explodiert, ist man zutiefst ergriffen. Daher meine Haßliebe zur Stadt.
In allen drei Filmen geht es außerdem um Welten, die gebaut und gefilmt werden müssen, damit man sie betreten kann. Ich will Filme machen, die in Amerika spielen, die Zuschauer jedoch in Welten entführen, in die sie vielleicht nie vorstoßen werden; in das Innere ihres eigenen Wesens. Ich lasse mich von Orten und den Menschen, denen ich dort begegne, beeinflussen. Sie erzeugen eine bestimmte Stimmung und sagen gewisse Dinge, und in mir entsteht ein Gefühl, gegen das ich nicht ankomme. Das passiert millionenmal am Tag. Aber ich landete an einem bestimmten Punkt meines Lebens in Philadelphia, und das hat mich wahrscheinlich am stärksten geprägt. Ich habe mich in Fabriken und Fleisch verliebt. Niemand hat im Kino diese Kraft, die ich in der Industrie und bei Fabrikarbeitern spüre, diesen Geruch von Feuer und Öl. Für mich sind Fabriken Symbole des Schöpfungsakts, mit denselben organischen Prozessen wie in der

Natur, auch wenn ich nie in einer Fabrik gearbeitet habe. Ich würde gern mal eine betreten, mich mit den Arbeitern unterhalten, mir zeigen lassen, wie die Maschinen bedient werden und all sowas – trotzdem würde ich das Filmen nicht für einen Fabrikjob aufgeben wollen.
Die Welten von ERASERHEAD *und* THE ELEPHANT MAN *sind allerdings klein – manchmal mikroskopisch.* DUNE *kreiert – sogar in der Romanfassung – ein großes, unter Umständen unhandliches Universum aus mehreren Welten. Wie sind Sie anfangs damit umgegangen?*
Ich führte viele Gespräche mit dem Autor Frank Herbert, wir gingen jede einzelne Zeile des Romans durch. Man entdeckt so viel scheinbar Widersprüchliches, sobald man sich näher damit befaßt. Und viel Verwirrendes. Jede Menge merkwürdiger Häppchen aus Information, Technik und Mythologie. Und man fragt sich – wo ist eigentlich die Story? Je tiefer man einsteigt, desto schwieriger ist sie zu greifen. Aber als mir das bewußt wurde, steckte ich schon viel zu tief drin. Der Film hat mich an den Rand des Wahnsinns gebracht.
Haben Sie nicht auch an späteren DUNE-*Drehbüchern gearbeitet? Für weitere Folgen?*
Ja. Ich stand bei Dino in der Pflicht. Laut Vertrag mußte ich noch zwei weitere Sachen machen. Also schrieb ich ein halbes Drehbuch für den zweiten DUNE-Film. Diesmal gefiel es mir sogar. Ich habe es nicht zuende geschrieben, aber ich hab mich reingekniet, weil es keine normale Story war. Eher eine Art Kleinstadtgeschichte. Es kamen ein paar echt coole Sachen vor. Ich hatte da etwas in Gang gesetzt, und es schien mit mir zu sprechen. Aber DUNE war ein Fiasko, und der Bedarf war gedeckt.
Hatten Sie von Anfang an vorgehabt, das Drehbuch zum ersten Film zu schreiben?
Ich sollte mit Chris de Vore und Eric Bergren von THE ELEPHANT MAN arbeiten. Aber Dino war mit unserer Arbeit nicht zufrieden. Mir hätte es vielleicht zugesagt, aber ich merkte, daß es keinen Zweck hat und ich am Ende zwischen

zwei Stühlen sitzen würde. Also sagte ich Chris und Eric, daß es keinen Sinn hätte. Ich hatte das Gefühl, sie waren ziemlich sauer auf mich. In Teilbereichen waren wir uns einig, aber sie wollten in eine andere Richtung. Ihnen waren andere Aspekte des Romans wichtiger. Wenn sie den Film gemacht hätten, hätten meine Ideen das Gesamtbild gestört. Ein Autor ist wie ein Filter. Seine Ideen werden durch die persönliche künstlerische Membran gefiltert, bevor sie aufs Papier treffen. Die Ideen stammten aus Franks Buch, doch ich interpretierte sie.

Ich arbeitete allein weiter, und das war wieder so ein Fall, wo alles viel zu schnell ging. Ich schrieb, dann gingen wir auf Motivsuche und trafen uns mit Dino in Italien. Wir waren ständig unterwegs. Ein Jahr der Produktionszeit ging für's Drehbuch drauf, mit mir, oder mit mir, Chris und Eric, oder mit mir und einem anderem.

Sie hatten erzählt, daß Mel Brooks beim Drehbuch zu THE ELEPHANT MAN *eine Hilfe war. War Dino eine Hilfe, als es darum ging,* DUNE *aufs Papier zu bringen?*

Dino war mein Redakteur. Er half, dem Drehbuch die richtige Form zu verleihen. Striche sind immer ein Problem, weil sich Künstler aus ästhetischen Gründen in ihre Arbeit verlieben, doch aus praktischen Gründen muß man kürzen. Dino bewies mir immer, daß eine Szene nicht funktionierte, bevor er sie strich. Schlachten wurden gewonnen und verloren; um die Sequenz mit dem »gekrümmten Raum« habe ich gekämpft. Aber ich steckte so tief drin, daß ich auf Dinos Reaktion angewiesen war, um die Schwachstellen zu finden. Und er fand sie. Wir haben das Drehbuch schließlich auf 135 Seiten eingedampft.

Das schwierigste war, dem Geist der Vorlage treu zu bleiben. Ich durfte das Drehbuch nicht so weit zusammenstreichen, daß das Wesentliche der Geschichte verloren ging. Die Handlung ist sehr dicht, und es gibt viele Interpretationsebenen. Deshalb hielt ich mich beim Verfassen des Drehbuchs an den gesunden Menschenverstand und ließ das Werk sprechen. Gewisse Elemente aus dem Roman waren

wesentlich, also übernahm ich sie ins Drehbuch, und sie wurden auch für den Film wesentlich. So bin ich mit jedem Problem verfahren, vom Casting bis zur Regie.
Was ist charakteristisch für David Lynchs DUNE?
Die Figur des Paul: der Schlafende, der erwachen und zu dem werden muß, wozu er bestimmt ist. Frank Herbert ist ein lieber Kerl, ein wirklich lieber Kerl. Genau wie Barry Gifford. Sie haben die Vorlage geschrieben und meinen es ganz ehrlich, wenn sie sagen: »Mach damit, was du willst«. Und man fragt: »Wirklich?« Man testet sie ein bißchen. Bei Frank hätte ich vielleicht noch etwas weiter gehen können, um noch mehr von dem zu erreichen, was mich an dem Roman reizt. Fabriken und Gummi und ein bißchen Industrie statt langer wallender Gewänder und diesem Renaissance-Touch.
Dino wußte, daß das Projekt Herz brauchte. Und Franks Roman enthält Traumsequenzen, komplexe Strukturen, unterschiedliche Bedeutungsebenen und Symbolik; es geht um Menschen, ihre Gefühle, ihre Ängste und Ziele – damit hatte ich die Gelegenheit, völlig neue Welten zu kreieren, indem ich Elemente in einer Weise kombinierte, wie ich es noch nie getan hatte. Meine Filme sind filmische Gemälde – sich bewegende Portraits auf Zelluloid. Ich unterlege sie mit Ton, um eine ganz spezielle Stimmung zu erzeugen; wie wenn die Mona Lisa plötzlich den Mund aufmacht, es geht ein Wind, sie dreht sich wieder um und lächelt. Das wäre ungeheuer merkwürdig und schön.
In DUNE gibt es eine zentrale Frage: Wie funktioniert das Universum? Welche Beziehungen bestehen genau zwischen den Figuren, und was verbindet sie mit Paul? Der Imperator will Paul ausschalten, und Paul erfährt es. Er ist von Spionen umgeben, die diversen Leuten Bericht erstatten. Die Spione sind das verbindende Element. Sie sind für die Verschwörung verantwortlich, aber auch für Pauls Aufstieg und Erwachen.
Baron Harkonnen hat mehr von einer echten Lynch-Figur.
Ja, aber das ist schon im Roman so. Und auch wieder nicht.

Freddie Jones als Thufir Hawat und Sting als Feyd Rautha in DUNE

Kyle MacLachlan als Paul Atreides

Im Roman steht seine Welt den anderen Welten viel näher. Da konnte ich ansetzen. Und viele Dinge im Roman hatten eine gewisse Poesie, sie waren abstrakt, aber echt cool. Sie hatten nur nicht viel mit der Story zu tun und beanspruchten Zeit. Ich hab eine ganze Menge davon verfilmt: die unterirdischen Wassertropfen, die Rituale, was die Leute so taten und wie sie lebten, oder wie das Wasser des Lebens aus einem Wurmbaby gewonnen wurde. Das ließ sich ohne Worte erzählen.
Doch weil der Film nicht länger als 137 Minuten werden durfte – damals die maximale Spielfilmlänge –, mußten wir sehr viel weglassen. Der Rest wurde in der Müllpresse auf ein Minimum reduziert. Aus einer Szene wurde ein Satz, und der noch aus dem Off, eingesprochen. Das kann nicht funktionieren. Mir ist die europäische Art, Filme zu machen, lieber. Ich liebe Filme wie 2001 – ODYSSEE IM WELTRAUM. Ich liebe lange Szenen. Stille. Solche Sachen. Die Löcher waren nicht mehr zu stopfen – das Wasser schoß heraus, und es war wirklich beängstigend.
Als sich das Chaos abzuzeichnen begann – wie schwierig war es da, sich einen unverbrauchten Blick auf den Film zu bewahren – trotz der täglichen Enttäuschungen?
Das ist das allerschwierigste. Je mehr eine Arbeit dem Ende zugeht, desto mehr projiziere ich meine Ängste hinein. Ich hab sie nicht nur zigmal gesehen, mir fallen plötzlich alle Fehler auf. Mit den Bildern auf der Leinwand habe ich meine Ängste doppelt vor Augen. Es wird immer schlimmer, bis ich es im Vorführraum nicht mehr aushalte. Ich habe keine Augen mehr für den Film. Ich sehe nur noch Angst und Schrecken. Jetzt, am Ende der Arbeit, bin ich halb wahnsinnig und gestehe mir meine Not nicht einmal ein. Ich versuche, mich mit einem mentalen Trick davon zu befreien. Deshalb hab ich den Abschluß des Films völlig verdrängt.
Ich glaube, die Sache war mir schon entglitten, bevor wir zu schneiden begannen. Vielleicht muß man das mal durchgemacht haben – aber ich bedaure auch hier, wieviel Zeit es mich gekostet hat. Man lernt bei jedem Film eine Menge da-

zu, aber das ist nicht der Grund, warum man ihn macht. Bei der Arbeit an ERASERHEAD entdeckte ich gewisse Dinge an mir selbst. Ich merkte, daß ich beim Reden eine Art Code benutzte, und später begriff ich einiges über mich selbst, das mir damals nicht bewußt gewesen war.

Aber wenn ich nur das machen würde, was ich schon immer wollte – ich weiß nicht, was passieren würde. Wahrscheinlich würde ich mich langsamer weiterentwickeln. Oder ich würde mich in meine eigene Welt zurückziehen, mich ständig wiederholen und gar nicht weiterentwickeln. Ich denke, diese Erfahrungen werden mir bei meinen eigenen Filmen helfen. Das wichtigste ist, nur Filme und Projekte zu machen, die man in der Hand hat. Alles andere ist teuflisch. Es macht einen kaputt.

Die Kommentare der Leute über DUNE hätten mein Selbstvertrauen und mein Glück völlig zunichte machen können, und man muß glücklich sein, um etwas auf die Beine zu stellen. Ich war so gut wie tot. So gut wie tot! Aber wegen THE ELEPHANT MAN konnten sie mich nicht völlig abschreiben. Hätte ich nur ERASERHEAD und DUNE gemacht, wär ich erledigt gewesen!

Hat die Notwendigkeit, den Film zu kürzen, dazu geführt, daß man ständig die Gedanken der Figuren zu hören bekommt?

Eine Menge davon war vorgesehen, aber es wurden nochmal 40% mehr, weil man der Meinung war, das Publikum käme sonst nicht mit. Gedanken zu hören kann etwas Wunderbares sein. Das ist ein raffiniertes Mittel, aber wenn es nur um Informationen geht, riecht man den Braten.

Es war so viel Material und Raum für Entwicklungen vorhanden, daß sich eine spannende Fernsehserie daraus hätte machen lassen – wie TWIN PEAKS.

Das wäre toll gewesen. Man hätte dem Material gerecht werden können. Einiges war sehr poetisch: das Wassersparen unter der Erde oder der Zauber der winzigen Wassertropfen mit ihrem speziellen Klang und einem speziellen Licht. Solche Dinge sind faszinierend, doch kaum hatte ich

den ersten Tropfen eingebaut, sprang Dino mir schon an die Gurgel.
Das Untypischste für einen Lynch-Film ist bei DUNE, *daß die Geschichte nicht in einer überschaubaren Umgebung spielt. Es geht um eine Galaxie, nicht nur um zwei Straßenblocks.*
Ja. Aber ich hatte auch da mein trautes Gefilde: Das Wasser des Lebens war meine persönliche Spielwiese.
Hatten Sie großen Einfluß auf die Spezialeffekte und Phantasiegeschöpfe?
Ja. Für den Navigator dritten Grades schwebte mir eine fleischige Heuschrecke vor, und ich fertigte für Tony Masters eine Zeichnung an. Tony nahm die Zeichnung, arbeitete die Details aus, und Carlo Rambaldi baute die Figur. Zu Carlo Rambaldi habe ich eine Theorie: Er baut immer sich selbst. Deshalb sieht der Navigator ein bißchen aus wie Carlo Rambaldi. Auch ET sieht genau wie Carlo Rambaldi aus! Es sind eine Menge Leute beteiligt, bis sowas seine endgültige Gestalt erhält. Und Raffaella de Laurentiis, die Produzentin, sagte oft: »Ist schon erledigt«. Es ist ungemein schwierig, den Überblick zu behalten. Aber so ist es nun mal. Es war ein gigantisches Unternehmen.
Für gewöhnlich nehmen Sie starken Einfluß auf die Ausstattung Ihrer Filme – wie war das bei der Mega-Ausstattung von DUNE?
Die Requisiten hab ich nicht entworfen, aber ich war aktiv an der Erarbeitung einer bestimmten Optik beteiligt. Sobald zum Beispiel eine Komponente der Gildennavigatorsequenz gebaut war, gab es eine gewisse Logik, die diktierte, wie die restlichen Bauten auszusehen hatten. Caladan, der Wasserplanet, unterhält große Wälder, deshalb bestand das gesamte Atreiden-Schloß aus Holz mit merkwürdigen Schnitzereien. Und die militärisch organisierte Gesellschaft verwendet Waffen aus Holz und Metall. Arrakis dagegen ist ein trockener Planet, deshalb dachten wir uns allerlei Wüstenausrüstungsgegenstände aus. Mein persönlicher Favorit war Giedi Prime, der Ölplanet. Für ihn verwendeten wir Stahl, Bolzen und Porzellan. Viele Schauplätze beschreibt Frank schon im

Roman, trotzdem hatten wir großen Gestaltungsspielraum. Wir entwickelten für jeden Planeten ein Konzept, und jedes Bauwerk folgte diesem Konzept. Leider fanden viele Bauten schließlich doch keine Verwendung im Film.
Einmal machten Dino und ich einen Ausflug nach Venedig. Er führte mich auf den Markusplatz, allerdings auf einer ganz bestimmten Route und zu einem ganz bestimmten Punkt. Immer, wenn man etwas zum ersten Mal sieht ... wenn man das nur im Gedächtnis behalten könnte! Damals kam mir die Idee, Venedig zum Vorbild für DUNE zu machen. Ich sprach mit Tony Masters, dem Ausstatter, und daraus hat sich das Ganze entwickelt.
Er hatte acht riesige Tonfilmstudios zur Verfügung, die wir doppelt einrichteten: Das entspricht sechzehn Studios mit Dekorationen! Sie standen so dicht beieinander, daß Freddie Francis, der Kameramann, meinte, wir müßten drehen, als ob es sich um Originalschauplätze handelte. Es war völlig unmöglich, sie wie normale Sets zu behandeln. Sie hatten Dächer, aber keine Fenster, was für den Kameramann alles andere als angenehm war. Aber diese handwerkliche Fertigkeit! Mexikanische Techniker arbeiten mit Holz aus dem Regenwald, über den sich alle so aufregen. Also, das Holz war wirklich einmalig. Selbst die Rückseiten der Kulissen waren Kunstwerke. Wirklich unglaublich. Allein darin herumzuspazieren, von einer Welt in die andere, war eine echte Reise.
Welche optische Gesamtwirkung schwebte Ihnen für die Kameraarbeit vor?
DUNE ist ein dunkler Film, ich wollte eine Atmosphäre aus Licht und Schatten erzeugen. Nicht trist, sondern mysteriös. Wie im *film noir* der 40er Jahre. Die Verwendung von zwei Kameras beeinträchtigt die Ausleuchtung, Freddie schuf eine wunderschöne Atmosphäre mit nur einer Kamera. Jede Einstellung war ein Gemälde. Es gibt viele helle Szenen in dem Film, doch Freddie meinte immer: »Macht es dunkler! Lynch mag es so schwarz, daß man nichts mehr sieht.« Er sorgte auch für gute Laune bei den Dreharbeiten,

Francesca Annis als Lady Jessica in DUNE

er ist ein unverbesserlicher Witzbold. Einmal erfand er einen Anruf von Raffaella, der ihm die Produktionsleitung übertrug.
Sie und Freddie verwendeten die sogenannte Light-Flex-Technik, nicht wahr? Was ist das genau?
Sie erzeugt eine äußerst merkwürdige, magische Wirkung. Man kann damit in Schatten hineinsehen. Die Farbbearbeitung läßt sich per Knopfdruck manipulieren, und zwar so subtil, daß man es nicht wahrnimmt – ein wunderschöner Hauch von *mauve* zum Beispiel; Schatten sind nicht mehr nur schwarz, sondern blauschwarz, Hauttöne schimmern an den dunklen Rändern zart violett. Die Farben sind satter.
Trotz der negativen Resonanz auf DUNE *und Ihrer eigenen Enttäuschung über den Verlauf der Produktion, worauf sind Sie bei dem Film besonders stolz?*
Ich habe die Sache nicht konsequent genug zu meiner eigenen gemacht.... Ich hatte das Gefühl, daß Dino und Raffaella bestimmte Vorstellungen hatten, es gab den Roman von Frank Herbert und den Versuch, sich daran zu halten. Man war von Anfang an in ein spezielles Gehege gepfercht, und es war schwierig, daraus auszubrechen. Ich hatte nicht das Gefühl, die Sache zu meiner eigenen machen zu dürfen. Das war mein Untergang. Das Problem bestand darin, daß DUNE eine Art Studiofilm war. Ich hatte nicht die Kontrolle über den Endschnitt. Und so machte ich nach und nach unterbewußt Zugeständnisse – da ich wußte, hier konnte ich nicht hin, und da wollte ich nicht hin. Ich rutschte in eine Welt der Halbheiten. Dort ist das Leben ziemlich trostlos.
Aber es gibt auch Dinge in dem Film, die ich wirklich mag. Die Bösen sind Bilderbuch-Schurken. Sie zielen nicht auf Lacher, auch wenn ihnen die Arbeit offensichtlich Spaß macht. In Filmen wie diesem erntet man schnell Lacher. Es gibt billige Lacher, die die Stimmung zerstören und den Film kaputtmachen können. Ich glaube nicht, daß in DUNE solche Lacher vorkommen. Dennoch steckt schwarzer Humor darin. Ich hätte den Film am liebsten wie ein langes Ge-

dicht gemacht, an einem abstrakten Ort spielen lassen, ohne Dialog, und das Atmosphärische stärker betont.
Glauben Sie, Dinos ursprüngliches Anliegen, daß es mehr um Menschen als um Maschinen gehen sollte, kam in dem fertigen Film heraus?
So fing es zumindest an. Als eine Mischung aus Technik und menschlichen Gefühlen. Und es gab interessante Figuren. Aber sie waren so zahlreich, daß es äußerst schwierig war, sie alle in einem Film unterzubringen. In einer Mini-Serie mit drei oder vier Folgen hätte man sie ausarbeiten können. Was veranlaßt sie zu ihren Handlungen? Wenn man alles zusammenquetscht, bleibt man an der Oberfläche.
Raffaella de Laurentiis muß sich doch im klaren gewesen sein, was von Ihnen zu erwarten war?
Ja, aber ich hatte erst zwei Filme gemacht, ERASERHEAD und THE ELEPHANT MAN. ERASERHEAD war tabu, THE ELEPHANT MAN war gut. Ich weiß nicht, ob sie es zugeben würden, aber ich glaube, ich habe DUNE unter dem Vorbehalt bekommen: »Wir müssen David auf die Finger schauen. Wenn er Richtung ERASERHEAD geht, können wir uns einsargen lassen, wenn er Richtung THE ELEPHANT MAN geht, soll's uns recht sein.« Aber ich habe viele ERASERHEAD-Dinge in mir und sah auch in diesem Material Möglichkeiten. Deshalb mußten sie mich an die Kandare nehmen.
Dennoch verkündeten viele Pressemitteilungen: »Der Regisseur wendet seine ganz private, persönliche Vision auf ein Genre an, das eine solche Vision normalerweise nicht verträgt.«
Ja. Aber sie war weder privat noch persönlich genug! Es war gar nicht möglich. Jeder hat eine eigene Handschrift – gewisse Vorlieben, eine bestimmte Art, etwas zu tun. Das Problem ist, in Ruhe gelassen zu werden, damit sie sich entwickeln kann. Das Kino kann Dinge, über die sehr schwer zu reden ist. Man braucht großes Vertrauen, um zu diesen Möglichkeiten des Kinos vorzudringen, aber das ist nicht allzu oft der Fall. Solche Dinge entstehen nicht im Komitee, wo jeder, der am Tisch sitzt, jede Einzelheit im Drehbuch verstehen

muß. Das führt unglaublich weit weg vom Zauber des Kinos! Und das Ganze bleibt, was es ist. Es wächst nicht über sich hinaus. Es gibt auch nicht das kleinste Schlupfloch für ein abstraktes Bild oder einen Traum frei. Es bleibt monolithisch.
Sie arbeiteten zum ersten Mal in riesigen Studios mit vielen Sets und einer außergewöhnlichen Anzahl von Leuten, wie hielten Sie da die Kommunikation in Gang?
Es war Wahnsinn, aber nicht uninteressant. Er war herrlich und grauenhaft zugleich. Die Zeit in Mexiko City war ungeheuer spannend, es kamen dauernd Leute dazu, neue Leute aus der ganzen Welt, sie flogen ein und gehörten dazu. Wir hatten vier Kameracrews, die mal hier, mal dort arbeiteten, man fuhr von einem Set zum anderen und hatte alle Hände voll zu tun. Es hörte nie auf! Allein für die Szenen mit den Schauspielern brauchten wir *ein halbes Jahr!* Und die nächsten sechs Monate filmten wir Modelle, Miniaturen und Spezialeffekte. Jeden Tag, tagein, tagaus, galten unser Leben, unsere Gespräche und unsere Arbeit nur diesem Film. Es gab kein Entrinnen! Es war schon kraß.
War es Absicht, daß Ihr wöchentlicher Comic strip für den LA Reader *– The Angriest Dog in the World – während* Dune *anlief?*
Nein. Es hatte nichts damit zu tun. Aber es war kein Zufall, daß der *Angriest Dog* in dem Jahr, als Twin Peaks: Fire Walk With Me herauskam, abgesetzt wurde. Das war mein schlimmstes Jahr. Mir hing einfach ein schlechter Geruch an! Ich möchte wetten, in dem Jahr hätten sie mich nicht mal verhaftet – '92 hatte es in sich, Mann! Da hatte ich keinen guten Stern! Man schaut zu und spürt es. Es ist absolut irre. So wie wir spüren, wenn was gut läuft, spüren wir, wenn etwas schiefläuft. Wie heißt es so schön: Alles hat irgendwann ein Ende.
Die graphische Gestaltung des Comics hat sich während der neun Jahre nicht geändert: Es waren immer dieselben vier Bilder mit dem Hund im Hof. Nur die Sprechblasen änderten sich von Woche zu Woche. Stammen die Originalbilder von Ihnen?

Ja, ich habe sie '83 gezeichnet. Und dann mußte ich mir jeden Montag meinen »Hund« einfallen lassen und ihn telefonisch an den *LA Reader* durchgeben, der ihn in die Sprechblasen einsetzte. Die Handschrift hat sich im Lauf der Jahre geändert. Manchmal versuchten sie, akribisch meine Handschrift zu imitieren.
Wie kamen Sie auf den Comic strip?
Aus Wut. [Lacht.] Ich weiß nicht, irgendwann kam mir die Idee zu dem Hund, der so wütend ist, daß ihn die Anspannung und Wut fast in eine Art Totenstarre versetzen. Er kann kaum noch knurren, es schnürt ihm den Hals zu! Die Kette schnürt ihm den Hals zu. Und wo kommt diese Wut her? Der Comic erzählt keine Geschichte, man kann in der Mitte anfangen und ihn nach beiden Seiten lesen. In dem Haus leben Bill und Silvia, das kriegt man irgendwie mit. Einmal sagt Silvia zu Bill: »Mein Psychiater sagt, du bist ein Analcharakter«, darauf sagt Bill: »Das Arschloch? Was weiß denn der Scheißer? Er soll sich den Analcharakter in den Arsch stecken.« [Lacht.] Und das neun Jahre lang. Nicht alle waren so gut.
Apropos The Angriest Dog in the World, *in* DUNE *müssen Sie zum ersten Mal ausgiebig mit Storyboards gearbeitet haben. Wie war das für Sie?*
Ich hasse Storyboards, weil sie die Einstellungen festlegen. Einige Sequenzen müssen festgelegt werden, damit die Effekte später dazupassen, aber man kann immer noch optische Veränderungen vornehmen. Nachdem ich die Schauspieler und das Set den Storyboards entsprechend arrangiert hatte, gab ich Rauch dazu, verschiedene Lichteffekte usw., um der Sache Atmosphäre zu geben. Raffaella wurde fast wahnsinnig, weil ich ständig neue Ideen hatte.
In gewisser Hinsicht ist jeder Film ein Experiment. Angeblich weiß Spielberg genau, wie er's macht, bevor er ans Set geht. Das nehm ich ihm ab, aber ich arbeite anders. Ich verwende Drehbuch und Storyboards wie Entwürfe; sie geben mir eine solide Grundlage, auf der ich aufbauen kann. Aber was im Drehbuch steht und was beim Drehen passiert – mit

echten Schauspielern, die zum ersten Mal mit den Requisiten spielen – das sind zwei Paar Stiefel. Wenn man die Einzelbestandteile endlich vor sich hat, beginnt man, das Drehbuch zu ändern, um das Beste aus ihnen herauszuholen. Nehmen wir an, eine Lampe brennt durch. Es ist plötzlich dunkler, und man flippt aus. Manchmal kommt einem dabei eine Idee, die nie im Drehbuch stand.

Ich lasse die Schauspieler vor den Dreharbeiten eigene Vorstellungen entwickeln und sage ihnen dann, welche Haltung ich mir wünsche. Wenn eine Szene nicht stimmt, riecht man es hundert Meilen gegen den Wind. Wir sind oft Kompromisse eingegangen, aber auf der Leinwand muß es stimmen. Und ich verschieße nicht gern massenweise Filmmaterial, daher lösten wir die Probleme auf den Proben und hatten die meisten Szenen mit zwei oder drei Takes im Kasten. Trotzdem habe ich über 300 Kilometer Filmmaterial verfilmt.

Gab es je eine längere Director's cut-Version von DUNE*?*
Es gab eine wesentlich längere Version, die wir in Mexiko City vorführten. Sie dauerte entweder viereinhalb oder fünfeinviertel Stunden. Aber das war keine Endfassung. Ich weiß nicht einmal, ob sie vollständig war, weil wir immer noch drehten und Dinge einbauten. Es war eine Arbeitskopie, bei der noch sämtliche Effekte fehlten. Das war die einzige Langfassung.

Als wir bei Universal am Drehbuch arbeiteten, saß ein paar Türen weiter ein gewisser Harry Tattleman. Er war Zigarrenraucher. Irgendwie mochte ich Harry Tattleman. Ich besuchte ihn ab und zu und unterhielt mich mit ihm. Er adaptierte Kinofilme fürs Fernsehen. Das war sein Job. Er versprach mir jedesmal, falls von DUNE eine Fernsehfassung produziert werden sollte, würde er mich holen, und ich könnte mit ihm daran arbeiten, damit alles seine Richtigkeit hätte – mit den Einschränkungen des Fernsehens, natürlich. Und ich erwiderte: »Super, Harry.«

Die Zeit verging und, naja, ich wollte die ganze Sache hinter mich bringen. Ein oder zwei Jahre später rief Harry mich

an, weil er an der Fernsehversion saß. Erstens wollte ich nichts damit zu tun haben, zum anderen hatte ich Terminprobleme. Er sagte nie: »Wenn du jetzt nicht kommst, machen wir es ohne dich«, aber so kam es dann. Und dann meinte er noch: »Wir möchten dem Publikum ein paar Erklärungen nachliefern, deshalb wollen wir mehr Erzähltext einbauen.« Und so erfanden sie eine Figur dazu. Was für eine Figur, weiß ich nicht, weil ich die Fernsehfassung nie gesehen habe. Ich will es auch nicht wissen. Ich war mit der ersten Version nicht glücklich und weiß genau, die zweite würde ich nicht überleben. Ich glaube, sie haben ein paar Szenen, die weggefallen waren, wieder eingebaut, aber wie und wo, darüber kann ich nur spekulieren.
Ich zog also meinen Namen zurück. Ich wollte einen ganz bestimmten Namen für die Regie einsetzen, doch das erlaubten sie nicht. Wenn man seinen Namen zurückzieht, wird »Alan Smithee« eingesetzt. Man ist zur Verwendung dieses Namens verpflichtet. Als Drehbuchautor hätte ich unter meinem eigenen Namen firmieren können, aber den änderte ich auch. Die ganze Sache war von vorn bis hinten ein Desaster. Da paßte das Ende perfekt dazu!
Um etwas zu kreieren, braucht man Sicherheit. Wenn man sich allerdings zu sicher fühlt, macht man genauso leicht Fehler. Es sollte jemanden geben, der mehr zu sagen hat als der Regisseur – wenn es die richtige Person ist. Mel Brooks und Jonathan Sanger hatten mir bei THE ELEPHANT MAN ungeheuer viel Freiheit gelassen. Es mußte nur ihnen gefallen. Hätte es zwanzig Leuten gefallen müssen, wär ich verratzt gewesen. Man braucht diese Geborgenheit, aber gleichzeitig braucht man Raum für eigene Ideen. Aber wenn man sich zu viel Verrücktes einfallen läßt, muß eine Vertrauensperson da sein, die einem den Kopf zurechtrückt. Bei DUNE waren das Raffaella und Dino – zwei völlig verschiedene Geschichten, aber auch da mußte ich nur sie zufriedenstellen. Wenn sie glücklich waren, mischte sich niemand anderer ein. Der Hauptgrund, warum ich in Teufels Küche kam, war, daß Dino und ich zwei verschiedene Filme machten, und

Rafaella machte einen dritten. Und da ich ein sensibler Mensch bin, wußte ich, daß ihre Erwartungen nicht meinen Vorstellungen entsprachen, aber anstatt die Regie abzugeben, fing ich fatalerweise an, mich peu à peu anzupassen. Ich hatte schon in der Anfangsphase verspielt. Als der Film schließlich fertig war, war es weder mein Film noch ihrer. Es war irgendwas dazwischen.
Eines möchte ich allerdings sagen: Ich mag Dino und Raffaella und habe sehr gern mit ihnen gearbeitet. Wir waren wie eine Familie. Ich kenne sie, und sie kennen mich. Wir mochten uns trotz allem. Und ich mache ihnen keinen Vorwurf, ich nehme die Sache auf meine Kappe. Es ist eine heikle Angelegenheit. Sie sind beide starke Persönlichkeiten, und das wußte ich. Ich habe zugelassen, daß dies einen zu großen Einfluß auf den Film bekam. Es war mir eine Lehre.
Doch wenn ein Film so viele Millionen Dollar kostet, kann sich doch jeder Regisseur an den Fingern abzählen, daß es nicht leicht sein wird, sich durchzusetzen, und daß jede Menge Druck von oben zu erwarten ist?
Wo es um Geld geht, gibt es immer Spannungen und Bedenken. Je mehr Geld, desto größer die Bedenken. Das ist verständlich. Die beste Einstellung für die Geldgeber wäre, wenn ein Film mit einem bestimmten Regisseur geplant ist, man setze sich ganz zu Anfang zusammen und redet solange, bis man ein gutes Gefühl bei der Sache hat. Dann zieht man mit, unterstützt das Projekt und ficht es bis zum Schluß durch. Zum Ende hin wird das immer schwieriger.
Durch die Erfahrung mit DUNE *sind Sie sich vermutlich endgültig darüber klargeworden, wie Sie künftig Filme machen wollten.*
Ich habe sehr viel gelernt, trotzdem hätte ich den Film besser nicht gemacht. Ich glaube nicht, daß es einen Grund gibt, einen Film zu machen, wenn man ihn nicht nach den eigenen Vorstellungen machen kann. Das ist Selbstmord. Wenn ich also die Wahl hätte, ginge ich notfalls mit sehr wenig Geld in die Wüste, um meine eigenen Vorstellungen zu verwirklichen. Das wichtigste ist die Freiheit, die Geschichte

sprechen zu lassen, die Entscheidungen danach zu richten und seiner Intuition zu folgen, furchtlos zu sein und den Film zu machen, den die Geschichte verlangt. In einer perfekten Welt wäre das für alle der richtige Weg. Aber so ist es nicht, es sei denn, man hat riesiges Glück oder einen Milliardenhit produziert, dann bekommt man für kurze Zeit die Freiheit. Wenn man es nicht vergeigt.

Trotzdem war BLUE VELVET *in gewisser Weise die Belohnung für* DUNE. *Eine stattliche Belohnung. Von der persönlichen Hölle zu einer wunderbaren Kinohölle.*

Ja, genau. Ausgleichende Gerechtigkeit, nehm ich an.

She Wasn't Fooling Anyone, She Was Hurt and She Was Hurt Bad

Musik und BLUE VELVET

Persönliche und berufliche Rehabilitierung manifestieren sich selten so klar und triumphierend wie mit Lynchs BLUE VELVET. Die Mainstream- bzw. kommerzielle Phase von THE ELEPHANT MAN und DUNE, mit der er die eigenwilligen, aus ERASERHEAD erwachsenen Hoffnungen vorschnell enttäuscht hatte, war ersichtlich vorüber. Für viele ist BLUE VELVET noch immer Lynchs gelungenster und erfolgreichster Film: die perfekte Synthese seiner ästhetischen und thematischen Obsessionen mit den traditionelleren Erfordernissen des Erzählkinos. Abwechselnd schockierend und erheiternd, wurde er zum zweiten unvergeßlichen Kinoerlebnis aus der Hand David Lynchs und ist nach wie vor ein Meilenstein der amerikanischen Filmlandschaft der 80er Jahre.

Aus dem viktorianischen England und den Weiten des Alls zurückkehrend, mit ein paar wertvollen Lektionen im Gepäck, bewegte sich Lynch bei BLUE VELVET wieder auf eigenem Terrain. Er ist seither ein *homeboy* geblieben. Allerdings waren die Mächte von Gut und Böse jetzt noch stärker polarisiert. Und nie schien die Wiederherstellung des Gleichgewichts – für Lynch wie für seine Figuren zentrales Anliegen – schwieriger, schmerzhafter und notwendiger.

In mancher Hinsicht markierte BLUE VELVET einen Neubeginn für Lynch. Während der Produktion lernte er den Komponisten Angelo Badalamenti kennen. Heute unabdingbarer Bestandteil von »Lynchland«, ist Badalamenti mit seinem Gespür für Melodisches und Melancholisches in erheblichem Maße dafür verantwortlich, daß Lynchs Bilder nachhaltig in Erinnerung bleiben. Und er verhalf Lynch zur musikalischen Selbstbefreiung. Aus ihrer Zusammenarbeit gingen zwei Alben mit der Sängerin Julee Cruise hervor, das Performance-Stück *Industrial Symphony No. 1* und eine Rarität – Soundtrackalben, die das Kinoerlebnis überleben.

Was die Verwendung von »musique trouvée« betrifft, hätte sich Lynch wohl in jedem Fall als der raffinierteste zeitgenössische Filmregisseur erwiesen. Nachdem er das Medium mit seinem unter die Haut gehenden, experimentellen Einsatz von Sound erneuert hatte, führte er nun auch die phantastischen und traumhaften Qualitäten von Pop und Rock im Film ein. Seine Bilder verwandeln sich nicht nur durch den Klang und die emotionale Wirkung der Musik, sie erfinden ihrerseits die Musik neu – verkehren ihre Bedeutung oder komplizieren ihre oft einfache, emotive Absicht, bis beides nicht mehr voneinander zu trennen ist. Bei BLUE VELVET, etwa in der Szene, in der Dean Stockwell Roy Orbisons *In Dreams* singt, erreicht Lynch eine atemberaubende Wirkung.

Der Film war auch ein Befreiungsschlag, was Lynchs Faszination für Sex als dem Ort häuslichen Traumas, dem Ort von Angst, Gewalt und – gelegentlichem – Glücksgefühl betrifft. Dieses Anliegen schien nach ERASERHEAD, einem Film, der für manche Rezensenten auf sexuellen Ängsten basiert, aus dem Blickfeld geraten zu sein. Da diese Thematik auffallenderweise, aber auch zwangsläufig bei THE ELEPHANT MAN und DUNE wegfiel, und da seit BLUE VELVET Lynchs Geschichten und Figuren – im Film wie im Fernsehen – durchweg von ihr geprägt sind, repräsentiert die Mainstream-Phase vielleicht eine Periode sexuellen Stillstands in seinem Filmschaffen.

Die sexuellen Abgründe in BLUE VELVET und die Wucht, mit der sie dem Publikum vorgeführt werden, führten beim Publikum zwangsläufig zu Unmut und moralischer Verwirrung – vielleicht geschürt durch die Tatsache, daß der Film zweifellos außergewöhnliches Kino bot, und eines, das zu einer völlig anderen Welt gehörte als die billigen Machwerke von Epigonen oder die modisch-zynischen Varianten des »anspruchsvollen Films«. Die unverkennbare künstlerische Qualität von BLUE VELVET wurde oft sogar als eigentlicher Grund für die moralische Verwerflichkeit bzw. Gefährlichkeit des Films angeführt. An BLUE VELVET schieden sich die Geister.

BLUE VELVET und die Rolle der Nachtclub-Sängerin Dorothy Vallens betreffend, weist Isabella Rossellini auf Aspekte von Lynchs Persönlichkeit hin, die in der Hitze solcher Debatten meist untergegangen sind: »Viele fanden den Film pervers, doch für mich repräsentierte er immer Davids Suche nach Gut und Böse. David ist ein sehr religiöser Mensch. Sehr spirituell. Alle religiösen Menschen versuchen unablässig, diese so schwer faßbaren Phänomene zu definieren. Ich glaube, hier liegt der Kern seines Filmschaffens.«
Ihre eigene Interpretation von Vallens' sadomasochistischer Veranlagung ist von Interesse, weil sie auf bestimmten »realen« Situationen gründet – etwas, worüber sie mit Lynch nie im Detail gesprochen hat. »Für mich war Dorothy eine mißbrauchte Frau – vielleicht jemand mit »Stockholm-Syndrom«. Aber das kann man nicht 1:1 spielen. In Davids Filmen geht es mehr um eine Empfindung als um eine Story. Es sind keine anthropologischen oder psychologischen Studien, sondern surreale Impressionen. Alles ist sehr transzendental. In BLUE VELVET geht es um ein unlösbares moralisches Dilemma. Deshalb ist die Story surreal. Dorothy maskiert sich, weil sie Angst vor ihrem Aussehen hat. Sie ist schüchtern und kann sich nicht ausstehen. Mit der Perücke und dem Makeup versucht sie, wie eine Puppe auszusehen – makellos –, um ihren Wahnsinn zu verbergen. Je verzweifelter sie versucht, keine sexuellen Gelüste zu erregen, desto mehr tut sie es. So habe ich sie gespielt: Was sie auch tut, nichts kommt so an, wie es gemeint ist.«

RODLEY: *In* BLUE VELVET *wird zum ersten Mal deutlich, wie wesentlich Musik – Rock, Pop und Zeitgenössisches – für die Welten ist, die Sie in Ihren Filmen kreieren wollen. In allen nachfolgenden Werken ist sie ein wichtiges Gestaltungsmittel, und Sie haben während der Dreharbeiten zu* BLUE VELVET *begonnen, Songtexte zu schreiben. Erinnern Sie sich noch, wann diese Leidenschaft für die Musik begann?*
LYNCH: Absolut. Ich erinnere mich an den Moment. In Boise, Idaho wird es im Sommer sehr spät dunkel. Es war

noch nicht ganz dunkel, es muß also gegen neun gewesen sein. Diese angenehme Abenddämmerung und eine herrliche Nacht. Dunkle Schatten tauchten auf. Und es war warm. Da kam William Burns drei Häuser weiter auf mich zugerannt und rief: »Jetzt hast du es verpaßt!« »Was denn?«, frage ich, darauf erwidert er, »Elvis bei Ed Sullivan!« Da hat es bei mir gezündet. Wie hatte ich mir das nur entgehen lassen können? An jenem Abend ist es passiert. Aber eigentlich bin ich froh, daß ich die Sendung verpaßt habe: Gerade deshalb wurde es in meiner Phantasie zu einem viel größeren Ereignis. Aber ich spürte, das war die Geburtsstunde des Rock 'n' Roll.
Die natürlich längst stattgefunden hatte.
Ja. Es war eine elektrisierende Zeit. Sie war so phantastisch aufregend, sie durchdrang und verwandelte alles. Die Musik lag in der Luft. Es hatte sie schon immer gegeben, aber das war etwas ganz anderes. Und weil man in einem bestimmten Alter ist, haben die Songs ungeheure Wirkung und bleiben haften. Sie erzeugen eine Stimmung, in die man sich, wenn man die Musik wieder hört, zurückversetzen kann. Vielleicht nur für einen kurzen Augenblick, aber diese Augenblicke bekommen plötzlich etwas Magisches, und man möchte sich am liebsten in die Zeit zurückversetzen lassen und schweben. Jede Bewegung war in dieser Musik verewigt. Oder besser, die Musik hat jede Bewegung in unserem Kopf verewigt.
Andere Sinneseindrücke haben eine ähnliche Wirkung. Gerüche zum Beispiel.
Ja, manchmal. Geschmack auch, stell' ich mir vor, aber wir essen ja heutzutage immer das gleiche. Wenn man '57 einen Apfel gegessen hat und dann keinen mehr bis in die 90er, fühlt man sich bestimmt zurückversetzt. Aber Musik ist etwas ganz Zentrales. Sie überwältigt die Sinne. Klänge haben eine ungeheure Macht, und wir spielen nur damit herum. In Klängen und Noten steckt so viel mehr. Klänge, die fast miteinander verschmelzen und es dann doch nicht tun: es entsteht eine Reibung, die mitten ins Herz trifft. Das ist Sex –

wie so vieles andere. Musik funktioniert eben so und nicht anders.

Sie sagten, Sie würden durch Musik in alte Zeiten zurückversetzt. Hat das Hören und Erleben von Musik für Sie etwas mit Nostalgie zu tun?

Kürzlich lief *The History of Rock 'n' Roll* im Fernsehen, man sieht, wie alles kam und weiß doch nicht, warum es so kam. Ich bin allerdings nicht der Meinung, daß der Rockabilly der 50er Jahre je gestorben ist. Er geriet nur ins Abseits. Elvis wurde älter und war nicht mehr ganz so heiß. Es gab eine Menge Leute, die tolle Sachen machten, aber es war noch nicht alles getan auf diesem Gebiet. Vieles, was danach kam, gefällt mir sehr, aber die Musik ist nicht mehr so cool. Ihr fehlt diese wunderbare Energie. Sie versuchen es mit Lautstärke, Sound und Texten, und es muß frustrierend sein, denn für mein Gefühl haben sie es nicht drauf. Sie haben es einfach nicht drauf. Man versucht, etwas zu erreichen und spürt, daß es nicht da ist. Der Schritt von »fast da« zu »wirklich da« ist winzig. Es fehlt nicht viel.

Es gibt ein paar wirklich gute Sachen, zum Beispiel George Thorogoods *Bad to the Bone*, abgesehen vom Saxophon. Das Saxophon gefällt mir nicht, es klingt viel zu brav, mehr wie in einer Late-Night-Show im Fernsehen. Die Gitarre ist das beste, schon wegen der Blues-Power. Und die Kombination von der Gitarre und der Stimme und den Texten von George Thoroughgood ist eines der ganz seltenen Beispiele, wo es einfach hinhaut! Von ZZ Top gibt es auch hervorragende Sachen. Voll im Groove und echt heiß. Unglaubliches Zeug! Ich hätte große Lust, was mit Billy Gibbons zu machen – das ist einer ihrer Gitarristen. Aber die 50er Jahre sind mir am liebsten.

Wenn Sie Ihr Interesse an bestimmten Musikrichtungen erst bei BLUE VELVET *umsetzten, was war in der Zeit davor los?*

Davor war ich frustriert, und es geht wohl vielen Regisseuren so, weil man sich normalerweise erst sehr spät mit dem Komponisten zusammensetzt – nach Abschluß der Dreharbeiten. Man trifft sich mit ihm, erklärt ihm, was man sich so vorstellt, er schaut sich den Film an, kommt kurz darauf mit einer Partitur zurück, aber man hat keine Zeit mehr: man mischt. Und wenn die Musik nicht paßt, hat man keine Zeit, daran herumzufummeln. Oft wird die Musik einfach über die Szenen gelegt, als individuelle Interpretation deiner Arbeit durch den Komponisten. Ob sie paßt oder nicht. Manchmal tut es einem in der Seele weh. Dann läßt man sie besser weg. Mitunter funktioniert eine Szene immer noch besser ohne Musik.

»Erwachsen zu werden«, was den Musikgeschmack betrifft, heißt für die meisten, bei Sting und Sade zu landen. Hat ein kontinuierliches Interesse an zeitgenössischer Musik für Sie etwas mit Jungsein bzw. Jungbleiben zu tun?
Ganz recht. Die Leute hören auf, mitzuwachsen. Wer dazulernen will, muß aufnehmen können, deshalb hat das Gehirn ein Fenster. Wenn man klein ist, nimmt man wahnsinnig schnell auf, das ist Teil der Entwicklung, und wenn man ein bestimmtes Alter erreicht, muß das Fenster zugehen, damit man die nächste Phase starten kann: in der man etwas mit dem Gelernten anfängt. Man sammelt also eine Zeitlang Material und beginnt, es zu benützen. Jetzt ist das Fenster zu, und man kriegt die nächste Musikwelle nicht mit. Bliebe das Fenster allerdings offen, würde man durchdrehen: immer nur aufnehmen, aufnehmen, aufnehmen. Das ist schon okay, nur stellt man sich selbst ein Bein. Man kann nichts damit anfangen.
Ein Großteil der älteren Generation hat das Fenster zugemacht. Sie leben mit der Musik der 40er Jahre – Big Band oder Symphonien. Meine Eltern hörten immer symphonische und klassische Musik, und ich bin ihnen dafür dankbar, weil es toll ist, diese Musik im Kopf zu haben. Aber wenn die nächste Welle kommt, ziehen sie nicht mit. Sie leben in dem, was sie mitgerissen hat, als ihr Fenster offen war. Und alles Neue ist eine Bedrohung. Es stört die Ruhe und den Frieden, den man zu haben glaubt. Und alle zehn Jahre kommt ein neuer bedrohlicher Ruck.
Es wäre schön, wenn das Fenster immer einen Spalt offen-

stünde, damit man für Neues empfänglich bleibt, denn ich glaube nicht, daß es was bringt, wenn es ganz zugeht. Deshalb geht es so um die Dreißig allmählich zu. Davor liegen die wichtigen Sammlerjahre.
Was geschah mit Ihrem Fenster?
Ich glaube, es ist offen. Meiner Meinung nach muß es noch einen zweiten Mechanismus geben, für Ideen, die immer schon da waren, aber noch nicht an die Oberfläche gelangt sind. Es gibt noch einen zweiten Ort, an den man vordringen kann, um ihrer habhaft zu werden. Man sagt, »Ich hatte gerade eine Idee«, doch wo kommt diese Idee her? Warum schießt sie mir in den Kopf? Das interessiert mich brennend: wie man dieser Ideen habhaft wird. Ich sage immer, Ideen sind wie Fische. Die kleinen schwimmen oben, die großen in der Tiefe. Und die ganz großen noch tiefer. Man muß sich still hinsetzen und die Leine so weit wie möglich auswerfen, mit dem richtigen Köder. Sie gieren nach dem richtigen Köder. Vielleicht hat man schon einen dicken Fisch an Land gezogen. Der Fisch in der Tiefe weiß vom Schicksal seiner Artgenossen und kommt sie besuchen. Und schon hat man den nächsten. Es ist ungeheuer aufregend, einen großen, komplizierten Fisch an der Angel zu haben.
Viele Pop- und Rocktexte – besonders aus den 50er Jahren – sind täuschend einfach und naiv: Girls und Boys verlieben sich, werden verlassen usw. Ihre eigenen Texte scheinen diese Thematik aufzugreifen bzw. zu parodieren.
Ja, die Texte waren simpel, aber es kommt nicht darauf an, was man sagt, sondern wie man es sagt und wie es als Textur gegen eine Slide-Guitar funktioniert. Wie jemand von einem Ton zum nächsten rutscht, kann mit das Coolste, Unglaublichste sein, das man je gehört hat! Wenn es funktioniert, ist es unglaublich, doch um das hinzukriegen, muß man ganz bei sich sein. Das ist wie High Art. Und die Typen sind es. Und dann kommt jemand wie Pat Boone. Er macht genau dasselbe, und trotzdem bleibt er Lichtjahre davon entfernt. Ich meine, er ist sicher ein netter Kerl! Aber irgendwie liegen zwischen ihm und Little Richard Welten!

Haben Sie je E-Gitarre gespielt?
Nein. Das hat mich nie gereizt. Der Baß war mir lieber. Aber ich habe nie Baßgitarre gelernt. Ich habe einen Baß und würde es gern lernen, aber bis jetzt kam es nicht dazu.
Erinnern Sie sich noch, wann Ihnen klar wurde, daß Bilder, die man mit Musik unterlegt, sich radikal verwandeln?
Naja, ich glaube nicht, daß da wirklich ein Wind durchs Studio blies, aber ich hörte einen Windstoß – und ich liebe den Wind. Ich glaube, das war der Auslöser. Alan Splet hat, wo er auch hinkam, Winde aufgenommen. Es ist verblüffend, was für Unterschiede es da gibt. Ich habe eine Vorliebe für ächzende Winde. Sie tun nicht viel und bewegen sich nicht von der Stelle, aber sie sind ungeheuer gespenstisch und geben bestimmten Szenen das gewisse Etwas. Man wird schier verrückt, so schön ist es. Symphonien mag ich auch. Ein Soundtrack für sich genommen, wenn er zum Film paßt, wird zur Symphonie. Er hat Sätze und Kontrapunkte. Er kann an- und abschwellen. Er kann Rhythmus haben oder gleichmäßig dahinfließen. Es geht nur darum, das Richtige zu finden, der Film diktiert den Sound. Oft schneidet man einen Film, und erst wenn die Musik oder die Toneffekte dazukommen, merkt man, daß eine Szene zu lang oder zu kurz ist. Plötzlich ist es sonnenklar. Jeder einzelne Ton hat genug Atem, dich fortzutragen, und als Regisseur muß man nur zur richtigen Zeit den richtigen Wind wehen lassen.
Duwayne Dunham schnitt die Szene in BLUE VELVET, in der Dennis und seine Kumpels mit Dorothy und Jeffrey zum Holzplatz fahren. Duwayne wollte keine Musik dazumischen, bevor die Szene von den Bildern her stimmte. Also setzten wir uns hin und schnitten, bis die Szene stand. Dann fügten wir die Musik dazu, und zwar Roy Orbisons *In Dreams*, sie paßte nicht nur zum Schnitt, sie war einfach unglaublich. Sie trug und funktionierte, und plötzlich war die Szene da. *In Dreams* kommt in BLUE VELVET zweimal vor, dasselbe Stück bekommt zwei unterschiedliche Bedeutungen, je nach Szene und Gesichtsausdruck der betreffenden Figur.

Ich hatte immer angenommen, In Dreams *sei integraler Bestandteil der Szene gewesen. Der Song scheint konzeptionell wesentlich für Sinn und Stimmung der Geschichte. Stimmt das?*
Nicht ganz. Ich war auf dem Weg zum Flughafen, und aus irgendeinem Grund war Kyle MacLachlan dabei. Wir fuhren durch den Central Park in New York und hörten *Crying* von Roy Orbison, ich höre mir den Song an und sage spontan, »Das ist es! Den brauch ich für BLUE VELVET!« Ich dachte an nichts anderes mehr, bis wir in North Carolina waren. Ich schickte jemanden los, *Roy Orbison's Greatest Hits* zu besorgen. Erst legte ich *Crying* auf, dann *In Dreams* und vergaß *Crying* sofort wieder. »Das ist der Grund, warum es das Album gibt. Das ist es!«, rief ich. Oft erklärt einem ein Musikstück den ganzen Film.
Ich rief Dennis Hopper an und sagte ihm, er solle den Song lernen. Dennis und Dean Stockwell sind alte Freunde, sie trafen sich und arbeiteten an dem Song. Dennis konnte sich nämlich keine Songtexte merken. Möchte wissen, warum! [Lacht.] Schließlich kam der Tag, an dem wir die Szene bei Ben drehen wollten, in der Dennis den Song singen sollte. Während der Probe meinte Dean: »Ich stell mich hierher, dann kann ich Dennis bei Bedarf helfen«. Wir ließen die Musik laufen, Dennis sollte nur die Lippen dazu bewegen, ja? Plötzlich hört Dennis zu singen auf, schaut Dean an – der weitersingt – und brüllt: »Aufhören! Sing *du* es doch, Dean.«
Wir wollten, daß Ben eine Tischlampe zum Mikrophon umfunktioniert. Dean holte eine Lampe, doch statt des Requisits brachte er versehentlich eine Arbeitslampe. Er schaltet die Lampe an, und wie man sieht, sie hätte nicht perfekter sein können! Keiner weiß, was die Arbeitslampe da zu suchen hatte, aber das war die Lösung. Je dunkler es in Deans Wohnung war, desto weniger hörte ich nämlich den Song, komischerweise. Sobald es etwas heller war, war der Ton perfekt. Und es ist viel plausibler, daß Dennis Dean anschaut, wenn man Dean *In Dreams* singen sieht. Beide Figu-

ren profitierten ungeheuer davon. Sowas kommt ständig vor. Es ergibt sich etwas und erweist sich als richtig. Man wußte, was es bei Dennis bewirkte, und man wußte, was Dean tat, und plötzlich stimmte die Szene. Die Umwege waren nötig, damit es sich so ergab. Warum hilft Dean Dennis? Wieso braucht Dennis Hilfe? Wer weiß schon, wie es kommt.

Die Verwendung von In Dreams *in dieser Szene verschaffte Roy Orbison ein Comeback, doch was hielt er von dem Film und der Verwendung seiner Musik?*
Roy Orbison gestand mir, daß ihm der Film beim ersten Mal nicht gefallen hätte. Ich glaube, daß einige Leute, die ihm wichtig waren, ihn dazu gebracht haben, den Film noch einmal zu sehen. Er revidierte seine Meinung. Er sagte mir, daß er über das, was ihm der Song bedeutet habe, hinweg gekommen sei, und nun gefiel es ihm, wie er auf ganz andere Weise funktionierte.

Sie erwähnten die Wirkung von Originalaufnahmen aus den 50er Jahren, aber die in BLUE VELVET *verwendete Version von* In Dreams *ist keine Originalaufnahme, nicht wahr?*
Monument Records ging damals gerade Pleite, und Roy kam nicht an die Originale heran, deshalb spielte er sie neu ein und hatte vor, sie auf Kassette herauszubringen. Virgin Records wollte, daß ich mit Roy ein Video mache, deshalb schickten sie mir *Roy Orbison's Greatest Hit*, in der neuen Einspielung. Ich rief bei Virgin an und sagte: »Wenn ich ehrlich sein soll – aus der Sache wird nichts. Es ist eine heikle Geschichte, aber die Originale sind einfach viel besser. Es fehlt die Energie und die Emotion dahinter.« Sie sprachen mit Barbara – Roys Frau –, und die meinte: »Mir geht es genauso, was läßt sich da tun? Wir könnten das Ganze natürlich nochmal aufnehmen.« So führte eins zum andern, und wir nahmen *In Dreams* zum dritten Mal auf.
Ich durfte mit ins Aufnahmestudio. Ich übernahm, laut Roy, die Rolle dessen, der früher bei den Aufnahmen dabei war und der ihm immer wieder ins Gedächtnis rief, warum er die Texte geschrieben hatte. Wie bei Regisseur und Schauspieler.

Das war nun meine Aufgabe. Ich plauderte mit Roy und brachte ihn in Stimmung, und er lieferte diese Version ab, die ich wirklich wunderbar finde. In der Instrumentierung hält sie sich eng ans Original. Es gibt immer noch Unterschiede, aber das Wesentliche ist da. Roy war auch zufrieden. Danach unterhielten wir uns über Bastelräume, Werkzeug und dergleichen.
Bruce Springsteen hat einmal gesagt, Orbisons Stimme klinge wie von einem andern Stern, trotzdem hätte man den Eindruck, als verstünde sie menschliches Leid nur allzu gut. Was fasziniert Sie an Orbison?
Als junger Künstler – bevor er sich die Sonnenbrille zulegte –, bewegte sich Roy nicht wie Elvis. Was Körpersprache und Bühnenpräsenz betraf, verkaufte er sich miserabel. Er wirkte schüchtern und gestelzt. Die Sonnenbrille brachte seine Coolness zum Vorschein, die wirklich echt war. Und plötzlich paßte alles zusammen – Musik und Performance –, und er wurde supercool.
Angeblich ist die Entwicklung seiner Augen mit zwölf Jahren zum Stillstand gekommen.
Das wußte ich nicht. Wahrscheinlich ist es wie bei Alan Splet. Wenn ein Sinnesorgan beeinträchtigt ist, entwickeln sich die anderen umso stärker. Al hörte Dinge, die sonst niemand hörte.
Wie steht es mit Ketty Lesters Love Letters *in* BLUE VELVET? *Auch dieser Song scheint eine konzeptionelle Funktion zu haben.*
Ja. Er ist lyrisch. Und der Groove war phantastisch. Ich wußte seit langem, daß ich den Song verwenden würde. Die Sache mit den Liebesbriefen paßte zu Frank. Bekannte Phrasen können unterschiedliche Bedeutungen haben, doch bei ihm ist es immer die dunklere Variante. Er dreht alles um. Liebe verfault zum Gegenteil.
Nur wenige Filmregisseure können mit zeitgenössischer Musik umgehen: Wim Wenders und Martin Scorsese fallen einem sofort als Ausnahmen ein – vielleicht, weil sie eine eindeutige Vorliebe für Sound haben. Wenders hat dem

Vergleich zwischen Bob Dylans All Along The Watchtower *und der Version von Jimi Hendrix sogar einen eigenen Kurzfilm gewidmet.*
Einen Song in einen Film schneiden kann jeder. Ich finde es cool, wenn der Song nicht nur Untermalung ist. Er muß Elemente enthalten, die unbedingt zur Geschichte gehören wollen. Auf abstrakte oder lyrische Weise. Dann wird der Song unentbehrlich und ist durch keine andere Musik zu ersetzen.
Bei BLUE VELVET *haben Sie zum ersten Mal mit einem Mann gearbeitet, der mittlerweile zu einem wichtigen Mitarbeiter und wesentlichen Bestandteil von »Lynchland« geworden ist: dem Musiker Angelo Badalamenti. Hatten Sie ihn von Anfang an für die Musik zu diesem Film vorgesehen?*
Nein. Keineswegs. Das kam, weil Isabella Rossellini den Song *Blue Velvet* einstudieren mußte. Sie sollte ihn mit der Band von diesem Provinzclub singen, also nicht zu professionell. Wie in einem stinknormalen Club eben. Ich dachte, eine Clubband wäre gerade recht für den »Slow Club« aus der Geschichte. Sie hatte sich in Wilmington eine Gesangslehrerin genommen – die Lehrerin spielte Klavier, und Isabella studierte dazu den Text und die Phrasierung ein. Nur leider die falsche Version.
Irgendwann standen wir dann im Aufnahmestudio, und uns wurde schmerzhaft bewußt, daß es nicht hinhaute. Fred Caruso dreht sich zu mir um und meint, »David, da wir so nicht weiterkommen, was hältst du davon, wenn ich meinen Freund Angelo anrufe?« Ich dachte nur: »Wie kommst du auf die Idee, daß es was nützt, wenn wir deinen Freund anrufen? Versuchen wir es lieber nochmal.« Wir versuchten es noch ein paarmal, da meint er: »Paß auf, ich hole Angelo, er arbeitet mit Isabella, und dann sagst Du mir, ob Du damit etwas anfangen kannst. Es kostet dich keinen Cent!« Ich ließ mich breitschlagen.
Im Nu ist Angelo da, aber ich bekam ihn nicht zu Gesicht. Isabella wohnte in einem kleinen Hotel, in dessen Halle ein Klavier stand. Gegen zehn Uhr vormittags trifft sich Angelo mit

Dorothy Vallens im Slow Club

Isabella Rossellini bei den Dreharbeiten zu BLUE VELVET

Isabella, und sie fangen an zu arbeiten. Gegen zwölf drehen wir im Garten der Beaumonts, und ich sehe Angelo auf dem Gartenweg und werde schon fast sauer, weil der Kerl sich bei uns melden sollte und Fred mit irgendwelchen Ausreden ankommt. Da sagt Angelo: »Wir haben heut vormittag mit Isabella eine Kassette aufgenommen. Das ist das Ergebnis. Hörs dir an.« Ich setze den Kopfhörer auf und höre Angelo Klavier spielen und Isabella singen. Ich nehm den Kopfhörer ab und sage, »Angelo, das kann, so wie es ist, in den Film – wunderbar! Phantastisch!« Angelo hatte es geschafft.

Als ich mir Material ansah, das während der Dreharbeiten zu BLUE VELVET *entstand, fiel mir auf, daß ein Song, den Sie beim Drehen verwendeten – Tim Buckleys* Song to a Siren, *in der Interpretation von* This Mortal Coil *– in der Endfassung nicht mehr vorkam. Was Sound und Stimmung betrifft – sehr melancholisch –, ist er Ihrer Arbeit mit Angelo und Julee Cruise sehr ähnlich.*

Genau. Sie wollten viel Geld für den Song, und wir hatten keines. Irgendwann meinte Fred Caruso, »David, du schreibst doch immer kleine Sachen. Man könnte es auch Songtexte nennen. Warum schreibst du nicht was und schickst es Angelo, und er macht dir daraus einen Song?« Darauf ich, »Als Ersatz für diesen Song, den einzigen unter Millionen, den ich unbedingt haben muß? Du sagst mir, ich soll Songtexte schreiben und sie Angelo geben und meinst, damit wären alle Probleme gelöst?!« Naja, ich hab was geschrieben und dachte mir, da Isabella ihn sowieso trifft, um *Blue Velvet* aufzunehmen, ist es eigentlich egal. Ich geb sie Angelo und rede mit ihm, und dann sehen wir, was dabei herauskommt.

So schrieb Angelo *Mysteries of Love*. Zuerst war es ganz was anderes: die gleiche Melodie, der gleiche Text, aber ein ganz anderes *feeling*. Ich redete mit Angelo, und irgendwann verliebte ich mich in das Ding. Er holte eine Bekannte dazu, die den Song anders singen sollte. Ich merkte, daß er funktionierte, und schlug Angelo vor, die Musik zu BLUE VELVET zu komponieren. Ich erzählte ihm, daß ich beim

Drehbuchschreiben Schostakowitsch aufgelegt hatte, er machte sich an die Arbeit und komponierte die Musik.
Ich liebe Angelo über alles, als Mensch und als Musiker. Er bat um Texte, wir setzten uns hin und arbeiteten zusammen, es hat riesigen Spaß gemacht. Er hatte nichts dagegen, daß ich mitredete. Er war sogar froh darum. Ich war im siebten Himmel. Ich befinde mich in einem Aufnahmestudio, was allein schon faszinierend ist, und das mit Musikern, den faszinierendsten Menschen der Welt! Sie schlafen lang, sind wie Kinder und haben die unglaubliche Angewohnheit, daß sie nicht lange reden. Sie legen einfach los. Damit bringt man die unterschiedlichsten Leute zusammen. Sie sitzen da und musizieren, ohne ein Wort. Das ist Magie! Man kann alles. Man muß nur sagen, was man will. Einfach Spitze! Ein Ereignis! Angelo führte mich in die Welt der Musik ein. Ich hatte bis dahin nicht gewußt, welche Sehnsucht ich danach hatte.
Als aus Ihren Schreibversuchen plötzlich Songtexte wurden, war Ihnen das unangenehm?
Ja, das war es. Wie beim Malen. Man fängt irgendwo an und wird hoffentlich besser. Angelo gab mir die Gelegenheit, anzufangen. Wäre er mein Nachbar, würden wir sicher Tag und Nacht arbeiten, aber er wohnt in New Jersey und ich in LA, da sieht man sich nicht so oft. Allerdings öffnet es neue Türen, schon ein einzelner Ton, eine simple Tonfolge kann einen zu einer Geschichte inspirieren.
Mysteries of Love *legte den Ton für Ihre spätere Arbeit mit Angelo fest: wunderbar melodisch, romantisch und traurig. Keine Überraschung, wenn man bedenkt, daß die Inspiration von Tim Buckley und* This Mortal Coil *kam.*
Ja. Angelo kann herrliche Melodien schreiben. Und er hat eine Vorliebe für Moll, keine Frage. Nicht, daß er was gegen Dur hätte – damit ein Moll richtig wirkt, braucht man ein paar Durklänge.
Bei den Dreharbeiten zu INDIA SONG *ließ Marguerite Duras Musik laufen, um die Schauspieler in den gewünschten Zustand zu versetzen – eine Art somnambulen Zustand. Sie greifen inzwischen oft zu diesem Mittel, nicht wahr?*

Ja. Über Kopfhörer lasse ich immer die Musik zu den Dialogen laufen. Die Schauspieler hören es nicht, aber ich höre es. Sie bekommen eine Kassette mit der Musik und hören sie sich an, wann immer sie lustig sind. Bei den Proben lasse ich die Musik laut laufen. Doch über Kopfhörer läßt sich viel besser beurteilen, ob eine Szene stimmt oder nicht. Selbst wenn es nicht die endgültige Musik ist, kann sie ein ausgezeichneter Indikator sein.
In TWIN PEAKS *gibt es eine wunderbare Szene mit James, Maddie und Donna, in der James ein schwärmerisches Liebeslied auf der Gitarre spielt. Er spielt den Song von Anfang bis Ende, während das Publikum gespannt darauf wartet, daß etwas passiert. Aber es passiert nichts, außer daß das Lied gesungen wird.*
Richtig. Aber gleich danach passiert es: Maddie sieht Killer Bob. Ich mag die Szene auch. Sie ist in gewisser Hinsicht Klischee, aber in Millionen Wohnzimmern kommen Leute zusammen, klampfen rum und spielen sich was vor, und es ist einfach wunderbar. Außerdem hat die Szene eine zweite Ebene: Das erste Mädchen sicht das zweite an, das zweite sieht den Jungen an, und der wieder sie.
Mich hat an dieser Szene beeindruckt, daß sie, abgesehen von ihrer dramatischen Funktion, den pubertären Liebeskitsch der Musik ernstnimmt: daß die Gefühle für die Figuren, die in ihr ausgedrückt werden, echt sind.
Ja, genau. Hundertprozent meine Meinung. Im Wohnzimmer oder dem Zimmer eines Jugendlichen ist das kein Kitsch.
Die Musik in Ihren Filmen erinnert zumeist an die 50er Jahre. Vor allem in der Verwendung der Gitarre. Stimmt das?
Ja, sie ist wie in den 50er Jahren. In gewisser Hinsicht banal. Aber auch abstrahiert. Deplaziert, beinahe. TWIN PEAKS war eine reine 50er/90er-Jahre-Kombination. Es ging nicht um eine bestimmte Epoche. Bei BLUE VELVET fiel mir auf, daß man in Häusern ganz selten zeitgenössische Möbel vorfindet. Je nach Alter der Bewohner können die Möbel sogar ziemlich alt sein. Wenn heute ein Film gedreht wird, der in

den 40er Jahren spielt, werden Möbel aus den 40er Jahren aufgestellt. Das verdeutlicht die Zeit, aber mit der Realität hat es nichts zu tun. Der Krempel wär aus den 20er Jahren, wenn's hoch kommt.
In einer Kleinstadt lebt die Vergangenheit weiter. Sie ist Teil des gegenwärtigen Lebens. Bei TWIN PEAKS legten wir einen Sound fest, der das für uns zum Ausdruck brachte, als Ausgangspunkt. Ich weiß noch, wie Angelo und ich den Song *Falling* schrieben. Das war vor TWIN PEAKS, aber ich mußte dabei immer an eine Soap-opera denken: ein Titelsong für eine Story. Und als TWIN PEAKS kam, hab ich mir den Song sofort geschnappt. Er war genau richtig.
Wie war die Beziehung zu Julee Cruise? Waren Sie der Rasputin und Angelo der Phil Spector, wie spekuliert wurde?
Viele Sänger leben von Gigs: ein paar Werbespots, ein bißchen Broadway, dieses und jenes. Sie haben was drauf, aber es läuft nicht. Deshalb haben Leute wie Angelo, wenn sie einen Sänger brauchen, mehrere zur Auswahl. Ich sagte Angelo, es muß klingen wie von einem Engel: aus einem Guß und wie ein Traum. Da zauberte Angelo Julee Cruise aus dem Hut. Wenn sie losgelassen wurde, sang sie ganz anders.
Sie hat die Arbeit mit Ihnen beiden einmal als naiv-romantisch, aber auch als paranoid und deprimierend bezeichnet.
[Lacht.] Ja, ganz recht! Ich und Angelo gaben den Ton an, und Julee sollte singen. Doch sie wollte mehr Mitsprache – ein ganz natürliches Bedürfnis, und am Ende ging gar nichts mehr. Angelo und ich haben uns mit Julee völlig verkracht. Unser erstes gemeinsames Album hat viel Spaß gemacht. Es war phantastisch. Das zweite machte nur noch zur Hälfte Spaß, die andere Hälfte war Plackerei. Und zum dritten kam es dann gar nicht mehr, da war die Sache schon den Bach runter. So ist das mit Egos und Teamwork. Früher oder später geht es schief. Es wär für alle Beteiligten besser, drüberzustehen. Aber irgendwie funktioniert es nicht.
Warum nahmen Sie ihre Stimme immer mit Mehrspurtechnik auf? Es hört sich sehr nach Flüstern an. Wie geflüsterte Geheimnisse.

Ja. Wir nahmen immer auf mindestens vier Spuren auf, dicht am Mikrophon. Singen konnte man das kaum nennen. Keine Harmonien. Wir verdoppelten, verdreifachten, vervierfachten die Stimme. Das war ungeheuer sanft. Traumhaft.
Hat Bob Vintons Version von Blue Velvet *Sie zu dem Film inspiriert?*
Der Song hat mich inspiriert! Bernie Wayne schrieb ihn Anfang der 50er Jahre. Ich weiß nicht mehr, wer ihn als erster gesungen hat, aber Bobby Vinton war's nicht. Allerdings hab ich den Song von ihm zum ersten Mal gehört. Ich weiß nicht genau, was es war, denn eigentlich mag ich diese Art von Musik nicht sonderlich, aber der Song hatte was Mysteriöses. Er rief in mir Assoziationen hervor. Ich dachte an Rasenflächen – Gärten in einer Wohngegend. Es wird Abend – vielleicht brennt eine Straßenlaterne, vieles liegt im Schatten. Im Vordergrund ist der Ausschnitt einer Autotür zu sehen oder auch nur die Ahnung eines Autos, weil es zu dunkel ist. In dem Auto sitzt ein Mädchen mit roten Lippen. Mit den roten Lippen, blauem Samt und den schwarzgrünen Rasenflächen einer Wohngegend hat es angefangen. Durch den Song. Samt ist ja ein besonders sinnliches, luxuriöses, schweres ... fast organisches Material.
Folglich mußte es ein Farbfilm werden.
Absolut. Die Frage war nur: was für Farben? Da ich ein absoluter Schwarzweiß-Fan bin, experimentierten wir mit Desaturierungsgraden, aber je mehr es in Richtung Schwarzweiß ging, desto weniger gefiel mir das Ganze. Und je intensiver und satter die Farben waren, desto besser gefiel es mir. Damit war der Fall klar.
Angeblich ist die Vorliebe für Samt eine nachgewiesene und anerkannte Veranlagung.
Samt ist ein echter Fetisch? Das hab ich nicht gewußt. Bei mir stimmt es jedenfalls. Ich hab immer ein Stückchen einstecken [lacht]. Doch vieles auf diesem Gebiet liegt auf der Hand. Diverse Gewebe sind bei den Leuten immer beliebt. Und dann gibt es diejenigen, die sie ein wenig zu sehr lieben! Ich kann verstehen, daß es Samtfetischisten gibt.

An welchem Punkt fügten sich die Ideen und Einzelteile von BLUE VELVET *zu einem Ganzen?*
Das passierte allmählich. Die ersten Ideen hatte ich 1973, aber das waren nur Fragmente von Dingen, die mich interessierten. Einige fielen weg, andere hielten sich und nahmen allmählich Gestalt an. Ich beziehe alles von außen, wie ein Radio. Ein schlechtes Radio allerdings, der Empfang ist manchmal unterbrochen. BLUE VELVET hat sich langsam entwickelt. Ich brauchte neue Ideen, und als sie schließlich kamen, schienen sie völlig naheliegend, aber es hat eben eine Weile gedauert.
Benutzen Sie beim Schreiben besondere Techniken oder Tricks, um auf Ideen zu kommen?
Manchmal höre ich Musik, oder ich lese Geschichten oder technische Handbücher. Sowas in der Art. Auch durch wissenschaftliche oder metaphysische Sachen kommen mir Ideen. Das Drehbuch schrieb ich zu Schostakowitschs letzter Symphonie. Ich ließ immer wieder denselben Ausschnitt laufen. Manchmal genügt schon ein Schritt auf die Straße, der Anblick eines Gebäudes etc. Man muß sich unterschiedlichen Einflüssen aussetzen.
Ab wann suchten Sie Interessenten und Geldgeber für das Projekt?
Als ich THE ELEPHANT MAN abschloß, lernte ich Richard Roth kennen, den Produzenten von JULIA. Er lud mich zum Lunch in jenes Hamburger Hamlet ein, in dem Al und ich nach unserem Abgang vom AFI gesessen hatten. Roth sagte, er hätte das Drehbuch zu *Ronnie Rocket* gelesen. Er fände es nicht schlecht, aber offen gestanden wäre es nicht so ganz sein Geschmack. Er wollte wissen, ob ich noch was anderes hätte. Nur Ideen, erwiderte ich. Ich erzählte ihm, daß ich mich schon immer mal nachts zu einer Frau ins Zimmer schleichen wollte, um sie zu beobachten, und daß ich dabei unter Umständen einen Hinweis auf einen ungeklärten Mord entdecken würde. Die Idee gefiel ihm, und er bat mich, ein Treatment zu schreiben. Ich ging nach Hause und irgendwie kam mir die Idee, daß jemand ein Ohr auf

einer Wiese findet. Diese Wiese war eine Wiese in Boise, Idaho.
Warum mußte Jeffrey ausgerechnet ein Ohr finden?
Es mußte ein Ohr sein, weil das Ohr ein Eingang ist. Er steht offen, man kann eindringen und gelangt in fremde Gefilde ... Dann meinte Richard: »Komm mit, das müssen wir verkaufen«. Also marschierten wir mit der Idee zu Warner Brothers. Als ich gerade nicht im Raum war, fragte der Typ: »Ist das eine wahre Geschichte? Hat er wirklich ein Ohr gefunden? Oder hat er es erfunden?« Richard sagte: »Nein, das hat er erfunden«. Darauf meint der Typ: »Wow! Ich mach's!« Ich schrieb zwei Drehbücher, beide waren grauenhaft. Und der Typ bei Warner, der anfangs so begeistert war, machte mich am Telephon zur Schnecke.
Inwiefern »grauenhaft«?
Es stimmte rein gar nichts. Echt übel, sag ich Ihnen. Er fand sie fürchterlich. Alles Unangenehme war vorhanden, aber sonst nichts. Vieles fehlte komplett. Das Projekt verschwand in der Schublade. Nach DUNE kam es wieder zum Vorschein. Dino fragte mich, was ich als nächstes vorhätte, und ich sagte BLUE VELVET. Er fragte, ob ich die Rechte hätte, ich sagte, ja, die hätte ich. Doch im Laufe des Gesprächs bekam ich Zweifel. Ich rief, glaub ich, meinen Anwalt an, und es stellte sich heraus, daß die Option abgelaufen war und die Rechte an Warner Brothers zurückgegangen waren. Jetzt trat Dino in Aktion. Im Telefonieren ist er Weltmeister. Er reißt den Hörer von der Gabel, ruft den Präsidenten von Warner Brothers an und kauft die Rechte zurück.
Die alten Fassungen waren schrecklich, also schrieb ich eine dritte und vierte. Die vierte Fassung war fast fertig, ich saß in irgendeinem Gebäude und warte, bei einem Studio vorgelassen zu werden. Ich weiß nicht mal mehr, was ich da wollte. Ich saß auf einer Bank, als mir plötzlich ein Traum einfiel, den ich in der Nacht zuvor geträumt hatte. Es war der Schluß von BLUE VELVET: Im Traum sah ich das Polizeifunkgerät, ich sah Franks Verkleidung, ich sah die Pistole im

Jackett des Gelben und die Szene, in der Jeffrey in Dorothys Schlafzimmer die Falschmeldung funkt, weil er weiß, daß Frank sie abhört. Ich kann es mir nicht erklären, aber ich mußte die Teile nur noch zusammenstöpseln und ein paar Kleinigkeiten ändern. Alles andere war erledigt.
Wie war die Geschichte ursprünglich ausgegangen?
Gar nicht. Ich hatte eine Art Epilog geschrieben – wir drehten ihn sogar –, in dem Jeffrey und Detective Williams im Keller des Polizeipräsidiums vor einer Horde Reportern stehen und über ihre Ergebnisse und den Hergang berichten. In einem völlig verräucherten Raum.
Sie hatten zwar DUNE *für ihn gemacht – doch wie kam Dino de Laurentiis als Produzent zu* BLUE VELVET*?*
Mein damaliger Agent Rick Nicita von C.A.A. und ich besuchten Dino immer in seinem Bungalow im Beverly Hills Hotel – »Boongalow noomber nine«, wie er sagte. Und fast jedesmal fand eine offizielle Besprechung statt. Es war wie der Gang zum elektrischen Stuhl: Ich war auf schlechte Nachrichten gefaßt – und dabei kamen wir irgendwie auf BLUE VELVET. Dino wußte, daß ich mir den Endschnitt vorbehalten wollte, und als gewiefter Geschäftsmann nützte er es zu seinem Vorteil. »Kein Problem«, meinte er, »bei halber Gage und halbem Budget kannst du machen, was du willst.«
War nach den schlechten Erfahrungen bei DUNE *zu Beginn der Dreharbeiten klar, daß es diesmal klappen würde? Daß die Arbeitsbedingungen Ihren Vorstellungen entsprachen?*
Dino hatte kurz zuvor die Studios in Wilmington, North Carolina, gekauft. Es existierte maximal ein Tonfilmstudio, und er ließ in Windeseile neue bauen. Ein Betonfundament, vier Wände hochgezogen und 'n Deckel drauf. Die Dinger sind nicht schalldicht, drei Kilometer weiter liegt ein Flughafen. Als Tonfilmstudios konnte man sie wirklich nicht bezeichnen. Doch wir bekamen eines, das für BLUE VELVET gar nicht so schlecht war. Dinos Firma wollte an die Börse, wir waren die kleinste Produktion, daher brauchten sie uns keine Beachtung zu schenken. Wir fühlten uns völlig frei.

Nach DUNE war ich so am Boden, daß alles ein Fortschritt war. Ich war überglücklich. Und in diesem Zustand kann man Risiken eingehen. Experimentieren. Ein Gespür entwickeln. Und ich hatte den Endschnitt, das gibt einem noch ganz andere Freiheit.
Es machte wirklich Spaß, und ich war mit dem Ergebnis zufrieden. Aber wenn man einmal gescheitert ist, gewinnt man das Selbstvertrauen nie hundertprozentig zurück. Das ist nicht drin. Sowas vergißt man nicht, man sieht zu, daß man den Tag genießt und seine Arbeit erledigt.
Hat Dino sich bei den Dreharbeiten eingemischt?
Nein. Er sah sich die Muster vom ersten Drehtag an. Er kam einfach rein. Wie's der Teufel will, war die Linse defekt gewesen, und wir hatten es nicht gemerkt. Wir sehen das Material zum ersten Mal, und es ist nichts zu erkennen! Alles, unscharf. Dunkel. Wir mußten den ersten Drehtag wiederholen. Dino fragt, »DAVID! Warum ist es so dunkel?«, und ich: »Die Linse war defekt, Dino.« »Ach so«, meinte er und verzog sich.
Der Film erinnert mich in seiner Hermetik an ERASERHEAD, *man hat den Eindruck, keiner der Mitwirkenden sei nach der Arbeit nach Hause gegangen oder hätte das Wochenende frei gehabt. Wie haben Sie diesmal die Hermetik hergestellt?*
Keine Ahnung. Wir lebten wohl alle ein wenig in einer Traumwelt, aber am Abend ging jeder schön brav nach Hause. Ich halte nicht viel davon. Ich kann nur hoffen, daß die Spannung bis zum nächsten Tag anhält und der Traum nicht zerfällt. Und daß die Schauspieler diese Welt nicht verlassen, denn meiner Meinung nach erzielt man so das beste Ergebnis.
Nach THE ELEPHANT MAN *und* DUNE *markiert* BLUE VELVET *auch die Rückkehr zu eindeutig persönlicheren Filmprojekten – und dabei sind Sie geblieben.*
Das stimmt. Es war wieder ein persönlicherer Film. Ich weiß, wie ich zu THE ELEPHANT MAN kam, und obwohl die Geschichte auf einer wahren Begebenheit beruhte und ich meine Vorstellungen nicht hundertprozentig verwirkli-

Isabella Rossellini und Kyle MacLachlan in BLUE VELVET

Sandy und Jeffrey: Laura Dern und Kyle MacLachlan

chen konnte, hatte der Film viele positive Aspekte. Er verschaffte mir eine gute Position, nur der Weg dorthin war steinig. Er war wirklich meine Feuertaufe. DUNE war dann ein Schlag in die Kniekehlen. Vielleicht auch weiter oben!
Die Ähnlichkeiten zwischen ERASERHEAD *und* BLUE VELVET *gehen über das persönliche Moment hinaus, nicht wahr?*
Sie sind mehr unbewußter Natur. Es gibt bestimmte Sehnsüchte, die den eigenen Ideen eine persönliche Färbung geben. Bestimmte Konzeptionen reizen mich nun mal. Ich verfilme auch gern fremde Vorlagen, weil da die Ideen bereits strukturiert sind. Aber zu meinen eigenen Konzeptionen habe ich mehr Vertrauen. Ich verstehe sie besser und kann mehr aus ihnen rausholen.
BLUE VELVET ist ein Kleinstadtfilm, wie ERASERHEAD in gewissem Sinne auch. Nur spielt er in einer anderen Kleinstadt. Der Staat, Washington D.C. oder globale Probleme kommen im Leben dieser Menschen nicht vor. Die Probleme beschränken sich auf ein kleines Fleckchen Erde, und viele dieser Probleme liegen in den Menschen selbst begründet, insofern behandeln beide Filme ein ähnliches Thema.
BLUE VELVET *wurde Ihr bis dahin »realistischster« Film: Das war weder die konstruierte Welt von* ERASERHEAD *noch Science-fiction oder das viktorianische England. Der Film spielt in einem wiedererkennbaren, zeitgenössischen Amerika, dennoch ist er an manchen Stellen entschieden nicht-naturalistisch.*
Ein Traum von merkwürdigen Sehnsüchten, in eine Kriminalgeschichte gepackt.
Streckenweise ist der Dialog alles andere als naturalistisch, er wirkt übertrieben naiv bzw. ironisch.
Nur so naiv wie das kleinstädtische Amerika. Etwa, wenn Sandy und Jeffrey im Auto sitzen und Sandy von ihrem Rotkehlchentraum erzählt. Wenn man mit seiner Freundin allein im Auto sitzt, verzapft man schon mal Stuß. Aber für den Betreffenden ist es kein Stuß. Das Kinopublikum lacht darüber, um den anderen zu zeigen, daß sie den Kitsch erkennen. Würden sie nicht lachen, könnten die Leute ja den-

ken, sie nähmen es ernst, und sie würden sich lächerlich machen. Man hört die Lacher und sagt sich: »Ja, aber bei dieser Figur in dieser Situation find ich's schön«. Es muß nicht immer bedeuten, daß man etwas falsch gemacht hat, wenn das Publikum bei solchen Szenen lacht.
Die Szene *ist* peinlich. Sandy ist ein gefühlvolles junges Mädchen, das ins Schwärmen gerät, was ja etwas Wunderschönes ist. Wenn man das in der Gruppe beobachtet, wirkt es peinlich. Ist man allein, wirkt es ganz anders. Das ist ein seltsames Phänomen. Man spürt, was alles möglich ist, wenn kein Dritter zuhört. Sowas sagt man nur in geschützter Umgebung. Ich finde, Filme sollten peinliche Stellen haben. Ich mag auch den Kontrast zwischen Sandy und Frank, beide leben in derselben Welt und genieren sich nicht, ihre Gefühle auszudrücken.
War es schwierig, für Szenen wie diese mit den Schauspielern den richtigen Ton zu finden?
Ich erinnere mich, als ich mit Laura daran arbeitete, verfielen wir in diese Stimmung – ich weiß nicht, ein Party-Traum aus den 50er Jahren, oder die romantische, wundersame Vorstellung, sich im Zimmer der Angebeteten zu befinden. Auf der einen Seite ist das Blödsinn, aber man genießt es auch. Wenn ein Film nur abstößt, macht er keinen Spaß.
Man braucht einen Vorlauf, damit Jeffrey und Sandy plausibel werden. Die ungekürzte Fassung enthielt ein paar zusätzliche Szenen, in denen die Mutter und Tante Barbara im Wohnzimmer sitzen und Fernsehkrimis anschauen. Näher kommen sie an jene Welt nicht heran. Und Sandy, deren Vater Inspektor ist, ist fasziniert von jener Welt, doch sie geht nicht nahe genug heran, um sich die Finger zu verbrennen. Sie stachelt Jeffrey auf eigenartige Weise an, diesen Schritt zu tun. Und so ist es Jeffrey, der in die Bredouille gerät, und er legt einen weiten Weg zurück. Man muß mit dieser naiven Unbekümmertheit und Schwärmerei anfangen, damit der Kontrast spürbar wird, das ist für mich das Interessante daran.
Ein weiteres nicht-naturalistisches Element ist die Eröffnungssequenz: ein fast künstlich blauer Himmel, ein strahlend weißer Gartenzaun, knallrote Rosen usw., bis zu den

Schlachten der schwarzglänzenden Insekten unter dem sattgrünen Rasen.
Der Film will ja unter die Oberfläche einer angeblich friedlichen Wohngegend in einer amerikanischen Kleinstadt dringen. Es ist ein echt amerikanischer Film, und er beginnt – weil es viel mit mir zu tun hat – mit einem blauen Himmel, einem Gartenzaun und Rosen, und zwar schräg von unten gefilmt. Ich weiß nicht, ob Fred Elmes und ich je über den Winkel sprachen, aber es mußte dieser Winkel sein, weil es ein Bild aus der Kindheit ist. Dann schwenkt die Kamera vom blauen Himmel auf Dinge, die mit Pflanzen und Gießen zu tun haben, dann wurde daraus der Druck, über den sich bestimmte Figuren einführen ließen. Man dringt wie mit einer Sonde ins Unterbewußte vor bzw. an einen Ort, wo man Dinge erlebt, mit denen man normalerweise nicht konfrontiert wird. Einer der Toningenieure nannte es eine Mischung aus Norman Rockwell und Hieronymus Bosch. Es ist eine Reise in diese Welt und wieder zurück. Es gibt einen innersten Punkt, ab dem man wieder nach außen driftet. An der Oberfläche des Lebens ist ungeheuer viel los, aber das wirklich Spannende findet woanders statt.
So empfinde ich Amerika. Das Leben hat etwas Unschuldig-Naives, gleichzeitig existieren Horror und Perversion. BLUE VELVET ist ein sehr amerikanischer Film. Bei der Optik habe ich mich von meiner Kindheit in Spokane, Washington, inspirieren lassen. Lumberton gibt es wirklich, es gibt sogar mehrere Lumbertons in den USA. Ich wählte Lumberton, weil es ein realer Ort ist und wir die Polizeiabzeichen etc. verwenden konnten. Aber dann war meine Phantasie geweckt, und wir fingen an, Holzlaster durch den Film fahren zu lassen, oder diese Radioansage – »At the sound of a falling tree ...« – das kam alles wegen des Namens.
Der Schluß des Films ist mehrdeutig: Die Ordnung ist scheinbar wiederhergestellt, und wir sind wieder am Anfang – bei der glücklichen Familie. Der schlafende Jeffrey im Liegestuhl könnte sogar bedeuten, daß das alles gar nicht passiert ist. Doch es ist eine zweifelhafte Idylle.

Es ist kein Happy-End. Es sind dieselben Bilder wie am Anfang, nur weiß man jetzt viel mehr über die Figuren. Das ist das Thema von BLUE VELVET. Man nimmt etwas wahr, und wenn man der Sache auf den Grund zu gehen versucht, muß man mit dem Ergebnis leben. Nehmen wir an, es kommen zwei Männer herein – der eine hat soeben seine Familie abgeknallt, der andere soeben einen Preis gewonnen. Wenn man das nicht wüßte, würden sie wie ganz normale Leute aussehen. Es gibt Licht und unterschiedliche Dunkelheitsgrade.
Was bedeutet das Erlebnis für Jeffrey?
Jeffrey hat genug gesehen und ist weit genug vorgedrungen, so daß die Gelegenheit da und das Verlangen geweckt ist. Aber das ist eine Seite seines Wesens, die ihm gar nicht behagt. Sie rächt sich ziemlich schnell. So ist das nun mal im Leben. Manchmal geht man bis an die Grenze dessen, womit man glaubt, leben zu können. Obwohl Jeffrey sie verstehen und in sie eindringen könnte, ist es nicht seine Welt. Da steht ihm sein Gewissen im Wege. Man kann nicht ständig Dinge tun, mit denen man nicht leben kann. Man wird entweder krank oder verrückt, oder man kommt in den Knast!
Manche mögen solche Regungen spüren, aber sie befriedigen das Verlangen durch Fernsehen, Kino etc. Man behält eine gewisse Distanz, und das Ganze ist sauberer. Man macht sich die Hände nicht schmutzig, ist aber trotzdem dabei. Das Soap-opera-Publikum ist richtig scharf auf Perverses und versteht, was da abläuft – wenn sie die Gelegenheit hätten, würden die Leute es genauso treiben.
Ich war mir nicht sicher, was schrecklicher ist: Franks Welt oder das Idyll, repräsentiert durch die glückliche Familie oder durch Sandys Traum. Mir schien eines so schlimm wie das andere.
Das verstehe ich gut. Die beiden Welten sind völlig unvereinbar. Es sind entgegengesetzte Pole. Jeffrey ist wahrscheinlich die einzige Brücke zwischen ihnen.
An einer Stelle fragt Sandy Jeffrey: »Ich weiß nicht, ob du nur neugierig bist oder pervers.« Und doch wird er durch sie

in die ganze Dorothy Vallens-Geschichte hineingezogen. Warum tut sie das?
Das ist wie beim Balzen. Bei der Brautwerbung gibt es einen Tanz, bei dem man sich gegenseitig anstachelt – man spürt, was der andere will und stachelt ihn an. Und wenn man dann zusammenkommt, weiß man, was der andere will und zeigt ihm die kalte Schulter! [Lacht.]
Ich erinnere mich an eine Unterhaltung mit einer Filmwissenschaftlerin, als der Fim in die Kinos kam. Sie hatte viel über Psychoanalyse und Film gearbeitet und ihre Reaktion auf BLUE VELVET *war: »Diese Filmemacher tun es nur für sich selbst!« Anders ausgedrückt, der Film hatte sie so gut wie überflüssig gemacht. Er hatte keinen Subtext. Alles lag gut sichtbar an der Oberfläche.*
Direkt vor der Nase, ja! [Lacht.]
Der Film scheint nahezu perfekt gewisse Freudsche Themen und Theorien zu illustrieren – in extremer, unverdünnter Form. War das beabsichtigt?
Sagen wir mal so: Mein Verstand hat mich nie gebremst. Deshalb betone ich immer wieder, daß Filmemachen etwas Unbewußtes ist. Worte sind im Weg. Rationales Denken ist im Weg. Es kann einen völlig blockieren. Doch wenn das Unbewußte als unverfälschter Strom zutage tritt, hat das Medium Film großartige Mittel, ihm Gestalt zu verleihen. Er ist die ideale Sprache dafür.
Einige Regisseure haben das Kino ganz bewußt als äußerst kostspielige Form der Selbstanalyse benützt: Die eigenen Probleme groß und gut sichtbar auf die Leinwand zu projizieren, ist vielleicht der Versuch, sie besser verstehen zu lernen.
Bei mir ist das Zufall. Aber denkbar. Wie damals, als ich ERASERHEAD nach einigen Jahren wieder sah. Ich war, glaub ich, überrascht, daß ich immer noch Neues darin entdeckte. Vielleicht wurde mir eine Spur klarer, warum ich den Film gemacht hatte. Mit BLUE VELVET hab ich diese Erfahrung noch nicht gemacht.
Die unverkennbaren Ähnlichkeiten zwischen Ihnen und der

Kyle MacLachlan als Jeffrey Beaumont in BLUE VELVET

Dennis Hopper als Frank Booth und Isabella Rosselini als Dorothy Vallens in BLUE VELVET

Figur Jeffrey lassen jedoch die Vermutung zu, daß es Ihnen mit BLUE VELVET *genauso ergeht.*
Wie Jeffrey liebe ich Geheimnisse. Mich verbindet mit Henry in ERASERHEAD und Jeffrey, daß mich viele Beobachtungen verwirren, daß ich mir über alles mögliche Gedanken mache und neugierig bin. Beide Figuren stehen mir sehr nah, aber ich kann nicht genau erklären, warum.
Durch DUNE, BLUE VELVET *und* TWIN PEAKS *verbindet man Kyle MacLachlan mit Ihnen wie, sagen wir, Jean-Pierre Léaud mit François Truffaut. Kann es sein, daß Kyle Maclachlan in* BLUE VELVET *als Ihr Alter ego fungiert?*
Das wird behauptet. Kyle knöpfte sich den Hemdkragen zu, weil er mich in Jeffrey sah und gewisse Dinge übernahm. Er läuft in dem Film wirklich rum wie ich.
Wie kam es eigentlich zu Ihrem Markenzeichen, dem zugeknöpften Hemdkragen?
Das kam aus einer Art Unsicherheit heraus, wenn der oberste Knopf offenstand, fühlte ich mich zu verletzlich – besonders, wenn mir der Wind ums Schlüsselbein pfiff. Das hat mich wirklich beunruhigt. Ich mochte es, wenn der Kragen schön eng saß.
Doch der Film hat in der Tat eine autobiographische Ebene. Einige der vielen Orte, an denen ich lebte, glichen Lumberton. Und durch den Beruf meines Vaters waren wir ständig im Wald. Als ich von Zuhause auszog, hatte ich von Wäldern genug, dennoch bedeuten Holz, Holzfäller und all das für mich noch immer Amerika – wie die Gartenzäune und die Rosen in der Eröffnungssequenz. Dieses Bild hat sich eingebrannt und mir wird jedesmal warm ums Herz.
Was an Kyle selbst brachte Sie zu der Überzeugung, daß er für BLUE VELVET *richtig sei?*
Jeffrey ist auf dem College. Als ich Kyle sah, sah ich Jeffrey vor mir. Er ist intelligent und sieht gut aus, deshalb kommt er bei den Mädchen an. Und er hat diese Neugier. Er kann den Naiven, Unschuldigen spielen und den Besessenen, und er kann denken. Es gibt Schauspieler, wenn man denen in

die Augen sieht, sieht man sie nicht denken. Kyle kann auf der Leinwand denken.
Jeffrey kann unterschiedliche Welten miteinander verbinden. Er hat ein Auge für Sandys Welt, wirft einen Blick in Dorothys Welt und läßt sich auf Franks Welt ein. Er ist Idealist. Er verhält sich wie Jugendliche in den 50er Jahren, und die Kleinstadt, in der ich drehte, gibt das naive Klima von damals gut wieder. Die Einwohner denken noch weitgehend so wie die Leute vor dreißig Jahren. Ihre Häuser, ihre Autos und ihre Sprechweise haben sich nicht verändert.
Wie sind die Schauspieler mit den extremeren Szenen umgegangen? Haben sie viele Fragen gestellt?
Jeder Schauspieler ist anders. Manche forschen wirklich hinter jedem Wort nach dem »Warum«. Und mir macht das Spaß. Ich rede gern darüber, was der Figur durch den Kopf gehen könnte, damit die Sätze so kommen, wie ich sie haben möchte. Angeblich sprechen viele Regisseure die Sätze so vor, wie sie sie haben wollen, und die Schauspieler sprechen sie dann nach. Das mag prima funktionieren, aber es ist wesentlich besser, die Sache gedanklich so zu erarbeiten, daß der Schauspieler versteht, was er tut. Dann kommt der Satz genau so, wie man ihn haben will, der Schauspieler weiß, warum er ihn so und nicht anders gesagt hat und kann ihn noch zehnmal auf die gleiche Art sagen. Aber das kostet Zeit. Bei BLUE VELVET hat sich niemand mit mir zusammengesetzt und wollte alles genau wissen. Und doch schienen sich die Schauspieler wohlzufühlen. Das gab mir Hoffnung.
Es war sicher schwierig, die Rolle der Dorothy Vallens zu besetzen.
Ja. Viele Schauspielerinnen haben abgewunken, aus unterschiedlichen Gründen. Aber die Rolle gefiel ihnen, und wir unterhielten uns darüber. Schauspieler haben einen Riecher, wenn etwas nicht funktioniert oder aufgesetzt ist. Andererseits können sie eine Rolle toll finden und sich trotzdem außerstande sehen, sie zu spielen. Mit das positivste Feedback bekam ich von Schauspielerinnen, die dann doch ablehnten. Helen Mirren half mir sehr beim Drehbuch. Isabella Rossel-

lini kam ganz spät dazu, ich hatte sie gar nicht gekannt. Eines Abends lernte ich sie zufällig in einem New Yorker Restaurant kennen – nicht nur das, ich erfuhr auch, daß sie Schauspielerin war. Ich hatte geglaubt, sie sei nur Model. Ich seh sie mir an, und ein paar Tage später, als ich über die Besetzung nachdenke, kommt mir der Gedanke, ihr die Rolle anzubieten.
Wie war ihre erste Reaktion auf das Drehbuch?
Sie wollte es machen. Ich weiß nicht mehr, worüber wir sprachen, aber ich wußte, daß sie das Zeug dazu hatte. Nach dem Film hat sie, glaub ich, mächtig Ärger bekommen. Sie traf es wahrscheinlich am härtesten von allen.
Es ist allgemein bekannt, daß Dennis Hopper Sie anrief und die Rolle mit der Begründung beanspruchte, er sei Frank Booth.
Ja! Ich saß in der Klemme, denn ich hatte nicht die geringste Lust, mit jemandem wie Frank Bekanntschaft zu machen. [Lacht.] Und doch brauchte ich für den Film einen Menschen wie ihn. Dennis *war* Frank, aber zum Glück hatte er auch andere Seiten, und es lief wunderbar.
Hatten Sie davor einen anderen Schauspieler im Kopf?
Nein. Ich war auf der Suche und weiß noch, daß Dennis' Name fiel, aber er stand in schlechtem Ruf. Nicht, daß ich nicht mit Leuten arbeiten möchte, die Probleme haben. Im Gegenteil, lieber das als die falsche Besetzung. Frank Booth hat wahrscheinlich Probleme, warum nicht auch derjenige, der ihn überzeugend spielt. Wir überlegten hin und her und entschieden uns schließlich gegen ihn, vielleicht aus Angst, uns zu viele Probleme aufzuhalsen, den Gerüchten zufolge. Dann bekam Johanna Ray einen Anruf, daß Dennis aufgehört hätte zu trinken, er hätte das Drehbuch gelesen und wollte sich mit mir unterhalten. Prompt fanden wir heraus, daß er einen anderen Film gemacht hatte, in dem er unglaublich gut war. Mehr brauchte ich eigentlich nicht, ich begann, über ihn nachzudenken.
Soviel ich weiß waren die Gase, die Frank einatmet, wenn er seinen Rappel bekommt, ein Diskussionsthema. War nicht

Jeffrey findet das Ohr

Kyle MacLachlan und David Lynch bei den Dreharbeiten zu BLUE VELVET

ursprünglich geplant, daß der Schauspieler Helium inhaliert, damit er eine Kinderstimme bekommt?
Da war ich auf dem Holzweg, und ich bin Dennis dankbar, denn wir wollten bis zur letzten Minute Helium verwenden – damit »Daddy« noch mehr zum Baby wird. Aber es sollte nicht nur komisch sein. Wir haben die Idee fallengelassen, und es wurde irgendein Gas daraus. Bei der ersten Probe sagte Dennis, »David, ich weiß, was in den Kanistern ist«. Darauf ich, »Da bin ich aber erleichtert, Dennis!« Und er zählte alle Gase auf. Er war in seinem Element. Ich war froh, einen echten Experten dabei zu haben. [Lacht.] Dennis ist ein begabter Bursche. Er ist Maler, Regisseur, Schauspieler und Photograph, und in allem wirklich gut. Ein Tausendsassa sozusagen. Für mich ist er Mr. Sixties, allerdings ist er auch das Beste, was die 60er Jahre zu bieten hatten.
Sagt Frank im Originaldrehbuch auch so oft »fuck«, oder hat Hopper da kräftig dazuimprovisiert?
Es stand oft im Drehbuch, aber Dennis erfand immer noch ein paar dazu; wenn man erst in Schwung kommt, gibt es kein Halten mehr. Und wenn ein Schauspieler ganz in seiner Figur ist, selbst wenn er dann Sätze dazuerfindet oder sie nicht exakt so sagt, wie sie im Drehbuch stehen, stimmt es. Dennis gehörte für mich zu dieser Kategorie. Er behauptet immer, ich brächte das Wort »fuck« am Set nicht über die Lippen, ich würde das Drehbuch zur Hand nehmen und sagen, »Dennis, wenn du *dieses* Wort sagst.« [Lacht.] Naja, das ist eigentlich nicht wahr.
Frank wirkt bei seinem ersten Auftritt extrem gestört, man bekommt richtig Angst. Später fragt Jeffrey Sandy, warum es Leute wie Frank gibt. Macht er Ihnen Angst?
Ja. Es ist schwierig, weil man sich sowohl hinter den Kulissen als auch in der Szene selbst befindet, wenn man einen Film macht. Aber der Frank in meinem Kopf machte mir Angst. Absolut. Aber es muß auch vom Kopf kommen. Ein großer Trottel ist harmlos. Vor einem großen Schlaukopf muß man sich fürchten. Oder selbst vor einem kleinen Schlaukopf.

Er ist Killer Bob in TWIN PEAKS *nicht unähnlich, beide repräsentieren Männlichkeit im Extrem – krankhaft, gewalttätig und psychotisch. Das Gute entspricht in* TWIN PEAKS *nicht dem klassischen Männlichkeitsideal: Dale Cooper ist ein intuitiver, einfühlsamer Mensch, der sich sämtlicher Ermittlungsmethoden bedient – inklusive Mystik und Parapsychologie. Das Böse wirkt sehr maskulin, es scheint keinerlei feminine Seite zu haben.*
Vielleicht. Frank hatte ein paar komische Tricks auf Lager. Man kriegt einfach Angst, wenn jemand deine Nummer hat und dich zu kennen scheint, ob erfunden oder real. Wenn sie dich erst kennen, dann kriegen sie dich auch, weil sie dich austricksen können. Das ist Franks Vorteil.
Frank kann es anscheinend nicht ertragen, beobachtet zu werden. Er sagt oft: »Jetzt ist es dunkel«, als empfände er das als Erleichterung, und schreit Dorothy an: »Du Fotze, schau mich nicht an!«, bevor er sie zum Sex zwingt. Was hat er für ein Problem?
Das ist doch verständlich. Er braucht Dorothy, um seine Bedürfnisse zu befriedigen. Aber ihr in die Augen zu sehen ... in diesen Augen könnten sich zahllose Dinge spiegeln, die ihn aus der Bahn werfen könnten. Er müßte seiner Perversion ins Auge blicken, und das macht keinen Spaß. Man will seinen Neigungen frönen, ohne daran erinnert zu werden.
BLUE VELVET *ist ein Film über Blicke: Jeffrey schaut; das Publikum wirft mit ihm einen Blick in eine fremde Welt; Sandy kann über Jeffrey einen Blick in diese Welt werfen. Die erste Sexszene, die Jeffrey und wir aus der Sicherheit des Kleiderschranks beobachten, wirkt fast wie im Theater – mit Bühnenportal und allem.*
Ja. Kino ist im Grunde Voyeurismus. Man sitzt in der Sicherheit des Kinosaals, und Blicke sind etwas sehr Mächtiges. Wir wollen Geheimnisse, Neues sehen, wir brennen geradezu darauf! Man dreht fast durch! Je neuer und geheimer, umso begieriger sind wir.
Hatten Sie die Sexszenen von Anfang an so extrem geplant?
Sie sind extrem und auch wieder nicht. Es gibt da eine feine

Grenze, und die hat nichts mit Zensur zu tun, sondern damit, wieviel angebracht ist. Und das weiß nur der kleine Richter in uns selbst. Oft reichen wenige Augenblicke auf der Probe, um festzustellen: »Nein, nein, nein, wir sind zu zaghaft« oder: »Nein, nein, nein, das ist zuviel« bzw. »Für diese Geschichte, diese Figuren an diesem Ort, in diesem Raum und in dieser Stimmung ist es genau richtig«. Man wies mich darauf hin, daß die Sexszenen ein Problem werden könnten. Ich wollte eigentlich gar nicht, daß der Film so drastisch wird. Mir kam es mehr aufs Mentale, Unterbewußte an. Gottseidank hat mir die Filmkontrolle keine Scherereien gemacht, weil alle Situationen gerechtfertigt waren.
Sie mußten zwar keine Szenen herausschneiden, doch ich schließe daraus, daß Sie einige bereits selbst eliminiert hatten. Eine davon klang ähnlich wie die Szene in ERASERHEAD, *mit den beiden ans Bett gefesselten Frauen. Irgendetwas mit einer Frau, die sich die Brustwarzen anzündet?*
Richtig. Das ist eine meiner Lieblingsszenen, aber sie war zuviel des Guten. Ich will die Szene wiederhaben, aber ich weiß nicht, ob es möglich ist. Ich will sie nicht wieder einbauen, es soll ein eigener, kleiner Film werden. Drei oder vier Minuten lang. Die Szene fiel komplett unter den Tisch. Sie war so eine Nebengeschichte zu Bens Wohnung.
Was passiert in der Szene?
Frank fährt seine Kumpels und Jeffrey zur Bar, vor der Tür fragen sie, »Was trinkst Du für ein Bier«, und Jeffrey sagt, »Heineken«, dann betreten sie Bens Haus. Nun gab es eine zweite Szene im Haus, der Barmann sieht Frank und gibt jemandem ein Zeichen, worauf der zur Hintertür rennt. Frank schreit: »Haltet ihn«, und sie erwischen diesen Willard. Das Hinterzimmer kann von der Bar eingesehen werden, aber es ist ein separater Raum. In ihm befinden sich ein Billardtisch und ein Typ mit einer Kappe, auf der »I dig coal« steht. Es handelt sich um einen alten, schwarzen Blues-Gitarristen, der mit einem jungen Weißen musiziert. »I dig coal« hat die unglaublichsten Songs drauf. Im Hintergrund stehen drei oder vier splitternackte Girls, mit denen sich Willard, naja,

vergnügt hatte. Sie waren unterbrochen worden, als Willard Frank sah. Aber man weiß nicht, worum es geht.
Inzwischen bestellt der von Brad Dourif gespielte Typ eine Kiste »Pabst Blue Ribbon in Flaschen«. [Lacht.] Frank wirft Willard auf den Billardtisch, beschwert sich, Willard hätte ihm die Hosentasche zerrissen und fordert die Girls auf, »Kommt her und seht euch 'n toten Mann an«. Willard ist in arger Bedrängnis: Frank hat ihn am Wickel, mental, und Willard weiß, daß er dran ist. Irgendwann. Dann geht Frank nach oben. Alle folgen ihm, Jack Nance sagt zu Willard, »Bis später, Winky«, und sie verschwinden. Eine Zeitlang rührt sich gar nichts, dann setzt sich »Winky« auf. Eines der Girls, das die ganze Zeit dagesessen hatte, zündet ein Streichholz an, steckt sich die Brustwarzen in Brand und sagt, »Jetzt bist du wirklich Feuer und Flamme, Motherfukker.« [Lacht.] Damit endet die Szene.
Wie hat sie sich die Brustwarzen angezündet?
Man nimmt Papierstreichhölzer, reißt sie auseinander, benetzt sie mit Speichel und legt sie sich so auf die Brustwarzen, daß der Streichholzkopf genau sitzt, das bißchen Papier sieht man nicht. Der Kopf sitzt genau über der Brustwarze. Er steht vielleicht ein paar Millimeter vor, aber er brennt eine Weile, dann macht man ihn aus. Er brennt genau so lang, wie für die Einstellung nötig. Es funktionierte prima. Da war was los. Es hatte Atmosphäre.
Die brennenden Brustwarzen standen nicht im Drehbuch?
Nein, nein, nein, nein. Die Schauspielerin verriet mir den Trick, und ich sagte: »Das mußt du unbedingt machen, ich sag dir, wo.«
Die Figur des Willard flog komplett raus?
Komplett. Sie stand in Zusammenhang mit ... Jeffrey findet doch das Ohr auf der Wiese. Frank hatte es in der Hosentasche gehabt, und bei einer Auseinandersetzung mit Willard bekommt die Hosentasche einen Riß, er verliert das Ohr und seinen Glücksbringer, das Stück blauen Samt. Dorothys Kleid hat zwei Löcher. Eines ist dadurch entstanden, daß Frank den Glücksbringer, an dem er in der Bar herum-

fummelt, ersetzt hat ... Egal, das war alles überflüssig. Es lenkte von der Szene in Bens Wohnung ab, es war einfach zuviel.

ERASERHEAD ist zwar mit sexuellen Metaphern gespickt, doch seit BLUE VELVET *befassen sich Ihre Filme expliziter mit Sex. Ich frage mich ...*

... was mit mir passiert ist! [Lacht.] Sex ist etwas Faszinierendes. Sex ist wie Jazz: Einen Popsong kann man nur ein paarmal hören, Jazz dagegen hat unendliche Variationen. So sollte Sex sein. Es darf dieselbe Melodie sein, aber mit vielen Variationen. Und wenn man sich weiter vorwagt, macht man die schockierende Erfahrung, daß auch das eine Variante des Sex ist. Eine reichlich merkwürdige. Trotzdem ist sie eine Tatsache des menschlichen Lebens. Sie wird in BLUE VELVET nicht wirklich erklärt, weil es sich um eine sehr abstrakte Sache in dem Betreffenden handelt.

Sex hat gewisse beunruhigende Aspekte – daß er zur Machtausübung benutzt werden kann, zum Beispiel, oder daß er mitunter in Form von Perversionen auftritt, mit denen andere ausgebeutet werden. Das ist schlimm, aber ich glaube, die meisten Menschen törnt sowas an, und es handelt sich um ein weitverbreitetes Phänomen.

Zweimal sagt Dorothy im Film über Jeffrey: »Er hat sein Gift in mich getan.« Was meint sie damit?

Ich könnte es Ihnen sagen, aber das ist so ein Fall, wo unweigerlich die Antwort kommt. »Ja klar, das leuchtet ein.« Man weiß doch im Grunde, warum sie es sagt. Das Gift, von dem Dorothy spricht, ist etwas Abstraktes. Damit ist nicht Aids gemeint oder etwas in der Art. Im Drehbuch stand noch mehr zu dem Thema. Dorothy hat so etwas schon einmal durchgemacht und kennt diese Sache, diese Krankheit.

Die erste Szene zwischen Frank und Dorothy, die Jeffrey aus dem Schrank beobachtet, hat eine zentrale Funktion, sie legt die Position des Publikums für den Rest des Films fest. Haben Sie die Szene lange geprobt?

Ja, ich glaube, es war die erste Szene, die wir mit Dennis

drehten. Bei den ersten Szenen bespricht man Dinge, die für alle anderen Szenen wichtig sind. Wenn die erste Szene stimmt, hat man ein Polster. Auf den Proben zu den ersten Szenen findet man den Schlüssel zur Figur und die richtige Grundhaltung. In der besagten Szene ist einiges los, deshalb nahmen wir uns viel Zeit. Es waren nur diejenigen dabei, die unbedingt nötig waren. Die Schauspieler zogen hervorragend mit. Sie fühlten sich einigermaßen wohl und fanden viel Verständnis. Der Grund für das Gelingen liegt sicher in den ausgiebigen Proben. Die Schauspieler hatten Gelegenheit, sich allmählich auf die Atmosphäre des Films einzustimmen. Sämtliche Probleme wurden gelöst. Die Schauspieler brachten viele neue Ideen in ihre Rollen ein.
War diese Szene besonders schwer zu beurteilen?
Ja. Duwayne Dunham, der für den Schnitt verantwortlich war, hatte etwas falsch verstanden. Es ist bei jeder Abteilung einer Filmcrew dasselbe: Wenn man erklärt, worum es in einer Szene geht, und sie begreifen es, bingo! Dann kommen sie der Sache ziemlich nahe. Deshalb redet man viel mit dem Material vor Augen.
Da Dino bei den Dreharbeiten nicht anwesend war und Sie große Freiheit hatten, was hielt er von BLUE VELVET, *als er den Film schließlich sah?*
An einem bestimmten Punkt wollte Dino den Film sehen. Da wir gerade in Berkeley am Schneiden waren, flogen wir nach LA und brachten den Film in den Vorführraum. Dino hatte viele Leute aus seiner Firma zur Vorführung eingeladen. Und er nimmt kein Blatt vor den Mund, egal vor wem. Ich *wartete* nur darauf, daß das Unheil über mich hereinbrach. Nach dem Film meinte Dino nur »Bravo!« Er war schockiert, daß er den Film gut fand und ihn sogar verstand! [Lacht.] Es war wunderbar!
Aber dann will er sich immer aufs Moviola setzen und den Film Rolle für Rolle mit dir durchgehen. Und dann heißt es, »Ach, David! Da mußt du schneiden! Ist alles viel zu langsam! David! Du mußt schneiden!«, und so weiter. Bei jeder zweiten Szene. Erst glaubt man, er findet den Film gut, und

dann sitzt man da, und er findet plötzlich nichts mehr gut! Es folgen endlose Diskussionen. Bei einer Szene meinte er schließlich, »Warum machst du so lang, David? So langweilig, David! so langweilig! Du mußt schneiden, David!« Also habe ich diese eine Szene – Jeffrey geht abends zu Sandy hinüber – etwas gekürzt. Sonst nichts!
Dino hatte einen ausländischen Verleiher an der Hand, der den Film in ganz Europa zeigte, und der erzählte ihm eines Tages, »Dino, die Leute lieben den Film! Er verkauft sich bestens!« Dino rief mich zu sich ins Büro und meinte, er sei sich nicht sicher, aber vielleicht kommt der Film bei einem breiteren Publikum an – »Wir machen Tests«. Ein Kino im Valley zeigte gerade TOP GUN, und eines Abends schmuggelt Dino BLUE VELVET dazwischen. Mein Agent Rick Nicita kam mit ein paar Kollegen vom C.A.A. zur Vorführung; sobald der Film zuende war, verließen sie den Saal. Sie riefen mich aus dem Auto an und meinten, in ihren Augen sei es prima gelaufen. Ich bin ganz aufgedreht und geh überglücklich ins Bett, weil sie am Autotelefon so begeistert klangen. Aber Laura Derns Mutter, Diane Ladd, war mit Freunden bei derselben Vorführung gewesen, sie reagierten ziemlich einsilbig. Ich sagte mir, »Die haben keine Ahnung, aber Rick hat 'ne Ahnung« und schlief ein.
Am nächsten Morgen stand ich sehr früh auf (Dino geht verdammt früh ins Büro). Ich rief ihn an, es war die Sekretärin dran. »Hier spricht David Lynch. Ist Dino da?« [In feierlichem Ton:] »Ja, David, Dino ist da.« Sie stellt mich durch, und es nimmt der Vertriebsleiter ab. [Beschwingt:] »Hey, Larry, ich bin's, David Lynch. Wie geht's? Ist Dino da?« [Tragisch:] »Ach, David ...« »Larry!«, sag ich, »Was ist los? Es lief großartig!« Darauf meint er: »Es lief *nicht* großartig.« Ich frag: »Wovon sprichst du, Larry?« Und er, »Es war ein Desaster.« Ich: »Larry, verarsch mich nicht! Sei ehrlich. Es war großartig, willst du mich auf den Arm nehmen? Komm schon!« Und er, »Ich geb dir Dino.« Dann ist Dino dran. »Ach! Es ist ein Desaster! Komm zu mir ins Büro. Wir reden!«

Ich ging mit Rick zu Dino ins Büro, sie saßen über den Fragebögen zur Testvorführung. Der allgemeine Tenor war: »David Lynch gehört erschossen!« Auf die Frage: »Was gefiel Ihnen an dem Film am besten?«, kam: »Sparky, der Hund«; »Das Ende!« – »Daß er endlich vorbei war«. Es war die katastrophalste Testvorführung, die dieser Larry – der seit Jahren im Geschäft war – je erlebt hatte. Es waren die vernichtendsten Fragebögen, die er je in seinem Leben gesehen hatte. Wär Dino nicht gewesen, wär der Film wahrscheinlich im Archiv gelandet. Im Ernst. Aber Dino sagte, »David. Wir sind ein Risiko eingegangen, jetzt wissen wir, der Film ist nicht für jedermann. Wir ziehen die Lehre und machen weiter.«
Sie trommelten eine Menge wichtiger Kritiker zusammen, die sich den Film ansahen und sehr angetan waren. Als er in die Kinos kam, entpuppte er sich nicht gerade als Kassenschlager, aber er verkaufte sich anständig. Etwa ein halbes Jahr später ruft mich besagter Larry an. »David, ich muß Ihnen was sagen.« Ich frage, »Was denn?«, und er: »Erinnern Sie sich an das Kino, in dem wir die Preview abhielten? Dort läuft jetzt BLUE VELVET, und die Leute stehen Schlange um den Block! Das wollte ich Ihnen nur sagen.« Die Sache nahm also ein erfreuliches Ende.
Was für ein Publikum hatte denn die Preview gesehen? War das ein TOP GUN*-Publikum? Das hätte ja wenig Sinn gehabt.*
Es hatte keinen Sinn. Aber Dino machte ein Experiment und ließ sich nicht beirren. Im Grunde war es gar nicht schlecht, denn danach hegte er keine hohen Erwartungen mehr. Alles, was danach kam, war eine positive Überraschung. BLUE VELVET war einer seiner erfolgreichsten Filme in diesem Jahr. Ich glaube, Dino wünscht sich nichts sehnlicher als einen Blockbuster. Den Film, der die Kritiker begeistert und ein Vermögen einspielt. Ich hatte mir gar keine Chancen bei einem breiteren Publikum ausgerechnet. In meinen Augen waren wir nur einem potentiellen Desaster entronnen. Und wie mein Agent sagte: »Die

meisten Produzenten hätten bei solchen Fragebögen anders reagiert als Dino.« Ihn haben sie ziemlich kalt gelassen.
Aber die Reaktionen auf den Fragebögen sind nicht völlig aus der Luft gegriffen. Der Film trifft ganz offensichtlich einen Nerv.
Das ist eine heikle Geschichte. Die Mundpropaganda um einen Film – nach dem ersten Wochenende – entscheidet über Hit oder Flop. Plötzlich wirken die Kritiken und die Werbung hohl und völlig daneben. Oder sie sagen die Wahrheit und werden auf die eine oder andere Weise im Gespräch bestätigt. Bei BLUE VELVET war die Mundpropaganda hervorragend. Zum Gesprächsstoff zu werden, war sehr wichtig für den Film. Ich kann mir vorstellen, daß man ihn ablehnt. Wenn man mit der Geschichte oder ihrer Aussage nichts anfangen kann, gefällt einem der ganze Film nicht. Er ist nicht jedermanns Geschmack. Manche waren begeistert, andere fanden ihn widerlich und pervers. Das ist er auch, aber er hat zwei Seiten. Man braucht den Kontrast. Ein Film muß Power haben. Die Macht des Guten gegen die Macht der Finsternis, damit man Spannung erzeugt und etwas bewegt. Wenn man vor diesen Sachen zurückschreckt, erhält man sofort lauwarme Kacke.
Jedesmal, wenn es ein bißchen an die Nieren geht, wird irgendwer es für pervers oder widerlich halten. Wenn man ins Extrem geht, macht man sich schnell lächerlich, oder den Film. Man muß so fest von der Sache überzeugt sein, daß sie glaubhaft wird. Ich versuche nicht, das Publikum zu manipulieren. Ich versuche eigentlich nur, mich auf den Stoff einzulassen und ihn zum sprechen zu bringen. Innerhalb eines Traums zu arbeiten. Wenn es real und glaubhaft ist, kann man fast alles sagen.
Es gibt zwangsläufig Leute – nicht nur Frauen –, die sich über Dorothys Masochismus und Franks extremen Sadismus empören. Bei der Premiere in London gab es vor dem Kino Demonstrationen.
Das kann ich gut verstehen. Aber ohne diese Beziehung gä-

be es den Film nicht. Wissen Sie, was ich meine? Das gehört zusammen. Die Figuren und die Kleinstadt.
Diese Reaktion ist nicht unbedingt ein Ruf nach Zensur, aber eine Kritik an der Darstellung von Frauen im Film. Frauen werden im Film oft mißbraucht und haben scheinbar nichts dagegen oder lassen es sich gefallen.
Ja, aber es gibt solche Menschen. Ich hab schon Leute sagen hören: »Ich kenne eine Frau wie Dorothy, sie hat solche Anfälle. Und ich kenne einen Typen, der nützt das aus, wie Frank.« Die beiden sind füreinander bestimmt. Sie sind beide aus dem Gleichgewicht. Deshalb sind sie zusammen. Und ihre Beziehung funktioniert nur so. Das ist kein Einzelfall. Sowas gibt es. Wahrscheinlich liegt es in der Luft.
Könnte die ablehnende Haltung dem Film gegenüber – wegen der sadomasochistischen Beziehung zwischen Frank und Dorothy – nicht auf der Forderung nach einer Alternative beruhen, die dieses Rollenbild nicht bestätigt? Schließlich ist die Frau die Masochistin.
Es ist eben falsch, anzunehmen, eine Figur wie Dorothy Vallens stünde für alle Frauen. Dann könnte man über diese Figuren keine Geschichte erzählen. Wenn es um einen Schwarzen geht, steht er plötzlich für alle Schwarzen. Geht es um eine Frau, steht sie für alle Frauen. Ein Kind steht für alle Kinder. Und dann fallen sie über dich her. Die Filme handeln von bestimmten Figuren in einer bestimmten Situation in einer bestimmten Ecke der Welt. Regt euch ab! Wenn das so weiter geht ... es muß nicht genau so weitergehen, aber wenn, dann können wir schon bald keine Filme mehr machen. Es gibt unzählige Grüppchen, die sich über irgendetwas aufregen werden.
Wie standen Sie zur Kritik am Inhalt von BLUE VELVET*?*
Sowas ist schädlich. Machen wir uns nichts vor. Wenn man den Verfasser einer dieser Artikel kennenlernt, merkt man, wo der Hund begraben liegt. Man erkennt, wie er denkt und was das für ein Mensch ist. Dann weiß man, woher das Urteil kommt, und es belastet einen nicht mehr so sehr. Nicht, daß man diese Leute nicht respektiert, aber man begreift,

daß ihnen ein solcher Film nicht gefallen kann. Aber man trifft nicht alle und reimt sich was zusammen. Wo ist nur die konstruktive Kritik geblieben? Heutzutage gibt es nur noch Verrisse oder Lobeshymnen, und schon ist man beim nächsten.
Welche Position beziehen Sie in der Diskussion um Zensur? David Cronenberg meinte, da es ohnehin genügend Leute gäbe – Produzenten, Geldgeber, Verleiher –, die den Film später zensieren, weigere er sich, ihn schon im Vorfeld selbst zu zensieren.
Was mich betrifft, ich verliebe mich in eine Geschichte, ihre Figuren und Atmosphäre. Das Ganze. Jeder hat eine Grenze, die er nicht überschreitet, wo immer sie liegen mag. Und jeder hat seine Art, eine Geschichte zu erzählen und bis zu einem bestimmten Punkt zu gehen. Das muß jeder für sich selbst entscheiden. Es gilt lediglich zu überprüfen: Stimmt das, was man macht, für diese spezielle Welt und diese speziellen Figuren? Und wenn der Film fertig ist – da man alles weitere nicht in der Hand hat, muß man ihn seinem Schicksal überlassen – sollte niemand antanzen und sagen: »Das finde ich empörend, das mußt du rausschneiden«. Das ist einfach lächerlich. Wenn jeder mitreden dürfte, bestünde der Film bald nur noch aus einer einzigen Einstellung mit blauem Himmel.
Es ist allerdings auch ein politisches Thema. Selbst wenn man politisch nicht besonders engagiert ist, erhält das Werk, wenn es ins Kulturleben entlassen wird, zwangsläufig eine politische Dimension.
Als politisch engagierter oder denkender Mensch sieht man alles unter politischen Gesichtspunkten. Ein streng religiöser Mensch sieht alles unter irgendwelchen religiösen Gesichtspunkten. Man muß sich auf seine Arbeit konzentrieren und sie den Leuten vorsetzen. Nichts gegen Politik, aber wenn man sich nicht über dieses Niveau erhebt, blokkiert man sich selbst und wird frustriert. Das ist ein uraltes Dilemma: zwei Seiten, mit völlig entgegengesetzten Anschauungen und großer Klappe, aber keine hört der anderen

zu, und deshalb ändert sich nichts. Die wichtigen Dinge ereignen sich ohnehin woanders. Es ist die reinste Horrorstory.
Ich verwende den Begriff »Political correctness« nur ungern, da ich ihn für eine Erfindung der Rechten halte, aber was bedeutet er für Sie?
Ich will Ihnen sagen, was *political correctness* bedeutet: eine bösartige, satanische Verschwörung! Eine teuflische Sache! Die falsche Art, niemanden vor den Kopf zu stoßen. Wer politisch korrekt ist, ist windelweich und nur darauf bedacht, niemandem wehzutun. Man macht nichts als Zugeständnisse und setzt sich damit in ein Wespennest – ein Wespennest der Kompromisse. Die Gesprächsthemen reduzieren sich auf Null. Man steckt den Kopf in den Sand.
Trotzdem ist es nicht so einfach. Weil Sprache nun mal Politik transportiert, geht es im Grunde nicht darum, Künstlern die Kreativität zu verwehren, sondern darum, eine Sprache zu finden – und Bilder – die den Menschen ihre Würde läßt.
Ja. Aber als wir ON THE AIR machten – eine Fernsehkomödie –, war eine der Figuren, »Blinky«, blind. »Das könnt ihr nicht machen«, hieß es, »das ist eine Komödie, ihr macht euch über Blinde lustig!« Ich erinnere mich an IT'S A GIFT – einen Film von W. C. Fields –, darin kam ein Blinder mit Stock vor, es war unglaublich komisch. Jetzt sind wir soweit, daß die Blinden eine eigene Gesellschaft haben und Blindenwitze tabu sind, weil sie eine Beleidigung für Blinde darstellen. Wieder eine Chance weniger für Humor. Humor hat nun mal was Grobes, darüber lachen die Leute. Ich weiß nicht, was der Auslöser ist. Aber solche Witze wollen Blinde nicht verletzen – nie und nimmer!
WILD AT HEART ist voll von »benachteiligten« Figuren. Lynchs Haltung ist vermutlich nicht: »Schaut euch die Freaks an, da habt ihr was zu lachen«?
Gott bewahre! Das sind ganz einfach Menschen auf dieser Welt. Wie Grace Zabriskies Figur mit der Beinprothese. Ich weiß nicht genau, wie es dazu kam, aber viele von diesen Dingen entstehen aus Zufällen. Zum Beispiel der Typ, der

den Hotelmanager spielen wollte. Es war alles fest vereinbart, da ruft er Johanna Ray an und sagt, »Es tut mir schrecklich leid! Ich kann den Film nicht machen.« Johanna fragt: »Warum nicht?«, und er sagt: »Ich habe mir den Fuß gebrochen, er steckt bis oben in Gips.« Johanna sagte mir, daß er nicht mitmachen könne, darauf ich: »Wovon redest du? Das ist ja phantastisch! Her mit dem Kerl!« Schließlich hatte ich ihn nicht wegen seiner zwei gesunden Beine engagiert. Er spielte also mit Gips. Und dann gab es diesen tollen Alten mit dem Krückstock. Sie hatten alle irgendwelche Macken, körperlich. Und die Macken wurden Bestandteil der Szene. Man spürt die Freude an der gemeinsamen Arbeit, egal, was passiert. Und das ist einfach toll. Es geht um etwas anderes. Jeder ist willkommen. So sollte es sein.

THE ELEPHANT MAN handelt von einem Menschen, der äußerlich ein Monster, innerlich aber ein schönes, normales menschliches Wesen ist, in das man sich verliebt. Ein Monster, das gar keines ist. Ich hab ein Faible für körperlich entstellte Menschen, da wird das Nicht-Entstelltsein zur Ausnahme. Und ich hab ein Faible für psychische Macken.

Der frei produzierte Film LIVING IN OBLIVION *hat bei Ihnen geklaut, es kommt ein Zwerg in einer Traumsequenz vor – als ob der Film dadurch automatisch »bizarr« würde! Wurde je eine Bemerkung über den »Mann von einem anderen Ort« gemacht: daß Sie Michael Andersons Kleinwüchsigkeit benützt hätten, um eine »bizarre« Wirkung zu erzielen?*

Nicht, daß ich mich erinnere. Wer hätte schon ein Problem mit Little Mike? [Lacht.]

Suddenly My House Became a Tree of Sores
Eine TWIN PEAKS-Geschichte

Die Nachricht, David Lynch drehe eine Soap-opera für das amerikanische Fernsehen, war ein Schock. Es war kaum vorstellbar, daß die Sensibilität, die ERASERHEAD und BLUE VELVET hervorgebracht hatte, jemals adäquaten Ausdruck in diesem konservativsten aller Medien finden sollte. Doch dank der Partnerschaft mit Mark Frost – der reiche Erfahrung mit der Arbeit innerhalb der Grenzen wöchentlicher Fernsehserien hatte – kam TWIN PEAKS tatsächlich zustande. Wie sich zeigen sollte, waren Einschränkungen hinsichtlich »Geschmack« und Inhalt nicht nur ein relativ geringes Problem, sie führten auch zu einigen genialen Lösungen.

Lynch ist sich deutlich über die Nachteile bei der Arbeit im Medium Fernsehen bewußt. Interessanterweise beziehen sich diese Nachteile vorwiegend auf die (mangelnde) Bild- und Tonqualität sowie auf die Schwierigkeiten, das Publikum direkt anzusprechen über ein Medium, in dem Traumzerstörer (die Werbeblocks) und unberechenbare Programmplanung herrschen.

Einige Kritiker vermuteten, die Partnerschaft zwischen Lynch und Frost hätte lediglich darin bestanden, daß ersterer die Exklusivrechte auf den Faktor »Schräges« hatte, während letzterer die Strategien und Erfahrung beisteuerte, die zur Konzeption und Produktion einer Serie notwendig sind. Dabei werden allerdings die exzentrischeren Beiträge Frosts zu Serien wie HILL STREET BLUES übersehen, wie auch die Tatsache, daß das Team bereits ein bizarres Spielfilm-Drehbuch mit dem Titel *One Saliva Bubble* hervorgebracht hatte. Robert Engels, Co-Autor von TWIN PEAKS (sowohl der Serie als auch des Kinofilms) und Freund von Frost und Lynch, skizziert den Inhalt: »Es geht um eine elektrische Blase aus einem Computer, die über einer Stadt zerplatzt und die Persönlichkeit der Menschen verändert –

so halten sich fünf Viehzüchter plötzlich für chinesische Kunstturner. Völlig bescheuert!«

Ironischerweise war das Serienformat für Lynch vielleicht die Chance, die Idee vom endlos verlängerten Traum aufzugreifen. Die Fortsetzungsgeschichte von TWIN PEAKS – die sich vom Pilotfilm mit Spielfilmlänge über neunundzwanzig Folgen erstreckte – bot Lynch die Gelegenheit, sich ähnlich wie bei ERASERHEAD in diese Welt zu vertiefen. Mit dem Ergebnis, daß sie ihn auch über die Loyalität von Sender und Publikum hinaus nicht losließ: Es trieb ihn für das Kino-Prequel TWIN PEAKS: FIRE WALK WITH ME noch einmal zum Schauplatz und den Figuren zurück.

Das Fortsetzungsformat erlaubte Lynch auch, bestimmte zentrale Themen eingehender zu entwickeln als in den Spielfilmen. Da das Genre eine große Anzahl unterschiedlicher Figuren verträgt, konnte er seiner Vorliebe für Sprechrhythmen und die Eigentümlichkeiten von Schauspielerstimmen nachgehen. Der väterliche Einfluß – Wald und Holz – wie auch der mütterliche – die Sprache – sind stärker spürbar denn je, ebenso Lynchs Fähigkeit, schier unerträgliche Gefühle hervorzurufen; das Ungewöhnliche an der Serie sind nicht zuletzt die zahlreichen Szenen schieren Leids und nackter Verzweiflung, die sich oft in hemmungslosem Schluchzen ausdrücken.

Die erste TWIN PEAKS-Staffel war auf der ganzen Welt ein enormer Publikumserfolg. Robert Engels hat folgende Erklärung dafür: »Es war eine Fernsehserie über freiflottierende Schuld. Sie fing etwas ein, auf das die Leute emotional reagierten. Und die TWIN PEAKS-Figuren waren ganz *real*. Das geht anderen Serien ab. Unsere Fans waren keine ›Trekkies‹, die Leute, die TWIN PEAKS guckten, waren Cheflobbyisten für General Motors.«

Die Kritik reagierte ebenfalls enthusiastisch, auch wenn die allgemeine Begeisterung über die Serie und (wie zu vermuten ist) der Anschlag auf das geliebte Heimkino unvermeidlich Skepsis weckten. Während sich einige Kritiker hämisch fragten, ob das Fernsehen bzw. das Fernsehpublikum denn reif

dafür sei, nannten andere die Serie einen postmodernen Zug ins Nirgendwo. Und die echte Liebe für bestimmte Konventionen des Fernsehdramas wurde Lynch – fälschlicherweise – als zu clever und kalkuliert ausgelegt. Sein Ausstieg aus der zweiten Staffel zugunsten von WILD AT HEART tat ein übriges, die Serie wurde bald darauf abgesetzt.
Als Lynch 1992 TWIN PEAKS: FIRE WALK WITH ME herausbrachte, hatte sich die Sympathie der Kritiker ins Gegenteil verkehrt, und erst jetzt erfährt der Film eine vorsichtig-wohlwollende Neubewertung. Er zählt fraglos zu Lynchs grausamsten, trostlosesten Kleinstadtvisionen und stieß sogar bei eingefleischten Serienfans auf Ablehnung. Lynch hatte das Naheliegende verweigert: Der Film setzt nicht da an, wo die Serie aufhört (das spannende Ende mit Bobs Triumph über Special Agent Dale Cooper), er greift auch die Nebenhandlungen, die Komik und die flotten Sprüche, die die Serie so populär gemacht hatten, nicht einfach wieder auf. Statt dessen geht er zu einer geheimen Vergangenheit zurück – die letzten Tage im Leben der Laura Palmer – und erzählt eine brillante, aber quälende Geschichte von Inzest, Mißbrauch und Brutalität. Indem Lynch den Kern der Serie bloßlegte, mußte er in Kauf nehmen, wahrscheinlich nie wieder nach Twin Peaks zurückzukehren.

RODLEY: *Mark Frost, Ihr Partner bei der Konzeption und Produktion von* TWIN PEAKS, *kam vom Fernsehen, wo er sich mit erfolgreichen Polizei-Serien wie* HILL STREET BLUES *einen Namen gemacht hatte. Oberflächlich betrachtet sind Sie beide kein naheliegendes Gespann. Wie kam es zu dieser Zusammenarbeit?*
LYNCH: [Lacht.] Ich werd's versuchen, aber viele Dinge sind nicht zu erklären. Es begann mit Marilyn Monroe. Mark war auf ein Buch über die Monroe mit dem Titel *The Goddess* fixiert, mich ruft ein Produzent von Warner Brothers an und will mit mir über eine Verfilmung des Monroebuchs reden. Ich war nicht abgeneigt. Diese Frau mit ihren Schwierigkeiten, das war für mich eine faszinie-

rende Vorstellung, aber ich war nicht sicher, ob es mir als reale Story auch gefallen würde. Mark wollte das Drehbuch schreiben, ich sollte Regie führen. Und da ich nicht hundertprozentig wußte, was die Zukunft bringen würde, sagte ich: »Also gut«. Ich traf mich mit Mark, es gab ein paar Dreiergespräche, und er fing an zu schreiben.
Eines Tages traf ich mich mit Mark zum Lunch in einem Lokal am Wilshire Boulevard – es war ein Carnation Dairy Restaurant. Wir saßen am Tisch, und ich fragte ihn, »Mark, interessierst du Dich eigentlich für Komödien?«, und er: »Ja.« »Hättest Du Lust, mit mir eine Komödie zu schreiben?« »Ja.« »Sie heißt *One Saliva Bubble*.« »Okay.« Ich arbeitete damals für Dino, deshalb bekamen wir bei ihm ein kleines Zimmer und begannen zu schreiben. Wir hatten hundert Prozent dieselbe Wellenlänge. Wir kugelten uns vor Lachen. Es war saukomisch! Wir lachten und schrieben, lachten und schrieben. Wir beendeten *One Saliva Bubble* und hätten es fast produziert. Ich weiß nicht mehr, was schieflief. Aus *The Goddess* wurde auch nichts. Aber Mark und ich waren Freunde geworden.
Wie hat dieses Arbeitsverhältnis dann zu TWIN PEAKS *geführt?*
Mein Agent Tony Krantz war seit BLUE VELVET ganz versessen, uns zu einer Fernsehproduktion zu überreden. Wir meinten: »Naja, vielleicht, mal sehen.« Eines Tages saß ich mit Mark bei Du Pars, dem Coffee Shop Ecke Laurel Canyon und Ventura, und plötzlich fiel uns dieses Bild ein: eine Leiche, die in Plastikfolie gewickelt an einem Seeufer angeschwemmt wird.
Und dieses Bild war der Auslöser für die ganze Geschichte?
Ja. So kam die Sache zustande. [Lacht.] Der ursprüngliche Titel war *Northwest Passage*; eine Geschichte, die sich in einer Kleinstadt in North Dakota ereignet. Aber wir nahmen die Idee nicht so wichtig. Es war mehr ein Herumspinnen, nach dem Motto: »Mal sehen, was draus wird«. Allerdings gefiel mir die Idee einer Fortsetzungsgeschichte, die sich über eine lange Zeit erstreckt.

TWIN PEAKS (TV Serie)

TWIN PEAKS: Phoebe Augustine als Ronnette Pulaski, die dem Killer entkommen ist

Wie funktionierte das gemeinsame Drehbuchschreiben?
Wir haben hauptsächlich in der Anfangsphase gemeinsam daran gearbeitet. Später arbeiteten wir eher getrennt. Mark ist ein Computerfreak. In seinem Arbeitszimmer bei sich zu Hause hat er Computer und speziell für Computer entworfene Tische stehen. Und eine Art Psychiatercouch, auf der ich lag. Mark kann unheimlich gut tippen, ich gar nicht. Deshalb arbeiteten wir bei ihm. Einmal mußte ich aus irgendeinem Grund nach New York, deshalb ließen wir in Isabella Rossellinis Wohnung ein Modem installieren. Wir arbeiteten am Telefon, Mark tippte die Sachen in den Computer und ich sah sie vor mir auf dem Bildschirm auftauchen. Wahnsinn! Dann flog ich nach LA zurück und wir schrieben das Drehbuch in demselben Zimmer zuende. Ich nahm es mit nach Hause, setzte mich hin, las es und merkte plötzlich, daß es echt gut wahr! Ich rief Mark an und sagte: »weißt du was, das ist echt gut!« Und er: »Stimmt. Hab's grad' gelesen.« Wir waren selbst überrascht. Aber es dauerte noch eine ganze Weile, bis wir den Vertrag mit ABC in der Tasche hatten.
Damals hatten Sie noch kaum Erfahrung mit dem Fernsehen. Wie reagierte man dort auf Ihre Idee? Wie verliefen die Gespräche?
Auf dem Weg zu ABC, um TWIN PEAKS vorzustellen, holte Mark mich ab. Wir fahren die Melrose runter und ich schau mir die Kfz-Kennzeichen an. Damit hatte ich schon vor ERASERHEAD begonnen. Damals war ich den Sunset Boulevard entlanggefahren, und vor mir fuhr ein schrottreifer Volkswagen, aber er hatte meine Initialen, DKL plus Ziffern. Ich nahm es als gutes Omen. Seither hab ich diesen Tick, wenn ich meine Initialen in irgendeiner Reihenfolge entdecke, verheißt das Gutes (schaden kann es jedenfalls kaum!). Wenn die Ziffern zusätzlich eine Glückszahl ergeben, noch besser! Und wenn es auch noch das richtige Auto ist – noch viel besser! Das Höchste der Gefühle wäre also die Initialen in der richtigen Reihenfolge, eine Glückszahl und das richtige Auto. Okay?
Mark und ich bogen also in den Santa Monica Boulevard,

kurz vor der Doheny Road, da kommt ein funkelnagelneuer weißer Mercedes um die Ecke – mit meinen Initialen und einer Glückszahl. Ich sagte nur, »Mark, die Sache klappt!«

Wie haben Sie das Drehbuch bei ABC präsentiert?

Das Rätsel, wer Laura Palmer umgebracht hatte, stünde im Vordergrund, würde aber im Verlauf etwas in den Hintergrund rücken, da man die anderen Leute am Ort und ihre Probleme kennenlernt. Jede Woche würde ein Thema ausführlicher behandelt. Unser Konzept bestand darin, eine polizeiliche Ermittlung mit einer Soap-opera zu mischen. Wir hatten einen Stadtplan gezeichnet. Wir wußten, wo alles lag, das half uns, die generelle Atmosphäre festzulegen und wo sich was ereignen könnte. Es ist vermutlich schwer in Worte zu fassen, was das Besondere an TWIN PEAKS war. Wir wußten es wohl selbst nicht. Aber ABC wollte den Pilotfilm produzieren.

Verging viel Zeit zwischen dem Abschluß des Pilotfilms und der ersten regulären Folge?

Ja. Wenn der Pilotfilm fertig ist, können sie noch keine Entscheidung treffen. Sie sind nicht imstande, eine selbständige Entscheidung zu treffen. Man möchte es nicht für möglich halten! Sie schicken den Film nach Philadelphia, damit ihn Frauen, Männer, Kinder, Großmütter – sogenannte Testgruppen – zu sehen kriegen. Die Testpersonen füllen Fragebögen aus, die ausgewertet werden. Was dann passiert, entzieht sich meiner Kenntnis – vielleicht werfen sie eine Münze. Jedenfalls beschlossen sie, die Serie zu produzieren. Sieben weitere Folgen. Wir ziehen in ein Studio in einem gigantischen Lagerhaus draußen in Balboa und fangen an, die Deko zu bauen. Wir hatten die Grundausstattung vom Pilotfilm, und jemand pendelte hin und her, um neue Sachen zu holen, aber wir verließen den Originaldrehort und gingen ins Studio.

Waren die komischen Szenen mit Kaffee und Kuchen von Anfang an Bestandteil des Konzepts?

Ja. Das fing im Pilotfilm an. Ich weiß nicht, ob es wirklich im Drehbuch stand. Das war ja das Schöne. Ich fühlte mich

beim Pilotfilm völlig frei. Dieses herrliche Gefühl: »Das führt sowieso zu nichts, also machen wir es einfach«.
Und doch sind Kaffee, Doughnuts und Kirschkuchen das, woran sich die Leute bei der Serie erinnern.
Ja, ich weiß! Das ist interessant. Kirschkuchen und Kaffee standen definitiv im Drehbuch, aber sie gewannen im Laufe der Arbeit an Bedeutung.
Wie schwierig war es, einen Drehort zu finden, der Ihren Vorstellungen von diesem Ort entsprach?
Als wir uns für den Nordwesten entschieden hatten, fuhren wir einfach hoch, gingen auf Motivsuche und fanden jede Menge toller Orte. Das Sägewerk zum Beispiel – wir konnten es kaum glauben – ein wunderschönes, altes Sägewerk. Heutzutage wird ein Baum gefällt, wenn er sechzig Zentimeter Durchmesser erreicht hat. Aber dort gab es noch Altbestand, mit uralten Bäumen. Einer meiner Lieblingsbäume ist die Douglasie. Ein wunderschöner Baum. Aber heute ist alles anders. Die Ringe liegen weiter auseinander, weil die Bäume wie Unkraut wachsen. Man läßt sie bis zu einer bestimmten Größe wachsen und wutsch – weg damit. Man benutzt jetzt sogar Baumzwicker: Die Bäume werden nicht mehr gefällt, sondern abgezwickt. Jedenfalls schwammen ein paar Stämme mit ein Meter fünfzig bis zwei Meter Durchmesser auf dem See, die man für uns aufgespart hatte. Sie wurden auf das große Kettenförderband gehievt und mit einer gigantischen Kreissäge kleingemacht. Dann kam eine Frau mit Schutzhelm raus und berührte den Stamm mit einem Stock. Sie ist die höchstbezahlte Person im Sägewerk.
Das verstehe ich nicht. Eine echte Log Lady*?*
Sie berührte den Stamm und schrieb etwas auf, und dafür steckt sie die dicke Kohle ein. Von dort rutscht der Stamm eine Rampe hinab, und der Sägemeister schnappt ihn sich mit riesigen hydraulischen Planken. Er hat etwa acht bis zehn Hebel vor sich und schickt das Ding durch eine Bandsäge. Sie mißt gute zehn mal zehn Meter, der Stamm – wieviel Masse so ein Baumriese wohl hat? – kracht in die Band-

säge, und die Säge zuckt nicht mal. Sie ist so scharf und läuft so schnell, daß sie den Stamm wie Butter durchtrennt. Der Sägemeister schneidet den Stamm in bestimmte Formen und Größen, die Dame ist deshalb am höchsten bezahlt, weil sie genau weiß, was der Säger damit macht und sie im Kopf schon ausgerechnet hat, wieviel laufende Meter Holz das ergibt.

Das alte Sägewerk wurde zwei Monate später abgerissen und durch ein kleineres ersetzt – ein kleines, effizientes Sägewerk, das nur Sechzig-Zentimeter-Stämme verarbeitet. Aber es war großartig, wir konnten etwa vier Tage innen und außen drehen und verwendeten die Bilder immer wieder – die Sägeblätter und alles. Ich wollte sie filmen, aber nicht für die Titelsequenz. Später kamen sie dann doch rein.

Sie verbrachten dort vermutlich geraume Zeit. Was sagten die Einwohner dazu?

Sie freuten sich riesig. Zum Beispiel die Geschichte mit dem Double R Diner. Der Highway führte mitten durch den Ort, und das Diner machte ein gutes Geschäft. Doch dann wurde die Umgehungsstraße gebaut, und es hielt niemand mehr an. Als wir die ersten Male dort waren, buk die Besitzerin – Peggy hieß sie, glaub ich – höchstens sechs Kuchen am Tag. Nach TWIN PEAKS waren es bestimmt sechzig. Es rollten Busladungen deutscher und japanischer Touristen an, Leute aus aller Welt strömten in das Diner und verlangten Kaffee und Kirschkuchen. Das ist jetzt ein historisches Lokal.

Profitiert Snoqualmi immer noch von TWIN PEAKS?

Ja. Jeden Sommer findet dort ein TWIN PEAKS-Festival statt, Peggys Geschäft dürfte allerdings abgeflaut sein. Aber es werden immer Leute anhalten, hoffe ich. Peggy ist phantastisch. Und sie kann phantastisch Kuchen backen. Unwahrscheinlich!

Als Sie in Produktion gingen, wie funktionierte da die Zusammenarbeit mit Mark, was Ihre jeweiligen Stärken betraf?

Mark ergänzt mich sehr gut, ich weiß eigentlich nicht, wie. Er ist sehr klug – das ergänzt mich schon mal. Und er ist auf eine Weise gebildet, die mir fehlt. Er hat immer begriffen,

was ich wollte. Vielleicht hat er dazu beigetragen, daß das Ganze etwas realistischer wurde.
Wieviel von der Twin Peaks-Story wurde im voraus festgelegt? Hatten Sie eine ziemlich genaue Vorstellung, wo es hinführen sollte?
Ja. Beim Fernsehen haben sie für alles einen Fachausdruck, wie zum Beispiel den »Bogen«: wo es hingeht, wer was macht usw. Es ist sinnvoll, sowas zu planen. Also legten wir den Bogen fest, aber der war noch recht allgemein. Richtig Spaß macht erst das Ausfüllen der Leerstellen. Aber der Bogen stellt die Fernsehleute zufrieden.
Könnten Sie etwas zum Lokalkolorit bei TWIN PEAKS *sagen? Die meisten amerikanischen Fernsehserien haben überhaupt kein Lokalkolorit, obwohl viele von ihnen den Namen bestimmter Städten oder Orte im Titel tragen.*
Richtig. Für mich war es ein Ort umgeben von Wald. Das ist wichtig. Seit Menschengedenken ist der Wald ein geheimnisvoller Ort. Für mich war er eine handelnde Figur. Dann fielen uns weitere Figuren dazu ein. Wenn man beginnt, einen Ort zu bevölkern, führt eines zum andcren. Irgendwann hat man dann einen bestimmten Typus von Ortschaft, und aus den einzelnen Charakteren ergeben sich Hinweise darauf, wie sie handeln könnten, in welche Schwierigkeiten sie geraten und wie sie von ihrer Vergangenheit eingeholt werden könnten. Man hat jede Menge Stoff.
Der Nordwesten ist eine ganz eigene Ecke. Trotzdem hat mich immer wieder verblüfft, wie gut sich der Ort auf die ganze Welt übertragen läßt. Da war etwas, das die Leute unmittelbar verstanden, mochten und wirklich begriffen. Unglaublich.
Lag es vielleicht daran, daß er ein ganz konkretes Gesicht hatte?
Kann gut sein. Aber er hätte genausogut ein ganz konkretes Gesicht haben können, von dem niemand etwas wissen wollte! [Lacht.] Es ist ein Rätsel. Warum sind die Leute in Japan so scharf auf TWIN PEAKS? Oder in Deutschland, in Australien? Irgendetwas muß sie gepackt haben.

In vieler Hinsicht wirkte die Serie wie eine Herausforderung an das herkömmliche Fernsehen.
Richtig, aber darüber haben wir gar nicht nachgedacht. Wenn man etwas nur macht, um anders zu sein, ist es von Anfang an verkehrt. Uns ging es nur um unsere Idee. Der Pilotfilm und die sieben Folgen hätten ebenso ein Flop werden können.
In Europa existierte eine auf Spielfilmlänge erweiterte Version des Pilotfilms auf Video, die mehr Hinweise auf den Mörder von Laura Palmer gab, da sie Szenen mit Killer Bob enthielt – eine Figur, die erst in der dritten Folge in Erscheinung tritt. Warum haben Sie mehrere Fassungen produziert? Verrät die eine nicht vielleicht zu früh zu viel?
ABC bestand darauf. Man bekommt einen gewissen Betrag, um, sagen wir, den Pilotfilm oder eine Folge zu drehen, aber – keine Ahnung, warum – dieser Betrag reicht nicht aus, da gibt es irgendeine Norm. Man kommt ins Defizit – das bedeutet, daß eine andere Gesellschaft den Fehlbetrag übernimmt, meistens ist es nicht mehr viel. Aber es ist eine fiese Tour. Denn für die paar Kröten bekommen sie dann die Weltrechte. Wenn man klug wäre, würde man sich erst gar nicht darauf einlassen und versuchen, mit dem, was man von ABC erhält, auszukommen. Was soll der Blödsinn! Aber man hat uns eingeredet: »So läuft das nun mal.«
Mittendrin verrieten sie mir noch etwas. Sie hatten es schon mal erwähnt, aber ich hatte nicht zugehört. Sie wurden immer deutlicher, bis sie mir schließlich mitteilten: »Du mußt einen zweiten Schluß drehen. Wir brauchen einen Schluß für's Ausland.« Ich hatte immer geglaubt, mit mir könnten sie sowas nicht machen. Die meisten Regisseure hängen etwas dran – aber was soll das? Wenn dein Name draufsteht, muß es auch was sein!
Wir hatten nur vierundzwanzig Drehtage für den Pilotfilm. Und es war kalt. Sie machen sich keine Vorstellung, wie kalt. Ich ging in einen Outdoor-Laden, wo man mir erzählte: »Diese Hose hat Kategorie soundso: damit überleben Sie sogar auf dem Mount Everest.« Ich kaufte mir Regenklamot-

ten, Stiefel, das allerneuste Zeug. Man konnte kaum noch laufen damit. Trotzdem fror ich an manchen Abenden. Es war unglaublich kalt! Man ist müde, man dreht abends, draußen bei eisiger Kälte, und bewegt sich nicht viel. Man sitzt nur rum. Und es ist naßkalt: Es kriecht bis in die Knochen, und man fängt zu bibbern an. Wir wurden alle fast verrückt.
Stimmt es, daß die Idee zu Killer Bob – dargestellt von Frank Silva – erst während der Dreharbeiten entstanden ist? Er kam im ursprünglichen Treatment für ABC gar nicht vor?
Nein. Frank Silva war fürs Set zuständig. Wir wollten die Szene in Laura Palmers Zimmer drehen, Frank bereitet das Set vor. Er rückt die Möbel hin und her, unter anderem auch die Kommode mit den Schubladen, die schließlich vor der Tür steht. Frank ist drinnen, alle anderen sind draußen und irgendjemand – ich weiß nicht mehr, wer – sagt noch, »Frank, sperr dich nicht ein«. Da kommt mir plötzlich eine Idee, und ich frage ihn, »Frank, bist du Schauspieler?« »Ja.« »Willst du mitspielen?« »Na klar!« »Dann spielst du mit!« Er fragt: »Was spiele ich?« Und ich: »Keine Ahnung, aber du spielst mit.«
Was für eine Idee war Ihnen da gekommen?
Ich war mir noch nicht ganz sicher, aber es bewegte sich was. Wir brauchten die Einstellung, es handelte sich bloß um einen langsamen Schwenk über Lauras Zimmer. Wir brauchten sie für die Stelle, an der Lauras Mutter am Abend nach dem Mord etwas einfällt. Wir filmten zwei normale Schwenks, dann bat ich Frank: »Knie dich hinter's Bett, leg die Hände ans Bettgestell und halt still. Schau genau in diese Richtung. Halt still. Nicht blinzeln. Einfach nur schauen.« Dann drehten wir das Ganze noch einmal: denselben Schwenk, im selben Tempo, alles. Es war unheimlich, weil man nicht weiß, was daraus wird.
Was ist daraus geworden?
Inzwischen ist es dunkel, und wir drehen unten im Wohnzimmer. Wir waren mit dem Haus der Palmers weitgehend fertig. Grace Zabriski sitzt rauchend auf dem Sofa, und

gleich fällt ihr etwas ein. Sie ist todtraurig und völlig verzweifelt und denkt nach. Sie wird eine Vision haben. Die Szene mit der Herzkette unter dem Stein und wie sie gefunden wird, war bereits im Kasten. Das hätte wahrscheinlich die Vision werden sollen. An einem bestimmten Punkt setzt sie sich kerzengerade auf. Der Kameramann liegt am Boden, er soll schlagartig mitschwenken, um ihren Aufschrei festzuhalten. Er schwenkt mit, wutsch, und Grace läßt einen phantastischen Schrei los, wie nur Grace ihn zustandebringt. »Wunderbar!«, rufe ich, und der Kameramann sagt, »Nicht wunderbar.« Ich frage: »Was ist los«, und er meint: »Da war jemand im Spiegel.« Ich sage, »Keiner rührt sich vom Fleck. Wo?« Ich schau durch den Sucher, und wer steht im Spiegel? Am unteren Rand eines alten Spiegels ist Frank zu sehen. Ich sagte nur: »Perfekt«, aber ich hatte noch keine Ahnung, was es bedeutete.

Killer Bob war nicht nur für den Plot, sondern – was wichtiger ist – für diese ungewöhnliche Atmosphäre der Angst in TWIN PEAKS *von entscheidender Bedeutung. Wie fügten sich diese »Zufälle« schließlich zu einem Strang, der sich in den Pilotfilm und später in die Serie einbauen ließ?*

An die genaue Reihenfolge der Ereignisse kann ich mich nicht erinnern, aber wir hatten einen Einarmigen im Pilotfilm: Mike. Das war eine Art Hommage an THE FUGITIVE. Er sollte lediglich aus dem Fahrstuhl treten. Sonst nichts. Und da bekomme ich rein zufällig einen der großartigsten Schauspieler und Menschen aller Zeiten für die Rolle. Er bekam den Job, weil er nur einen Arm hatte, doch dann entpuppte er sich als phantastischer Schauspieler und großartiger Mensch. Also fängt man an, sich was auszudenken, und eines Tages fällt mir auf dem Weg zur Arbeit der Satz ein: »Durch die Finsternis des zukünftig Vergangenen sehnt der Magier sich nach einem Weg heraus zwischen zweierlei Welten. Feuer, zieh mit mir.« An diesem Tag drehten wir viele Kleinigkeiten im Krankenhaus und improvisierten Sachen für den Schluß, der noch fehlte. Rein nach Gefühl. Cooper und Truman kommen, Mike ist auch da, und er sagt den

Satz, fast im Dunkeln, und er hat diese phantastische Stimme! Ich hatte 'ne Micky Mouse-Stimme erwartet, aber er hat eine Wahnsinnsstimme. Daraus entstand dann die ganze Sache mit Killer Bob.

Eine zweite jenseitige Figur, die für Optik und Atmosphäre der Serie extrem wichtig war, ist der »Mann von einem anderen Ort«. In einem Krimi, der in einem Holzfällernest spielt, ist das ein ziemlicher Schock. Wie kam es zu dieser abstrakten Figur?

Ich hatte Little Mike Anderson kennengelernt, als ich mal wieder daran dachte, *Ronnie Rocket* voranzutreiben. Ich hatte einen Film von ihm gesehen und traf mich mit ihm bei McGoo in downtown New York. Er erschien ganz in Gold: goldene Schuhe, goldene Hose, goldene Jacke. Wenn ich mich recht erinnere, zog er ein Wägelchen hinter sich her [Lacht.] Er schleppte irgendwelche Habseligkeiten mit sich rum. Ich lehnte an einem Auto, Duwayne Dunham, der Cutter von TWIN PEAKS, und sein Assistent Brian Berdan waren auch dabei. Wir waren mit dem Schnitt des Pilotfilms fast fertig. Auf einmal kommt mir eine Idee! Ich konnte nicht darüber reden, obwohl ich es gern getan hätte. Ich dachte nur: »Das darf ich nicht vergessen«, und gab Little Mike ein paar Stichworte, um mich erinnern zu können.

Mindestens so merkwürdig an seinem Auftritt in Dale Coopers Traum ist, daß die ganze Szene rückwärts läuft. Wie kam das?

In ERASERHEAD sollte ein Penner vorkommen, der Bleistifte verkauft, und ich wollte seine Sprechweise verfremden. 1971 hatten Alan Splet und ich den von mir gesprochenen Satz: »Ich habe Bleistifte« aufgenommen und rückwärts abgespielt. Ich hatte den Satz rückwärts gelernt, wir hatten ihn aufgenommen, und es hatte einfach phantastisch geklungen! Das fiel mir wieder ein ... und als ich Little Mike kennenlernte... sah ich plötzlich das Zimmer vor mir. Das rote Zimmer. Alles. Cooper und Little Mike. Also drehten wir die ganze Szene rückwärts. Es war nicht nur der lustigste Dreh meines Lebens, auch das Ergebnis war einmalig. Was es bedeutete?

Wer konnte das wissen. Aber es hatte Kontur. Es war kein bloßes Anhängsel. Es eröffnete mir so viele Möglichkeiten. Wenn man am Anfang steht, hat man keine Ahnung, wohin das Ganze führt. Manches bietet sich an, wenn man es am wenigsten erwartet. Es ist ein wunderbares Gefühl, zu erkennen, in welche Richtung es gehen könnte. Doch die Ideen kommen erst während der Arbeit. Man muß es vor Augen haben.
Wenn Killer Bob und »der Mann von einem anderen Ort« erst später eingebaut wurden, hatten Sie ABC einfach erzählt, Leland Palmer sei Lauras Mörder?
Wir haben nie gesagt, wer es war. An Bob und Little Mike dachte damals noch niemand – wir auch nicht.
Aber in der Spielfilmversion kommt Bob vor, lange bevor er in der Serie auftritt, deshalb hatten einige Zuschauer einen Wissensvorsprung.
Ja, aber das Ende hätte sich möglicherweise auch auf etwas anderes beziehen können. Ich hab den Film erst vor kurzem gesehen. Das geht alles irrsinnig schnell, nichts war zuende gedacht, es waren Indizien für später.
In der Pilotsendung wird viel geweint. Deputy Andy Brennan weint, wenn er Lauras Leiche für die Polizeiakte photographiert; Lauras Eltern schluchzen herzerweichend und ausgiebig; auch der Schuldirektor und Lauras Klassenkameraden heulen. Sie scheinen Tränen zu mögen. Stimmt das?
Ja, das ist vermutlich ein Faible von mir. Weinende Mädchen, weinende Männer, weinende Frauen, Weinen generell. Wenn es echt ist, hat es kolossale Wirkung. Es ist wie beim Gähnen: Es steckt an. Zum Beispiel Andy. Er ist ein Mann, trotzdem weint er. Ein weinender Polizist ist eine Seltenheit. Das kommt durch Roy Orbison, nehme ich an! Nein. In diesem Fall passiert es immer dann, wenn die Identifikation zu stark wird. Wenn der Betreffende einen Satz nicht zu Ende sprechen kann und auf eine bestimmte Art zu schluchzen beginnt, ist man geliefert. Man kennt das Gefühl und wird davon überwältigt.
In dem Moment, als Sarah Palmer ihren Mann Leland an-

ruft, kommt Sheriff Truman auf ihn zu, und Leland erkennt, was mit seiner Tochter passiert ist. Die Szene, in der beide am Telefon vom Schmerz überwältigt werden, dehnt sich ins Unerträgliche. Wollten Sie hier vielleicht das Soap-opera-Format ausreizen?
Ich wollte nichts ausreizen. Ich wollte zwei Menschen bei einer schrecklichen Erkenntnis beobachten. Man erlebt es in Echtzeit mit. Das Publikum weiß viel mehr als die beiden. Und es ist ungeheuer schmerzlich. Man sieht sie am jeweiligen Ort und weiß, was kommt, wenn der Wagen von Sheriff Truman vorfährt.
Kurz darauf erleben wir das Gleiche noch einmal, bei der Kettenreaktion auf Lauras leeren Platz im Klassenzimmer. Der Polizist kommt herein, die Klassenkameraden sehen sich an, draußen rennt schreiend ein Mädchen über die Grünfläche, und die Leute beginnen unkontrolliert zu weinen ...
Genau, richtig. Aber sowas kommt vor im Leben. Der Verstand spielt Detektiv, er setzt die Fragmente zusammen und zieht seine Schlüsse daraus. Und wenn man begreift, was passiert ist, ist es vorbei. Aus und vorbei. Auch an dieser Stelle weiß das Publikum mehr als die Figuren. Es bringt sein Wissen in das ein, was es sieht. Wie bei einem leeren Stuhl im Klassenzimmer.
Hat sich die Figur des FBI-Agenten Dale Cooper während der Dreharbeiten zur Serie herausgebildet, oder stand sie schon vorher fest?
Sie stand fest. Kyle war für diese Rolle geboren.
Hatte Kyle großen Anteil an der Entwicklung seiner Rolle oder generell Einfluß auf die Serie?
Kyle hat ein Faible für Utensilien. Ein bestimmtes Feuerzeugmodell, einen bestimmten Messertyp oder eine bestimmte Art von Taschenmesser mit Schraubenzieher und sonstigem Schnickschnack. Er hat mir mal eine Art Feuerstein in die Hand gedrückt und etwas zum Dranschlagen, damit konnte man Feuer machen. Und er kann wie ein frecher, kleiner Junge gucken – wenn man ihn läßt. Das alles paßte zu Cooper. Kyle hat durch seine Person viel zur Figur beigetragen.

Kyle MacLachlan als Special Agent Dalle Cooper in TWIN PEAKS

Doch Kyle hat auch eine andere Seite, die mit Cooper im Clinch lag. Ich will damit nicht sagen, daß er nicht Cooper war, wenn ein anderer Regie führte – aber manchmal mußte ich ihm einen Tritt geben. Es gehört zu seinem Wesen, manchmal lehnt er sich zurück, oder er wird serioso und hat nicht die Energie und geistige Wachheit, die Cooper hat. Man muß höllisch aufpassen, denn Kyle hat viele Seiten, die mit Cooper nichts zu tun haben. Es ist wie bei einer Skulptur: Man meißelt alles weg, was nicht zur Figur gehört.
Er fängt ganz normal an – vielleicht ein klein wenig merkwürdig – und erst, als er in der vierten Folge dem Sheriff's Department einen Vortrag über Zen hält, merkt man, wie verschroben er ist. Wo kam das her?
Eines Tages wurde ich in Hollywood dem Dalai Lama vorgestellt. Das Leid des tibetanischen Volkes machte mich wütend, und ich sagte zu Mark: »Wir müssen was tun«. Die ganze Szene entwickelte sich aus meiner Begegnung mit dem Dalai Lama. Und Cooper bekam dadurch eine neue Seite.
Damals war Cooper eine ungewöhnliche Figur im Detektiv-Genre, weil er nicht nur seinen Verstand und seinen Körper, sondern vor allem seine Intuition einsetzt.
Intuition, ja. Er ist wahrlich ein intuitiver Ermittler.
Später wird klar, warum das absolut notwendig ist.
Ja. Es konnte sich ganz allmählich entwickeln, doch dann kamen andere Sachen dazwischen, schließlich mußte der Mord aufgeklärt werden. Während die Pflanze wuchs, wurde Gift in die Erde gegossen, und es war nur eine Frage der Zeit, wann sie eingehen würde.
Die Serie ist ein Verwirrspiel zwischen Innen und Außen. Alle Innenräume bestehen aus blankem Holz; auf dem Tisch von Sheriff Truman liegt der Kopf eines Rehbocks; die Hütte mit den roten Vorhängen steht tief im Wald usw. Als Leland gesteht/erkennt, daß er seine eigene Tochter umgebracht hat, beginnt es in der Zelle zu regnen. War das Bestandteil des Konzepts?
Eigentlich nicht. Die Sache mit Innen und Außen ist ... ich habe diesen Punkt nie ausdrücklich erwähnt, aber für mich geht es im Leben und im Kino nur darum.

Können Sie etwas zu der Sequenz am Schluß der dritten Folge sagen, in der Cooper im Traum von Laura erfährt, wer sie umgebracht hat. Wir hören nicht, was Laura sagt, doch Cooper hört es. Und zu Beginn der vierten Folge hat er es vergessen!
Das ist ein kleines retardierendes Moment, und ein Täuschungsmanöver. Und doch haben wir das alle schon erlebt, man unterhält sich spätabends, hat irgendwas genommen und kommt an den Punkt, wo man glaubt, eine Erkenntnis zu haben. Und am nächsten Morgen kommt einem die Erkenntnis entweder absurd vor, oder sie ist weg – oder beides! Ich könnte fast alles rational erklären. Aber ich weiß nicht, wie es dazu kam. Plötzlich tat sich eine Möglichkeit auf für etwas, das rätselhaft und unwiderstehlich war.
In der Serie kommen immer wieder zwei Einstellungen vor, die sich einprägen, vielleicht gerade durch die Wiederholung: im Wind wogende Bäume und eine Ampelanlage, die ebenfalls im Wind schaukelt. Wie kam es zu diesen Bildern?
An der Kreuzung Sparkwood und Route 21 hat Laura James zuletzt gesehen – bzw. James Laura. Dort befindet sich die Ampelanlage. Wegen des Schnees und der starken Temperaturunterschiede muß sie frei hängen. Also schaukelt sie im Wind. Die Ampeln bekamen eine besondere Bedeutung. Sie kommen wieder vor, wenn Cooper sagt: »Alle Morde geschahen nachts.« Wenn die Ampel auf rot steht oder irgendeine Ampel auf rot schaltet und sich dabei bewegt, geht das unter die Haut. Wie der Ventilator auf dem Flur vor Lauras Zimmer. Man stutzt. Und es wird einem ganz anders!
Das Interessante an James ist, daß er Motorrad fährt. Treffpunkt der Biker ist anscheinend das Roadhouse, wo sie den melancholischen Songs einer engelgleichen Julee Cruise lauschen – anstatt Hühnern die Köpfe abzubeißen!
Richtig! Die Idee war, daß die Biker hier die Intellektuellen sind – die Beatniks. Die Muskelprotze trieben sich draußen herum und hörten ganz andere Musik. Es waren ziemlich kopflastige Biker! [Lacht.]
Ihre Zusammenarbeit mit Angelo Badalamenti schien wirk-

lich gut zu laufen. Sobald man an die Serie denkt, hat man die Musik im Ohr; sie scheint die Welt, die Ihnen und Frost vorschwebte, zu zementieren.
Oh ja, es lief sehr gut. *Falling* hatten wir schon geschrieben, ich besuchte Angelo wegen »Lauras Thema« in seinem Studio/Büro, und er fragt: »Kannst du mir sagen, was dir vorschwebt?« Und ich, »Nicht genau.« Ich fange zu erzählen an, er macht sich Notizen und improvisiert. Der Pilotfilm war bereits abgedreht, wir arbeiteten mit dem Bildmaterial. Ich weiß nicht mehr, bei welcher Szene, aber ich weiß noch, daß ich sagte, »Es muß anschwellen!« Angelo ließ die Melodie anschwellen, und es war so schön, daß ich zu heulen anfing! Angelo schaut mich an und meint, »Was ist denn mit dir los?« Und ich, »Angelo, das ist so schön! Ich kann dir gar nicht sagen, wie schön!« Er wirkte leicht verwirrt. Später meinte Angelo mehr als einmal zu mir: »Du weißt, ich verlaß mich da ganz auf dich, David, aber ich find's nicht halb so schön wie du.« Es war die einzige Komposition, die er nie sonderlich schätzte. Er fand's nicht so doll.
Die Musik spielt auch für den Fortgang der Handlung eine Rolle. Wenn Julee Cruise singt, passieren oft entscheidende Dinge. Als würde die Musik Ereignisse oder bestimmte Erkenntnisse hervorbringen, wie etwa, wenn der Riese erscheint und zu Cooper sagt, daß es wieder geschieht.
Die Songs existierten vor der Szene, es gab zwei Songs und allerlei Zufälle. Cooper war mit Truman und der Log Lady da, und Julee singt. Bobby Briggs hatte an dem Tag frei, aber er kam ins Studio, um etwas zu holen. Wir wollten gerade mit der Szene anfangen. »Bobby, wir brauchen dich«, sagte ich. Und er: »Okay. Was soll ich tun?« »Setz dich da drüben hin.« Plötzlich kam diese Stimmung auf, alle wurden von Trauer überwältigt. Irgendetwas ging vor sich. Man spürte es, hundertprozentig. Der Raum war von einer überwältigenden Trauer erfüllt.
Donna fängt zu weinen an. Und Cooper kriegt es mit – er ist der einzige, der die ganze Geschichte mitkriegt. Die Log Lady vielleicht auch. Dann bricht Bobby zusammen. Man sah,

wie Donna diese abstrakte Stimmung spürte – von ihr zu Tränen gerührt wurde. Doch als sogar Bobby traurig wurde und es spürte, war ich überzeugt. Er war nicht einmal vorgesehen. Es war Wahnsinn. Wenn bestimmte Leute – deren Persönlichkeit man kennt – gerührt sind, muß was dran sein.
Könnten Sie etwas zur Besetzung sagen? Unter anderem fiel die Mitwirkung von Schauspielern auf, die man als Kind im Fernsehen gesehen hatte. Vor dem Ruhestand gerettete Mimen, Gesichter aus der Vergangenheit, die mit einem gewissen »Gepäck« auftraten. Russ Tamblyn zum Beispiel.
Dennis Hopper gab eine Geburtstagsparty für mich und stellte mir Russ Tamblyn vor. Russ meinte: »Wir müssen was zusammen machen«. »Jetzt wo ich dich gesehen hab, geb ich dir recht, Russ«, antwortete ich. Ich behielt ihn im Hinterkopf. Richard Beymers Name fiel, weil er mit Johanna Ray befreundet ist, die für's Casting zuständig war, und plötzlich paßt alles zusammen. Es gibt viele unbekannte Schauspieler, doch wenn man sie erst kennenlernt und sich mit ihnen unterhält, entpuppen sie sich schnell als Idealbesetzung. Manche sind nicht nur ideal; wenn man ihre Gesichter sieht und wie sie reden, schreibt man sofort ein paar Sätze um, schneidert sie ihnen auf den Leib.
Man macht das nicht, um den Leuten ein Comeback zu verschaffen. Das Casting ist ein merkwürdiger Prozeß. Johanna kennt wahnsinnig viele Leute, und es ist nun einmal extrem wichtig, die richtigen Leute zu bekommen. Manchmal hat man mehrere brauchbare Kandidaten zur Hand, doch man sucht weiter, bis man denjenigen gefunden hat, den man sich in jeder Szene vorstellen kann und ist dankbar, wenn er mitmacht. Es fallen zahllose Namen. Man geht im Kopf die Szenen mit ihnen durch, und plötzlich sagt man: »Nein.« Selbst wenn man den Betreffenden vielleicht gern hat, sagt man ihm ab.
Der kritischste Punkt war vermutlich die Besetzung der Laura Palmer. Sie mußte absolut stimmen, schließlich kreist alles um sie. Und doch ist sie primär eine Leiche. Der abwesende Mittelpunkt.

Richtig. Es begann mit einem Photo. Wir wußten, daß wir in Seattle drehen würden, und da die Schauspielerin keinen Text hatte und nur tot war, wollten wir niemanden aus LA einfliegen lassen, ihm Tagegeld zahlen und alles, nur damit er eine Leiche spielt. Sie sollte also aus Seattle sein. Ich sah mir unzählige Photos an und bingo! Plötzlich glaubte ich, die Richtige gefunden zu haben. Wir ließen Sheryl Lee kommen, aber sie sah nicht genauso aus wie auf dem Photo. Manchmal sieht man ein Photo und fängt zu träumen an, und sobald man die Leute in natura sieht, gibt's ein böses Erwachen. Bei ihr überlebte der Traum, und ich sagte ihr, daß ich sie in grauen Lehm tauchen wolle und sie tot am Ufer liegen solle. »Okay«, meinte sie. Später gestand sie, daß sie vor lauter Nervosität auf ihren Händen gesessen hätte. Mark und ich ahnten weder, daß sie Talent hatte, noch, daß sie eine so eindrucksvolle Leiche abgeben würde, noch, wie viel von dieser kleinen Entscheidung abhing.
Wie hat sie auf die Rolle reagiert?
Als wir die Szene drehten, war es saukalt – wirklich eiskalt! Sie lag da im Freien herum, und wir mußten immer wieder unterbrechen. Hinter einem riesigen Baumstamm waren Decken und ein Heizstrahler vorbereitet. Sie rannte die fünf Meter bis zu dem kleinen, beheizten Zelt, um sich aufzuwärmen, und drehte weiter. Sie war hart im Nehmen. Sie kam nur für einen Tag, am nächsten Tag war sie wieder weg. Doch in unseren Köpfen spielte sie in jeder Szene mit.
Ab wann war klar, daß sie auch für die Rolle ihrer Cousine Maddie in Frage kam?
Sie drehte noch eine zweite Szene – das Video mit Donna beim Picknick –, und diese Szene gab den Ausschlag. Ich merkte, daß sie Präsenz und Begabung hatte. Sie wollte als Schauspielerin arbeiten, deshalb war sie in Seattle. Die Szene gab den Ausschlag. Diese winzige Tanzszene.
In gewisser Weise scheint sie durch die Rolle »gebrandmarkt« zu sein. Wie Kyle vielleicht durch Agent Dale Cooper oder Frank Silva durch Killer Bob.
Ja, das ist eine zweischneidige Sache. Ich bin sicher, die Rolle

Sheryl Lee als Wasserleiche Laura Palmer in TWIN PEAKS

selbst wirkt sich nicht negativ aus. Wichtig ist, was danach kommt; ob es das richtige ist. Das hat nichts mit Talent zu tun, es ist einfach Schicksal.
Wie steht's mit all den anderen, relativ unbekannten Darstellern?
Zu jedem gibt es eine Geschichte. Zum Beispiel Andy. Ich ging zu einer Veranstaltung zu Ehren von Roy Orbison, im Fox Theatre. Normalerweise nehme ich mir keinen Wagen, aber ich dachte: »Diesmal brauche ich einen Wagen, da unten ist die Hölle los, ich will einfach aussteigen und reingehen können«. Ich bestellte also einen Wagen, und der Fahrer war Andy. Er fuhr mich hin und sagte, »Ich steh vor der Tür, wenn Sie rauskommen«. Er fuhr mich zurück, wir kamen ins Gespräch und er sagte, er sei Schauspieler – wie jeder in LA! Ich seh ihn mir an – wir machten gerade das Casting für den Pilotfilm – und denke, »Großer Gott!« Ich sag ihm, er soll Johanna Ray anrufen. Und Johanna sage ich, »Mark soll sich den Jungen anschauen, ich glaub, er ist der ideale Andy!« Es ist einfach cool, wenn die Figur plötzlich vor dir steht.
Mir fielen die Ähnlichkeiten zwischen der Entdeckung von Lauras Leiche und Tim Hunters Spielfilm RIVER'S EDGE *auf. Und dann tauchte Hunter plötzlich als einer der Regisseure der Serie auf. Wie kam er ins Spiel?*
Die Welt ist klein. Wir waren zusammen am AFI-Centre – im selben Jahrgang. Er zeigte mir seine ganzen frühen Filme – phantastisch. Er war auf Shangri-Las fixiert. Die Filme waren supercool, und ich dachte allen Ernstes, wenn es einer schafft, dann er. Ich war immer ein Fan von ihm.
Wie haben Sie die restlichen Regisseure der Serie »besetzt«? Das Risiko ist groß, da ist Vorsicht geboten.
Ja, und die Regisseure haben es auch nicht leicht, weil sie sich an vorgegebene Regeln halten müssen. Und keiner kennt die Regeln besser als Mark und ich. Sie müssen sich einklinken. Sie bekommen das Drehbuch und unterhalten sich mit einem von uns oder mit beiden, und das war's dann schon. Ich bekam die Folgen erst beim Soundmix zu sehen. Falls etwas völlig in die Hosen gegangen wäre, hätte man

noch genügend Zeit gehabt, es zu korrigieren. Aber das ist nie passiert. Mit Caleb Deschanel und Tim hab ich studiert. Diane Keaton kannte ich, andere wurden uns empfohlen, und wir haben uns ihre Filme angesehen.

Beim Pilotfilm und einigen wichtigen Folgen haben Sie selbst Regie geführt. Nach welchen Kriterien gingen Sie bei der Auswahl der Folgen vor?

Mark drehte die letzte Folge der ersten Staffel, in der Cooper angeschossen wird. Ich suchte mir nur die Folgen aus, die ich unbedingt machen wollte. Zum Beispiel die mit Leland/Bob. Und zwei, drei andere. Ich wollte die allerletzte machen – [lacht] – und die allererste! Und alle dazwischen! [Lacht.]

Wie war das für Sie, innerhalb der Erfordernisse und Grenzen des Fernsehens zu arbeiten – als Form wie als Institution?

Die meisten Kinofilme beziehen ihre Kraft aus der Größe des Bildes, dem Sound und der Liebesgeschichte. Im Fernsehen leidet die Tonqualität und damit die Wirkung. Mit einem kurzen Seitenblick oder einer Drehung des Kopfs sieht man den Fernsehtisch, den Teppich, einen Zettel, auf dem etwas geschrieben steht, einen merkwürdigen Toaster usw. Man wird im Nu herausgerissen. Im Kino, wenn die Leinwand groß genug ist und der Sound stimmt, hat selbst der mieseste Film noch große Wirkung.

Ich konnte zum Beispiel machen, was ich wollte, der Sound war im Fernsehen nie gut. Wir hatten die besten Toningenieure und gaben uns alle Mühe. Aber die Werbung war immer zehn Dezibel lauter und fuhr wie ein Überfallkommando dazwischen! Wenn man sich das mal überlegt – sie unterbrechen den Film, und die Leute haben sich an die Zwölfminutenschnipsel gewöhnt, dann kommt Werbung, wieder zwölf Minuten Film und wieder Werbung. Und die Werbung ist irrsinnig laut, so daß die Leute sowieso den Ton abschalten. Ich würde die Kiste ganz abschalten! Was soll das Ganze? Damit ruinieren sie doch alles! Aber da ist man wie der Rufer in der Wüste.

Wir stehen kurz davor, den Leuten qualitativ hochwertige, wunderbare Bilder ins Haus senden zu können, und so ein paar Idioten machen vermutlich alles kaputt. Man muß den Leuten die Chance geben, bei sich zu Hause in den Traum einzusteigen, aber das Fernsehen dient nur dazu, den Konsum anzuheizen. Es ist ein reines Verkaufsinstrument. Es gab viele gute Leute bei ABC, trotzdem hatte ich das Gefühl, daß ihre Entscheidungen nicht von der Sendung selbst geleitet waren. In meinen Augen machen sie da einen Fehler. Die Sendung ist der unwichtigste Aspekt bei ihren Überlegungen.
Sie filmten die Serie auf 35 mm und schnitten sie wie einen Kinofilm – haben Sie wirklich nicht mitbedacht, wo die Serie letztendlich laufen sollte?
Man muß es im Hinterkopf haben, sonst schneidet man sich ins eigene Fleisch. Wir mischten die Folgen auf der großen Leinwand und spielten sie dann über kleine Fernsehlautsprecher ab. Da merkt man plötzlich, daß der Fernseher wackelt, und muß die Bässe reduzieren. Man muß eben doch fernsehgerecht mischen, weil es dort laufen soll. Tut man das nicht, passieren die seltsamsten Sachen in den Wohnzimmern, und der Film kommt nicht in der gewünschten Form an. Vor allem die Musik: Sie wird immer auf normale Autolautsprecher heruntergemischt.
Mußten Sie auch bei anderen Aspekten, der Optik oder den Farben, Abstriche machen?
Nein, aber hätte man durch Zauberkraft in zweihundert Wohnzimmern sitzen können, in denen TWIN PEAKS lief, hätte man zweihundert unterschiedliche Farben erlebt. Das gesendete Signal ist dasselbe, aber bei jedem Fernseher sind Farbe und Helligkeit anders eingestellt. Manche stellen ihren Fernseher so dunkel ein, daß man bei dunklen Szenen nichts mehr sieht, oder so hell, daß bei einer dunklen Szene nur noch Schneetreiben herrscht. Das Fernsehen ist ein grauenhaftes Medium, es tut einem in der Seele weh, weil man weiß, wie es sein *könnte*. Ich warte auf einen Fernseher, der nicht auf das Format 1:33 festgelegt ist, sondern ver-

schiedene Formate zeigen kann: Wenn das Bild lang und schmal ist, gleicht sich der Apparat an. So ein Apparat wäre wesentlich größer, mit Glasfasertechnik und einer Superqualität.
Die Leute wollen die Welt um sich vergessen, doch zugleich haben sie Angst davor. Einen Film zu Hause anzuschauen ist viel sicherer. Es gibt Welten, die ich lieber nicht erleben möchte – aber wenn ich ins Kino gehe, will ich mitten drin sein.
Wenn man Ihre Vorliebe für Cinemascope kennt, muß es Überwindung gekostet haben, in einem fernsehtauglicheren Format zu filmen.
TWIN PEAKS: FIRE WALK WITH ME und ERASERHEAD drehte ich in 1:85. Alle anderen sind Cinemascope. Breitwandformat ist mir lieber. Das Drehen ist komplizierter, weil die Linsen träger reagieren, man muß auch da kleine Abstriche machen, aber es ist ein wunderbares Format: das Rechteck. Unglaublich. Wenn man dafür konzipiert, kann man die tollsten Überraschungen erleben. Schwierig wird's, wenn eine Figur liegt und die andere steht. Wenn beide liegen, ist es ideal. Am schönsten wäre ein Format, das sich beim Drehen mitverändert.
Die Vorstellung, daß TWIN PEAKS *wesentlich mehr Menschen erreichen würde als ein Kinofilm, muß verlockend gewesen sein. Ist dieser Punkt wichtig für Sie?*
Die Zahlen sind sowieso frisiert, man weiß nie, ob sie wirklich stimmen. Da ist von vornherein Skepsis geboten. Aber es sind immer noch wesentlich mehr Menschen als das Kinopublikum. Ich war überrascht, wieviele Leute sich die Sendung angesehen haben. Das war wirklich eine angenehme Überraschung.
Hat ABC die Serie gut vermarktet?
Ich halte Marketing zwar für wichtig, aber ich glaube eher ans Schicksal. Man sollte das bestmögliche Marketing machen, aber es gab schon tolle Werbekampagnen, und der Film wurde ein Flop. Ein Film – eine Sendung oder ähnliches – hat eine bestimmte Aura. Und einen ganz bestimmten

Ruf unter den Leuten. Da sind höhere Mächte im Spiel. Das hat was mit Schicksal zu tun. Irgendwann hat jeder seine Sternstunde. Der Weg ist frei, aber man kann es nicht vorhersagen. Bei TWIN PEAKS hat das Timing und alles andere einfach gestimmt. Die Serie schlug ein wie eine Bombe. Es war für alle eine Überraschung.
Wie haben Sie auf diese plötzliche, massive Popularität reagiert?
Es ist schön, wenn die eigene Arbeit so gut ankommt, aber es ist wie in der Liebe, anscheinend erreichen die Leute zwangsläufig einen Punkt, wo sie genug haben und sich auf etwas Neues stürzen. Diesen Prozeß hat man nicht in der Hand, und die Erkenntnis ist wie ein dumpfer Schmerz. Kein Stechen – ein leichtes Herzweh aufgrund der Tatsache, daß wir im HOME ALONE-Zeitalter leben. Die Programmkinos sterben aus. Dafür haben wir Cineplex-Häuser, die zwölf Filme gleichzeitig zeigen, da rennen die Leute hin. Das Fernsehen hat das Niveau gesenkt und eine bestimmte Art von Filmen populär gemacht. Fernsehfilme haben Tempo, wenig Substanz, eingeblendete Lacher, und damit hat sich's.
Das hängt wohl auch damit zusammen, daß das Fernsehpublikum eine weitgehend abstrakte Größe bleibt. Es bleibt für den Filmemacher völlig unsichtbar, wohingegen er sein Kinopublikum beim Kauf der Karten und während der Vorführung beobachten kann.
Genau. Früher faßten die Kinos riesige Zuschauermengen. Ich erinnere mich, daß mal jemand – ich glaube, es war George Seaton, der einige Marx-Brothers-Filme gemacht hatte – am AFI ein Seminar hielt. Die Marx Brothers gingen immer wieder auf Tournee, um ihre Gags mit einem riesigen Live-Publikum zu erarbeiten. Der Regisseur stoppte die Lacher mit und fand heraus, daß ein bestimmter Satz bei einem tausendköpfigen Publikum einen Viersekundenlacher auslöste, egal, in welcher Gegend sie auftraten. Also ließen sie beim Schneiden des Films Platz für einen Viersekundenlacher, was den Rhythmus beeinträchtigt. Aber ein tausend-

Sherilyn Fenn als Audrey Horne in TWIN PEAKS

köpfiges Publikum füllt die Lücke. Wenn so ein Film auf Video herauskommt und man ihn sich zu Hause ansieht, scheint er nicht in Schwung zu kommen und wirkt ziemlich merkwürdig.

Mußten Sie bei der Arbeit an der Serie Richtlinien bezüglich Geschmack und Zensur beachten – schließlich gelten bei der Arbeit im Fernsehen ganz andere Kriterien?

Ja, es gab da einen Satz im Pilotfilm, wenn Bobby und Mike betrunken zu Doc Hayward fahren, Donnas Vater. Mike wirft eine Bierdose aus dem Auto, sie landet irgendwo auf der Straße, dann steigt er aus und Bobby sagt, »Laß dich ja von der kleinen **** nicht ****«, und der Zensor sagte: »Diesen Satz müssen Sie ändern«. Ich kümmerte mich nicht weiter darum, und als wir die Szene drehten, erinnerte mich ein Mitarbeiter: »Denk dran, David, der Satz darf nicht verwendet werden.« »Ach ja«, sagte ich, und so wurde: »Laß dich ja von dem kleinen Schweinchen nicht wieder volllabern« daraus. Das ist purer Stuß, aber die Szene wurde dadurch cooler. Es war mal was anderes.

Die Zäune stehen enger, als man es gewöhnt ist, die Bewegungsfreiheit ist geringer. Aber sie haben prächtige Tiere in der Koppel, und die Arbeit mit ihnen macht Freude. Ich war überrascht, wie weitläufig die Koppel bei TWIN PEAKS war. Wir bekamen nur ganz selten zu hören, »Das geht nicht!« Wir hatten viel Freiheit. Mark hatte an einer beliebten Fernsehserie mitgearbeitet, die Kombination roch erfolgversprechend, und wir hatten Großes vor.

Die Serie wagte sich ziemlich weit vor, was die Akzeptanzschwelle des Fernsehpublikums betraf: die Ermordung Maddies durch Leland Palmer zum Beispiel – eine besonders brutale Folge, in der Sie selbst Regie führten.

Ja, die Folge war nicht einfach, weil in jedem Land andere Zensurbestimmungen gelten. Bei uns geht Gewalt in neun von zehn Fällen durch, Sex dagegen – alles, was entfernt mit Sex zu tun hat – ist tabu. Es gibt ein paar reichlich abartige, brutale Sachen in TWIN PEAKS, die anstandslos durchgingen. Wenn etwas vom Standard abweicht, schlüpft es durchs

Netz, dabei kann es noch viel schrecklicher und beunruhigender sein, weil es keinen Namen dafür gibt. Es kommt in den Bestimmungen nicht vor, also geht es durch.
Es gibt Parallelen zu BLUE VELVET: *auch Twin Peaks ist eine Holzfällerstadt, und die Geschehnisse ereignen sich hinter verschlossenen Türen. Neu ist, daß das Böse nicht einmal von dieser Welt ist. Es kommt buchstäblich aus dem Jenseits. Oder es ist ein abstraktes Bild mit menschlichem Antlitz. Neu ist das nicht, aber das war Bob eben.*
Wenn Bob auftaucht, ist es oft hellichter Tag. Das hat mich an Jack Claytons Film THE INNOCENTS *erinnert, in dem die tote Gouvernante am anderen Ende des Sees in strahlendem Sonnenlicht erscheint. Das hat etwas sehr Beunruhigendes, Unheimliches. Als wüßte die Erscheinung nicht, wo sie hingehört!*
Richtig. Echt beunruhigend. Nachts wäre man auf so etwas gefaßt. Es wäre immer noch gruslig, aber am Tag – bei strahlendem Sonnenschein – rechnet man nicht damit. Es ist wie in THE SHINING, wenn der Junge auf dem Dreirad um die Ecke kommt, und da stehen die Zwillinge! Man weiß genau, daß sie um diese Zeit nicht dort hingehören!
Glauben Sie, die Einführung Bobs hat verhindert, daß es eine reine Inzestgeschichte blieb? Gab es diesbezüglich Bedenken?
Nein, die gab es nicht. Solche Bedenken kommen auf, wenn man überlegt, was andere später dazu sagen könnten. Weil man nicht weiß, was man zu hören bekommt. Und solche Bedenken können zu reichlich merkwürdigen Entscheidungen führen. Man hört nicht mehr auf das Werk, sondern auf die eigenen Bedenken. Man paralysiert sich selbst. Das Kunststück besteht darin, weder den Helden zu spielen noch sich zum Narren zu machen und sich nur auf diese Welt einzulassen. Wenn man das schafft und die eigenen Entscheidungen vertreten kann, hält man allen Stürmen stand.
Das Gute an Bob ist, daß Leland fast ein guter Mensch bleiben kann. Er ist kein Monster, sondern besessen.

Er ist ein Opfer. Kein Mensch, der Böses tut, ist ausschließlich böse. Ihm wächst nur ein Problem über den Kopf. Es heißt immer, »Er war so ein netter Nachbar. Ich kann es nicht fassen, daß er den Kindern und seiner Frau das angetan hat.« Es ist immer dasselbe.
Wenn wir schließlich erfahren, wer's war – Leland –, kommt es fast schon nicht mehr darauf an. Inzwischen ist ohnehin klar, daß eine böse Macht – Bob – mit Hilfe von »Wirtsfiguren« operiert. Mit dem Finger auf Leland zu deuten, ist im Grunde keine Antwort.
Es ist keine Antwort. Genau darum ging es ja. Mark Frost und ich hatten folgende Idee. Wir wollten das Ganze als Krimi verpacken, aber die Kriminalgeschichte sollte mit der Zeit immer mehr in den Hintergrund treten. In der Mitte sollten sich all die Figuren befinden, die wir in der Serie begleiten. Und im Vordergrund sollten die Hauptfiguren der jeweiligen Woche stehen: die, mit denen wir uns im Detail beschäftigen wollten. Den Mord wollten wir noch sehr lange nicht aufklären.
Damit war ABC nicht einverstanden. Ganz und gar nicht. Man zwang uns, Lauras Mörder zu entlarven. Es war nicht allein ihre Schuld. Das Publikum ließ nicht locker, es wollte wissen, wer Laura Palmer umgebracht hat. Es wollte einen Namen. So führte eines zum anderen, und der Druck wurde so groß, daß die Kriminalgeschichte nicht länger im Hintergrund bleiben konnte. Dadurch, daß wir der Antwort Schritt für Schritt näher kamen, sie aber nie erhielten, hatten wir alle Bewohner von Twin Peaks doch erst kennengelernt: ihr Verhältnis zu Laura und untereinander. All die Geheimnisse. Aber es sollte nicht sein. Es war schlicht nicht drin. Das Verlangen nach einer Antwort war zu stark. Dabei machte der ungeklärte Mord gerade die Magie der Serie aus. TWIN PEAKS hätte noch viel länger leben können.
Auf der anderen Seite zeugt das intensive Verlangen des Publikums nach der Lösung des Mordfalls von der Faszination der Serie.
Ja, aber es hat sie auch gekillt.

War die Entlarvung Lelands ursprünglich für viel später vorgesehen?
Für viel, viel später. Wer weiß, wie sich die Geschichte entwickelt hätte? Aber ein – vielleicht unbewußtes – Verlangen nach der Antwort wäre dagewesen. Es ist dasselbe wie bei THE FUGITIVE (der Fernsehserie): wo ist der Einarmige? Und doch ging es Woche für Woche kaum um diese Frage. Das ist ja das Schöne daran. Man fragt sich ununterbrochen: »Wann findet er den Kerl und schafft wieder Ordnung?« Aber man wußte, daß es damit auch zu Ende wäre.
Da der Mörder nicht aus Fleisch und Blut war, war doch durchaus denkbar, daß die Geschichte weitergehen könnte – fast bis in alle Ewigkeit. Sie widersetzt sich einer Lösung. Ich vermute, TWIN PEAKS *läuft immer noch, nur hält im Moment keiner die Kamera drauf.*
Genau. Das ist die richtige Einstellung. Ich kenne die TWIN PEAKS-Welt und liebe sie sehr. Es ist ungeheuer verlockend, sie wieder mal zu besuchen. Bob war ein Bestandteil von TWIN PEAKS, der weiterleben könnte, auf verschiedene Arten.
Stand für Sie und Mark von Anfang an fest, daß Leland die Tat ausgeführt hatte?
Wir wußten es, aber bei der Arbeit sprachen wir nicht einmal flüsternd darüber. Wir versuchten, es aus unserem Bewußtsein zu verdrängen. Das Thema stand auch nicht unmittelbar an. Es gab genügend andere Probleme, auf die wir uns stürzen konnten. Wir ließen es offen.
Viele Leute dachten, Benjamin Horn hätte Laura umgebracht. Am ersten Tag der Woche, in der die betreffende Sequenz gedreht werden sollte, bestellten wir Benjamin und Leland und drehten dieselbe Szene zuerst mit Ben und dann mit Leland. So wußte niemand – nicht einmal die Crew –, wer von beiden es war, wir drehten die Szene ganz ernsthaft – mitsamt Killer Bob und allem. Ich muß sagen, Richard Beamer hat toll mitgespielt, er wußte nämlich, daß er es nicht war. Wir hatten ihm gesagt: »Wir drehen die Szene, aber du warst es nicht.« Er spielte ganz echt, als sei er es gewesen, obwohl er wußte, daß er es nicht war.

Und das alles, damit das Publikum die Antwort nicht erfuhr?
Sie wäre blitzschnell durchgesickert, ja.
In der besagten Folge führte dann allerdings Tim Hunter Regie, nicht wahr?
Ja. Aber in meiner Folge, mit dem Tod von Maddie, wurde ziemlich klar, daß Leland und Bob miteinander zu tun hatten. Tim drehte die Folge, in der Leland gefaßt wird.
Wußte Ray Wise, der Darsteller des Leland, im voraus Bescheid?
Nein, er hatte keine Ahnung, bis wir es ihm an jenem Tag im Büro sagten.
Inzwischen ist Cooper fast zum Priester mutiert und erteilt Leland Absolution. Er ist im Grunde gar kein Cop. Und in der darauffolgenden Staffel verändert er sich erneut, da wird er eher »normal«.
In der zweiten Staffel war Cooper für mich nicht mehr hundert Prozent »cooperesk«. Er trägt Flanellhemden und all sowas! Manchen Leuten mag das gefallen haben. Man sagt sich: »Naja, freut mich, aber andererscits find ich es jammerschade, denn ein Mann, der mir so ähnlich ist, kann dieses Land nicht regieren. Er muß etwas Besonderes haben. Das ist einfach notwendig.« Wenn die Queen plötzlich im VW herumkutschieren würde, das bringt's doch nicht. Es muß ein Rolls-Royce sein. Das wollen die Leute.
Warum ist Cooper am Ende von Bob besessen? Man hat den Eindruck, er ist übergeschnappt.
Ist er aber nicht. Es geht um die Doppelgängertheorie – die Vorstellung, daß jeder Mensch zwei Seiten hat. Er kämpft wirklich mit sich selbst. Die Leute haben sich fürchterlich aufgeregt, daß die Geschichte mit einem bösen Cooper endete, von dem Bob Besitz ergriffen hatte. Aber das ist nicht das Ende der Geschichte. Es wurde den Leuten nur als Ende serviert. Es ist lediglich das Ende der zweiten Staffel. Wäre es weitergegangen ...
Stimmt es, daß Sie mit der zweiten Staffel weniger zu tun hatten, weil Sie mit WILD AT HEART *beschäftigt waren?*

Sheryl Lee und Kyle MacLachlan im Traum des Special Agent Cooper

Richtig. Das fing damals an ... aus der zweiten Staffel hielt ich mich weitgehend heraus. Ich liebte die Idee der Fortsetzungsgeschichte, doch die Episoden müssen geschrieben und jede Woche muß eine neue Folge gedreht werden. Das holt einen ziemlich bald ein, und man merkt, daß man nicht genug Zeit hat, sich in die Sache zu vertiefen und sie ordentlich zu machen. Man verliert die Lust.
Waren Sie enttäuscht, als Sie bei Ihrer Rückkehr sahen, welche Richtung TWIN PEAKS *eingeschlagen hatte?*
Ich maße mir kein Urteil an. Nur war es nicht das ... Hätten Mark und ich die Sache gemacht, hätte sie sich anders entwickelt. Aber das haben wir nicht, da beißt die Maus keinen Faden ab. Ich nahm an einigen Besprechungen mit Drehbuchautoren teil, aber wenn man nicht mitten drin steckt und aktiv beteiligt ist ... das ist einer der frustrierenden Aspekte beim Fernsehen: Es kommen ständig neue Regisseure, neue Autoren und neue Ideen dazu. Das Ergebnis mag durchaus in Ordnung sein, aber man selbst hätte es anders gemacht. Das ist frustrierend.
War die letzte Folge bereits geschrieben, als Sie zurückkamen?
Sie existierte, aber die Szene im roten Zimmer war in meinen Augen völlig falsch. Total daneben. Deshalb änderte ich diesen Teil. Der Rest bestand großenteils aus Dingen, die bereits im Vorfeld so angelegt worden waren; die mußten weitergehen. Allerdings läßt sich mit der Regie immer noch was ausrichten. Trotzdem mag ich die letzte Folge sehr.
War Cooper schon vor Ihren Eingriffen ins Drehbuch von Bob besessen?
Cooper war nicht von Bob besessen. Ein Teil von ihm war es. Es stecken zwei Coopers in ihm und der, der zum Vorschein kam, gehörte Bob.
Hielten Sie nicht einmal eine Pressekonferenz ab, um Unterstützung für die Fortsetzung der Serie zu mobilisieren?
Das war so: Die Chefs bei ABC änderten den Sendetermin. Ursprünglich lief TWIN PEAKS Donnerstag abends, ein idea-

ler Termin. Es mußte ein Werktag sein, damit sich die Leute am nächsten Tag an der Arbeit darüber unterhalten konnten. Das war toll. Dann verlegten sie die Sendung auf Samstag abend, und bis der Montag kam, war zu viel Zeit vergangen. Es war einfach nicht dasselbe. Ich glaube, es liegt ihnen an keiner Sendung so viel wie daran, den anderen Sendern eins auszuwischen. Ich kann nichts darüber sagen, weil es für mich keinen Sinn machte. Ich weiß nur, daß sie die Sendung mit dem neuen Termin gekillt haben. Auf der Pressekonferenz wollte ich das klarstellen und herausfinden, ob es irgendwelche Möglichkeiten gab, Druck zugunsten eines vernünftigen Sendetermins auszuüben.
Warum wurde die Sendung verlegt? Lag es schlicht an den sinkenden Zuschauerzahlen?
Ja, das ist noch so eine Geschichte. Sie speisen sich in soundso viele Haushalte ein, und dabei bleibt es dann für alle Ewigkeit, nach dem Motto: »Was man hat, das hat man.« Es ist nicht unbedingt ein repräsentativer Querschnitt, und jeder weiß das. Aber den Werbekunden genügt es, den Fernsehbossen auch, und deshalb hüten sie es wie einen kostbaren Schatz. Dabei basiert das Ganze auf einer Absurdität! Und die Zahlen waren schwach. Sie waren nicht verheerend, aber schwach, weil Lauras Mörder entlarvt war!
Waren die Schauspieler sauer, schließlich hatten sie sich sehr engagiert?
Ja und nein. Man wünscht sich natürlich, daß alle hundert Prozent mitziehen. Einige taten das auch, andere eben nicht. Im zweiten Jahr merkt man, mit wem man es zu tun hat. Die Serie war so populär, daß viele sofort zum Film wollten: nichts wie weg. Dann wird die Fernsehserie zum Klotz am Bein. Nicht jeder Schauspieler ist ständig an der Reihe, das erzeugt Frust, und sie fangen an, die Gans zu schlachten, die das goldene Ei gelegt hat. Sie könnten ja alles andere machen und trotzdem hundert Prozent mitziehen. Aber ich will niemandem auf den Schlips treten. Es ist schwierig, die Wahrheit zu erzählen, ohne jemandem auf den Schlips zu treten. Und wer kennt schon die Wahrheit? Man erinnert sich nur

an das, woran man sich erinnern will. An die Wahrheit ist schwer ranzukommen.

Seit TWIN PEAKS *haben die Serien, in denen es um Übersinnliches, Ufos, Merkwürdiges geht – wie* WILD PALMS, AMERICAN GOTHIC *und* THE X-FILES *–, deutlich zugenommen.* TWIN PEAKS *scheint da etwas ausgelöst zu haben.*

Es wurde behauptet, WILD PALMS hätte etwas mit TWIN PEAKS zu tun. Für mich hatte es *nichts* mit TWIN PEAKS zu tun. Aber manche Leute sehen Ähnlichkeiten. Auch nach BLUE VELVET kamen ähnliche Sachen heraus, aber BLUE VELVET hat selbst gewisse Ähnlichkeiten mit älteren Filmen. Filme gibt es seit hundert Jahren, da wird zwangsläufig verglichen.

Doch unmittelbar vor TWIN PEAKS *waren bestimmte Themen und Geschichten kein regelmäßiger und beliebter Bestandteil des Fernsehprogramms, jetzt sind sie es. Rückblickend scheint* TWIN PEAKS *tatsächlich Appetit auf solche Stoffe gemacht zu haben.*

Ja, vielleicht.

Als Sie den Spielfilm TWIN PEAKS: FIRE WALK WITH ME *drehten, sah die überwiegende Mehrheit der Presse darin einen zynischen Versuch, den Erfolg der Fernsehserie auszuschlachten. Aus welchem Grund haben Sie diesen Film gedreht?*

Ich war irgendwie traurig, als die Serie zu Ende war. Ich konnte die TWIN PEAKS-Welt nicht hinter mir lassen. Ich hatte mich in die Figur der Laura Palmer und ihre Widersprüchlichkeit verliebt: nach außen hin strahlend, aber im Innern todkrank. Ich wollte sie leben, sich bewegen, reden sehen. Ich war in diese Welt verliebt und hatte noch nicht mit ihr abgeschlossen. Aber ich machte den Film nicht nur, um sie festzuhalten: Ich hatte den Eindruck, daß noch mehr in ihr steckte. Doch der Zug war abgefahren. Es war vorbei. In dem Jahr, das wir für den Film brauchten, entstand eine ganz neue Situation. Sowas kommt eben manchmal vor. Und plötzlich hat man alle gegen sich. Das ist ganz normal. Das geht vielen so.

Sheryl Lee als Laura Palmer in TWIN PEAKS: FIRE WALK WITH ME

Madchen Amick als Shelly Johnson und Eric Da Re als Leo Johnson in TWIN PEAKS: FIRE WALK WITH ME

Michael J. Anderson als Mann von einem anderen Ort und Kyle MacLachlan in einer Traumsequenz von TWIN PEAKS: FIRE WALK WITH ME

TWIN PEAKS: FIRE WALK WITH ME: Laura Palmes Erscheinung am hellichten Tag

FIRE WALK WITH ME *war Ihre erste Produktion für die Filmgesellschaft CiBy 2000, mit der Sie drei Filme vereinbart hatten. Bei der Popularität der Serie war es vemutlich kein Problem, den Film in die Wege zu leiten.*
Nein. CiBy gab sehr schnell grünes Licht, und wir legten sofort los. Inklusive Schreiben, Drehen, Schneiden, Mischen und Korrekturen verging weniger als ein Jahr zwischen der Vertragsunterzeichnung und der Vorführung in Cannes.
Es war eine tolle Arbeit, nur hatte ich während der gesamten Drehzeit einen Leistenbruch. Ich weiß noch, wie er aufbrach. Ich nahm mit Angelo gerade den Soundtrack-Song *A Real Indication* auf; es war merkwürdig, die Instrumentalstimmen hatten wir schon, obwohl es ein Rap-Song ist. Angelo sagte: »Ich versuch's mal«, und ich ging mit ihm die Texte durch, einige Stellen wollte er erklärt haben. Nach einer Weile verschwand er in der Tonkabine. Angelo wäre ein großartiger Schauspieler. In der Öffentlichkeit ohne jede Peinlichkeit zu singen oder aufzutreten ist eine Kunst. Angelo drehte voll auf in der Kabine. Ich stand neben Arty Polemis, dem Toningenieur, und lachte so laut, daß irgendetwas explodierte. Es fühlte sich an, als wäre in meinem Bauch eine Glühbirne geplatzt, und das war's dann.
Teilweise hatte die ablehnende Reaktion von Presse und Publikum auch damit zu tun, daß die komischen Aspekte der Serie – der Kaffee, die Doughnuts usw. – gestrichen waren. Es fehlten sämtliche kleinen Annehmlichkeiten des Lebens und einige Figuren. Übriggeblieben war nur diese quälende ...
Verzweiflung. Ja, das stimmt. Aber auch diesmal durfte der Film eine bestimmte Länge nicht überschreiten. Und selbst wenn die Produzenten kein Zeitlimit setzen, hat man als nächstes die Kinobesitzer gegen sich. Sie planen eine bestimmte Anzahl von Vorstellungen pro Tag. Ich fände eine Vorstellung weniger bei vollem Kino besser als eine mehr vor leerem Haus. Wir drehten viele Szenen, die – für einen normalen Spielfilm – zu weit von der Haupthandlung abschweiften. Wir dachten daran, irgendwann eine Langfas-

sung mit all den anderen Szenen zu machen, weil wir viele Figuren, die im fertigen Film fehlten, im Kasten hatten. Sie gehören zum Film, sie sind nur für die Haupthandlung nicht notwendig.
Wollen Sie damit sagen, wenn diese anderen Szenen verwendet worden wären, wäre der Film vielleicht nicht ganz so trostlos und deprimierend ausgefallen?
Er wäre nicht ganz so düster gewesen. Für mich gehorchte er den TWIN PEAKS-Gesetzen. Aber es waren zu viele Albernheiten drin. Wir haben Zeug gedreht, zum Beispiel eine Szene mit Jack Nance und Ed – dem Alten, der in der Bank umkommt. Ed hat einen »two-by-four«-Balken gekauft und bringt ihn zurück, weil er nicht zwei mal vier Zoll mißt. Das hat seinen Grund, und Jack muß es ihm erklären! Lauter solche Sachen. [Lacht.]
Vielleicht fühlte sich das Publikum durch die Konzentration auf die letzten sieben Tage der Laura Palmer unangenehm daran erinnert, daß die zentrale Geschichte in TWIN PEAKS von Inzest und Tochtermord handelt.
Vielleicht. Inzest ist vielen Leuten unangenehm, weil sie es zu Hause wahrscheinlich selbst treiben! [Lacht.] Inzest ist kein Vergnügen. Laura ist eine von vielen. Wir zeigen die Angelegenheit aus ihrer Sicht. Darum ging es.
Als ich mehr über das Familienleben vor Lauras Ermordung im Hause Palmer erfuhr, überlegte ich, ob Sarah, Lauras Mutter, ihren Mann in Verdacht hatte. Wie die Frau von Peter Sutcliffe, dem sogenannten Yorkshire Ripper. Ich bin sicher, viele Leute hatten die Vermutung, daß sie irgendwann gemerkt hat, was los ist, aber den Mund hält.
Versetzten Sie sich in ihre Lage. Vielleicht gab es da einige Ungereimtheiten zu Hause, die sie verdrängt hat, weil es schwerfällt, genauer hinzusehen. Dann tauchen neue Hinweise auf – Dinge, die beunruhigen –, abstrakt oder gefühlsmäßig. Und dann findet man vielleicht etwas oder sieht etwas, und es geht einem ein Licht auf. So klar, daß es sich nicht mehr vertuschen läßt. Jetzt stellt sich die Frage, ob man etwas unternehmen soll. Man steckt in einer Zwick-

David Lynch als FBI-Agent Gordon Cole in TWIN PEAKS: FIRE WALK WITH ME

Harry Dean Stanton als Carl Rodd und Kyle MacLachlan als Special Agent Dale Cooper in TWIN PEAKS: FIRE WALK WITH ME

mühle, denn wenn man etwas unternimmt und es kommt nichts dabei heraus – weil es keine stichhaltigen Beweise gibt –, zieht man sich vielleicht den Zorn des Betreffenden zu und muß als nächster dran glauben. Hat man sich geirrt, was hat man dem Betreffenden dann angetan! Da ist es – möglicherweise – besser, man wartet ab und hofft, daß es von selbst aufhört oder daß der Betreffende von jemand anderem geschnappt wird.

Der Film spielt häufig mit der Dimension der Zeit. Zum Beispiel wird Dale Cooper in einer Szene erwähnt, in der er noch gar nicht eingetroffen ist.

Genau. Ich rede wirklich nicht gern über Einzelheiten, aber zu dieser einen Szene, in der Annie plötzlich in Lauras Bett liegt, muß ich etwas sagen. Sie spielt vor Lauras Ermordung und Coopers Ankunft in Twin Peaks. Annie ist blutverschmiert, und sie trägt dasselbe Kleid wie in der Szene aus der Serie mit Cooper im roten Zimmer – in der Zukunft. Sie sagt zu Laura: »Der gute Dale ist in der Hütte. Schreib es schön in dein Tagebuch.« Und ich weiß, Laura hat es irgendwo am Rand in ihrem Tagebuch notiert.

Wäre die Serie weitergelaufen, dann wäre vielleicht jemand draufgekommen. Aber inzwischen ist so viel Zeit vergangen und so viel passiert, daß es jetzt bedeutungslos wäre – damals hätte man allerdings gestutzt. »Was? Cooper ist doch noch gar nicht da!« Da hätte es Bedeutung gehabt. So, als ob jemand 1920 Lee Harvey Oswald erwähnen würde, man begreift das Ganze erst später. Ich hatte die Hoffnung, daß sich etwas daraus entwickeln würde, und mir gefiel die Vorstellung, daß die Geschichte abwechselnd vorwärts und rückwärts läuft.

Wie haben die Schauspieler reagiert, als Sie FIRE WALK WITH ME *drehen wollten? Herrschte allgemeine Begeisterung?*

Nein. Ich wünschte, es wär so gewesen. Einige waren tatsächlich begeistert. Bei anderen war das Gegenteil der Fall. Ich hatte 75 Prozent Zustimmung. Doch die restlichen 25 ... na ja, man fragt sich, warum das so sein muß. Es könnte so schön sein. Die Einstellung macht so viel aus.

Streckenweise hatte der Film etwas Theatralisches, das für viele Ihrer Werke charakteristisch ist. Das rote Zimmer mit dem durchgehenden Vorhang erinnert in diesem Punkt sehr an die Szene im Heizkörper in ERASERHEAD.
Ja genau. [Lacht.] Warum das so ist? Wer weiß? Ich hab ein Faible für Vorhänge, ich weiß auch nicht warum, ich hab nämlich nie Theater gemacht. Aber ich liebe Vorhänge und Räume, in denen der Blick gehalten wird. Keine Ahnung, woher das kommt. Ich habe viele Aquarelle gemalt mit Vorhängen an den Seiten, keine Ahnung, wieso. Irgendetwas fasziniert mich daran. Salomes Schleiertanz. Irgend sowas.
Eine der eindrucksvollsten Szenen ist die in der Disco. Es handelt sich nicht nur um die ultimative »Club«-Szene – die Höllendisco –, auch der Soundmix ist genial. Die Figuren schreien sich an, doch man versteht kein Wort. Genau so ist es in Clubs, wenn man sich unterhalten will. Aber das Geheimnis der Szene wird durch die Untertitelung unterwandert. Hatten Sie von Anfang an vor, die Sequenz zu untertiteln?
Ja!
Ich dachte, das sei vielleicht die Schnapsidee eines Verleihers gewesen!
Nein, das war meine Schnapsidee! Nicht zu untertiteln hielt ich für die zweitbeste Lösung. Es gab Dinge, die man hören und verstehen mußte. Andererseits kann ich nicht die Musik ausblenden, damit man den Dialog hört. In einem Club versteht man kein Wort, außer man schreit, das war die Idee. Die Musik lief in voller Lautstärke, auf allen Kanälen. Wir drehten bis zum Anschlag auf, und die Leute sprachen wirklich laut genug, um gehört zu werden, es funktionierte also. Dann war die Idee, die Sätze aufzunehmen und sie nebenan bei normaler Lautstärke abzuspielen, aber trotzdem die ganze Szene zu untertiteln. Die Musik hat Lautstärke zehn, der Dialog Lautsärke zwei, aber das macht nichts.
Der Dialog beginnt ziemlich merkwürdig, doch in der zweiten Hälfte erwähnt Jaques Renaud Lauras Vater. Laura versteht es kaum: sie hört, was er sagt, aber sie kann nichts damit anfangen. Und es bleibt ihr in diesem Moment erspart,

weil die Typen hereinkommen. Sie hätte allerdings merken können, daß ihr Vater in eine ungute Sache verwickelt ist. Die Szene handelt davon, daß man in einer kleinen Welt alles irgendwann auf dem einen oder anderen Weg erfährt. Und dies ist der Moment, in dem Laura es erfährt. In Anwesenheit aller Beteiligten. Ich liebe diese Vorstellung.
Sie schrieben die Musik zu dieser Szene selbst. Wie kam es dazu?
Ich ging mit ein paar Musikern ins Studio, weil Angelo in New Jersey war, und mich packte die Experimentierlaune. Ich hatte die Leute bei Aufnahmen zu *Ronnie Rocket* kennengelernt. Ins Aufnahmestudio zu gehen ist phantastisch, aber man weiß nie, was dabei rauskommt. Die Jungs hatten alles drauf. Ich stellte mir was mit Bässen vor und sprach mit dem Bassisten darüber, und wir entwickelten ein simples Baßmotiv, das sich wiederholt. Stark. Die anderen greifen es auf, und man klimpert herum, bis die Sache ein Gesicht bekommt.
Ich wollte den Gitarristen dazuholen, aber er hatte keine Zeit. Der Schlagzeuger erzählte mir von einem gewissen Dave, der gerade aus England gekommen war. Er holte ihn dazu, und ich sagte zu Dave: »Wir brauchen dunkle 50er Jahre-Akkorde über dem Motiv«, aber er hörte nicht auf mich. Ich bin heilfroh darüber, denn er spielte aus dem Bauch diese unglaubliche Oberstimme dazu. Sie traf haargenau die Stimmung! Später nannten wir das Stück *The Pink Room*. Das nächste hieß *Blue Frank*. Es ist wie beim Malen: Wären wir länger geblieben, wären zehn zusammenhängende Sachen herausgekommen.
Die Pressekonferenz für die Weltpremiere von FIRE WALK WITH ME *bei den Filmfestspielen von Cannes muß kein reines Vergnügen gewesen sein.*
Oh nein. Wahrscheinlich hab ich sie völlig verdrängt. Ich mußte erkennen, daß ich TWIN PEAKS mit diesem Film endgültig den Todesstoß versetzt hatte. Es herrschte eine ausgesprochen feindselige Atmosphäre. Wenn man einen Raum betritt, in dem eine wütende Menge wartet, spürt man das,

Catherine E. Coulson als Margret Lanterman, die Log Lady, in TWIN PEAKS: FIRE WALK WITH ME

ohne daß jemand den Mund aufzumachen braucht. Ich hatte es schon bei der Landung gespürt! [Lacht.] Mir war speiübel, der Arzt mußte mitten in der Nacht ins Hotel kommen, und am nächsten Morgen hatte ich meine Pressekonferenz. Ich konnte mich kaum auf den Beinen halten, als ich da reinging. Es war wirklich kein Vergnügen.
Ist denn gar nichts gutgegangen?
Sogar die angenehmen Seiten gingen in die Hose. Mr. Bouygues, der Gründer von CiBy 2000, gab eine riesige Party, aber er war nicht sonderlich beliebt. Und er litt an einer Krankheit. Er sollte separat sitzen, damit er niemandem zu nahe kam. Wir sitzen also in einem abgetrennten Bereich, nur damit Mr. Bouygues ein ruhiges Plätzchen hat. Viele, die nicht bei uns saßen, waren stinksauer, daß es zwei getrennte Bereiche gab. Statt daß sich alle amüsierten, wurde die Party zum Politikum und ging völlig in die Hose. Michael Anderson und Julee Cruise traten auf, es war herrlich. Irgendwie cool. Wenn der Film angekommen wäre, wär's 'ne wunderbare Party geworden.
Wie schützen Sie sich, wenn Ihre Arbeit verrissen wird?
Der größte Schutz ist das Gefühl, zu seiner Arbeit stehen zu können. Das schützt enorm. Wenn einem selbst nicht gefällt, was man gemacht hat, und den anderen auch nicht, ist es ein doppelter Hammer! Dann wird's echt heftig. Oft liegt irgendetwas in der Luft, das den Leuten den Blick versperrt. Es muß gar nichts Reales sein, doch sie reagieren mehr darauf als auf den Film. Nach einiger Zeit sehen sie den Film nochmal und können plötzlich was damit anfangen. Das kommt vor.
Ich bedaure sehr, daß FIRE WALK WITH ME ein Flop war und viele den Film schrecklich fanden. Ich mag ihn sehr. Aber er war von Anfang an belastet. Er hatte bestimmten Vorgaben zu entsprechen, innerhalb dieses vorgegebenen Rahmens ist er allerdings so frei und experimentell wie nur möglich.
Hat Sie diese Erfahrung veranlaßt, Ihre Tätigkeit als Filmemacher zu überdenken?

Ich hoffe nur, weiterhin Filme in einer Atmosphäre machen zu können, in der ich die Freiheit habe, Fehler zu machen, in der ich all die magischen Dinge entdecken kann, das Recht auf den Endschnitt und die Kontrolle über das Werk habe. Dann soll mir alles andere egal sein. Ich möchte, daß die Leute in Filme investieren, Geld verdienen und froh sind, mitgemacht zu haben.

It's a Great Big Wonderful World
WILD AT HEART und weird on top

1990 war Lynchs *annus mirabilis*: WILD AT HEART gewann die Goldene Palme in Cannes, die Fernsehserie TWIN PEAKS war weltweit ein Bombenerfolg. Aus dem Musik-/Performance-Stück *Industrial Symphony No. 1*, das Lynch mit Angelo Badalamenti an der Brooklyn Academy of Music inszenierte, ging das Album *Floating in the Night* hervor und machte die Sängerin Julee Cruise zum Star. Fünf Einzelausstellungen zwischen 1989 und 1991 wiesen auf Lynchs Wurzeln in der Bildenden Kunst und Malerei hin, und zahllose Werbespots (einschließlich eines Trailers für Michael Jacksons »Dangerous«-Tournee) bewiesen, daß der Lynch-Touch gefragt war. Es war vom »Renaissancemenschen« Lynch die Rede, und seine Beziehung mit Isabella Rossellini wurde von der Photographin Annie Leibowitz in einem gestylt-schrillen Bild festgehalten.
Der Regisseur von ERASERHEAD war in einem unerwarteten Szenario zu einem einflußreichen und begehrten Markennamen geworden. 1991 befragte die Schweizer Kunstzeitschrift *Parkett* unter dem Titel »(Warum) ist David Lynch wichtig?« auf zehn Seiten zweiunddreißig Künstler, Schriftsteller, Kulturjournalisten und -theoretiker, darunter Jeff Koons, Kathy Acker und Andrew Ross, nach ihrer Meinung zur Bedeutung(slosigkeit) von David Lynch.
Ironischerweise hat Lynch bei allem, was en vogue ist, stets Unbehagen empfunden. Als EASY RIDER in Cannes zum besten Erstlingswerk gekürt worden war und die amerikanische Filmwelt unter den Folgen des Films für Publikum und Industrie taumelte, hatte Lynch im ERASERHEAD-Bunker gesessen – blind oder unempfänglich für das, was Dennis Hopper in den Köpfen der Hollywood-Gewaltigen ausgelöst hatte.
Peggy erinnert sich an die Zeit an der Pennsylvania Academy: »Wir waren wahrscheinlich die einzigen Studenten

der 60er Jahre, die nicht LSD nahmen! David macht gern auf ›hausbacken‹ und liebt volkstümliche Sprüche. Er war ein Modemuffel, das gehört alles zusammen. Er rannte nicht in schwarzen Rollis rum; er trug Schlabberhosen und knöpfte die Hemden bis oben zu. Jeans verschmähte er, weil sie ›in‹ waren. David haßte Trends. Jetzt ist er zum Trendsetter geworden.«

WILD AT HEART, Lynchs Adaption eines Romans von Barry Gifford, bekam schnell grünes Licht. Der Erfolg in Cannes fiel in eine Zeit, als das amerikanische Kino auf dem Weg war, sich bei den Festival-Preisen eine dominierende Position zurückzuerobern – wie bereits Ende der 60er, Anfang der 70er Jahre. Wie zahlreiche amerikanische Gewinner der Goldenen Palme beschrieb WILD AT HEART eine Gesellschaft am Rande der Selbstopferung. Doch Lynchs »freie« Adaption, die Giffords Geschichte in ein Kaleidoskop bizarrer und oft extrem brutaler Begegnungen verwandelt, überforderte das Preview-Publikum. Selbst als Lynch den ungebrochenen Enthusiasmus, der den Film zu infizieren schien, erkennbar dämpfte, warfen gewisse Kreise ihm Verliebtheit in die eigenen Mittel vor: Supermarkt-Surrealismus, *weirdness* von der Stange.

Gifford, der an Drehbuch und Film nicht beteiligt war, sieht dies anders: »Alle möglichen Journalisten wollten eine Kontroverse vom Zaun brechen und von mir Äußerungen hören wie ›Der Film hat keinerlei Ähnlichkeit mit dem Buch‹ oder ›Lynch hat mein Buch ruiniert‹. Ich glaube, von *Time Magazine* bis *What's On in London* waren alle enttäuscht, als ich sagte, »Es ist ein phantastischer, wunderbarer Film. Eine große, schwarze Musical-Comedy.«

In Wirklichkeit ist WILD AT HEART – in seiner filmischen Wirkung schier unwiderstehlich – wohl eher zu gleichen Teilen gelungen und mißlungen. Die Exzesse des Bizarren, wie Mr. Reindeer, stehen befremdlich neben der erschütternden emotionalen Wucht von Szenen wie Sheryl Fenns Autounfall oder der »Sag: fick mich«-Szene zwischen Bobby Peru und Lula. Beide zeigen Lynch von seiner eindringlichsten Seite, bei letzterer handelt es sich um eine typisch Lynchsche Vergewaltigungsszene – verübt auf sprachlicher Ebene. Doch die gewohnte perfekte Synthese von Licht und Dunkel, Komik und Grauen will dem Film nicht gelingen. Hier zeigt sich zudem, daß Lynchs Vertrauen auf intuitives Filmemachen die sublimsten Momente hervorbringen, aber auch weit hinter die eigenen Ansprüche zurückfallen kann. Die bunte, glänzende Oberfläche von WILD AT HEART und seine »lärmende« Optik bilden im Lynchschen Œuvre eine Ausnahme, ebenso die untypisch »gesunde« sexuelle Leidenschaft, in der der Film schwelgt.

Bis zu diesem Zeitpunkt war die Gewalt nicht im amerikanischen Independent-Film zu Hause – dies war das Terrain der *majors*. Mit WILD AT HEART begann der Kurswechsel des freien Sektors auf ein brutaleres, triebhafteres Kino, das in RESERVOIR DOGS kulminieren sollte. Das alles war symptomatisch für eine Stimmung im Land, die sich mit den Ausschreitungen im Mai 1992 ausgerechnet in »Tinseltown« entlud. Wenn WILD AT HEART seinerzeit gefährlich chaotisch und schockierend wirkte, unterstreicht dies nur, daß die Antenne Lynch 1990 exakt ausgerichtet war.

RODLEY: *Wann genau sind Sie aus der* TWIN PEAKS-*Serie ausgestiegen, um mit den Dreharbeiten zu* WILD AT HEART *zu beginnen?*
LYNCH: Ich hatte den Pilotfilm gedreht, die erste Staffel war auch abgedreht – weitere sieben Folgen. Ich weiß noch, als wir WILD AT HEART auf der Lucas Ranch mischten, sahen wir uns abends im Fernsehen TWIN PEAKS an. WILD AT HEART muß also in etwa fertig gewesen sein, als bei ABC die vierte Folge von TWIN PEAKS lief. Irgendwann in der Zeit. Dadurch war ich nur sehr peripher an der zweiten Staffel beteiligt. Der Ausstieg fiel mir nicht leicht, aber der Tag hat nur vierundzwanzig Stunden.
Nach den schlechten Erfahrungen mit DUNE – *einschließlich der Schwierigkeit, eine bereits existierende Vorlage zu adaptieren – waren Sie zu Ihren eigenen Stoffen zurückgekehrt.*

Nicolas Cage und David Lynch bei den Dreharbeiten zu WILD AT HEART

Warum griffen Sie mit WILD AT HEART *wieder auf einen Roman zurück?*
Ich hatte einige Projekte an Dinos Gesellschaft verloren und versuchte, sie zurückzubekommen, in der Hoffnung, eines davon realisieren zu können – ein Prozeß, der sich über mehrere Jahre hinzog. Ich war auf der Suche nach dem nächsten Film, als mir mein Freund Monty Montgomery ein Buch in die Hand drückte, das er verfilmen wollte. Er frage mich, ob ich vielleicht den ausführenden Produzenten machen würde. »Okay, Monty«, sagte ich, »aber was ist, wenn ich mich beim Lesen in das Buch verliebe und es selbst machen will?« Darauf er: »Dann machst du es eben selbst.« Also versprach ich es zu lesen.
Es ging um *Wild at Heart* von Barry Gifford. Ich las das Buch, und es war genau das Richtige zum richtigen Zeitpunkt. Der Roman und die Gewalt in Amerika vereinten sich in meinem Kopf und lösten viele unterschiedliche Dinge aus. Meine Hand greift zum Hörer, ich rufe Monty an und sage: »Das Ding ist Spitze! Ich will es unbedingt machen!« So fing es an.
Machte es Ihnen zu schaffen, daß Ihre eigenen Filmideen rechtlich einem anderen gehörten?
Das ist grauenhaft. Das schlimmste Beispiel der letzten Jahre ist vermutlich Credence Clearwater Revival. Irgendwer hat sich sämtliche Rechte unter den Nagel gerissen, und sie haben zehn Jahre nichts aufgenommen, nur um aus diesem grauenhaften Vertrag rauszukommen. Ich kenne die Einzelheiten nicht, aber dadurch wurde neue Musik verhindert. Wer weiß, was uns da vorenthalten wurde?
Der Schutz »geistigen Eigentums« war immer ein heikles Thema.
Ja, und Ideen sind etwas Merkwürdiges, weil sie einem eigentlich nicht gehören. Sie existierten irgendwo, tauchten irgendwann in deinem Kopf auf und wurden die deinen, aber davor waren sie es nicht. Trotzdem sollte derjenige, der die Idee aufschnappt, den Löwenanteil dessen erhalten, was dabei herausspringt. Heutzutage ist es umgekehrt.

Was fanden Sie an Giffords Roman so inspirierend?
Sailor und Lula sind tolle Figuren. Sailor war sehr maskulin, trotzdem respektierte er Lula, ohne dadurch zum Schwächling zu werden. Er betrachtete sie als ebenbürtig. Sie war total feminin, respektierte Sailor und betrachtete ihn ihrerseits als ebenbürtig. Gemeinsam gingen sie durch diese seltsame Welt, waren sie selbst und fühlten sich wohl dabei, daß jeder er selbst war. Ich erkannte darin eine moderne Liebesgeschichte in einer brutalen Welt – einen Film darüber, wie man in der Hölle Liebe findet.
Wie viele Ihrer Filme sprengt auch WILD AT HEART *Genregrenzen. Das bringt immer wieder Probleme bei Kritikern und Zuschauern.*
Ja, WILD AT HEART ist ein Road Movie, eine Liebesgeschichte, ein Psychodrama und eine brutale Komödie. Eine merkwürdige Mischung von allem.
Bei der Adaption für die Leinwand haben Sie viele Änderungen vorgenommen, Gifford war am Drehbuch nicht beteiligt. Wie hat er auf Ihre Fassung reagiert?
Ich hatte Bedenken, weil ich Neues dazuerfunden hatte. Barrys Vorlage brachte mich auf viele Ideen. Aber er fand sie gut. Manch einer wäre bei solchen Änderungen am Boden zerstört gewesen und hätte sich 'ne Knarre besorgt. Aber Barry meinte, »Schau, dann gibt es eben meine Version und deine Version von WILD AT HEART, das find' ich prima. Mach damit, was du willst.« Für mich ist es lediglich eine Ideensammlung – in der die dunkleren, die helleren und die komischen zusammenwirken.
Sie schrieben nicht nur das Drehbuch in Windeseile, der Film ging fast unmittelbar darauf in Produktion. Die Sache lief anscheinend wie geschmiert.
Richtig. Ich weiß noch, als Steve Golin und Monty Montgomery – die Produzenten – das Drehbuch lasen, waren sie ganz heiß darauf. Ich sagte, ich wolle noch einiges umschreiben, aber vielleicht hätten sie ja Lust, schon mal anzufangen. Es war, als hätte ich eine Lunte gelegt. Eine regelrechte Explosion.

Der Geist von THE WIZARD OF OZ *hatte bereits des öfteren in Ihren Filmen gespukt – zum Beispiel im Namen der Rossellini-Figur Dorothy Vallens –, doch* WILD AT HEART *ist voll mit expliziten Anspielungen. Warum?*
Ich liebe THE WIZARD OF OZ, und irgendwann kam mir, daß Sailor und Lula zu der Art von Leuten gehören, die sich ein solches Märchen aneignen und was echt Cooles draus machen. Die Welt in dem Film war furchtbar brutal, daher war es schön, daß Sailor ein Rebell war, aber ein Rebell, der von THE WIZARD OF OZ träumt. Und der gemeinsame Traum machte Sailor und Lula zu sympathischen Figuren. Aber dann sickerte es überall ein. Ich weiß noch, daß mir ein Satz für O.O. Spool einfiel, den Jack Nance spielte, über den Hund: »Vielleicht denkt Ihr, es wäre der kleine Toto aus dem Zauberer von Oz.« Die Vorstellung, daß ein Dritter Sailors und Lulas Geheimnis ansprach, war ein doppelter Hammer. Es paßt zum Thema, aber gleichzeitig ist es beängstigend. Mir gefiel die Art und Weise, wie sich THE WIZARD OF OZ in WILD AT HEART immer wieder rein- und rausschlich: am Schluß verschwindet Mariettas Bild; wenn Bobby Peru Lula besucht, schlägt sie die roten Absätze zusammen; und am Ende die gute Fee.
Was genau gefällt Ihnen so an THE WIZARD OF OZ?
Es gibt ein bestimmtes Maß an Angst in dem Film und Dinge, von denen man träumen kann. Daher wirkt er in gewisser Hinsicht wahrhaftig. Er muß sich bei mir festgesetzt haben, als ich ihn zum ersten Mal sah, wie bei Millionen anderen Menschen auch.
Für viele Leute hatte es wohl mit dem tröstlichen Schluß zu tun: »Nirgends ist es besser als daheim«. Das Zuhause als letzte Zuflucht vor allen Sorgen, aller Angst – genau das Gegenteil der Zuhause in Ihren Filmen!
[Lacht.] Genau. Aber die Familie in THE WIZARD OF OZ sind nicht Dorothys echte Eltern. Das ist alles sehr merkwürdig. Es macht einen verrückt! [Lacht.]
Lula ist eine Ausnahme unter Ihren Frauenfiguren; sie ist weder Masochistin noch ist sie tot, und sie hat auch nichts be-

Sailor und Lula: Nicolas Cage und Laura Dern in WILD AT HEART

drohlich oder unerklärlich Mysteriöses. Im Gegenteil, Lula ist eine tolle Frau.
Ja. Das hat mich an Barrys Roman interessiert. Da wird eine Frau geschildert, die wirklich stark ist und voller Verständnis – und sie ist trotzdem ein *fun-loving babe*!
Nachdem ich Laura Dern als naive, weitgehend unschuldige Sandy in BLUE VELVET *gesehen hatte, war ich überrascht, daß sie in* WILD AT HEART *die scharfe Lula spielen sollte. Für damalige Verhältnisse eine radikale Besetzung.*
Nein. Für mich stand Laura von Anfang an fest. Viele Leute fanden das unbegreiflich, sie kannten und respektierten ihre Arbeit, aber als Lula konnten sie sie sich nicht vorstellen. Jede Figur setzt sich aus vielen unterschwelligen Dingen, merkwürdigen Entscheidungen oder der seltsamen Art, ein Wort auszusprechen, zusammen. Die Figur der Lula ist schwer zu fassen und Kaugummi hat viel mit ihrem seelischen Gleichgewicht zu tun! Ich hatte Laura als Lula vor Augen und Nicolas Cage als Sailor. Für mich waren sie das ideale Paar. Nick ist ein echter Las Vegas-Typ. Er paßt perfekt nach Vegas. Als wär's für ihn gebaut!
Ich lud sie ziemlich bald zum Essen ein, damals kannten sie sich noch gar nicht, und an jenem Abend brach in der Cinematheque am Beverley Boulevard ein Großbrand aus. Das war schon merkwürdig.
Feuer und aufflammende Streichhölzer ziehen sich als wiederkehrendes Motiv durch den gesamten Film. Warum wurde dieses Bild für Sie so wichtig?
Lulas Vater ist bei einem Feuer umgekommen, und in meiner Version saß Sailor draußen im Wagen, als es passierte. Und ihre eigene Mutter ist in den Mord verwickelt. Es wird viel geraucht, und der ganze Vorspann ist ein Flammenmeer. Feuer spielt also eine große Rolle in der Beziehung zwischen Sailor und Lula, und die Streichhölzer wurden zu einem der verbindenden Elemente zwischen ihnen, das allerdings auch droht, die Beziehung zu zerstören. All das kettet sie aneinander – sie wissen es und stehen auf seltsame Weise drüber. Moderne Liebe, Mann, einfach phantastisch! Zwei

Menschen, mit allen menschlichen Bedürfnissen, doch sie verzeihen einander, daß sie so sind, wie sie sind. Diese Dinge durch Dialoge auszudrücken, ist langweilig. Da bleibt man zu sehr an der Oberfläche.
Sie erwähnten das Zigarettenrauchen. Manchmal wirkt der Film fast wie eine Hommage an das Nikotin!
Das steht schon im Roman, aber ich habe es ausgedehnt. Lula fragt Sailor: »Wann hast du angefangen zu rauchen?« Im Buch sagte er: »mit sechs«, wir haben »vier« daraus gemacht, die zwei Jahre Unterschied machen es witzig und absurd!
Die Antwort lautete nicht nur »Mit vier«, stimmt's? Er sagt: »Mit vier. Meine Ma war damals schon an Lungenkrebs gestorben.«
Ja, und Lula sagt: »Ach, tut mir echt leid.« »Schon gut,« sagt er, »ich hab sie eh kaum zu Gesicht gekriegt.« [Lacht.] Ein Hammer nach dem anderen. Der arme Kerl hat ein Leben gehabt wie Millionen andere. Auch das mochte ich an der Geschichte: Sie hatte etwas »Wildes«. Ich konnte den Begriff förmlich spüren. Heute spüre ich ihn hundertmal stärker. Wir sind vom »Wilden« zum »Wahnsinn« gelangt. Die Weltenkitt hält nicht mehr.
WILD AT HEART *unterscheidet sich insofern stark von Ihren anderen Filmen, als er stark an der Oberfläche operiert, sehr bunt, schnell und unruhig ist. Wollten Sie mit diesem Stilmittel jenes Gefühl von Verrücktheit vermitteln?*
Ja. Wir gewöhnen uns allmählich daran, daß die Welt verrückt ist, aber ich schwöre Ihnen, 1988 oder '89, als ich das Buch zum ersten Mal las, war es noch etwas anders. Die Welt ändert sich nicht, wir meinen nur immer, daß sie schlechter wird. Vielleicht meinen wir ja eines Tages, daß sie besser wird, damals hatte ich allerdings den Eindruck, daß sie verrückter wird. Das gefiel mir an dem Roman. Der Wahnsinn, der sich um die beiden Figuren abspielte, war ziemlich spannend.
Der Wahnsinn wird schon in der ersten Szene mit einem unglaublich brutalen, schockierenden Mord etabliert. Hatten

Sie immer die Absicht, dem Publikum erst einmal einen gehörigen Schock zu versetzen?
Ja, aber im Drehbuch liegt diese Szene am Ende des Films. Für den Anfang war eine zweite, ebenso wirkungsvolle Szene vorgesehen, mit einem riesigen Motorrad auf vollem Tempo. Und die Straße hat Holperschwellen. Ein verrückter Raser und Holperschwellen – genau das, was man sich am allerwenigsten wünscht! Aber aus irgendeinem Grund – es war wieder mal Schicksal – kamen wir nicht dazu, die Szene zu drehen. Da sie fehlte, kam unser Cutter Duwayne Dunham auf die Idee, die andere Szene nach vorn zu verlegen, damit der Film mit derselben Power anfängt.
Die Szene löst doch aber die Handlung aus. Wie hätte sie da am Schluß stehen können?
Vielleicht sollte sie auch in irgendeiner Form am Anfang stehen, als Start, ich erinnere mich nicht mehr so genau. Sie hätte vielleicht bis zu einem bestimmten Punkt gehen und später als Rückblende nochmal kommen können, komplett.
Die Dramaturgie von Road Movies ist per Definition problematisch. Wollten Sie ausgiebig mit dem Mittel der Rückblende spielen, um die dramatische Spannung zu erhalten?
Wir hätten die Rückblenden ohne weiteres weglassen können, aber ich wollte nicht darauf verzichten. Wir gaben uns große Mühe, das Problem zu lösen, daß man von einem Ort zum nächsten fährt und dabei merkwürdige Gefilde durchquert, ohne dabei die Richtung aus den Augen zu verlieren.
Sie haben auch den traurigen Schluß der Vorlage geändert, nicht wahr?
Barrys Roman endet damit, daß Sailor von Lula fortgeht, das fand ich deprimierend. Und es schien mir offen gestanden nicht realistisch, wenn man bedenkt, was sie für einander empfinden. Kein bißchen realistisch! Der Schluß war irgendwie cool, aber er überzeugte mich nicht. Mein erster Entwurf hatte mehrere Schlüsse, denn wenn man mit einem Film zu einem Verleiher oder so jemandem kommt, muß man auf alles gefaßt sein. Manchmal sagt man sich: »Das

WILD AT HEART: Sheryl Lee als gute Fee

sind die Falschen für mich«, und basta. Doch als Sam Goldwyn eine frühe Drehbuchfassung sah, meinte er, »Der Schluß gefällt mir nicht«, und ich erwiderte – es platzte mir einfach so raus – »Mir auch nicht!« [Lacht.] Darauf er: »Warum ändern Sie ihn nicht?«, und ich: »Ich werd ihn ändern, verlassen Sie sich drauf! Selbst wenn Sie den Film schließlich doch nicht machen, ich werd ihn ändern!«
Sie haben den Schluß also nicht zu einem Happyend umgeschrieben, um den Film kommerziell aufzuwerten?
Keineswegs. Aber das war für mich ein Problem. Es ist wesentlich kommerzieller, ein Happy-End zu schreiben, und trotzdem: Hätte ich den Schluß nicht geändert, damit mir niemand den Vorwurf der Kommerzialität machen kann, wäre ich dem Material nicht gerecht geworden. Sailor und Lula mußten zusammenbleiben: Das Problem war, wie sich das machen ließ, ohne auf die Szene, in der sie sich trennen, verzichten zu müssen. Schließlich half uns THE WIZARD OF OZ bei der Lösung dieses Problems. Wir mußten lediglich weiterarbeiten und es tun, ohne Rücksicht darauf, daß die Leute sagen könnten: »David hat sich verkauft«.
Wie schon BLUE VELVET *ist der Film eine gewitzte Mischung aus extremer Brutalität und Komik, vielleicht sogar noch stärker.*
Ich machte alles Helle etwas heller und alles Schwarze etwas schwärzer. Ich will Kontraste in einem Film, es gibt so viel Schreckliches und so viel Schönes im Leben. Die Leute sprechen mich immer nur auf die beängstigenden, dunklen Seiten meiner Filme an, das Heitere wird nicht einmal erwähnt. Richtig oder falsch, die Dennis-Hopper-Rolle in BLUE VELVET ist für die meisten die coolste Figur, doch der Film hat noch eine andere Seite. Die Szene, in der Sandy Jeffrey von den Rotkehlchen erzählt, ist mir sehr wichtig.
Ich verstehe, wenn die Leute behaupten, was in den Filmen geschieht, sei seltsam und grotesk, aber die Welt ist seltsam und grotesk. Es heißt, Wahrheit sei seltsamer als Fiktion. Der Auslöser für alles Seltsame in den Filmen ist diese Welt,

also kann sie gar nicht so seltsam sein. Am liebsten ist mir das Absurde. Der Kampf gegen die Unwissenheit hat für mich echte Komik. Über einen Mann, der so lange gegen eine Wand rennt, bis er nur noch ein blutiger Klumpen ist, würde man nach einer Weile lachen, weil es absurd wird. Aber ich entdecke nicht nur Komik im Unglück – ich finde es ungeheuer heroisch, wie Leute trotz aller Verzweiflung weitermachen.

Ausgelassenheit und Horror sind in WILD AT HEART *extrem, dadurch wirkt der Film viel unverblümter surreal als etwa* BLUE VELVET. *Manche Kritiker meinten in diesem Zusammenhang, David Lynch dreht David Lynch.*

Ich finde das amerikanische Publikum sehr surreal, und es versteht Surrealismus. Die Vorstellung, daß es nicht so sei, ist völlig absurd. Man redet den Leuten nur ein, sie würden es nicht verstehen. Wo man hinkommt erzählen einem alte Leutchen äußerst surreale Geschichten mit merkwürdiger Komik. Und jeder von uns hat einen völlig surrealen Bekannten.

Ich entdecke es überall – ich betrachte die Welt und entdecke überall um mich Absurdes. Die Menschen tun lauter merkwürdige Dinge, das geht soweit, daß es uns meist gar nicht mehr auffällt. Deshalb liebe ich Coffee Shops und öffentliche Treffpunkte – dort erlebt man es.

Es kommt viel Sex vor in dem Film und Gewalt. Allerdings viel spielerischer als bei den krankhaften Paarungen in BLUE VELVET.

Was mir an Barrys Roman gefiel, war, wie frei Lula und Sailor beim Sex waren. In einer idealen Welt wären Männer und Frauen verschieden, aber ebenbürtig. Es gab so viel Freiheit, Glück und Ebenbürtigkeit in dieser Beziehung, so verrückt die beiden waren. Und Nick Cage und Laura Dern besaßen diese Mentalität. Es gab Berührungspunkte mit Sailor und Lula, daher waren die Sexszenen, naja, wirklich wild und machten viel Spaß. Sie konnten alles miteinander anstellen, ohne daß es pervers wurde. Wie in dem Buch *The Joy of Sex!* [Lacht.] Es war richtig nett.

Isabella Rossellini als Perdida Durango und Nicolas Cage als Sailor Ripley in WILD AT HEART

Sailor Ripley wartet in Big Tuna auf Bobby Peru, mit dem er eine Bank überfallen wird

Orson Welles soll gesagt haben, es gäbe zwei Dinge, die im Film nicht gehen – Sex und Beten.
Der Meinung bin ich nicht, aber knifflig ist es schon!
Wie war es, ein Road Movie zu drehen?
Die Sache ist, ich hasse Kamerawagen – hier hatten wir allerdings ganz, ganz tolle Kamerawagen und Leute, die wußten, wie man schnell und sicher damit umgeht. Und wir hatten diese tolle Szene, von der 99% nicht verwendet wurden. Es war einer der Tage, an denen wir einfach Fahrszenen drehten. Um sechs Uhr morgens muß man am Drehort sein. Es ist noch dunkel. Wir stehen da draußen rum, und die Kollegen arbeiten am Aufbau. Okay, gut. Ich hab meinen Doughnut und meinen Kaffee und den Drehplan für den ganzen Tag.
Es ist acht und sie bauen immer noch auf. Zwei Stunden ist noch gar nicht so schlecht. Um Viertel nach zehn spreche ich Steve Golin an. »Steve, bindet mich meinetwegen auf den Wagen, wir drehen jetzt.« Darauf er: »Kommt gar nicht in Frage, David, daß wir dich auf den Wagen binden. Du brichst dir das Genick, deine Versicherung dreht durch, es ist gegen jede Vorschrift, und ich bin der Verantwortliche. Jeder x-beliebige Assistent wird dir sagen, daß wir dich nicht auf den Wagen binden können.« Und ich: »Steve, wenn die bis halb zwölf nicht fertig sind, steig ich auf den Wagen.« Und er: »Das tust du nicht, David.«
Inzwischen ist es nach der Mittagspause – einer langen Mittagspause –, und sie montieren immer noch. Um halb vier fangen wir zu drehen an, die Sonne geht unter, und wir verlieren unser Licht. Wir können nur noch in eine Richtung drehen, weil die Sonne durch den Canyon späht und alles unterbelichtet und rot ist. Wir drehen, bis uns das Licht ausgeht, und haben die Szene nicht im Kasten. Nur einen einzigen, kümmerlichen Take mit einer Fahrt bergab. Wir haben den ganzen Tag verloren. Es ist bei jedem Car-Shoot das gleiche. Ich mag Action, aber durch den Aufbau und alles geht der ganze Schwung verloren. Und wenn es erst um eine richtige Szene geht, ist es ungemein an-

strengend für mich und die Schauspieler, das Ding dann noch zu stemmen.

Und in WILD AT HEART *gibt es eine ganze Menge solcher Szenen.*

Ja. Ursprünglich waren es noch mehr, aber wir kamen nicht dazu. Deshalb drehe ich jedesmal, wenn ich tatsächlich auf dem Wagen sitze und der Aufbau funktioniert, so viele Szenen wie möglich, selbst wenn es die völlig falsche Umgebung ist! Ich drehe für den Fall, daß später etwas schiefgeht. [Lacht.] Am Ende tragen die Schauspieler in jeder Szene dieselben Klamotten! Wen juckt's? Verstehen Sie? Grauenhaft.

Trotzdem ich habe ein Faible für Technik, es ist schon seltsam. Wenn man die Technik der Crew überläßt, lernt man – zum ersten Mal –, was Warten bedeutet. Normalerweise hat man ständig zu tun. Und man kämpft ständig mit dem Licht: Entweder es wird Tag, oder es wird Nacht.

Ich las einen Bericht über die Dreharbeiten, in dem Willem Dafoe erzählt, wieviel Spaß der Film gemacht hätte, weil Sie auf seine Vorschläge regelmäßig mit »Versuchen wir's« reagiert hätten. Offensichtlich spielen Sie gern mit Darstellungsformen.

Als erstes muß ich sagen, daß Willem von Anfang bis Ende eine astreine, perfekte Vorstellung gegeben hat. Die Rolle des Bobby Peru ist mit nichts zu vergleichen, und Willem legte sie hin, als ob's ein Kinderspiel wäre! Aber es gibt auch andere Geschichten – zum Beispiel mit Kyle bei BLUE VELVET: Kyle macht aus reiner Blödelei diesen Entengang, den er noch von der High School kennt. Und ich bin ausgerastet! Also bauten wir ihn in den Spaziergang mit Sandy ein. Es war genau die Blödelei, die man mit einem Mädchen treibt. Man macht den Affen, aber sie mögen es. Es entsprang unmittelbar der Figur. Schauspieler machen andauernd solche Sachen, sie dürfen's nur nicht übertreiben. [Lacht.]

Der englische Schauspieler Freddie Jones taucht regelmäßig in ihren Filmen auf.

Diane Ladd als Marietta Pace, Lulas Mutter, in WILD AT HEART

Willem Dafoe als Bobby Peru in WILD AT HEART

Ich liebe Freddie Jones. Er ist einer der großartigsten Menschen auf der Welt! Ich liebe diesen Kerl! [Lacht.]
In WILD AT HEART *hat er einen äußerst merkwürdigen kleinen Auftritt als Bargast George Kovich. Warum dieser bizarre Kurzauftritt?*
Ursprünglich hatte er einen endlosen Monolog aus Barrys Roman, über Tauben – Ratten mit Flügeln. Und Freddie war phantastisch! Es war so komisch, daß ich mich beinahe totgelacht hätte. Ich mußte einen Cowboyhut und eine Sonnenbrille aufsetzen und mir ein Taschentuch vor den Mund binden – ich konnte mir das Lachen nicht verkneifen! Ich wußte, daß es falsch war. Wenn ich nicht platzte, platzte Laura. Einmal platzte Nick los. Manchmal sogar Freddie. Es wurde immer schlimmer, weil jeder Schauspieler an der Bar – Freddie, Nick und Laura – so sehr in seiner Figur war.
Flog die Szene deshalb raus?
Nein, sie flog raus, weil sie zuviel des Guten war. Sie wollte kein Ende nehmen. Wir schnitten sie immer weiter zusammen und experimentierten mit unterschiedlichen Teilen daraus, und am Ende flog sie ganz raus. Aber einmal spielte Duwayne die Szene im Schneideraum im schnellen Vorlauf ab, und Freddies Stimme wurde immer schneller. Ich wäre fast in Ohnmacht gefallen! Ich rief Freddie in London an und sagte, »Freddie, ich muß dir sagen, ein Großteil deiner Szene ist rausgeflogen, und ich will dir eine Piepsstimme geben«. Er meinte nur: »Mach, was du willst, David. Du hast sicher recht.« So kam die Szene zustande. [Lacht.]
Er ist ein großartiger Schauspieler. In THE ELEPHANT MAN spielte er einen finsteren, gestörten Mann, aber er hat einen Humor, eine Verletzlichkeit und eine Art, Dinge auszudrücken, die mich einfach verrückt macht. Ich liebe die Art, wie er geht, seine Bedenken und seine Zwanghaftigkeit. Er ist ein Vollblutschauspieler. Das ist sein ganzes Leben.
Wir sprachen zuvor von der schaurigen Unfallszene mit Sherilyn Fenn. Eine weitere, besonders eindrückliche und ungemütliche Konfrontation ist die »Sag: fick mich«-Szene zwischen Lula und Bobby Peru. Wie kam sie zustande?

Ich weiß nicht mehr genau, wie es dazu kam. Im Buch hekken Sailor und Bobby Peru das Ganze aus. Lula bleibt außen vor. Doch wenn sie ebenbürtig waren, mußte Bobby Peru – der »Schwarze Engel« – beide verführen. Ich weiß nicht mehr, was zuerst existierte, die Szene oder diese Überlegung, doch die Szene entstand sozusagen von selbst. Das kam öfter vor bei WILD AT HEART. So auch die Szene mit dem Unfall. Sherilyn Fenn erinnerte mich immer an eine Porzellanpuppe. Und eine zerbrochene Porzellanpuppe ... ich sprach immer mal wieder mit ihr darüber, und daraus entstand dann die Szene.
Die ersten Testvorführungen stießen auf vehemente Ablehnung. Was passierte da genau und warum?
Einige Szenen waren ziemlich brutal. Bei einer Testvorführung gingen dreihundert Leute raus, von vielleicht 350! [Lacht.] Eine Szene hatte es besonders in sich. Die Leute gingen nicht nur raus, sie waren richtig wütend. Sie bekundeten ihren Unmut über den Film, indem sie physisch den Saal verließen. Solche Sachen lernt man aus den Testvorführungen. Man könnte es einen Kompromiß nennen, wenn man etwas ändert, damit die Leute nicht rauslaufen, aber ich glaube, diese eine Szene ging wirklich zu weit.
Welche Szene war denn so problematisch?
Die Folterung und Ermordung von Johnny Farragut, gespielt von Harry Dean Stanton.
Daß Bobby Peru sich mit der Flinte den Schädel wegschießt, hat das Testpublikum dagegen hingenommen?
Ja, das war auch nicht ohne, aber es passiert gegen Schluß, und oberflächlich betrachtet hat Johnny das, was er bekommt, nicht verdient, Bobby dagegen schon. Und es zieht sich eine Spur Komik durch den ganzen Film, bis auf die Szene mit Johnny; da war die Komik weg. Die Mischung, die wir geplant hatten, stieß die Leute schlichtweg ab. Doch nach dieser winzigen Änderung zog das Publikum mit. Ich glaube, es gibt eine magische Schwelle, wenn man die überschreitet, gibt's Ärger.
Hat Sie die Ablehnung überrascht?

Ein bißchen. Jeder hat eine Schmerzgrenze, aber sie liegt bei jedem woanders. Ich hatte nicht geglaubt, diese Schmerzgrenze so ausgereizt zu haben, daß die Leute den Film angreifen. Rückblickend glaube ich, es hat nicht viel gefehlt. Aber darum ging es ja, unter anderem, in WILD AT HEART: Es geschehen irrsinnige, kranke, perverse Dinge. Genau wie im richtigen Leben.

Ich will nicht den Eindruck machen, als säße ich da und würde mir Gruselzeug ausdenken. Mir kommen alle möglichen Ideen und Empfindungen. Und wenn ich Glück habe, setzen sie sich zu einer Geschichte zusammen. Dann kommen möglicherweise Ideen dazu, die zu gruslig sind, zu brutal oder zu lustig und die nicht zur Geschichte passen. Ich notiere sie und hebe sie für kommende Projekte auf. In einem Film ist alles möglich – wenn's einem einfällt, kann man es auch machen.

Einige Kritiker haben rückblickend bemerkt, daß die Gewalt in WILD AT HEART *– im amerikanischen Independent-Film damals nicht üblich – aus heutiger Sicht einem Klima in Los Angeles entsprach, das kurz nach dem Start des Films explodieren sollte.*

Als ich *Wild at Heart* zum ersten Mal las, war es zu den Aufständen noch eine Weile hin, und sie folgten auch nicht unmittelbar auf den Film. Aber es lag eine Paranoia in der Luft, und die Leuten ließen sich anstecken. Als sei der Verstand ein Kreisel: Er dreht sich schneller und schneller, und wenn er ins Flattern kommt, kann er quer durch die Gegend schießen. Jeder spürt es. Im Straßenverkehr passiert es immer wieder – die Leute rasten aus. Und nicht mal zu Hause kann man ausspannen: Im Fernsehen kommt noch mehr, es häuft sich und häuft sich. Man kommt sich vor wie in einer 747 – wenn etwas schiefgeht, ist man machtlos. Die Leute sind machtlos und haben Angst.

Wie war es in LA während des Aufstands?

Der Rauch kam direkt über den Berg: Sie steckten den Hollywood Boulevard in Brand. Man hatte das Gefühl, daß irgendetwas massiv außer Kontrolle geraten war und nie-

mand etwas dagegen unternahm. Das Gefühl, daß alles möglich war. Und das zerrte an den Nerven. Es hat etwas Surreales, fünftausend Feuer brennen zu sehen und Leute, die schon fast für die Fernsehkameras plünderten und verrückt spielten. Jeder fing an, verrückt zu spielen.
Haben sich Wut und Paranoia danach tatsächlich gelegt?
Na klar, es wurde schließlich sehr viel freigesetzt. Die Leute taten sich zusammen: Sie engagierten sich und versuchten zu helfen. Es gibt auch eine Ruhe nach dem Sturm; das ist erfreulich. Man könnte also sagen, daß es auch etwas Gutes bewirkt hat. Aber ich weiß nicht, ob die Menschen aus der Vergangenheit lernen. Wir sind dazu verdammt, die Vergangenheit endlos zu wiederholen. Das ist töricht, aber es ist so.
Glauben Sie, es war unvermeidlich, daß es irgendwann knallen würde?
Oh ja. Rückblickend erkennt man genau, woran es lag.
Wenn Sie die Welt zu Beginn der 90er für »wild at heart and weird on top« hielten und davon ausgehen, daß es noch schlimmer wird, wo ist Ihrer Meinung nach die Ursache zu suchen?
Das will ich Ihnen sagen. Jedes Jahr lassen wir mehr durchgehen. Wir sind verschlampt, ohne Führung, wir verschleppen Entscheidungen und stehen nicht zu unseren Überzeugungen. So wird immer mehr verschenkt. Ich weiß nicht, wann wir angefangen haben, unsere Chancen zu verschenken, aber die Sache erinnert verdächtig an DUNE: Ich fing schon früh an, Dinge zu verschenken – nur 'n kleines bißchen. Dann ein bißchen mehr. Und bevor man sich versieht, sitzt man in der Tinte.
Es hat nichts mit rechts oder links zu tun. Auch das ist nur hinderlich. Indem wir uns einbilden, mehr Verständnis aufzubringen oder dergleichen, geben wir wichtige Positionen auf; wir lassen Dinge zu, die anderen schaden und bald darauf uns selbst. Ich weiß nicht, ob die Zeiten jemals gut waren, aber vielleicht waren sie etwas besser. Wir müssen den Laden so lange zusammenhalten, bis ein neuer Plan ausgearbeitet ist, und in diesem Plan müssen alle Stimmen ver-

treten sein. Vielleicht heißt das, daß es in den nächsten Jahren vor Polizeistreifen wimmeln muß, damit Greueltaten verhindert werden, während wir an einem faireren Plan arbeiten. Aber wir kümmern uns nicht darum, und die Sache entgleitet uns.
Es ist wie mit downtown LA, eine ehemals wunderschöne Stadt: die Qualität der Gebäude, die Extraanstrengung, die darauf verwendet wurde, sie bewohnbar zu machen und zusätzlich ästhetisch ansprechend zu gestalten, wozu keine Verpflichtung bestand. Heute sind die Gebäude in einem Zustand, wo man sie eigentlich abreißen müßte: Der Verfall ist zu weit fortgeschritten. Hätte man vor zehn Jahren mit Reparaturen begonnen, wär das ganze Gebäude in seiner Schönheit zu retten gewesen. Heute erinnert mich downtown LA stark an Philadelphia. Man hat halbherzig Stadtsanierung betrieben, doch in gewisser Weise ist es noch schlimmer geworden. Es ist schon irre, es muß unten anfangen und gleichzeitig von oben kommen.
Doch für Sie hat das nichts mit der Wahl zwischen einer demokratischen bzw. republikanischen Regierung zu tun?
Nein. Leider muß man dieses Denkschema überwinden und über Dinge reden, die von allen unterstützt werden. Eine Führungspersönlichkeit kann die Menschen über Nacht inspirieren, wenn sie den richtigen Ton trifft. Heutzutage fallen zwar große Worte, aber sie haben keine Kraft. Man hat den Eindruck, sobald die Politiker ihren Mund wieder zugemacht haben, nehmen sie das Gesagte auseinander, es wird fortgespült und es bleibt nichts übrig.
Aber das ist eine schier unmögliche Aufgabe.
Ja, aber ich frage mich, ob es vielleicht weniger darauf ankommt, was sie sagen als wie sie es sagen, und was dabei in ihnen vorgeht. Man hat den Eindruck, der Kopf wurde abgehackt, und der Körper blutet aus.
Haben Sie unter Präsident Clinton irgendeinen Unterschied festgestellt?
Meiner Meinung nach schwingt das Pendel zurück, wenn man von einer Sache genug hat. Man spürt, daß jedes Ex-

trem nur eine gewisse Zeit anhält, dann schwingt das Pendel zurück. Das ist ganz natürlich, wie die Wellen auf dem Ozean. Es wird immer so sein – man versucht, diesen wunderbaren Punkt zu finden, an dem Gleichgewicht herrscht – eine Utopie. Er läßt sich in dieser Welt nicht festhalten.

Was sind heute die beunruhigendsten Manifestationen dieses fehlenden Gleichgewichts?

Die Atmosphäre wird immer merkwürdiger, und das steckt an. Man wird physisch, emotional, mental und spirituell in Mitleidenschaft gezogen, ob man es merkt oder nicht. Es liegt eine Spannung in der Luft, die nicht mehr weggeht, im Gegenteil, sie nimmt zu. Man hat das Gefühl, daß sich die Zukunft nicht planen läßt. Man denkt eher kurzfristig: nütz' die Gunst der Stunde, denn so, wie die Dinge stehen, ist es schon bald vorbei damit. Man räumt den eigenen Dreck nicht mehr weg. Man baut nichts Schönes mehr, sondern wirft irgendwas zusammen, stellt statt einem Haus ein Zelt auf. Alles ist Schrott. Es steckt keine Freude mehr in der Baukunst. Sehen Sie sich doch die neuen Häuser an: beim Betreten befällt einen keinerlei Glücksgefühl, man will nur noch kotzen! Die Teppiche dünsten Formaldehyd aus, überall giftige Scheiße. [Lacht.] Auf der Straße wird man abgeknallt, auf dem Freeway kann man nicht mehr fahren. Ich bin jedesmal kurz vor'm Herzinfarkt! Die Leute rasen mit hundertzwanzig Sachen in zehn Zentimeter Abstand aneinander vorbei, und die Höchstgeschwindigkeit ist neunzig! Jeder ist nur noch ein Nervenbündel.

Es ist, als sei man mit zehn Wahnsinnigen in einem Haus eingesperrt. Man weiß, irgendwo gibt es eine Tür, und das rettende Polizeirevier ist gleich gegenüber, aber man kann nicht raus. Es ist völlig irrelevant, was man über die Außenwelt weiß, solange man im Haus eingesperrt ist.

Das klingt sehr pessimistisch.

Ach wo, ich bin ein unbeschreiblicher Optimist! Jeder Film, den ich gemacht habe, ist genau genommen ein optimistischer Film. Jeder. Wahrscheinlich geschieht in diesem Moment un-

glaublich viel Positives. Es geht nicht alles gleich zum Teufel. Etwas hält die Welt davon ab, sofort wegzurutschen. Doch wir müssen sehr viel Trägheit überwinden: Wir müssen optimistisch sein, daß sich das Blatt eines Tages wendet.
Was für Kleinigkeiten könnten den Laden denn zusammenhalten?
Ich nenne Ihnen eine. Man fährt die Straße entlang, und es biegt jemand aus einer Tankstelle. Wenn man bremst, kann er sich einfädeln. Fährt man weiter, blockiert man ihn. Hinter dir kommen Autos, er wird also noch drei Minuten dastehen und vergeblich versuchen, rauszukommen. Also bremst man und läßt ihn raus. Vielleicht winkt er zum Dank, vielleicht auch nicht, aber dieser kurze Augenblick hat sich eingeprägt. Er fährt weiter und läßt vielleicht in einer ähnlichen Situation auch mal jemanden raus. So fängt es an: mit kurzen Augenblicken, in denen man auf den anderen Rücksicht nimmt. Darauf kommt es an.
Sie haben mit WILD AT HEART *die Goldene Palme in Cannes gewonnen, genau zu der Zeit, als* TWIN PEAKS *im Fernsehen Triumphe feierte. Ein seltener Doppelerfolg für einen Filmemacher.*
Ich weiß! In Cannes zu gewinnen war das Schlimmste, was mir je passiert ist. [Lacht.] Aber es war wirklich schön, denn als wir nach Cannes gingen, nahm ich an einem Festival teil, das ich schon immer liebte. Schließlich war Fellini dort, Cannes liegt in Südfrankreich, mit kreideblauem Wasser und ockergelben Hügeln. Es war unglaublich! Mir war so leicht ums Herz. Ich habe alles in mich eingesogen. Und dann auch noch zu gewinnen war einfach unglaublich! '92, mit FIRE WALK WITH ME machte ich dann die entgegengesetzte Erfahrung, also gleicht es sich wieder aus.
Sie hatten damals nicht nur eine höchst erfolgreiche Fernsehserie und einen siegreichen Film in Cannes vorzuweisen, Sie hatten auch ein paar andere Projekte laufen. Mit Chris Isaaks Wicked Games – *das in* WILD AT HEART *vorkommt – unternahmen Sie einen Abstecher in die Popmusikwerbung, später drehten Sie einen Trailer für Michael Jacksons*

Album Dangerous. *Danach haben Sie in dieser Richtung nichts mehr gemacht. Warum nicht?*
Man muß von einem Song gepackt werden. Wenn ich einen hören würde, der nach bestimmten Bildern schreit, hätte ich vielleicht Lust darauf. In einem Videoclip gibt es – zumindest bis jetzt – keinen Dialog, keine anderen eingeschobenen Toneffekte oder gar Stille. Es gibt nur den Song, und man verpackt ihn in einer Milliarde Sekundenschnipsel. Einige Schnipsel sind superkreativ und helfen dem Song wirklich. Aber viele Leute kritisieren, daß sie die Bilder jetzt nur noch sehen können, wenn sie sich den Song anhören, und davor sind sie vom Song allein ins Träumen gekommen.
Schließlich haben Sie dann aber doch ein eigenes, ambitioniertes Pop/Performance Stück mit Angelo Badalamenti und Julee Cruise, Industrial Symphony No. 1: Dream of the Broken Hearted *in New York uraufgeführt. Was war der Auslöser für diesen Schritt ins Theater?*
An der Brooklyn Academy of Music veranstalten sie jedes Jahr sowas, und sie baten Angelo und mich, etwas für sie zu schreiben: zwei Fünfundvierzigminutenstücke in diesem herrlichen Theater – ein Traum! –, sowas wird heute nicht mehr gebaut. Es hatte mehrere Unterbühnen, eine fünfundzwanzig Meter hohe Oberbühne und riesige Seitenbühnen. Man konnte einfach alles machen.
Wir bekamen zwei Wochen Zeit, etwas auf die Bühne zu stellen. Ich hatte eine Idee und fertigte ein paar Zeichnungen an. Little Mike aus TWIN PEAKS war mit von der Partie, und viele andere. Ich lag gerade in den Endzügen von WILD AT HEART, deshalb bat ich Nick Cage und Laura Dern um ein gefilmtes Telephongespräch, in dem der Mann der Frau mitteilt, daß er sie verläßt – damit sollte die Show beginnen. Es kam eine Choreographin dazu, sie brachte einen Mann und eine Frau mit, die phantastisch waren, also bauten wir sie ein. Julee Cruise war der Star, sie sollte die Songs singen, die Angelo und ich geschrieben hatten. Ich hätte gern noch mehr Elemente eingebaut, aber es hat großen Spaß gemacht, weil alles so schnell gehen mußte.

Wie reagierte das Musik- und Theaterestablishment darauf, daß ein Filmregisseur eine solche Show auf die Bühne stellt?
Ich hörte ein paar negative Sachen. Meine Tochter Jennifer saß im Publikum, und hinter ihr sagte jemand, »David Lynch soll sich nie wieder in der Öffentlichkeit blicken lassen«. [Lacht.] Ich glaube, es war den Leuten ziemlich egal. Aber das Video verkaufte sich gut. Ich weiß nicht, ob darüber überhaupt berichtet wurde. Die Show kam und ging. Eines Abends kam meine Tante Edna, sie war sozusagen der Star nach der Vorstellung. Wir hatten uns gesucht, auch viele meiner Mitarbeiter hatten nach Tante Edna Ausschau gehalten. Plötzlich ging die Saaltür auf, und Tante Edna kam heraus. Sie sah aus wie Roy Orbison mit blauen Haaren! Sie hatte phantastisches Haar! Dazu eine dunkle Brille. Sie war wunderschön! Unglaublich schön. Sie hat allen die Show gestohlen.
Julee Cruise erzählte, daß Ihre Regieanweisungen an sie ungefähr folgendermaßen lauteten: »Du stehst auf der Bühne, es ist dunkel, und du siehst das Haus nicht. Du bist einsam.« Dahinter steckte wohl die Absicht, eine bestimmte Atmosphäre zu erzeugen.
Ja, ich hatte eine Atmosphäre im Kopf, keine Frage. Aber es war meine erste Live-Sache, und ich lernte, daß vieles schiefgeht und noch viel, viel mehr beinahe schiefgeht. Propaganda Films produzierte die Show, und als das Kamerateam eintraf, sah ich, wie es mit Steve Golin und Monty Montgomery sprach. Sie flüstern und blicken verstohlen zu mir rüber. Ich bin mitten in der Probe – wir versuchen, den Nachmittag über zu probieren und haben überhaupt keine Zeit. Ich probiere wie für einen Film: Ich fange am Anfang an und lege die Dinge beim Arbeiten fest. Und die Zeiger der Uhr fliegen nur so, die Stunden werden zu Minuten. Schließlich erfahre ich, worüber die Jungs mit ihren Produzenten reden: Jemand kommt zu mir rüber und sagt: »Kannst du 'n bißchen heller machen? So können wir nicht drehen.« Darauf ich: »Kommt gar nicht in Frage. Wir machen die Show für ein Live-Publikum, der Film ist Neben-

sache. Das Licht muß eine bestimmte Qualität haben. Wenn ich euch den Gefallen tue, sieht es auf Video vielleicht spitze aus, aber im Saal ist es zu hell.« Monty drehte sich um und sagte, »David, du hast uns soeben 50 000 Dollar gekostet«. Die Stimmung war ziemlich gespannt. Aber dann fand ich heraus, daß das Lichtproblem gar nicht so groß war, wie sie dachten, wir machten es ein kleines bißchen heller, und sie waren superhappy.

Beim Film sind Proben wichtig, beim Theater unerläßlich. Man hat keine Gelegenheit, nachzudrehen! Wie sind Sie mit der Zeitknappheit umgegangen?

Sie kamen und sagten, daß die Probenzeit fast vorbei sei. Nicht daß sie für jetzt vorbei sei und wir am nächsten Tag weiterarbeiten könnten – die Probenzeit war um! Beim nächsten Mal würden zweitausend Leute im Zuschauerraum sitzen. Ich hatte eine Idee, die wahrscheinlich jedem in dieser Situation helfen kann: Geh zu allen Mitwirkenden hin, faß sie an den Schultern, zieh sie zu dir heran und schau ihnen in die Augen. Gib ihnen ihr Stichwort und sag ihnen haargenau, was sie tun sollen, was sie währenddessen sehen, was sie denken sollen und wann sie abgehen sollen. Geh mit ihnen die Rolle durch. Dann hilft nur noch beten. Sie müssen nicht wissen, was die anderen tun, sie müssen nur wissen, was sie selbst tun. Dann hat man eine Chance. Schließlich hatte kein Mensch das Ding je ganz gesehen, und keiner wußte, was das Ganze zu bedeuten hatte! Danach übernimmt der Inspizient das Szepter.

Der gesamte Sound war digital auf einer VHS-Kassette aufgenommen worden, und wir hatten einen Riesenkasten gemietet, der die VHS-Kassette in Töne umwandeln und über Kabel zu den großen Lautsprechern schicken sollte. Doch in der Probe fiel das Ding aus! Die Leute, die es gebracht hatten, meinten, sie wüßten auch nicht, wieso. Das war die falsche Antwort! Es bedeutete nämlich, daß es jederzeit wieder passieren konnte. Also warfen wir das Ding sofort raus. Jetzt hatten wir nur noch zwei DAT-Rekorder, also steckten wir in jeden eine von diesen winzigen DAT-

Kassetten. Wir wollten sie beide gleichzeitig starten, aber nur von einem von beiden aus senden, damit wir, falls einer ausfiel, sofort auf den anderen überwechseln konnten. So kam der Ton für die gesamte Show von diesen winzigen DAT-Kassetten – und an manchen Stellen wurde es ziemlich laut! Es hat geklappt, Gottseidank.
Und dann hatten wir ein Rehkostüm auf Stelzen, ungefähr viereinhalb Meter hoch. Wir verhakten zwei Krankenhaustragen ineinander, und der Komparse im Reh mußte sich auf die Tragen legen. An einer bestimmten Stelle sollte das Ding zum Leben erwachen, doch der Komparse hatte so lange dagelegen, daß ihm, als er ruckartig auf die Stelzen gestellt wurde und im vollen Scheinwerferlicht rumlaufen sollte –, das Blut aus dem Kopf sackte. Er wußte nicht, wie ihm geschah, und lief einfach los ... [Lacht.] Ich sitze weit weg in der Tonkabine und kann nichts tun. Es war, wie wenn man einen Unfall beobachtet und zu weit weg ist, um helfen zu können. Ein grauenhaftes Gefühl. Er läuft also los [lacht] und wird immer schneller, aber eigentlich läuft er gar nicht mehr, er ist bereits am Umfallen. Und er läuft direkt auf den Orchestergraben zu! Gottseidank war Fuji zur Stelle, der an der snare drum saß. Er ließ seine Trommel stehen und fing den Kerl auf, bevor er sich zu Tode stürzen konnte. Er brachte das Reh zur Strecke – damit es nicht auf der Strecke blieb! Und das Publikum glaubte, es gehört zum Stück. Ich murmelte nur noch: »Schafft das Reh von der Bühne«. [Lacht.]
Bei der nächsten Vorstellung weigerte sich der Typ im Rehkostüm, auf die Bühne zu gehen. Ich mußte zurück in seine Garderobe, aber er redete nicht mit mir. Er saß nur da. Ich redete ihm gut zu, bat ihn, es noch einmal zu versuchen, und versprach, ihn nicht zu blenden – Little Mike lief nämlich auf der Bühne herum und leuchtete ihm ins Gesicht, das blendete ihn. Der Junge hatte das Stelzengehen gelernt, also sagte ich ihm, notfalls könne er sich an dem riesigen Wassertank festhalten, der auf der Bühne stand. Und so hielt er sich in der zweiten Vorstellung überall fest. Es war nicht ideal,

aber er wußte, was beinahe passiert wäre, und das sollte ihm nicht nochmal passieren.
Um diese Zeit filmten Sie auch Ihre ersten Werbespots, hauptsächlich für edle, teure Düfte wie Opium *von Yves Saint-Laurent,* Obsession *von Calvin Klein oder* Giò *von Giorgio Armani.*
Richtig. Das war mein Lieblingsspot. Giorgio rief mich selbst an und sagte, er hätte einen neuen Duft, ich solle mir was einfallen lassen. Ich schrieb einen Text, fast wie ein kleines Gedicht, schickte es ihm, er schickte mir das Geld, und schon drehten wir den Spot! Anscheinend hat es ihm gefallen, und dem Produkt hat's auch genützt.
Was gefällt Ihnen an der Produktion von Werbespots?
Es sind winzig kleine Filme, und ich lerne jedesmal etwas dazu. Für Europa bestimmte Spots sind mir wesentlich lieber: Man hat wesentlich mehr Freiheit, die Leute sind gelassener und haben Freude am Drehen. Amerikanische Firmen sind viel nervöser: Da steht der Job auf dem Spiel, die haben wirklich Angst. Da macht es viel weniger Vergnügen. Ich stelle mich nicht quer. Ich versuche nicht, eigene Vorstellungen durchzudrücken, ich versuche lediglich, das zu machen, womit sich das Produkt meiner Meinung nach am besten verkauft. Bei der Storyline und beim Rhythmus will ich allerdings mitreden. Die größte Freiheit hatte ich wahrscheinlich bei »*Who is Giò?*«
Das war ein anspruchsvoller Sechzig-Sekunden-Spot.
Ja, wir drehten die große Szene mit den Musikern und dem Club an dem Abend, als der Aufstand in LA ausbrach. Im Club waren alle Rassen und Religionen vertreten. Wir verstanden uns prächtig, und draußen brach die Welt zusammen!
Am überraschendsten fand ich die Spots für Georgia Coffee; sie spielten in Twin Peaks, und es traten viele Darsteller aus der Serie in einer Fortsetzungsgeschichte um einen Japaner namens Ken auf, der nach Twin Peaks kommt auf der Suche nach seiner Frau ...
... Namoi. Ja. Er hatte sie verloren. Die Spots haben großen

Spaß gemacht. Sie dauerten jeweils nur dreißig Sekunden – insgesamt vier Stück -, da mußte es blitzschnell gehen.
Gab es irgendwelche Bedenken, TWIN PEAKS für einen Werbespot auszuschlachten, könne die Seriosität oder den Zauber der Serie untergraben?
Ja. Im Prinzip bin ich wirklich dagegen, aber die Spots haben so viel Spaß gemacht, und sie liefen auch nur in Japan, deshalb fand ich's in Ordnung.
Für den amerikanischen Markt hätten Sie sie nicht gemacht?
Nein, ich glaube nicht.
Wurden Sie zusammen mit der Serie gedreht?
Sie entstanden entweder während der zweiten Staffel oder danach, als die Serie noch in Japan lief.
Die Kaffeefirma hatte Sie vermutlich angesprochen, weil das Kaffeetrinken allgemein durch die Serie so sehr an Status gewonnen hatte.
Ja, absolut, *Georgia Coffee* wird in Dosen verkauft. In Japan gibt es schätzungsweise 150 000 verschiedene Dosengetränke, und jede Woche kommen neue dazu. Es ist ein Riesengeschäft. *Georgia Coffee* ist der beliebteste Dosenkaffee, es gibt ihn in allen möglichen Gechmacksrichtungen. Aber der Abfüller war mit unseren Spots nicht einverstanden. Sie waren ihnen zu extravagant, deshalb wurden sie abgesetzt. Ursprünglich sollten wir eine zweite Staffel mit nochmal vier Dreißig-Sekunden-Spots produzieren, aber dann bliesen sie die Sache ab.
Um 1990 schienen Sie allgegenwärtig zu sein. Sie hatten eine erfolgreiche Fernsehserie, die Goldene Palme, einen wöchentlichen Comic strip, eine Bühnenshow inklusive Album mit Julee Cruise und zahlreiche Werbespots. Erlebten Sie damals einen enormen Kreativitätsschub?
Einen Schicksalsschub! Ich hab immer mehrere Sachen gleichzeitig gemacht, ich war immer bereit, mich in die Arbeit zu stürzen. Aber manchmal macht das Schicksal die Tür nicht auf. Die Ampel steht auf rot. Doch sobald man die Gelegenheit bekommt, etwas auf die Beine zu stellen, und dann noch was und noch was, macht man es eben. Und

irgendwann kommt der große Absturz. Jeder kommt irgendwann an den Punkt, wo sich das Ganze rächt.
Halten Sie das für unvermeidlich?
Es liegt in der menschlichen Natur. Nur bildet man sich ein, so etwas passiere einem nicht. Das ist wie mit dem Tod. Aber es passiert, und dann wird man wiedergeboren. Es hat auch eine positive Seite, so schmerzlich es ist, denn man hat dann wenigstens die Freiheit, eine neue Richtung einzuschlagen.
Ihre damalige Beziehung mit Isabella Rossellini mag ebenfalls zum Image des Medienlieblings beigetragen haben. Hat Sie das alles nervös gemacht?
Erfolg ist ein teuflischer Verführer. Man ist nicht klug genug, die Sache zu durchschauen, und plötzlich kriegt man mit einem Auge mit, wie die Gewehre geladen werden und die Schlinge geknüpft wird ...

Ants in My House
LOST HIGHWAY

Im Gegensatz zu TWIN PEAKS: FIRE WALK WITH ME, das 1991 mit rasender Geschwindigkeit in Produktion ging, sollte es vier Jahre dauern, bis Lynch einen neuen Film auf die Beine brachte. Grund dafür war einerseits die Suche nach dem geeigneten Projekt – einen Stoff, in den sich Lynch verlieben konnte –, andererseits die negative Resonanz von Kritik und Publikum auf den TWIN PEAKS-Film. Lynch galt nun zwangsläufig als Risikofaktor, besonders bei Projekten, die zu teuer oder »zu schwierig« werden könnten.

Zu den Projekten, für die Lynch vergeblich Geldgeber suchte, gehörte *Dream of the Bovine*. Co-Autor war Robert Engels, der zehn TWIN PEAKS-Folgen geschrieben und mit Lynch das Drehbuch zur Filmversion verfaßt hatte. Danach erstreckte sich ihre Zusammenarbeit ausschließlich auf Komödien. *Dream of the Bovine*, so Engels, handelt von »drei Kerlen, die früher Kühe waren. Sie leben in Van Nyes und versuchen, sich anzupassen, mit uns Menschen zu leben. Sie sehen aus wie Menschen, sind aber Kühe und verhalten sich wie Kühe. Sie stehen zum Beispiel gern am Gartenzaun und schauen den vorbeifahrenden Autos zu!«

Da *Dream of the Bovine* und das von Lynch/Frost verfaßte *One Saliva Bubble* abgelehnt wurden, mußte das Publikum bis heute auf eine Lynch-Komödie verzichten. Doch Komik ist ein zentraler Aspekt der Person David Lynch. Einer Komödie am nächsten kommt vielleicht THE COWBOY AND THE FRENCHMAN, ein 22-minütiges Video, das Figaro Magazine/Erato Films 1988 für eine Reihe mit Beiträgen internationaler Filmemacher zum Thema »Frankreich aus der Sicht von ...« in Auftrag gegeben hatten. Lynchs einziger Ausflug ins Westerngenre – das ihn fast oder gar nicht interessiert – orientiert sich an seinem bevorzugten Komödientypus, der bezeichnenderweise mit Mißverständnissen und dem Versagen von Sprache operiert und »sehr absurd und wirklich albern [ist]. Ich liebe diese Kombination, aber anscheinend bin ich der einzige!«

In Bob Engels jedoch fand Lynch schon bei der ersten Begegnung einen offensichtlichen Verbündeten, mit dem er seine Drehbücher zur TWIN-PEAKS-Serie diskutieren konnte. Sie hatten, so erzählt Engels, denselben Sinn für Humor.

Anfang der 90er Jahre arbeitete Lynch, noch mit seinem Partner Frost, verstärkt fürs Fernsehen. ON THE AIR, eine Sitcom, die 1957 im New Yorker Zoblodnick Television Network spielt, war hochkarätig besetzt (u.a. mit einigen TWIN PEAKS-Darstellern) und hatte irrwitzige Dialoge (Engels war wieder dabei, diesmal auch als Coproduzent). Doch die gewitzte Mischung aus Absurdität und Albernheit, plumpem Slapstick und schräger Intelligenz erwies sich als Desaster. Obwohl sieben Folgen in Auftrag gegeben waren, wurde ON THE AIR bereits nach der dritten Folge abgesetzt. Lynch räumt ein: »Damals ging TWIN PEAKS den Bach runter, und von ABC kam nicht die geringste Unterstützung für die Sendung. Sie fanden sie grauenhaft.«

Für HBO entstand HOTEL ROOM, drei kleine Einakter, die in Zimmer 603 des New Yorker Railroad Hotels spielen. Auch diese Serie stieß auf Desinteresse bzw. Ablehnung. Die erste und letzte Episode – TRICKS (das 1969 spielt) und BLACKOUT (das 1936 spielt) –, Buch Barry Gifford, Regie Lynch, sind kleine Meisterwerke. GETTING RID OF HARRY – Drehbuch Jay McInerney, Regie James Signorelli – fiel heraus: ein leichter, humorvoller Film, der Lynchs und Giffords mysteriöse, klaustrophobische Visionen von stiller Verzweiflung mit Zimmerservice vielleicht etwas versüßen wollte.

TRICKS – ein verstörendes Dreipersonenstück mit Freddie Jones, Harry Dean Stanton und Glenne Headly – und BLACKOUT – ein spannendes Zweipersonenstück mit Crispin Glover und Alicia Witt – fallen durch ihre sparsamen, auf Wesentliches beschränkten Dialoge, Lynchs Respekt vor dem Text (die beiden Kameras beobachten die Handlung, statt sie zu erzeugen) und die schauspielerische Leistung auf. Beide Kurzfilme nehmen in ihrer Schlichtheit, der gelegentlich aufflackernden Bedrohung und der wunderbar verhaltenen Panik Aspekte des nächsten Kinofilms LOST HIGHWAY vorweg – zu dem sich Lynch durch einen Giffordschen Ausdruck und ihre erste Zusammenarbeit als Koautoren inspirieren ließ. Besonders TRICKS weist mit den Motiven Identitätsverwirrung und Gattenmord entfernte Parallelen zum späteren Kinofilm auf.

Über den Autor Gifford schrieb *Booklist*: »[Seine] Nachtmenschen sind eine seltsame Mischung aus höchster Verschrobenheit und Urwüchsigkeit, maßloser Exzentrik und absoluter Individualität. Manchem im Leben ist mit analytischen Mitteln nicht beizukommen, und Barry Gifford gehört dazu.« Kein Wunder also, daß Gifford und Lynch bei LOST HIGHWAY eine derart erfolgreiche Verbindung eingehen sollten, einem Film, der nicht nur durch seine ambitionierte Erzähltechnik, so Gifford, in Lynchs gesamtem Œuvre ERASERHEAD am nächsten kommt.

»Für mich ist LOST HIGHWAY ein überaus ernster Film, weshalb ich persönlich ihn mehr mit ERASERHEAD verbinde. Es ist im Grunde ein bewegtes Portrait. Das wurde mir erst klar, als ich die Muster sah. Da fiel bei mir der Groschen.«

Über die Erzählstruktur von LOST HIGHWAY, einem komplexen Geflecht paralleler Welten und Identitäten, das seine zahlreichen Rätsel nicht ohne weiteres preisgibt, ist viel geschrieben worden. Sie hat bei der Kritik Verwirrung und Ablehnung ausgelöst. Auch Gifford will in seiner Beschreibung des Films keine allzu plausiblen Lösungen liefern. »Soviel kann man wohl sagen: Der Film handelt von einem Mann, der sich in einer Zwangslage befindet und eine Art Panikanfall hat. Die Auseinandersetzung mit den Folgen seiner Tat ist sehr hart für ihn, und er zerbricht in gewisser Weise daran. Ich halte den Film für eine höchst realistische, geradlinige Fallstudie eines Menschen, der mit seinem Schicksal nicht fertig

Bill Pullman als Fred Madison in LOST HIGHWAY

wird. Doch es geht noch um vieles mehr. Jede Erklärung muß unzureichend bleiben, weil man einen Film *sehen* muß.«

RODLEY: *Zwischen* TWIN PEAKS: FIRE WALK WITH ME *und* LOST HIGHWAY *liegen vier Jahre. Warum brauchten Sie so lange, um ein neues Spielfilmprojekt auf die Beine zu stellen?*
LYNCH: Ich hab versucht, Dinge anzuleiern, aber aus dem einen oder anderen Grund wurde nie was draus. Man muß etwas finden, in das man sich verliebt. Man kann einen Film nicht wegen des Geldes oder aus irgendeinem anderen Grund machen, sondern nur aus dem, daß man sich in den Stoff verliebt und von ihm fasziniert ist. Sonst hält man das gar nicht durch.
Aber Sie hatten sich doch sicher in den vier Jahren in viele Ideen verliebt.
Ja, aber wenn sich das symbolische Äquivalent zu den meisten meiner visuellen Konzepte in Worte fassen ließe, würde wahrscheinlich niemand meine Filme produzieren wollen! Bci vielen Dingen weiß ich nicht, was sie bedeuten; ich spüre nur, daß sie richtig bzw. nicht richtig sind. Und dann kommt das Schicksal dazu. Manchmal lächelt es dich an und bewahrt dich vor etwas. Ich wollte *Dream of the Bovine* machen, aber das sollte wohl nicht mein nächster Film nach FIRE WALK WITH ME werden, obwohl mir damals viel daran lag. Es hat nicht geklappt. Gewisse Dinge sollen eben sein, andere nicht. LOST HIGHWAY schien richtig, nicht nur in meinen Augen, sondern auch in den Augen derer, die den Film realisieren konnten.
Gehört zu Ihren langgehegten Projekten nicht eine Verfilmung von Kafkas Verwandlung?
Mhm. Ich hab den Text. Man müßte dran arbeiten, aber er gefällt mir sehr. Leider ist das eine teure Angelegenheit, die nichts einspielt.
Wie kommen Sie darauf?
Naja, vielleicht doch, aber es ist ziemlich langatmig. Es gibt zahlreiche Dialoge, auch viele *unverständliche* Dialoge, die

ich untertiteln müßte. Der Zuschauer käme sich wahrscheinlich vor, als ob er ein Buch liest. [Lacht.]
Wie würden Sie die Geschichte machen?
Ich würde mich ans Buch halten, aber ich würde es in die 50er Jahre verlegen – '55 oder '56. Es ist eigentlich eine osteuropäische Version von '56, auch wenn sie in Amerika spielen würde. Der Rock'n Roll käme als Randgeschehen vor. Mit Kafka ist es wie mit allem anderen: Wenn zehn Leute dieselbe Geschichte erzählen, erhält man zehn verschiedene Blickwinkel. Meiner ist der richtige! [Lacht.]
Sie haben weiter gemalt und Ihr photographisches Œuvre in verschiedene Richtungen erweitert. Ich finde Clay Head with Turkey, Cheese and Ants *faszinierend, eine Farbphotographie, die auf dem Cover des zweiten Albums erschien, das Sie und Angelo Badalamenti mit Julee Cruise herausbrachten. Was geschieht auf dem Photo?*
Ich hatte Ameisen in der Küche: es waren Zuckerameisen, aber sie kamen, weil sie Wasser suchten. Ich modellierte einen kleinen menschlichen Kopf aus Käse und Truthahnfleisch, hüllte ihn in Ton und befestigte ihn an einem Kleiderbügel. In Mund, Augen und Ohren ließ ich ein Stück Truthahn frei. Ich wußte, das Zeug würde die Ameisen anlocken, und siehe da, am nächsten Tag hatten sie den Kopf entdeckt, eine Straße angelegt und krabbelten in den Augen und im Mund herum. Sie *wuselten* über den Kopf, schleppten kleine Stückchen Truthahn und Käse weg und machten sofort wieder kehrt, um sich mehr zu holen.
Sie arbeiteten vierundzwanzig Stunden am Tag für mich, und innerhalb von vier Tagen war das Kopfinnere leergeputzt! Ameisen sind bekanntlich unermüdliche Arbeiter; wenn man ihnen eine Aufgabe gibt, erfüllen sie sie, ohne lang zu fragen. Ich bin ein Ameisencowboy!
Auf einem anderen Photo mit dem Titel Man Thinking *ist eine kleine Spielzeugfigur in einem Büro zu sehen, doch hier ist der Kopf eine amorphe Masse – als hätte Gott die Lust verloren, die Figur zu Ende zu bauen.*
Das ist ein Kaugummikopf. Gekauter Kaugummi sieht sehr

organisch aus – wie Fleisch. Die Phantasie kann daraus einen Kopf machen. Also beklebte ich ein Figürchen mit gekautem Kaugummi. Miniaturen zu photographieren ist eine spannende Angelegenheit; die Schärfentiefe beträgt vielleicht acht Millimeter. Das Unterbewußtsein sagt einem, daß man sich in einer Welt mit anderen Dimensionen bewegt, das ergibt eine interessante Optik. Wegen des Problems mit der Schärfentiefe mache ich immer eine zweite Aufnahme, von einem Gebäude zum Beispiel, und stelle die Figur hinein, dann weiß man nicht, was passiert. Die Kombination gefällt mir.

Eine Photoserie mit Schneemännern, die 1993 in Boise, Idaho, entstand, hat viele Assoziationen in mir ausgelöst. Auch hier handelt es sich um merkwürdige, durch die Sonne dem Verfall preisgegebene Gestalten. Und sie zeugen von der Kreativität derer, die in den Häusern wohnen. Man fragt sich, ob sie ihren Schöpfern ähnlich sehen, man möchte meinen, sie stünden in den Vorgärten des Wohnviertels Wache. Sie sind ungeheuer plastisch.

In Boise gibt es im Winter viel Schnee. Der Schnee ist nur selten gut und tief, trotzdem bauen die Leute vor ihren Häusern Schneemänner. Die Bauweise folgt gewissen Regeln. Dennoch war ich von der Variationsbreite verblüfft. Ich weiß nicht, wer den ersten Schneemann gebaut hat, aber die Augen waren aus Kohlen, man steckte ihm eine Pfeife in den Mund und band ihm einen Schal um. Davon kann nicht mehr die Rede sein. Die Leute bauen viel merkwürdigere Schneemänner, und plötzlich sagt man: »Mann! Die sind ja hochinteressant«, weil sie aus Schnee sind, einem Material, mit dem zu arbeiten man nicht allzuoft Gelegenheit hat. Aus Schnee modelliert sieht der menschliche Körper phantastisch aus. Ich würde gern noch mehr Bilder machen, die Häuser *hinter* den Schneemännern sind nämlich auch hochinteressant. Die Schneemänner selbst wirken wie Aliens. *Echt* phantastische Bilder.

Eine andere Photoserie trägt den Titel Nudes and Smoke, *sie ist – relativ untypisch – in Farbe. Im Grunde sind es reine*

weibliche Akte, doch der Rauch verleiht ihnen etwas höchst Geheimnisvolles. Es wirkt fast, als käme der Rauch aus dem Inneren der Frauen, als würden sie buchstäblich schwelen.
Erst waren es Zigaretten. Aber dann gingen wir einen Schritt weiter: Warum nicht richtiger Rauch? Rauch verschleiert. Und er hat eine andere Konsistenz. Ich hielt es für eine interessante Kombination, also besorgte ich mir eine Rauchmaschine von einem Bekannten, der für Spezialeffekte zuständig ist, Gary d'Amico. Er hat vielleicht hundert verschiedene Rauchmaschinen. Schwarzer Rauch ist mir am liebsten, aber den gibt es nicht mehr. Schwarzen Rauch erhält man nur, indem man Autoreifen verbrennt, aber das ist so giftig, daß es nicht mehr lustig ist.
Die Aktphotographie – männlich wie weiblich – hat so überhand genommen, daß sie fast einer Bankrotterklärung gleicht. Wollten Sie das Genre erneuern?
Das ist der falsche Denkansatz. Der einzig richtige ist, von einer Idee begeistert zu sein und sie umzusetzen. Wenn man anfängt, darüber nachzudenken, wie eine Sache ankommt oder ob sie innovativ ist, macht man sich die falschen Gedanken.
In LOST HIGHWAY *gibt es ein höchst unheimliches, mysteriöses Bild: ein einsames Rauchwölkchen steigt im Dunkeln die Treppen herauf. Es hätte direkt aus diesen Photos stammen können. Was fasziniert Sie an Rauch?*
Rauch ist etwas ungeheuer Lebendiges: er steht nie still, reagiert auf den kleinsten Windhauch, verändert sich ständig. Die Photokamera läßt ihn erstarren. Sich bewegende Objekte sind auf Photos deshalb so interessant, weil sie sich nicht mehr bewegen können. Von einer Million Rauchphotos wäre jedes einzelne spannend. Und einige wenige wären besonders merkwürdig oder besonders schön.
LOST HIGHWAY *ist der zweite Film aus der drei Produktionen umfasssenden Vereinbarung mit CiBy 2000. Dort hielt man ihn offensichtlich für das geeignete Folgeprojekt. Sind sie mit dem fertigen Drehbuch dort anmarschiert, oder haben Sie zuerst mit Ihren Vertragspartnern über das Projekt gesprochen? Wie lautet Ihre Vereinbarung?*

Ich sprach mit den Verantwortlichen, bevor Barry Gifford und ich uns ans Drehbuch machten, aber sie wußten nicht, was dabei herauskommen würde, wir wußten es nämlich selbst nicht. Wir schrieben, glaub ich, erst mal ein Treatment, aber die Leute bei CiBy sind komisch, sie brauchen eine Ewigkeit, bis sie grünes Licht geben. Wenn es dann soweit ist, sind sie phantastisch, aber das Drehbuch war im März 1995 fertig, und wir fingen erst im November zu drehen an. Ganz schön lange, um eine Entscheidung zu fällen, das Budget zusammenzustellen und Gespräche zu führen! Ich hätte gern im Sommer gedreht, aber es wurde Winter, und wir standen bibbernd in der Wüste!

Woher stammte die Idee zu LOST HIGHWAY?
Barry Gifford hatte ein Buch mit dem Titel *Night People* geschrieben, darin benutzt eine Figur den Ausdruck »lost highway«. Ich erwähnte Barry gegenüber, daß »Lost Highway« ein toller Titel wäre und wir was schreiben sollten. Das war etwa ein Jahr, bevor wir tatsächlich mit dem Drehbuch begannen. Dieser Ausdruck war der zündende Funke.

Inwiefern hat dieser Ausdruck Ihre Phantasie angeregt?
Er hat etwas Traumhaftes – »Lost Highway«. Er löst alles mögliche im Kopf aus. Später fand ich dann heraus, daß es von Hank Williams einen Song mit dem Titel »Lost Highway« gibt.

Sie und Gifford fingen also lediglich mit zwei Wörtern an – ging die Arbeit leicht von der Hand?
Nein. Jeder hatte seine eigenen Vorstellungen, wie LOST HIGHWAY aussehen könnte. Wir trafen uns zum Kaffee, ich erzählte Barry, was ich mir vorstellte und er mir, was er sich vorstellte. Und jeder fand die Vorstellungen des anderen schrecklich. Und die eigenen hinterher auch! Dann erzählte ich Barry von ein paar Ideen, die mir eines Abends gekommen waren. Sie waren mir am Abend des letzten Drehtags zu FIRE WALK WITH ME in den Kopf geschossen. Auf der Heimfahrt erzählte ich Mary Sweeney davon, sie fand das Ganze ziemlich gruselig und ich irgendwie auch. Als ich

Barry davon erzählte, meinte er: »Jeez, das find ich echt gut!«, und wir starteten in eine völlig neue Richtung.
Was war Ihnen da in den Kopf geschossen?
Das erste Drittel des Films, abzüglich einiger Szenen aus dem endgültigen Drehbuch. Ein Paar wohnt in einem Haus, und es wird ein Video abgegeben. Sie sehen es sich an, es zeigt ihr Haus von außen. Sie denken sich nichts dabei, dann kommt noch ein Video, das über's Wohnzimmer schwenkt und sie im Bett beim Schlafen beobachtet. Ich sah die ganze Sache vor mir, bis zu der Stelle, als Fred auf der Wache die Faust ins Gesicht bekommt – und man plötzlich woanders ist und nicht weiß, wie man dort hingekommen ist oder was los ist.
Kamen Ihnen diese Ideen auf die erwähnte Art: indem Sie sich irgendwo still hinsetzten, die Phantasie schweifen und nach Ideen und Bildern fischen ließen?
Ja. Die Welt wird immer lauter und hektischer, da wird schon das Stillsitzen zum Problem. Mein Freund Bushnell Keeler sagte immer, »Man braucht vier Stunden Ruhe, um eine Stunde gut zu malen.« Wenn man es eilig hat, fällt einem nichts ein. Man muß sich fallen lassen, um dorthin zu gelangen, wo man Ideen fängt. Da hilft nur Stillsitzen.
Tun Sie das auf systematische oder ritualisierte Weise? Ist das eine Form von Meditation?
Nein. Meditation ist etwas völlig anderes. Es handelt sich eher um Kontemplation. Man fängt zu denken an, eines führt zum anderen, und man vergißt, wo man angefangen hat. Eine Zeitlang vergißt man sogar, daß man denkt. Man ist weggetreten, und wenn man plötzlich durch eine Falltür in einen großen Ideenpool fällt, dann tut sich was.
Und dann die Eröffnungsszene des Films – »Dick Laurant ist tot« ... Eines Morgens wachte ich auf, weil es klingelte, ein Mann sagte durch die Sprechanlage, »Dave!« »Ja?« »Dick Laurant ist tot.« »Was?« Aber es war niemand da. Um die Haustür sehen zu können, muß ich ganz ans andere Ende laufen und aus dem großen Fenster schauen. Niemand da. Ich kenne keinen Dick Laurant. Ich weiß nur, daß er tot ist!

Die Story nimmt Ihnen keiner ab!
Sie ist wahr! Sie ist wahr, ich schwöre es!
Die Drehbücher zu ERASERHEAD, BLUE VELVET *und* WILD AT HEART *haben Sie selbst verfaßt. Schreiben Sie gern im Team?*
Mit Chris de Vore und Eric Bergren schrieb ich THE ELEPHANT MAN, mit Mark Frost TWIN PEAKS, mit Bob Engels FIRE WALK WITH ME und jetzt mit Barry das; das Gute daran ist, man kann sich gegenseitig überprüfen. Wenn es das Denken nicht einengt, ist es 'ne prima Sache, zu zweit ist man schneller und kommt nicht so leicht vom Kurs ab – wenn die Chemie stimmt. Hätte ich LOST HIGHWAY mit Mark Frost gemacht, wäre ein völlig anderer Film daraus geworden. Barry bringt *seine* Persönlichkeit mit ein. Und aus der Kombination entsteht etwas, das nur wir beide hervorbringen konnten.
Sie scheinen zumindest eines mit Barry Gifford gemeinsam zu haben: keiner spricht gern über die »Bedeutung« des Films. Sie versuchen beide, sich auf keine persönliche Interpretation einzulassen. Stimmt das?
Ja. Bei LOST HIGHWAY haben wir nie über Bedeutungen oder dergleichen gesprochen. Wir waren uns über die Marschrichtung einig, deshalb blieb vieles unausgesprochen. Wir diskutierten natürlich, aber es ist nicht ungefährlich. Wenn es zu konkret wird, stirbt die Phantasie. Manchmal passieren Dinge, die einem plötzlich eine Tür öffnen, man schwebt hinaus und wird Größeres gewahr.
Drehbuch und Film machen den Eindruck, als seien sie nur die Spitze eines Eisbergs. In beiden gibt es zahllose Hinweise und Möglichkeiten, aber auf bestimmte Ereignisse wird nur indirekt verwiesen. Haben Sie darüber diskutiert, was im Drehbuch ausgesprochen werden sollte – und was nicht?
Nein, ich weiß nicht, wie es bei Barry ist, aber bei mir ist jeder Einfall von einer Empfindung begleitet. Eine Idee kommt als Ganzes, man muß ihr nur über den gesamten Entstehungsprozeß des Films hinweg treu bleiben. Im Drehbuch blieb viel unausgesprochen, Barry und ich wußten ja, daß ich Regie

führen würde. Das Drehbuch funktioniert großartig, es ist nur nicht das Endprodukt. Sonst bräuchte man ja nur das Drehbuch zu veröffentlichen und fertig!
Was hat Sie an Giffords Werk gereizt?
Barry hat eine ganz bestimmte Sensibilität. Er versteht eine Welt, die mir am Herzen liegt – und ihm auch. Ich mag seine Figuren sehr. Ich mag, was sie sagen; sie sind gleichzeitig *cool* und *hip*. Und sie sind wahr. Barry schreibt skizzenhaft, da bleibt viel Raum für mich: der Roman ist voller Andeutungen. Ich bin sicher, an vieles, was ich in WILD AT HEART gemacht habe, hatte Barry gar nicht gedacht; ich habe einiges ausgeschmückt, um des Films willen und aus Begeisterung für die Ideen. Barry hat mich da sehr unterstützt. Er hatte überhaupt kein Problem damit.
Gifford meint, daß Sie beide sich vielleicht ausgleichen, weil bei Ihnen das Gewöhnliche außergewöhnlich und bei ihm das Außergewöhnliche gewöhnlich wirkt. Würden Sie dem zustimmen?
Tja, der Vergleich stammt von seinem Freund Vinnie. Klingt interessant, aber ich hab keine Ahnung.
Gifford war am Drehbuch zu WILD AT HEART *überhaupt nicht beteiligt, später fungierten Sie lediglich als Regisseur und Produzent in zwei kurzen Fernsehspielen, die er für Ihre HBO-Serie* HOTEL ROOM *geschrieben hatte. Sie hatten davor noch kein Drehbuch in Teamarbeit verfaßt. Haben Sie beim gemeinschaftlichen Schreiben von* LOST HIGHWAY *viel darüber diskutiert, wie sich das Drehbuch auf die Leinwand übertragen ließe?*
Nein. Barry wußte, daß das Drehbuch eine Art Entwurf ist, daß sich der Film, wenn man die Besetzung zusammenstellt, Schauplätze findet und zu drehen beginnt, anders entwickeln würde als er es sich wahrscheinlich vorstellte.
Können Sie etwas zu den verschiedenen Stilmitteln sagen? Das erste Drittel des Films ist sehr streng, langsam und voller Grauen; sobald wir Fred und Renées Haus verlassen und in Pete Daytons Leben treten, ändern sich Optik, Atmosphäre und Tempo radikal.

Eigentlich ist es kein Stilwechsel, es wechseln die Figuren und Schauplätze. Der Film hat unterschiedliche Teile, und jeder Teil stellt eigene Anforderungen. Wenn es also einen Stilwechsel gibt oder zu geben scheint, wird er vom jeweiligen Teil diktiert.
Ein Film ist wie eine Pyramide. Man fängt langsam an, aber die Langsamkeit läßt sich nicht beliebig fortsetzen. Die Sache zieht automatisch an, und es mag vielleicht so *wirken*, als ginge es genauso langsam weiter, aber in Wirklichkeit wird das Tempo schneller, weil man schon eine ganze Weile unterwegs ist. Die Empfindungen überkommen einen in Form einer Pyramide, wenn man auf sie hört. Man sieht es beim Schneiden nicht, weil man Szene für Szene schneidet und glaubt, es könne so langsam weitergehen. Wenn man den Film im Ganzen sieht, stirbt man fast. Man fängt an, ihn zu zerhacken. Die meiste Hackerei passiert im letzten Drittel. Da fliegen die *Fetzen!*
Der erste Teil – bei Fred und Renée zu Hause – wirkt wie in einem Dampfkochtopf oder im Alptraum eines anderen. War das beabsichtigt?
Ja. Das ist die vorherrschende Atmosphäre. Es geht um ein Paar, das spürt, irgendwo an der Grenze des Bewußtseins – oder jenseits dieser Grenze – liegen riesengroße Probleme. Doch sie können sie nicht in die Realität holen und sich mit ihnen auseinandersetzen. Das ungute Gefühl steht im Raum, die Probleme verselbständigen sich und verwandeln sich in einen Alptraum. Manchen Leuten widerfährt Unheil, und davon handelt die Geschichte. Sie schildert ein unglückliches Ereignis und einen Mann, der in Schwierigkeiten steckt. Einen intelligenten Mann in Schwierigkeiten.
In diesem Teil wird häufig auf- und ausgeblendet – von schwarz nach schwarz. Mitunter nach einer einzigen Szene. Warum haben Sie in einem besonders spannungsreichen Teil der Geschichte dieses Mittel eingesetzt?
Ich hatte immer schon ein Faible für Ab- und Aufblenden, aber auch hier weiß ich nicht, warum. Ich würde Ihnen nur etwas vormachen. Sowas geht schrittweise. Es muß entste-

hen, stattfinden und wieder vergehen, ein winziger Augenblick, ein Windhauch, und dann kommt das nächste. Kleine Gedanken. Sie können einem ganz schön Ärger machen, die Gedanken. [Lacht.]

Das Haus von Fred und Renée hat eine verwirrende Topographie. Es wirkt, als nähme es kein Ende: als geriete man beim Betreten in ein weitverzweigtes, dunkles Labyrinth. Dorothy Vallens Apartment in BLUE VELVET wirkt ähnlich.

Ja. So ist es manchmal auch in Beziehungen. Man weiß nicht, wie sie ausgehen, ob sie ein Ende haben oder nur noch mehr Schwierigkeiten kommen. Aber das läuft alles nicht über den Verstand. Man hat so viele Möglichkeiten; wenn man sich etwas ausdenkt, arbeitet man eben so lange, bis es stimmt. Sobald es dem Gefühl entspricht und der Ablauf, die Optik und der Sound das Ganze stützen, ist man auf dem richtigen Weg.

Das Haus wurde vom Ausstatter sehr sparsam und gezielt eingerichtet. Dadurch kommt jeder einzelne Gegenstand stark zur Geltung, so etwa die Bogenhanf-Galerie, die wie eine grüne Flammenwand aussieht.

Die Ausstattung macht die Stimmung. Ich mag den Bogenhanf, er ist schlicht und läßt sich gut kombinieren. Ich hasse Zimmerpflanzen. Schnittblumen sind okay, aber eigentlich mag ich sie auch nicht. Draußen schon. Aber im Haus kann ich nichts damit anfangen. Moos mag ich. Sogar sehr. Es wächst sehr langsam, aber es hat etwas wunderbar organisches. Es sieht aus wie grünes Fleisch und ist einfach wunderschön.

Wie so oft in Ihren Filmen steht auch in LOST HIGHWAY ein Haus im Mittelpunkt: eine häusliche Situation in einem Wohnviertel. In diesem Haus spielt Akustisches eine große Rolle. Können Sie etwas über die Verwendung von Ton in dem Film sagen?

Ein Haus ist ein Ort, an dem Unheil droht, und der Ton beruht auf dieser Vorstellung. Ein Zimmer, wenn Stille herrscht, ist nichts als ein Zimmer. Wünscht man jedoch eine

bestimmte Stimmung, sucht man sich den Ton, der in diese Stille kriecht: so löst man eine Empfindung aus. Man kann mit dem Ton auch eine Stimmung killen. Erst beseitigt man alles Störende, dann setzt man das, was der Sache förderlich ist, zusammen, bis es ein Ganzes ergibt. Eine Figur, die durch eine Szene läuft, eine Idee hier, ein Geräusch da, ein Wort hier, ein Blick da, ein Musikeinsatz rührt die Leute zu Tränen. Oder sie brechen in hysterisches Gelächter aus oder kriegen Angst. Wie funktioniert das? Die Macht des Kinos ist einfach *unglaublich*!
Allerdings muß jedes Element stimmen. Wie in einer Symphonie. Man baut und baut, und es entsteht allmählich etwas, aber nur, weil der Vorlauf stimmt. Man kann Klänge nicht aus dem Nichts kommen lassen. Der gesamte Vorlauf führt zu dem, was schließlich den Nerv trifft, und im Zuschauerraum bleibt kein Auge trocken – die Leute verlieren die Fassung.
Im Haus von Fred und Renée ist immer wieder ein dumpfes Grollen zu hören, als stünde das nächste Erdbeben in LA bevor – Unheil aus dem Erdinneren.
Richtig. Eine der sechs Spuren geht zum Subwoofer. Er hat eine ungeheure Power, alles Tiefe läuft dorthin. Es herrscht ein gewisses Unbehagen. Man muß den Druck kontinuierlich verstärken, ohne den Bogen zu überspannen.
Dieser Teil des Films erinnert mit den verlangsamten, gezielten Bewegungen von Patricia Arquette und Bill Pullman an Eraserhead. *Haben Sie viel mit den beiden probiert, wie damals mit Jack Nance?*
Ja. Ich will alles einen Tick langsamer als die meisten Regisseure. Aber das ist keine bewußte Entscheidung. Wenn es zu schnell geht, fehlt einfach etwas. Um das Tempo zu drosseln, muß man erklären, *warum* es so oder so sein muß, wo es hingehen soll und welche Empfindung damit verbunden ist: inneres Denken. Wenn man innen anfängt, verlangsamen sich die Bewegungen. Sobald die Schauspieler sich darauf einlassen, machen sie es automatisch richtig.
Auf sonderlich viel Dialog können sie sich nicht stützen.

Nein, aber jedes Wort muß auf eine bestimmte Art und Weise gesprochen werden. Jede Bewegung muß auf eine bestimmte Art ausgeführt werden. Ich sage ihnen nicht, wie sie ihre Sätze zu sprechen haben – das tu ich nie. Ich fange einfach zu reden an, und schon bald erübrigt sich das Gequatsche von selbst.

Was das Verständnis der Handlung betrifft, ist LOST HIGHWAY *einer Ihrer schwierigsten Filme: was passiert wirklich, was ist Phantasie? Wollten Sie Ihr Publikum verwirren?*
Nein. Nein. Es geht nicht anders, nicht, weil ich Verwirrung stiften will, sondern um das Geheimnis spürbar zu machen. Geheimnisse sind gut, Verwirrung ist schlecht, und zwischen beiden besteht ein großer Unterschied. Ich rede nicht besonders gern über Dinge, weil man vieles zerredet. Aber es gibt genügend Hinweise für eine korrekte Interpretation, und ich weise immer wieder darauf hin, daß es in vielerlei Hinsicht eine geradlinige Geschichte ist. Nur ganz wenige Aspekte weichen eine Spur davon ab.
Im Leben ist manches nicht ganz zu verstehen, aber wenn es im Film so ist, werden die Leute unruhig. Dabei ist das Ganze in *gewisser* Weise durchaus plausibel. Die meisten Filme sind bewußt so angelegt, daß sie von aller Welt verstanden werden. Da bleibt nicht viel Raum zum Träumen und Staunen. Als die Leute von CiBy das Drehbuch lasen, hatten sie ein paar Fragen. Doch als sie die betreffenden Stellen im Film sahen, fanden sie sie plausibler als beim Lesen.

Falls die Geschichte – zumindest auf einer Ebene – von einem Mann handelt, der vielleicht – vielleicht auch nicht – seine Frau wegen Untreue ermordet hat, verweigern Drehbuch und Film jeden klaren Beweis ihrer »Schuld«.
Richtig, aber so ist es meistens: vor dem eindeutigen Beweis gibt es Verdachtsmomente. Wenn man nicht völlig paranoid ist, und selbst dann, ist der Verdacht im Kopf des armen Betroffenen so real wie das tatsächliche Ereignis. Man braucht eigentlich keinen eindeutigen Beweis. Und Fred ist sehr sensibel. [Lacht.]
Schon das Drehbuch nimmt zu Renées Tod nie eindeutig

Stellung, der Film hüllt sich noch mehr in Schweigen, er läßt uns lediglich einen kurzen Blick auf etwas werfen, bei dem es sich wahrscheinlich um Renées verstümmelte Leiche handelt. Warum?
Für Fred ist die Sache nicht so klar. Aber sie war ihm nie klar. Sie ist ihm nur so weit klar, daß er sich zu einer Grenzüberschreitung gezwungen fühlt.
Sie bringen oft ein kaum spürbares, bedrohliches oder fremdes Element in eine vertraute Situation. Können Sie dazu etwas sagen?
Das passiert häufig. Man ist irgendwo und amüsiert sich, da fällt eine Bemerkung, und plötzlich ist das Grauen da. Oder es ragt der Griff einer Pistole aus einer Hosentasche, und das verändert alles. Man meint, es sei so, dann geschieht etwas und man merkt, daß es ganz anders ist und muß damit umgehen. Solche Situationen liebe ich.
Fred Madison ist ganz offensichtlich ein zwanghafter Charakter, von Eifersucht und Angst vor Untreue zerfressen. Kennen Sie diese Gefühle bei sich selbst?
Wir alle können fast jedes menschliche Verhalten irgendwie nachvollziehen, egal wie bizarr. Wieso das so ist, weiß ich nicht, es gehört jedenfalls zum menschlichen Verhalten dazu. Wir wissen es im Grunde ganz genau.
Der zweite Teil beginnt mit einer wunderschönen Einstellung: Balthazar Getty liegt als Pete Dayton auf einer Sonnenliege im Garten. Alles – die Musik, die Farben, der Gartenzaun, der Hund und die Eleganz der Kamerabewegung – erinnert stark an BLUE VELVET. *Eine klassische Lynch-Einstellung, wenn man so will.*
Es beginnt sozusagen ein neues Leben. Petes neues Leben – Aufwachen, Kinder sehen und Staunen. Die Szene geht auf meine Kindheit in Spokane, Washington, zurück. [Lacht.] Das war mein Leben als Zwei- oder Dreijähriger: auf einer Gartenliege. Es war eine wunderbare Zeit! Wir brauchten den Gartenzaun gar nicht aufzustellen. Er war schon da, aber ich weiß, daß die Leute glauben, wir hätten ihn dazugestellt.
Eine faszinierende Figur, die die Grenze zwischen Freds und

LOST HIGHWAY: Balthasar Getty als Pete Dayton und die blonde Patricia Arquette als Alice Wakefield

Die dunkelhaarige Patricia Arquette als Renée Madison

Petes Leben überschreitet, ist der Mystery Man. Er erinnerte mich an den Mann von einem anderen Ort in TWIN PEAKS *– ein Repräsentant des Anderswo. Einer anderen Welt, vielleicht.*
Ja, das ist er. Ich will nicht verraten, was er für mich ist, aber er hat etwas Abstraktes.
Ich nehme an, dieses Element kam von Ihnen, nicht von Gifford?
So kann man das nicht sagen, wenn man im Team arbeitet, sind es *gemeinsame* Elemente. Es spielt keine Rolle, wer welchen Einfall hatte. Es gehört beiden. Barry beeinflußt mich, ich beeinflusse ihn. Eigentlich kamen alle Ideen von mir! Ursprünglich! [Lacht.]
Wie kamen Sie also auf den Mystery Man?
Das ist eine merkwürdige Geschichte. Ich hatte eine Idee und erzählte sie Barry, als wir am Drehbuch arbeiteten. Ein Typ ist auf einer Party. Ein unbedarfter, harmloser Kerl. Auf derselben Party ist ein zweiter Typ, jünger als der erste, er gehört nicht dazu, kennt niemanden, ist mit einem Mädchen gekommen, das viele Gäste kennt. Das Mädchen zieht ihn in eine seltsame Geschichte hinein, ohne daß er es weiß. Und der erste Typ redet mit dem Jüngeren, der ihm merkwürdige Dinge erzählt, ähnlich dem, was der Mystery Man Fred Madison erzählt. Barry war Feuer und Flamme. So kam der Mystery Man in LOST HIGHWAY zustande.
Ein zweites Geheimnis, das sich durch den Film zieht, ist »jener Abend«. Die Figuren sprechen von einem kürzlich geschehenen, einschneidenden Ereignis im Leben von Pete Dayton, das nie erklärt wird. In der Endfassung scheint dieses Motiv an Bedeutung verloren zu haben. Warum?
Etwas in einem Drehbuch zu lesen, ist eine Sache. Man kann es vorsichtig lesen und verschweigen, übergehen oder später darüber nachdenken. Die Angelegenheit auf der Leinwand auszusprechen kann falsch sein. Sie bekommt mehr Gewicht, man muß sich damit auseinandersetzen. Das ist jammerschade. Wer weiß, wenn man tausend Filme gemacht hat und von der menschlichen Natur, von Publikumsreaktionen

Robert Blake als Mystery Man in LOST HIGHWAY

und Kino wirklich was versteht ... Aber man hat ja in jedem Stadium Gelegenheit, diese Dinge zu überprüfen und merkt: hoppla, das ist zuviel. Das Motiv ist noch spürbar, aber es wird nicht mehr so stark darauf Bezug genommen wie im Drehbuch.

Auf dem Titelblatt des Drehbuchs, das ich kurz vor Drehbeginn in Händen hatte, bezeichnen Sie LOST HIGHWAY *als »Horrorfilm noir des einundzwanzigsten Jahrhunderts«.*

Ja, das ist Mumpitz. Es ist gefährlich, einen Film zu klassifizieren. Mit Filmen, die innerhalb eines Genres bleiben, kann ich nichts anfangen, deshalb ist er eine Kombination aus verschiedenen Dingen. Eine Art Horrorfilm, eine Art Thriller, aber im Grunde ein Geheimnis. Das ist er. Ein Geheimnis.

Geheimnisse wirken auf mich wie ein Magnet. Alles Unbekannte zieht mich magisch an. Wenn irgendwo eine Tür offensteht, dahinter führt eine Treppe nach unten und von unten dringt Licht herauf, ist die Versuchung groß, hinunterzusteigen. Ein Ausschnitt zieht stärker an als das Ganze. Das Ganze kann in sich logisch sein, doch aus dem Kontext gelöst erhält das Fragment einen enormen Abstraktionswert. Es kann zur Obsession werden.

Hier liegt ein großes Problem. In den Studios werden Entscheidungen heutzutage meist nicht von einer Einzelperson, sondern von einem Komittee gefällt. Und wenn es um Geld geht, stehen die Jobs auf dem Spiel, und sie bekommen es mit der Angst zu tun. Daher wollen sie genau verstehen, was sie da produzieren sollen. Da hat alles Abstrakte wenig Chancen. Man will sein Geld schließlich nicht an Abstraktes verschleudern!

Patricia Arquette erzählte mir, da sie sowohl Renée als auch Alice spielte, kannte sie sich irgendwann überhaupt nicht mehr aus. Sie war davon ausgegangen, daß sie zwei unterschiedliche Frauen spielte, doch dann meinten Sie, es handle sich um dieselbe Frau. Und laut Drehbuch stirbt auch noch eine von beiden!

[Lacht.] Als Schauspieler gibt man die eigene Person auf und

verwandelt sich in eine andere. Man braucht eine bestimmte innere Einstellung, und mit dieser Einstellung kann man an Abstraktem und Merkwürdigem Gefallen finden. Es ist nur ein wenig Vertrauen nötig und ein winziger Hinweis, und schon wird daraus ein Geheimnis. Für einen Schauspieler ist das eine wunderbare Sache. Außerdem legt sich jeder Schauspieler seine eigene Geschichte zurecht, um das, was er tun soll, zu unterfüttern. Es wäre sicher interessant zu erfahren, was für Stories sie sich zurechtgelegt haben. Sie müssen das tun, damit die Worte und Blicke wahrhaftig sind. Man hilft sich gegenseitig weiter. Aber ich habe nie viel über Bedeutungen gesprochen. Wir sprachen meist über Gedankenfragmente, die das Ganze stimmig machen könnten.
Patricia Arquettes persönliche Erklärung für LOST HIGHWAY *lautet etwa folgendermaßen: ein Mann ermordet seine Frau, weil er glaubt, daß sie ihn betrügt. Er kommt mit den Folgen seiner Tat nicht zurecht und bricht zusammen. In diesem Zusammenbruch versucht er, sich ein besseres Leben vorzustellen, aber er ist so verkorkst, daß sogar sein imaginäres Leben schiefgeht. Mißtrauen und Wahn sitzen so tief, daß sogar seine Phantasien zu Alpträumen werden.*
Und warum? Wegen ihr. Der Frau. Egal, von wo man sich auf den Weg macht, irgendwann gerät man in Schwierigkeiten – wenn man mit der oder dem Falschen unterwegs ist.
Sprechen Sie von Arquettes Figur?
Ja.
Die Story, die sich Arquette zurechtgelegt hatte, funktionierte offensichtlich für sie: Der Mann sieht sich in seiner Phantasie als jüngeren, maskulinen Typ; er begegnet einer Frau, die ihn zu jeder Tages- und Nachtzeit will, anstatt ihn nicht an sich heranzulassen, doch auch seine Phantasievorstellung zerbricht.
Genau so ist es.
Sie erzählte mir auch, daß sie für die Rolle ausgiebig recherchiert hätte; sie ist zum Beispiel in ziemlich eigenartige Clubs gegangen.
Das waren wohl eigenartige Clubs! Da das Leben von Renée

bzw. Alice mit der Pornoszene in Berührung ist, wollte sie ein Gefühl dafür bekommen, wie das ist, deshalb stellte sie diesbezügliche Recherchen an. Patricia mußte in dem Film Dinge tun, die nicht ganz einfach waren und ungeheuren Mut erforderten. Sie ist derzeit die beste junge Schauspielerin. Was mir an der Arbeit mit ihr so gefallen hat, ist, daß sie im Herzen sehr jung ist, mit einer enormen Wachheit, Energie und Offenheit für alles. Gleichzeitig ist sie sehr gefestigt und erwachsen. Wahrscheinlich hat es damit zu tun, daß sie ein Kind hat. Die Lebenserfahrung hat sie zu einer *ganzheitlichen* Persönlichkeit gemacht. Sie ist ungeheuer *klug* und für ihr Alter viel zu verständig. Wenn sie spielt, passieren magische Dinge – kaum wahrnehmbare, winzige Dinge. Und immer wahr. Mir dämmerte erst beim fünfzigsten Mal, wie toll sie eigentlich spielt.
Denken Sie beim Schreiben an bestimmte Schauspieler? Oder ist das der falsche Weg?
Es ist der falsche Weg, aber mir schwebte schon immer Bill Pullman als Fred Madison vor. Er ist ein ganz normaler Typ und nicht dumm. Ich glaube, Barry und ich sprachen beim Schreiben über Bill. Es hilft beim Entwickeln einer Figur. Man kommt auch ohne aus, aber mit einem Schauspieler im Kopf wird die Figur viel konkreter, man sieht sie reden und merkt plötzlich, »Halt, das würde sie nicht sagen.« Oder vielleicht doch, aber es wäre falsch.
Lassen Sie die Schauspieler lesen?
Nein, ich hasse die Leserei, ich glaube, ich hab noch nie einen Schauspieler lesen lassen. Ich unterhalte mich mit ihnen, das gibt mir ein Gefühl, und dann weiß ich Bescheid. Lesen ist ulkig, ich will sofort zu probieren anfangen! Und den Schauspielern gegenüber ist es unfair: es ist auf merkwürdige Weise peinlich. Jede Lesung ist lediglich ein Ausgangspunkt. Es geht sowieso woanders hin, wozu soll da die Leserei vom Blatt gut sein? Unter hundert Schauspielern wär vielleicht einer genau so, wie man sich's vorstellt. Es wäre zu schaffen, aber es gibt immer jemanden, der für die Rolle geeigneter ist als alle anderen. Wenn man den findet, ist man selig.

LOST HIGHWAY: Bill Pullman als Fred Madison

Patricia Arquette als Alice Wakefield

Haben Sie je von einem Schauspieler eine besonders negative Resonanz auf ein Drehbuch erhalten?
Einmal. Als es um Frank Booth ging, schickte ich das Drehbuch einem Schauspieler zu. Ich weiß nicht mehr, wie er hieß, aber er wurde *rabiat*. Ich glaube, er hat den Film noch verteufelt, als er längst in den Kinos lief. Das wird oft mißverstanden. Wenn in einem Film Gewalt vorkommt, glauben die Leute, man würde Gewalt verherrlichen oder verbreiten, und das stimmt einfach nicht. Man kann keinen Film machen, in dem alle nur nette Geschichtchen erzählen und stricken. Das ist ungefährlich, aber es geht nun mal nicht. Eine ausgesprochen negative Resonanz ist grauenhaft, weil man sich so stark mit dem Drehbuch identifiziert.
Das Tolle an Schauspielern sind unter anderem die Fragen, die sie stellen. Die Schwierigkeiten, die sie mit einer Figur haben, können eine immense Hilfe sein.
Mr. Eddy gehört zu Lynchs Galerie höchst widerlicher Schurken. Die Auffahr-Szene erinnert an einige Sequenzen aus WILD AT HEART, *mit diesem plötzlichen Ausbruch völlig überzogener, maßloser Gewalt.*
Ja. Und Robert Loggia war großartig. Er ist einfach *großartig*! Normalerweise haben Schauspieler Angst davor, »auszurasten«. Robert erzählt gern, daß ich während der Szene immer wieder zu ihm hingegangen bin und gesagt habe, »Ich hör dich nicht, Robert, du flüsterst, du flüsterst!« Ich meinte es ernst. Er fing unheimlich laut an, aber dann nahm er sich immer mehr zurück und verfiel ins Flüstern. Er meinte jedesmal, »Ich flüstere *nicht*!« Und ich, »Doch, du flüsterst.« Es machte ihn völlig verrückt. Er fragte sich: »Was will der Kerl von mir?« Und dann hatte er es plötzlich bei einem Take. Plötzlich waren das Ausgerastetsein und die Wut da. Er hatte sie immer gehabt. Er war ungaublich. Immer wenn ich Robert Loggia sah, sah ich Wut und eine Power – wie bei Anthony Hopkins in THE ELEPHANT MAN. Aber er ließ nichts nach außen.
Robert wollte Frank Booth in BLUE VELVET spielen. An die näheren Umstände kann ich mich nicht erinnern, jedenfalls

testeten wir eine australische Schauspielerin, ob sie als Dorothy in Frage kam, und ich sagte zu einem jungen Schauspieler, den ich zur Verfügung hatte: »Du sollst den Jeffrey spielen, wir machen Probeaufnahmen, aber im Film wirst du die Rolle nicht spielen.« Darauf er, »Das weiß ich, mach ich gern. Wir machen später was zusammen.« Robert Loggia hatte sich bereit erklärt, zu kommen und Frank zu spielen, weil er wußte, daß er die Rolle bekommen *könnte*, aber wahrscheinlich nicht bekommen würde. Ich wollte, daß Johanna, die Casting-Agentin, ihm das von vornherein klarmacht. Leider fing ich mit Probeaufnahmen für Jeffrey an und probierte ziemlich ausgiebig. Die Zeit wurde knapp, und sie wollten uns rauswerfen, und ich mußte rausgehen und Robert mitteilen, daß nichts draus würde. Er wurde so wütend, daß es nicht mehr lustig war. Und er hat es sich gemerkt.

Bei den Dreharbeiten zu INDEPENDENCE DAY sprach Bill Pullman Robert Loggia an und gab ihm das Drehbuch zu LOST HIGHWAY, weil Bill eingefallen war, daß Robert die ideale Besetzung für Mr. Eddy wäre. Robert war sehr angetan, doch er hielt die Sache für völlig ausgeschlossen, weil ich mich erinnern würde, wie wütend er auf mich war. Dabei war es genau diese Wut, die ihn zur Idealbesetzung machte!

Viele Szenen aus dem Drehbuch kommen im Film nicht mehr vor. Worauf beruhte die Entscheidung, sie zu streichen?

Es ist ein ständiges Agieren und Reagieren, ein Film ist erst fertig, wenn er fertig ist. Er bleibt bis zum Schluß ein *work in progress*. Deshalb ist es gefährlich, sich in einzelne Szenen zu verlieben. Aber man darf etwas auch nicht komplett verwerfen. Vielleicht braucht man einen Teil davon. Sie würden sich wundern, was manchmal wegfällt bzw. drinbleibt.

Zum Beispiel die Hinrichtungsszene im Gefängnis. Fred Madison sitzt in seiner Zelle und beobachtet Sammy Gee auf seinem letzten Gang; der Priester, mehrere Anwälte und die ganze Entourage gehen direkt an Freds Zelle vorbei den

Korridor entlang. Wir hatten auch ein paar Einstellungen, in der er sich die Hinrichtung vorstellt, während sie vollzogen wird. Und obwohl die Hinrichtung rausfiel, war Freds Reaktion darauf die perfekte Überleitung zu Pete Dayton. Man weiß nie, was kommt. Eine einzige Einstellung aus einer Szene, die zu 99% rausfällt, bleibt drin und sagt alles. Oder eine Szene im Büro des Gefängnisdirektors, in der Petes Eltern hereinkommen und der Direktor unterhält sich mit Doctor Smordin und Captain Luneau – fünf Seiten lang. Davon sind drei oder vier Einstellungen übriggeblieben, in denen kein Wort fällt.
Aber dieses Gespräch mit Petes Eltern hätte dem Publikum bestätigt, was es zu sehen glaubte: daß Fred Madison sich in seiner Zelle auf unerklärliche Weise in Pete Dayton verwandelt hatte.
Ja und nein! Man weiß es ja schon. Der Film erzählt es. In der Zelle sitzt der Falsche. Dieses Gespräch wollte das Unerklärliche erklären. Es warf mehr Fragen auf, als es beantwortete. Also war es nicht notwendig. Es war sogar schädlich, ich hatte es nur nicht gemerkt, als ich mit Barry am Drehbuch arbeitete.
Mußten Sie Szenen streichen, damit der Film eine bestimmte Länge nicht überschritt, wie bei FIRE WALK WITH ME?
Nein. Im Vertrag stand hundertfünfunddreißig Minuten. Ich hatte Panik, weil die erste Schnittfassung sehr lang war. Nicht, daß sie perfekt gewesen wäre, aber was soll man opfern, um auf zweieinviertel Stunden zu kommen? Ich wurde fast *verrückt*. Ich hielt die Sache mit der Höchstlänge für völlig falsch, aber wir schafften es, wie so oft; wir kamen auf etwas über zwei Stunden und nahmen wieder ein paar Szenen rein – nicht nur, weil wir durften, sondern weil wir jetzt in der Lage waren, völlig unvoreingenommen zu reagieren, zu fühlen und zu denken, da wir innerhalb des Zeitlimits lagen.
Das Zeitlimit ist hilfreich, es zwingt einen, harte Entscheidungen zu treffen, doch ab einem bestimmten Punkt hilft es nicht mehr. Aber zu viel Freiheit kann genauso gefährlich

sein. Man wird faul und hört dem Film nicht mehr zu. Zeitlimit und Zuhören ist eine gute Kombination.
Ich schließe daraus, daß es eine Testvorführung in Anwesenheit von Barry Gifford gab, als der Film knapp über zwei Stunden dauerte, und daß Ihre eigene Reaktion alles andere als positiv war.
Meine Reaktion war, daß ich mir wünschte, ich hätte die Fassung niemandem gezeigt. Aber diese Vorführungen sind sehr wichtig. Sonst verliebt man sich in den Film und findet alles gut. Die Anwesenheit anderer Leute zwingt einen zu erkennen, daß nicht alles gut ist und etwas dagegen zu unternehmen. Mary und ich machen uns also an die Arbeit und korrigieren die Sache, so gut wir können. Das ist wirklich heikel, weil man das, was man herausgenommen hat, im Kopf behält, das Publikum hat davon jedoch keine Ahnung. Wenn der Film vor Publikum gezeigt wird, spürt man, ob die Information da ist oder nicht. Mary organisierte eine Vorführung und stellte dem Publikum danach zahlreiche Fragen. Auf diese Weise erfährt man, wo man steht und kann die eigene Arbeit überprüfen. Ich sage immer, wenn genug Leute mit einer bestimmten Sache ein Problem haben, ist es wahrscheinlich wirklich eines. Barry war, glaub ich, einverstanden, als ich ihm erzählte, was ich rauswerfen wollte. Es ist auch völlig einleuchtend: sowas wird zum bösen Finger. Also hackt man ihn ab.
Hatten Sie bei diesem Film Kontrolle über die Endfassung?
Seit DUNE hatte ich immer Kontrolle über die Endfassung. Ein Produzent meinte einmal: »Wir lassen den Regisseuren gern die Kontrolle über die Endfassung, weil sie dann eher ein Ohr für unsere Vorschläge haben. Sie wissen, daß sie sie nicht annehmen müssen, aber sie hören wenigstens zu.« Ich halte es für sehr wichtig, auf die Vorschläge anderer zu hören. Einiges kann enorm hilfreich sein. Nein sagen kann man immer noch. Man sollte sich nicht auf die Haltung versteifen »Ich zieh meinen Stiefel durch und hör erst gar nicht zu.«
Viele Spielfilme werden heute auf nonlinearen Computer-

systemen wie Avid oder Lightworks geschnitten, Sie haben es jedoch vorgezogen, LOST HIGHWAY *auf traditionelle Weise zu schneiden – auf Film am Schneidetisch. Warum?*
Ich persönlich kann mit Avid überhaupt nichts anfangen. Ich mag weder das Bild noch den Bildschirm, und mir ist die Distanz zu groß. Man kann den Film nicht *spüren*. Das Bild ist falsch, billig und schlecht. Und ich hab *keine* Ahnung, wie das Ganze funktioniert. Für einen Werbespot mit sechzehn verschiedenen Spuren ist das eine feine Sache. Aber für einen Spielfilm, der zu 99% aus direkten Schnitten besteht, geht nichts über einen Schneidetisch und ein qualitativ hochwertiges Bild.
Ich weiß, daß Ihnen der erste Eindruck beim Drehen sehr wichtig ist und daß Sie versuchen, ihn während des gesamten Schneidens zu erhalten. Dieser erste Eindruck kommt dem des Zuschauers nahe, der den Film nur einmal sehen wird. Wie gehen Sie beim Anschauen der Muster vor?
Für mich ist das, was man vor Augen hat, etwas anderes als das, was einem Kamera, Film, Entwicklung und Projektor liefern. Nach einer Woche Musteranschauen ist der Verstand in der Lage, das, was man beim Drehen vor sich sieht, in den künftigen Film zu übersetzen. Man muß sehen, was der Film aus dem, was man vor Augen hat, macht. Wenn die laufende Kamera wegschwenkt, um kurz darauf abgeschaltet zu werden, erwischt sie vielleicht noch was Schönes. Solche Zufälle gibt es, und manchmal dienen sie als Inspiration. Herb Cardwell hatte in gewisser Weise recht, als er meinte, beim Vorführen der Muster sollte es keine Überraschungen geben – und auch wieder nicht. Ein Film ist immer für Überraschungen gut.
Bei LOST HIGHWAY probierten wir im Vorfeld unterschiedliche Filter und Kamerageschwindigkeiten aus, und das zahlt sich aus. Beginnt man damit erst, wenn's ernst wird, macht man bei den wichtigen Szenen neun- von zehnmal das falsche Experiment. Deshalb macht man seine Hausaufgaben vorher und entwickelt ein Gefühl für die Wirkung bestimmter Mittel. Außerdem kommt man dabei auf neue Ideen.

Die Verwandlung Fred Madisons in Pete Dayton ist im Drehbuch ziemlich kompliziert beschrieben, im Film dagegen geschieht sie ganz simpel in der Kamera anstatt mit Hilfe aufwendiger digitaler Effekte. Ziehen Sie dieses Verfahren vor, damit Sie den Vorgang beim Drehen beobachten können?
Absolut. Mir geht es mit Morphing, Computer Generated Imaging und dem ganzen Zeug wie mit Avid. Heutzutage macht das jeder. Es ist superteuer, wahnsinnig zeitaufwendig, und ich bin nicht sicher, wieviel man wirklich sieht, bevor man das Endprodukt vorgesetzt bekommt. Wenn man erst einen Digitaleffekt im Kopf hat, gibt es kein Zurück mehr. Ich wollte eine andere Lösung finden. Die Verwandlung setzt sich in Wirklichkeit aus vielen Einzelteilen zusammen, aber sie sind alle organisch: in der Kamera.
Für Michael Jackson hab ich mal eine dreißig Sekunden lange Computeranimation zum Album *Dangerous* gemacht. Sie hatte einen eigenen Stil, der okay war, aber sie sah nicht aus wie gefilmt. Wie sieht das aus, wenn eine Computeranimation zurückkommt und in den Spielfilm eingebaut wird? Wie Plastikfurnier neben edlem Holz? Ich weiß nicht. Man muß sich um jedes Bild Gedanken machen, und wenn man das Geld nicht hat, muß man einen Weg suchen, wie sich genau dasselbe Ergebnis auf andere Weise herstellen läßt, um keine Kompromisse eingehen zu müssen. Und dieser Weg läßt sich finden.
In meinen Augen ist die Technologie noch nicht so weit. Bei TERMINATOR II haben sie sie wunderbar eingesetzt, und da hat es auch funktioniert, aber viele machen es einfach, weil es neu ist. Der Film muß die Mittel rechtfertigen und Raum dafür bieten.
In der von CiBy 2000 veröffentlichten Ankündigung des Films bestand die Zusammenfassung aus drei Wörtern: »Eine psychogene Fuge«. War Ihnen bewußt, daß dieser Geisteszustand, eine Form von Amnesie als Flucht vor der Realität, tatsächlich existiert?
Nein, Barry und ich wußten nicht, was das war. Debra Wu-

liger, die zuständige Pressesprecherin, entdeckte es per Zufall in einer medizinischen Zeitschrift. Sie zeigte es uns, und es paßte auf LOST HIGHWAY. Nicht wortwörtlich, aber es scheint einen ganz ähnlichen psychischen Vorgang zu geben. Eine bestimmte mentale Störung. Dabei hört es sich so schön an – »psychogene Fuge«. Das hat Musik, Dynamik und etwas Träumerisches. Es hört sich einfach schön an – selbst wenn es keine Bedeutung hätte.
Aufschlußreicher als der Begriff »psychogen« – was im Grunde »seelisch bedingt« bedeutet – ist der Begriff »Fuge«. Auch wenn dies ein primär musikalischer Begriff ist, liefert er eine vollständige Beschreibung des Films: ein Thema setzt ein und wird von einem zweiten abgelöst. Das erste Thema läuft begleitend als Kontrapunkt weiter. Ist das nicht die perfekte Beschreibung der Beziehung zwischen Fred und Pete?
Genau. Deshalb nannten sie es wohl eine »psychogene *Fuge*«, weil es mit einer Sache anfängt, in eine zweite übergeht und dann, wie ich meine, an den Anfang zurückkehrt. Genau das *ist* LOST HIGHWAY. Ob die Menschen, die diese Krankheit haben, zurückkehren oder nicht, oder wie lange die Fuge dauert, weiß ich nicht. Aber das ist schon ziemlich verrückt, zwei miteinander ringende Themen, die sich voneinander lösen und am Schluß zum Anfang zurückkehren.
Haben Sie bei der Arbeit am Drehbuch keinerlei einschlägige Fachliteratur gewälzt?
Nein, nein, nein. Sowas entsteht von selbst, man hat Ideen, sie bündeln sich und formen sich zu einem Ganzen, und irgendwann wird ein Thema sichtbar – wenn man eines finden will. Doch wenn man den Ideen treu bleibt, braucht man es nicht unbedingt. Mit einem Thema anzufangen und es dann auszugestalten und eine Geschichte über die Vergewaltigung Minderjähriger zu machen, heißt für mich das Pferd vom Schwanz aufzuzäumen. Dann muß man alles ins Konzept zwingen. Beim umgekehrten Verfahren weiß man nicht, was es ist. Es entsteht einfach, das andere findet man später heraus. Aber inzwischen hat man sich in die Sache verliebt. Man weiß irgendwie, daß es stimmt.

Demnach ließe sich LOST HIGHWAY *als filmische Umsetzung eines musikalischen Begriffes beschreiben. Ein echtes Musical! Haben Angelo Badalamenti und Sie die Filmmusik unter dem Gesichtspunkt der Fuge diskutiert?*
Damit haben wir uns kaum befaßt. Fugen machen mich wahnsinnig. Ich kann einer Fuge nur eine gewisse Zeit zuhören, dann bekomme ich das Gefühl, ich platze. Man will aus der Haut fahren. Oder auch nicht, wenn nur die Fuge nicht wäre. Trotzdem würde ich Angelo gern eine Fuge auf dem Dudelsack blasen sehen. [Lacht.]
Wie sind Sie und Angelo bei LOST HIGHWAY *vorgegangen?*
Mary Sweeney war maßgeblich daran beteiligt, sie liebt Orchester und haßt Synthesizer. Man versucht seit langem, Streicherklänge im Synthesizer herzustellen. Es klingt cool, aber es sind keine Streicher. Auch Angelo tendiert immer mehr zum Synthesizer, aber ein Orchester kann unglaublich abstrakte Klänge produzieren und Musik Richtung Sound lenken. Einer meiner Lieblingskomponisten ist Penderecki, seine Musik ist echte Avantgarde. Der Kerl hat's in sich. Ich wollte, daß Angelo das Orchester in modernere Gefilde lenkt, ohne auf Atmosphäre verzichten zu müssen.
Es geht nichts über ein reales Orchester. Und erst recht nichts über ein Orchester in Prag. Da schwingt irgendetwas Osteuropäisches in der Musik mit. Stepan Konicek war unser Dirigent, Jiri Zobac der Toningenieur, die beiden sind einfach Spitze. Jetzt dürfen sie endlich leben, wissen Sie? Sie sind glücklich. Als wir '85 für BLUE VELVET in Prag waren, gab es in den Geschäften nichts zu kaufen. Es war trostlos, und diese Trostlosigkeit kroch in die Musik.
Jedenfalls dachte ich, es wäre keine schlechte Idee, nochmal nach Prag zu fahren und moderne Orchesterklänge aufzunehmen – Abstraktes und dergleichen. Der Film hat einige dunkle, *noir*-artige Stellen, und als ich Angelo auf die dazugehörige Atmosphäre ansprach, fiel uns eine ganz bestimmte Instrumentierung ein. Angelo fing zu komponieren an, und wir erfanden eine neuartige Verwendung des Orchesters. Es hat lange gedauert – Angelo probierte bestimmte

Klänge und alles mögliche aus – aber schließlich wußten wir, was wir wollten. Wenn man's mal hat, läuft es von selbst. Angelo stand unter ziemlichem Druck, weil alles in letzter Minute geschah – in den letzten drei Wochen vor der Abreise nach Prag war Angelo fix und fertig. Die Musik zu BLUE VELVET war noch ziemlich konventionell, doch inzwischen liefert er mir, wie ich es nenne, »Brennholz«, ich »zersäge« und spiele es und finde Stellen dafür bzw. ändere Stellen entsprechend ab. Mit der digitalen Technik kann man blitzschnell Sachen ausprobieren und mischen, da ist Angelo in seinem Element!

Auf Filmaufnahmen, die Toby Keeler während der Einspielung in Prag gemacht hat, experimentieren Sie offensichtlich mit Schläuchen und anderen selbstgebastelten Aufzeichnungsgeräten. Was geht da genau vor?
Ich wollte eine provisorische Mischung für eine der ersten Testvorführungen erstellen. Wir stellten drei Schneidetische mit je zwei Tonspuren auf, macht sechs Tonspuren. Dazu eine Resonanzbox mit Musik. Ich wollte das Laufgeräusch der Schneidetische so gering wie möglich halten und den Ton von den Lautsprechern abnehmen, deshalb ging ich in meine Werkstatt und holte einen Staubsaugerschlauch von zehn Zentimeter Durchmesser, mit dem ich normalerweise Sägespäne aufsauge. Am einen Ende des Schlauchs befestigte ich ein Mikrophon, das andere Ende hielt ich an den Lautsprecher. Ich fing an der Resonanzbox an, nahm etwas auf, wechselte zum ersten Schneidetisch hinüber und nahm von dort was auf. Ich konnte näher rangehen, die Lautstärke verringern, das Mikrophon auf den zweiten Schneidetisch richten und wieder zurück auf den ersten, und ganz zuletzt richtete ich es auf den Schneidetisch, von dem die Musik kam. Alle waren gekoppelt: sie mußten auf Stichwort starten, stoppen und blenden.

Es wurde ein hochinteressantes Provisorium, weil der Schlauch den Klang veränderte. Und als wir nach Prag fuhren, hatte ich natürlich den Schlauchklang im Kopf. Gleich gegenüber auf der anderen Straßenseite war eine Baustelle, dort be-

sorgten wir uns die Schläuche. Ich wollte auch eine 20-Liter-Wasserflasche, aber in Prag gibt's natürlich nicht die gleichen Wasserflaschen. Jiri, der Toningenieur, schleppte eine riesige Weinflasche an, wir steckten Mikrophone in die Flasche und befestigten weitere Mikrophone an den Schläuchen, die einen anderen Durchmesser hatten. Es ging darum, daß der Ton beim einen Ende in den Schlauch reingeht, verändert wird und wieder herauskommt. Es ist nur ein Effekt, aber viele mechanisch produzierten Effekte sind hochinteressant, weil man selbst mit komplizierten Verzerrungsgeräten diesen speziellen Klang nicht herstellen kann. Wir mischten also an manchen Stellen Schlauchklänge in die Musik. Die Weinflasche produzierte höchst ätherische Klänge, und wir erhielten schöne Verzerrungen. Wir haben wirklich ziemlich sensationelle Musik gemacht, nicht alles davon fand im Film Verwendung. Moderne Filmmusik *noir*. Höchst seltsame Instrumentenkombinationen, die seltsame Weisen spielten.
Wie steht es mit der »Popmusik« in LOST HIGHWAY? *Ich denke vor allem an den Eröffnungssong, David Bowies* I'm Deranged. *Man könnte meinen, er sei für den Film geschrieben.*
War er auch! Es war das sechzehnte Lied auf Bowies letztem Album. Ich höre mir das Album an und bin sehr angetan. Dann kommt Nummer sechzehn, und plötzlich steht der ganze Anfang des Films vor mir. Genau so, wie er zu sehen ist. Der Song paßt in vielerlei Hinsicht zur Stimmung und zur Story.
Und dann schickte mir die deutsche Band Rammstein laufend Zeug, das ich mir erst gar nicht anhörte. Eines Tages – das war wieder mal Schicksal –, ich hatte gerade das Drehbuch abgeschlossen, setzte ich mich hin, hörte mir die Bänder an und *wow* – das mußte ich sofort einbauen. Rammstein schickte fünfzig Kassetten, weil die Crew mit der Zeit ganz verrückt danach wurde. Und da fünfzig Kassetten herumlagen, verging kein Drehtag, ohne daß aus irgendeinem Wagen Rammstein dröhnte. Sie hatten einen Bombenerfolg bei der Crew.

Dann lernte ich Trent Reznor von Nine Inch Nails kennen und erarbeitete ein paar Sachen mit ihm. Trent erfand ein paar Bordun-Klänge für den Film – er versteht sehr viel von Musik und Sound.
Er teilt offensichtlich Ihr Verständnis von Musik als Soundeffekt.
Ganz genau, und so ist es mit vielen Dingen. Der Grenzbereich zwischen Soundeffekt und Musik ist *wunderschön*.
Dann brachte mich Barry Gifford auf *Doc Pomus's Greatest Hits* – Doc Pomus-Songs, interpretiert von verschiedenen Gruppen und Künstlern. Als ich Lou Reed *This Magic Moment* singen hörte, war ich hin und weg und wollte es unbedingt verwenden. Und zehn Jahre nach BLUE VELVET konnte ich mir *Song for the Siren* von This Mortal Coil leisten. Das war schon immer einer meiner Lieblingssongs gewesen.
Läßt das regelmäßige Zittern und Zagen beim Kinostart eines Films nach, je länger man Filme macht?
Nein. Im Gegenteil, es wird eher schlimmer. Je höher die Erwartungen, desto tiefer der Sturz. Das Publikum kennt die Filme, jedenfalls einige davon. Es wird immer heikler. Man ist kein Newcomer mehr. Das ist man nur einmal. Ich wünschte, ich hätte meinen nächsten Film soweit, daß ich morgen loslegen könnte, und müßte mich um alles weitere nicht kümmern. Egal, ob gut oder schlecht. Weil es im Grunde nichts mehr mit mir zu tun hat. Der Film allein zählt. Ich muß nicht darüber reden. Ich muß überhaupt nichts tun. Das ist alles Geschwafel. Die hohe Kunst des Schwafelns.
Seit TWIN PEAKS: FIRE WALK WITH ME – *bei der Kritik ein Flop – haben Sie keinen Film mehr gemacht – glauben Sie, daß die Erwartungen bei* LOST HIGHWAY *dadurch noch höher gespannt sind?*
Ich weiß nicht, was da draußen abläuft. Aber FIRE WALK WITH ME war in gewisser Hinsicht eine schöne Erfahrung. Wenn man am Boden liegt, wenn man einen Fußtritt bekommt und nachgetreten wird, bis man wirklich blutet und

ein paar Zähne fliegen, kann es nur noch aufwärts gehen. Es ist ein herrliches Gefühl, ganz unten zu sein.
Diese Erfahrung hatten Sie ja bereits mit DUNE *gemacht.*
Ja, nach DUNE war ich auch am Boden. Ich war fast tot! Mich hielt nur THE ELEPHANT MAN am Leben. Wegen ihm konnten mich die Kritiker nicht völlig abschreiben. Hätte ich nur ERASERHEAD und DUNE vorzuweisen gehabt, wär ich erledigt gewesen.
Sie sagten, daß Ihnen Henry aus ERASERHEAD *am nächsten stand – ein verängstigter Mann. Fred Madison ist auch so einer, oder?*
Nein, ist er nicht. Er irrt in Finsternis und Verwirrung umher, während Angst hellwach macht!
Hat das Filmemachen für Sie therapeutische Funktion? Hilft es Ihnen, Ihr Privat- oder Seelenleben positiv zu verändern?
Nein, das kann ich für mich nicht behaupten. Aber wenn man die Spielsachen wiederbekäme, die man als Kind geliebt hat, wäre es nicht mehr dasselbe. Man ändert sich mit den Jahren, allerdings haben wir, fürchte ich, in einem Leben nicht genug Zeit, uns wesentlich zu verändern.
Glauben Sie nicht, daß wir mit fortschreitendem Alter einen Zustand tieferer Einsicht oder Weisheit erreichen, durch den sich Finsternis und Verwirrung langsam aber sicher überwinden lassen?
Doch, aber hier geht es um zweierlei: das eine ist das »Bewußtsein«, das andere intellektuelles Verständnis, und das ist nicht dasselbe. Mit einem Motor, der soundsoviel PS entwickelt, fährt der Wagen soundso schnell. Schneller wird er nur, wenn man einen stärkeren Motor einbaut, stimmt's? Oder aus dem Motor mehr PS rausholt. Wenn sich das Bewußtsein nicht erweitert, wird man älter, aber das Verständnis entwickelt sich nicht mit. Nur wenn man den größeren Zusammenhang erkennt, tut sich was. Der Innenraum des Menschen reicht bis an das Wesen aller Dinge. Angeblich fänden wir alle Antworten in uns selbst, doch wir versuchen ständig, unser Glück außerhalb zu finden. Ab und zu erwischen wir es, doch nur für kurze Zeit.

Haben in diesem Prozeß Formen religiösen Glaubens für Sie einen Sinn?
Ja. Sicher. Angeblich fangen alle Religionen schön an, doch im Laufe der Zeit werden die ursprünglichen Lehren verzerrt und versaut. Das kann so weit gehen, daß sie nichts Gutes mehr bewirken. Ich spreche hier ganz allgemein, aber es ist was Wahres dran. Heilige Schriften sind nichts Subjektives: das sind objektive Texte. Und das Schöne daran ist, egal auf welcher Sprosse der Bewußtseinsleiter man steht, man kann sie lesen und Nutzen daraus ziehen. Und wenn man dasselbe zehn Jahre später nochmal liest, gewinnt es eine neue Bedeutung: es ist auf jeder Sprosse wahr. Wenn es wahr ist, muß es auf jeder Sprosse wahr sein.
Eine heilige Schrift ist ein Geheimnis, niedergeschrieben in Codes. Für mich ist das etwas Phantastisches! Es gibt Geschichten, wie ein Vers der Bhagavad-Gita zu lesen ist, die Bedeutung liegt in der Anordnung der Sätze, der Anordnung der Wörter innerhalb des Satzes, wie ein Wort auf das nächste reagiert und sie untereinander in perfekter Ordnung stehen. Sie sind wie Samen: wenn sie wachsen und bekannt werden dürfen, werden sie zu riesigen Bäumen der Wahrheit. Doch vieles davon liegt im Verborgenen. Daher ist der »Glaube« das einzige Mittel, um von der Unwissenheit zur Erkenntnis zu gelangen. Um es zu riskieren, um auch nur darüber nachzudenken, braucht man ein klein wenig Glauben. Und die einzige Art, die Probe aufs Exempel zu machen, ist, in sich selbst nachzuforschen, ob es wahr klingt. Es existiert nur in einem selbst, man kann es niemandem beweisen. Und die ständige Überprüfung anhand dessen, was in der Welt geschieht – hin und her – heißt, den Geheimnissen auf die Spur zu kommen. Es ist ein riesiges, herrliches Rätsel.
Vermutlich besteht das Tröstliche an der Religion für viele Menschen vor allem darin, daß der Tod nicht das Ende ist. Würden Sie dem zustimmen?
Ich weiß nicht, ob ich mich hier darauf einlassen will, aber ... ich glaube *nicht*, daß es das ist. Aber das ist meine ganz

persönliche Meinung. Ich sehe es einfach so. Sterben ist wie Einschlafen: Am Morgen wacht man auf und beginnt einen neuen Tag. Das könnte eine Metapher für etwas Größeres sein: Man stirbt, lebt eine Weile in einem Traum, und plötzlich ist man wieder da!

Vielleicht befinden wir uns gerade jetzt in der Traumphase. Wer sagt uns, daß wir nicht im Limbo sind und das wahre Leben vor oder hinter uns liegt?

Da macht man gern den Gärtner zum Bock. Wir erfahren die ultimative Realität nicht: Das Reale bleibt während des gesamten Lebens im Verborgenen, wir sehen es nicht. Wir halten es irrtümlicherweise für alles andere, und das ist gut so. Angst entsteht, weil man das Ganze nicht sieht; wenn man es schaffen würde und das Ganze sehen könnte, wär die Angst wie weggeblasen. Leider haben wir vor dem Sterben die größte Angst. Und wenn wir hundertfünfzig würden, wär das Leben immer noch zu kurz.

It's a Great Big Wonderful World Revisited

THE STRAIGHT STORY

Im Mai 1999 gab es vom Filmfestival in Cannes schockierende Nachrichten: Der neue Film von David Lynch war weder verstörend noch anstößig oder rätselhaft. Zwerge, Mystery Men, verrückte Frisuren, Donuts, Drogen und tote Abschlußballschönheiten glänzten durch Abwesenheit. Zwar war Lynch immer noch in der Lage, sowohl die Kritik als auch das Publikum zu überraschen, aber dieses Mal hatte er sie mit der absoluten Einfachheit und der zeitweise herzerweichenden Humanität von THE STRAIGHT STORY auf dem falschen Fuß erwischt.
Der Film basiert auf einer wahren Begebenheit, die erstmals 1994 in der amerikanischen Presse auftauchte, und handelt vom 73jährigen Alvin Straight aus Laurens, Iowa. Als dieser erfuhr, daß sein älterer Bruder Lyle, mit dem er sich zerstritten hatte, schwer erkrankt war, beschloß er, eine Reise ins 480 Kilometer entfernte Mount Zion, Wisconsin, zu unternehmen, um ihn zu besuchen. Allerdings war er zu blind, um Auto zu fahren. Seine ungewöhnliche Lösung dieses Problems bestand darin, sich auf dem Rücken eines motorisierten Rasenmähers der Marke »John Deere« auf den Weg zu machen, mit einer Höchstgeschwindigkeit von acht Stundenkilometern. Sechs Wochen später fand dann endlich das Wiedersehen der Brüder Straight statt.
Es gibt nichts Kompliziertes an THE STRAIGHT STORY, und als sich dies herumsprach, gab es ein geradezu spürbares Aufatmen bei vielen Kritikern und Journalisten. LOST HIGHWAY war ein Film wie ein Möbiusband gewesen – ein linearer Erzählstrang, der zu einem Ring gebogen und an der Verbindungsstelle verdreht worden war. Als Zuschauer wurde man daher von einer Seite auf die andere geworfen – oder von einem Geisteszustand direkt in den nächsten –, und während man dem Film folgte, verpaßte man oft den

Punkt, an dem die Geschichte eigentlich begann oder endete. Es war zugleich ein zwei- und dreidimensionales Werk; ein raffiniertes Erzählexperiment, das weniger Fred Madisons verdrehten Geisteszustand behandelte als vielmehr selbst eine direkte Abbildung seines psychischen Zusammenbruchs darstellte.

Die zynische Reaktion auf THE STRAIGHT STORY bestand darin, den Film als Lynchs Versuch anzusehen, nach dem finanziellen Mißerfolg von LOST HIGHWAY wieder etwas kommerziellen Boden gutzumachen. Eine weitere Fehleinschätzung war es, den Film als Beweis dafür zu interpretieren, daß Lynch als Filmemacher endlich erwachsen geworden wäre. Offenbar hatte er die Alpträume und Phantasien einer aufgeschobenen Kindheit hinter sich gelassen und wandte sein bemerkenswertes Talent als Regisseur einem reiferen Werk zu: einer einfachen Geschichte über einfache Menschen. »Hierhin hat all die Finsternis und Verwirrung also geführt«, dachte man. »Lynch hat seine kindlichen Ängste abgelegt, ist hinaus ins Licht getreten und hat sich endlich dem gesunden Menschenverstand und der kommerziellen Vernunft ergeben.«

Wenn die Öffentlichkeit Gelegenheit gehabt hätte, Lynchs neue Fernsehserie »Mulholland Drive« zu sehen, hätte man es sich zweimal überlegt, bevor man mit Zynismus, Wunschdenken und Expertengerede auf den Film reagierte. Aber zur selben Zeit, als THE STRAIGHT STORY im sonnigen Südfrankreich eintraf, wurde der Pilotfilm zu »Mulholland Drive« ohne Umschweife vom Sender ABC abgelehnt. Erst zwei Jahre später würde der Film wieder auftauchen und, verwandelt in einen Kinofilm, seine Premiere in Cannes feiern. Er sollte mit verstörenden Charakteren und absurden Phantasmen ein unerklärliches Grauen erzeugen und die Möbiusband-Struktur von LOST HIGHWAY noch extremer auf die Spitze treiben. MULHOLLAND DRIVE würde eine weltweite Reputation als Filmrätsel erlangen und Lynch 2001 den Preis für die beste Regie in Cannes einbringen. Soviel zum Erwachsenwerden.

THE STRAIGHT STORY zeigt keinen »weiseren«, »glücklicheren« oder »erwachseneren« David Lynch. In Wirklichkeit ist es *reiner* David Lynch. Wir bekommen diese Seite von ihm nur nicht so häufig zu Gesicht. Die Präsenz des anderen Lynch in diesem Film hängt maßgeblich damit zusammen, daß seine Lebensgefährtin Mary Sweeney die Geschichte zu STRAIGHT STORY entwickelte und das Drehbuch mitverfaßte – neben ihrer Tätigkeit als Produzentin und Cutterin, die sie in all seinen Filmen ausübt.»Für mich besteht eine deutliche Verbindung zwischen STRAIGHT STORY und THE ELEPHANT MAN. Das ist die andere Seite von David – eine irische, poetische Seite, die elegant und emotional sein kann, ohne sentimental zu werden.«

Sweeney hatte sich schon länger nach den Rechten zu einem bereits bestehenden Stoff umgesehen, den Lynch verfilmen könnte – eine Geschichte, die nicht so persönlich in Finsternis und Verwirrung verankert ist. »Künstler wie David oder Woody Allen drehen einen Film nach dem nächsten in einem bestimmten Stil, das stumpft die Leute ab. Sie vergessen, wie talentiert diese Regisseure sind. Wir haben nach LOST HIGHWAY viele solcher Kommentare gehört. David nimmt so etwas überhaupt nicht wahr, aber ich bin seine Lebensgefährtin und seine Produzentin. Ich kenne alle Seiten von David, und ich war sehr froh, daß er einen Stoff mochte, der völlig anders war und der von den Erwartungen des Publikums abweichen würde. Ich liebe diese Geschichte, aber ich bin klug genug zu wissen, wieviel Glück ich als Produzentin und Drehbuchautorin hatte, daß David Lynch bei dem Film Regie führte. Ich glaube, daß ihn die Idee, etwas so Unerwartetes zu machen, gereizt und auch ein wenig herausgefordert hat.«

Lynch hörte also kurzzeitig auf, den Stein hochzuheben, um einen Blick auf das dunkle, sich krümmende Chaos darunter zu werfen – aber dies war auch ein einmalig schöner Stein. Schon während der ersten Einstellungen von THE STRAIGHT STORY erkennen wir, daß wir in das ländliche Herz von Lynchland gekommen sind. Das malerische Interesse an Texturen, Farben und Komposition läßt daran keinen Zweifel. Indem er Alvins Reise mit dem Rasenmäher begleitet, hat Lynch ausgiebiger denn je Gelegenheit, einen Blick auf die amerikanische Landschaft zu werfen. Nicht einmal ein europäischer Regisseur, der in dieses mythische Land vernarrt ist, könnte mit Lynchs spürbarer Ehrfurcht mithalten. Das Gesicht von Richard Farnsworth wird zum geologischen Abbild dieser Landschaft: schroff, wettergegerbt und unendlich faszinierend. Obwohl Lynch an Genres nicht interessiert ist, erkennt man Elemente des klassischen Westerns – eine Ende-des-Jahrtausends-Version von John Waynes verfallenem, markantem Profil, das wie eine sonnengebleichte Felsformation des Monument Valley wirkt. Wie Mary Sweeney feststellt: »Mit einem Teil seiner Seele ist David immer noch im Wilden Westen.«

Wie Muybridge [Eadweard Muybridge war ein britischer Photographie-Pionier, berühmt für seine Serienaufnahmen von Bewegungsabläufen, Anm. d. Übers.] ist auch Lynch fasziniert von menschlicher Bewegung in ihren kleinsten Details, deswegen hat ihn wohl auch die schmerzhafte Langsamkeit von Alvins Reise von Laurens nach Mount Zion interessiert. Dabei werden Erinnerungen wach an all die schlafwandlerischen, hochgradig detaillierten Bewegungen von Jack Nance in ERASERHEAD oder an die komödiantisch langsamen alten Menschen, die an den Rändern von TWIN PEAKS zu finden waren. Die Geschichte des Rasenmäher-Easy-Riders Alvin erlaubte Lynch außerdem, sich lautlos gegen die oftmals sinnlose Beschleunigung des derzeitigen amerikanischen Kinos zu stellen. Der Film schien sogar die Rotation der Weltkugel aufzuhalten in ihrer Atmosphäre der unaussprechlichen Katastrophen und des geistigen und moralischen Verfalls.

Sweeney selbst faßt es so zusammen: »Ich finde, THE STRAIGHT STORY hat seine Aufgabe als reinigende Kraft zwischen LOST HIGHWAY und MULHOLLAND DRIVE hervorragend erfüllt. Es war ein Geschenk, das wir uns gegenseitig gemacht haben.«

RODLEY: *THE STRAIGHT STORY ist das, was der Titel verspricht: Eine geradlinige Geschichte, LOST HIGHWAY war das genau Gegenteil. Wollten Sie eine einfachere, direktere Vorgabe für Ihren neuen Film?*
LYNCH: Nein, kein bißchen. Das war einfach der nächste Stoff, in den ich mich verliebt hatte. Es hätte auch etwas noch Komplizierteres als LOST HIGHWAY sein können. Vielleicht gibt es Gründe dafür, warum ich mich in THE STRAIGHT STORY verliebt habe. Aber die will ich lieber nicht herausfinden, weil ich finde, daß du einfach abwarten mußt, was als nächstes kommt und deine Aufmerksamkeit erregt. Zwischen den Filmen, wenn ich neue Projekte suche, versuche ich, mir alle Möglichkeiten offen zu halten. Wenn man welche ausschließt und sich zum Beispiel vornimmt, bestimmt keinen Film ohne Altersbeschränkung zu drehen, dann könnte es passieren, daß man etwas verpaßt.
Stimmt, und trotzdem hätte ich nie erwartet, daß die Motion Picture Association of America einmal einen Ihrer Filme ohne Altersbeschränkung freigeben würde.
Als Produzentin hätte eigentlich Mary den Anruf der MPAA entgegennehmen sollen. Aber an diesem Nachmittag hatte sie einen Termin und fragte mich, ob ich etwas dagegen hätte, das Gespräch anzunehmen. Da rief dann also ein Mann an und sagte: »Ihr Film wird ohne Altersbeschränkung freigegeben.« Ich sagte nur: »Können Sie das bitte noch mal wiederholen?«
Es gibt immer noch Zuschauer, die darauf warten, daß in dem Film irgend etwas Gräßliches passiert. Außerdem hat jemand in einer Warteschlange für eine Testvorführung gehört, wie eine Frau hinter ihm sagte: »Ist es nicht seltsam, daß es zwei Regisseure mit dem Namen David Lynch gibt?« [Lacht.]
Haben Sie nach einer Abwechslung von den dunklen und verwirrten Figuren wie Fred Madison gesucht?
Nein, nein, nein. Das wäre auch ein ziemlich verrückter Grund, einen Film zu drehen! Irgend etwas daran muß einen ja fesseln. Wenn man sagt: »Von dieser Art Film habe ich genug«, ist das der eine Schritt, aber dann muß man sich

Alvin Straight (Richard Farnsworth) auf seinem motorisierten Rasenmäher der Marke John Deere

Alvins Tochter Rose (Sissy Spacek) versucht vergeblich, Alvin zu einer bequemeren Art des Reisens zu überreden

immer noch in etwas anderes verlieben. Die Maschine hat sich also ein wenig geändert und sucht nach diesem anderen. Es ist wie mit einem Mann, der seine Frau satt hat und nach einer Neuen Ausschau hält. Es könnte überraschend sein, was für eine er findet. Wenn man sich endlich entscheidet, was man macht, dann passiert etwas Seltsames. Es fühlt sich an, als würde man die Frau treffen und irgend etwas läge in der Luft. Als würde man von oben draufschauen und sich überlegen, wie das in die Welt paßt.
Ich bin immer noch genauso frustriert und verstört wie immer, es wäre also falsch, THE STRAIGHT STORY als Indikator für meinen Gemütszustand zu verstehen. Da käme man auf einige absurde Schlußfolgerungen!
Trotzdem schrieben viele Kritiker: »David Lynch ist endlich erwachsen geworden« oder »Gottseidank hat er dieses eklige Sex-und-Gewalt-Zeugs endlich hinter sich«. Ärgern Sie solche Reaktionen?
Die Leute sagen vieles, wenn ein Film herauskommt. Das ganze Gerede ist das Loch, und der Film ist der Donut. Alle sagen mir: »Konzentriere dich auf den Donut, nicht auf das Loch.« Also versuche ich, mich auf den Donut zu konzentrieren.
Natürlich liebe ich WILD AT HEART, aber ich habe mich auch in THE STRAIGHT STORY verliebt. Wer kann das erklären? Die Welt heute ist anders als damals, als ich WILD AT HEART gedreht habe. Damals war WILD AT HEART genau der richtige Film. Aber inzwischen hat die Gewalt im Kino einen absurden Grad erreicht, wo man sie schon gar nicht mehr wahrnimmt. Und noch mehr fluchen kann man in Filmen auch nicht. Es ist, als gäbe es da eine Grenze – was Mattes, Weiches.
Viele Kritiker haben THE STRAIGHT STORY auch zu Ihrem reifsten Werk erklärt. Woran, glauben Sie, liegt das?
Weiß ich nicht! THE ELEPHANT MAN war ausgesprochen ähnlich und erst mein zweiter Kinofilm, ich glaube also, das ist unwichtig. Wenn man eine Geschichte durchdringen und erfühlen kann, ist es egal, wie alt man ist.

Hat Ihnen Mary zu einem bestimmten Zeitpunkt einfach eine Kopie des fertigen Drehbuchs von STRAIGHT STORY *überreicht?*
Genau. Bis dahin kannte ich nur die Oberfläche der Geschichte, und ich dachte nicht, daß es was für mich wäre. Natürlich hatte ich dies oder jenes mitbekommen, aber nicht, was alles tatsächlich ins Drehbuch kommen würde. Im Prinzip wußte ich nur, daß es um einen alten Mann geht, der mit einem Rasenmäher losfährt, um seinen Bruder zu besuchen, und dann las ich das Drehbuch. Das war also eine Überraschung für mich, und obwohl ich vorher noch gesagt hatte: »Ich glaub nicht, daß ich da die Regie mache«, habe ich es mir anders überlegt.
Seit THE ELEPHANT MAN *haben Sie die Drehbücher zu Ihren Filmen immer selbst geschrieben oder daran mitgearbeitet. War das ein Stoff, von dem Sie dachten, daß Sie ihn nicht schreiben könnten oder sollten?*
Ich weiß nicht, ob ich es gekonnt hätte. Aber wie gesagt: Eine Idee gehört sowieso niemandem. Sie kommt von irgendwo, taucht in den Gedanken auf, und dann sieht man alles vor sich. Wenn man ein Drehbuch oder ein Buch liest, wird es im Kopf des Lesers lebendig. Und aus dieser Lebendigkeit, aus dieser Liebe und diesem ersten Eindruck folgt dann alles weitere. Woher die Idee kam, ist also gleichgültig. Man eignet sie sich zu einem gewissen Zeitpunkt an.
Sie sagen immer, daß Sie sich in eine Geschichte verlieben müssen. Was hat Sie an dieser begeistert?
Vor allem die Gefühle, die in dem Drehbuch stehen. Das und die Einfachheit der Geschichte. Diese beiden Aspekte haben mir sehr gefallen – nicht unbedingt der Herausforderung wegen, sondern weil ich gemerkt habe, daß in einer linearen Geschichte weniger Elemente nebeneinander herlaufen können, das war schon ein Experiment für mich. Jeder Film ist ein Experiment, aber THE STRAIGHT STORY bestand aus so wenigen Elementen, daß diese plötzlich richtig *groß* wurden. Und das heißt, daß man sie sehr genau im Auge behalten mußte.

Auf dem Soundtrack-Album zu dem Film gibt es ein Zitat von Ihnen, das lautet: »Zärtlichkeit kann genauso abstrakt sein wie Wahnsinn.« Was meinen Sie damit?
Naja, es ist ja eine geradlinige Geschichte – eine sehr traditionelle Geschichte –, aber um die Emotionen richtig hinzubekommen, mußte ich mit Abstraktionen arbeiten. Das hat mich gereizt an diesem Film: Die Emotionen, die darin steckten, und die Frage, wie sie sich auf Film übertragen lassen.
Wenn man bedenkt, daß schon THE ELEPHANT MAN *ein sehr bewegender Film war, ist es doch seltsam, daß viele Kritiker von der ehrlichen Zärtlichkeit von* STRAIGHT STORY *überrascht waren. Man könnte fast meinen, die hätten Ihnen solche Gefühle nicht zugetraut – als kämen Sie von einem anderen Planeten.*
Dabei hat doch jeder Mensch lauter verschiedene Seiten. Ich habe bei den Dreharbeiten zu THE STRAIGHT STORY viel geweint – genau wie bei THE ELEPHANT MAN. Einige der Kritiker haben mich auch zum Weinen gebracht! Aber manchmal sitze ich einfach im Schneideraum und heule. Wenn das Kino etwas kann, dann ist es die Vermittlung von Gefühlen, aber es ist nicht einfach. Man muss die Elemente sehr genau abwägen. Ein bißchen zuviel hiervon, und das Gefühl ist kaputt; ein bißchen zuwenig davon, und es passiert gar nichts. Die Herausforderung von THE STRAIGHT STORY lag genau darin, zu versuchen, eben diese zarte Balance zu finden.
Wurde für das Drehbuch viel Recherche betrieben?
Ja. Mary und John Roach haben Alvins Fahrt noch einmal gemacht. Sie haben mit seiner Familie geredet, mit Leuten, die an der Wegstrecke wohnen, mit Journalisten, die über die Geschichte geschrieben hatten, mit Menschen, denen er begegnet war und mit der Familie, die ihn aufgenommen hatte, als sein Rasenmäher den Geist aufgegeben hatte. Sie sammelten so viel Material wie möglich, bevor sie mit dem Schreiben anfingen.

Hat es für Sie eine Rolle gespielt, daß der Film von einer realen Person handelte – deren Freunde und Bekannte ja noch am Leben waren und sich den fertigen Film ansehen konnten?
Ja und nein. Die Leute haben mir gesagt, daß es zwei Alvins gäbe, den echten und den aus dem Film. Ich habe den echten Alvin Straight nie kennengelernt, und wir haben Teile der Geschichte ein wenig verändert, wir hatten also die Freiheit, keinen exakten Dokumentarfilm drehen zu müssen.
Wie nahe kommt der Film denn der wahren Geschichte von Alvins Reise? Und ist das überhaupt wichtig?
Sehr nahe, aber das ist überhaupt nicht wichtig. [Lacht.]
Wie steht es mit den vielen Begegnungen, die Alvin im Film macht, beruhen die auf wahren Begebenheiten?
Viele schon, einige nicht. Manche basieren auf anderen wahren Geschichten, die wir mit hineingebracht haben – wie die Frau mit den Rehen. Alvin hat sie nicht getroffen, aber sie existiert – eine Frau, die aus unerfindlichen Gründen 13 Rehe angefahren hat. [Lacht.] Alvin hätte durchaus an einen Haufen Spinner geraten können, aber in Wahrheit wollten sich die meisten Leute nur neben ihn setzen und ein wenig mit ihm reden. Die Bauern im Mittleren Westen haben kein leichtes Leben, und ich glaube, daß die Menschen dort sich mehr auf einander verlassen und sich gegenseitig helfen müssen als woanders.
Es ist auch der Gedanke, daß Alvin zwar älter geworden ist, sich aber im Innersten eigentlich nicht verändert hat. An so etwas glaube ich – daß es nur der Körper ist, der sich verändert und zerfällt. In unserem Innersten sind wir immer noch dieselben, die wir schon als kleine Kinder waren, und wenn wir sterben, dann hört nur der Körper auf zu funktionieren. Andere Dinge bleiben. Ich bin überzeugt, daß es da draußen vieles gibt, von dem wir nichts wissen. In Frank Capras IT'S A WONDERFUL LIFE will George Bailey die Stadt verlassen, aber obwohl er dann doch bleibt, beeinträchtigt ihn das nicht. Mit Alvin ist es genau das gleiche. Er ist am Ende genau derselbe Mann, der er schon am Anfang war.

Das Thema des Alters finde ich faszinierend, weil so vieles sich heutzutage an junge Leute richtet.
Das hat alles mit Geld zu tun, und mit der Furcht vor dem Tod, von der unsere Kultur so durchdrungen ist. Alvin ist alt, aber er ist ein wahrer Rebell. Er ist wie James Dean, nur daß er eben alt ist. Darin ähnelt er Millionen alter Menschen. In unserem Inneren fühlen wir uns alterslos, weil das Selbst, mit dem wir reden, kein Alter hat.
Alvin sagt im Film, das Schlimmste am Altern wäre, daß man sich daran erinnert, einmal jung gewesen zu sein. Macht Sie das Älterwerden traurig?
Nein. Vor dem Sterben habe ich Angst, aber nur, weil es so eine Riesenveränderung ist. Älterwerden ist irgendwie interessant. Ich weiß nicht, was das Schlimmste am Alter ist. Ich sag's Ihnen, wenn es soweit ist!
Wo haben Sie all diese großartigen alten Gesichter und Schauspieler für den Film gefunden?
Die meisten kamen aus Chicago und Minneapolis. Viele von ihnen spielten am Theater und ab und zu mal in einem Werbespot, aber kaum je in Filmen. Harry Dean Stanton war der einzige, der aus Los Angeles kam. Everett McGill kam aus Arizona, Sissy [Spacek] aus Virginia und Richard [Farnsworth] aus New Mexico. Aber alle anderen wohnten in Chicago oder Minneapolis. Der Grund dafür war, daß diese Schauspieler einfach so gut waren! Ich hab da so was Neues entwickelt, wo die Leute einfach auf Video zu mir sprechen. Zuerst suchte ich mir Fotos aus, dann schickte man mir diese Videos, auf denen die Leute einfach nur redeten, und so habe ich mir nur Schauspieler aus Chicago oder Minneapolis ausgesucht. Am Set traf ich sie dann das erste Mal, und *keiner* von denen hat mich enttäuscht. Die kannten dieses Fleckchen Erde wie ihre Westentasche, sie kannten die Bauern, die Akzente, sie wußten alles.
Manche Szenen sind herzzerreißend, zum Beispiel als Alvin und ein anderer alter Mann in einer Bar tragische Geschichten aus dem Zweiten Weltkrieg austauschen. Das scheint so real – als hätten diese beiden Schauspieler tatsächlich solche

Erlebnisse gehabt. War es schwierig, diese Momente zu filmen?
Mit solchen Szenen muß man sehr vorsichtig sein. Die Dialoge beruhen alle auf wahren Geschichten, aber die Schauspieler müssen sie natürlich verinnerlichen. Also habe ich das Set... nicht total, aber doch ziemlich ruhig gehalten... jeder wußte, daß jetzt eine friedliche Situation kommen würde. Ich habe den beiden Zeit gelassen, sich erst mal an die Bar zu setzen und ein bißchen Kaffee zu trinken, während wir aufgebaut haben, und dann fing ich gleich mit den Nahaufnahmen an. Wir drehten mit zwei Kameras, die jeweils einen der Schauspieler in Nahaufnahme filmten, und es gab keine Probe. *Gar nichts.* Alles war also frisch. Jeder mußte ein bißchen tiefer empfinden als normalerweise bei dem Job, vor allem in solchen Szenen, sonst wäre die Stimmung verloren gegangen. Um sowas zu drehen muß man wirklich gute Leute um sich haben, und zwar für jede einzelne Tätigkeit.
Wie haben Sie Richard Farnsworth für die Rolle des Alvin ausgesucht? Ohne ihn scheint der Film vollkommen unmöglich.
Als sein Name ins Gespräch kam, klingelte es bei mir – ein angenehmes Klingeln! Man sagt ja oft, daß jemand für eine bestimmte Rolle geboren wäre. Wenn das jemals gestimmt hat, dann bei Richard. Der ganze Film lebt von ihm. Keiner hätte diese Rolle so spielen können wie er. Seine herausragende Eigenschaft – und das gilt für jeden Film, in dem er mitspielt – besteht darin, daß man ihn auf der Stelle gern hat. Außerdem hatte er auch noch so viel Ähnlichkeit mit Alvin: Er trug auch immer so einen Hut, und beide kamen ursprünglich vom Rodeo.
Richard war ein Stuntman, der eher zufällig an die Schauspielerei geraten ist und sich nie als Schauspieler gesehen hat, was ich völlig absurd finde, weil er den Geschichten ein solches Leben einhauchen kann. Auf ihn paßt die Definition des Schauspielers – eine Person, die etwas zum Leben erweckt. Wenn man Richard ganz nah in der Aufnahme hat,

dann rasen beim Zuschauer die Gedanken und die Gefühle und das Herz, und es findet eine Interaktion statt. Jedes Wort und jeder Blick von diesem Mann enthält so viel. Er war sehr offen, wie ein Kind. Seine Leistung ist phantastisch.
Sie haben mir einmal von Ihrem Vater erzählt und dem gigantischen Cowboyhut, den er aufsetzte, wenn er zur Arbeit ins Landwirtschaftsministerium ging, als Sie noch ein Kind waren. Haben Sie bei den Dreharbeiten mit Richard jemals daran denken müssen?
Manchmal erinnert mich Richard an meinen Vater, manchmal nicht. Während der Dreharbeiten habe ich darüber überhaupt nicht nachgedacht.
Was wäre passiert, wenn Richard die Rolle nicht übernommen hätte?
Chris, so dürfen Sie nicht *denken*! So *darf* man nicht denken! Richard *hat* die Rolle übernommen. Fast hätte er abgesagt, aber dann ging es doch, weil es seine Bestimmung war.
Er hatte ja Knochenkrebs. Als er zusagte, den Film zu drehen, wußte er da schon, daß er sterbenskrank war?
Ja, aber er hat sich nicht anmerken lassen, wie krank er wirklich war. Körperlich war es sehr anstrengend für ihn, aber er ist eben ein Cowboy, sie wissen schon. Er machte immer weiter und hat sich nicht ein einziges Mal beschwert. Er wurde von Tag zu Tag jünger, und am Ende des Drehs kam er viel besser von einem Stuhl hoch als zu Beginn. Er war stolz auf seine Leistung und stolz, daß er es noch konnte. Und glücklich.
Henry in ERASERHEAD, *Jeffrey in* BLUE VELVET, *Fred in* LOST HIGHWAY *– all diese Menschen sind, wie Sie es gerne ausdrücken, »verloren in Finsternis und Verwirrung«. Was verband Sie mit Alvin, der ja nun keine so verzweifelte Figur zu sein scheint?*
Ich liebe all diese Typen, aber Alvin liebe ich auch. Alvin *war früher* verloren in Finsternis und Verwirrung. Er hat eine Vergangenheit – auf manches davon kann er fröhlich zurückblicken, auf manches nicht. Genau, wie jeder ande-

In einer Bar trifft Alvin (Richard Farnsworth) auf einen Veteranen (Leroy Swadley), mit dem er Kriegserfahrungen austauscht

Der 73jährige Alvin Straight (Richard Farnsworth) ruht sich nach einer langen Fahrt aus

re auch. Aber jetzt tut er etwas für sich und seinen Bruder.

Mit dem Kameramann Freddie Francis hatten Sie seit den schmerzlichen Erfahrungen bei den Dreharbeiten zu DUNE nicht mehr zusammengearbeitet. Warum haben Sie ihn für THE STRAIGHT STORY ausgewählt?

Freddie ist einer der besten Kameramänner der Welt, und er ist über 80 Jahre alt! THE STRAIGHT STORY handelt von einem alten Mann, da hat es sich einfach angeboten, wieder mit ihm zu arbeiten. Ich glaube, mit einem jüngeren Kameramann wäre es ein anderer Film geworden. Es war wichtig für das Gefühl des Films. Außerdem würde doch irgendwas nicht stimmen, wenn das ganze Team Mitte Zwanzig ist und Richard Farnsworth kommt nicht allein von einem Stuhl hoch!

Freddie sagte, er wolle nur acht Stunden am Tag arbeiten, aber als es dann doch zehn oder zwölf Stunden wurden, da hat er die Meute richtig angeführt! Und Richard wurde immer jünger, und die beiden konnten einander beobachten, der eine vor und der andere hinter der Kamera, das war wirklich toll. Für Freddie bedeuten Dreharbeiten immer noch, loszuziehen und Spaß zu haben. Er will keinen Film drehen, bei dem er sich die ganze Zeit ärgert. Keiner will das. Deswegen ist er mit seinen Zusagen sehr wählerisch geworden.

Ich weiß, daß Sie es vorziehen, mit einem kleinen Team zu arbeiten – am besten mit einer 5-Personen-Crew wie bei ERASERHEAD! War STRAIGHT STORY dagegen eine große Produktion?

Nicht ganz so groß, aber auch nicht so klein, wie ich das gerne gehabt hätte. Trotzdem war es ziemlich klasse. Zudem hatte ich das erste Mal meinen besten Freund Jack Fisk als Production Designer dabei. Und ich habe das erste Mal mit Sissy Spacek gedreht, was ich schon immer tun wollte. Und mit Richard zu arbeiten, das war, als würde man sich mit seinem Vater zusammensetzen, oder mit seinen Erinnerungen vom Großvater. Und Richard konnte hinter die Kamera

schauen und Freddie sehen, und der war noch älter als er, und diese ganzen Leute gingen eine Zeitlang denselben Weg!
Wenn Wim Wenders Roadmovies wie IM LAUF DER ZEIT *produziert, dreht er alles in chronologischer Reihenfolge, genau, wie es im Drehbuch steht oder, in seinem Fall, im »Reiseplan«. Haben Sie das auch so gemacht?*
Ja. Wir haben mit den Dreharbeiten in Laurens angefangen und unsere Reise zur selben Jahreszeit begonnen wie damals Alvin. Ich glaube, wir haben tatsächlich alle Szenen im Film genau in der Reihenfolge gedreht, wie sie auch passiert sind, und es hat phantastisch funktioniert. Richard bekam mit jedem Tag mehr Gefühl dafür, unterwegs zu sein.
Außerdem ging der Sommer gerade zu Ende, also färbte sich das Laub, während wir unterwegs waren. Es war genau die richtige Zeit, um in dieser Gegend zu sein. Der Sommer wurde zum Herbst, und die Ernte begann. Zu Beginn des Drehs hatten wir die Sommerhitze und das flache Land, unterwegs begann dann die Ernte, und der Herbst holte uns ein, als die Berge auftauchten. Unsere einzige Sorge war, rechtzeitig vor dem Winter fertig zu werden, da oben kann es nämlich bis zu 50 Grad unter Null werden. Brutal.
Doch als wir zum Ende kamen, war alles hinreißend schön! Es war einfach perfekt. Es hätte nicht besser sein können. Eine Woche später war das gute Wetter dann vorbei. Das Schicksal meinte es also wirklich gut mit uns. Die Nacht, in der wir zum Beispiel die Szene mit Alvin und dem Priester drehten, war sehr mild. Es wehte ein leichter Wind, aber es war nicht kalt. Die Szene war nicht einfach für Richard, er hatte viel Text und mußte auf einem winzigen Hocker sitzen. Außerdem hatte er starke Schmerzen, glaube ich. Auf jeden Fall drehten wir bis 2 Uhr nachts, und kaum hatten wir die ganze Ausrüstung in den Lastwagen verstaut und uns auf den Rückweg gemacht, da blitzte und donnerte es, und der Regen brach wie eine Sturzflut über uns herein! Das war perfektes Timing!
Es gibt viele wunderschöne Farbkompositionen in dem Film – all das Grün und Gelb des Rasenmähers, knallrote Holz-

häuser, usw. Was haben Sie vor Ort gefunden und was haben Sie extra bauen lassen?
Das war schon so! Wir haben nichts angemalt! Wir hatten eine gewisse Auswahl, und wir haben wirklich viel gefunden. Das steht dort alles. Es ist kein Dokumentarfilm, aber wir haben alles nur mit Sonnenlicht beleuchtet, und die Landschaft war auch schon da – so viel kann man da nicht verändern. Aber man kann damit arbeiten. Wenn man so einen Film macht, dann sollte man die Arbeit des Production Designers nicht einmal bemerken. Jack Fisk hat viel, sehr viel gemacht, aber alles fühlt sich richtig an. Der Film hätte hundertmal anders aussehen können. Er ist auf eine realistische Weise wunderschön. Ich mag es, wenn Mensch und Natur zusammenwirken. Ich mag es, wenn aus Dingen etwas Drittes entsteht. Deswegen mag ich Feuer, und ich mag Kleber, und ich mag Unfälle. Vieles entsteht aus Unfällen, oder kontrollierten Unfällen – selbst aus der Spaltung eines Atoms.
Ein sehr deutlicher und wichtiger Aspekt für den Film ist sein Tempo. Er ist wie WILD AT HEART in Superzeitlupe. Können Sie mir etwas über diese offensichtliche Langsamkeit erzählen?
Ich glaube, Alvin hätte auch auf viel bequemere Arten reisen können, aber es hätte seinem Bruder nicht dasselbe bedeutet. Für mich hat seine Reise etwas mit Vergebung zu tun, und damit, die Dinge zurechtzurücken. Schon deswegen konnte es kein hektischer Film werden! Wenn es um die Geschichte eines 73jährigen geht, und der Schauspieler gar 79 ist, dann geht das nicht. Natürlich fährt der keine schneidige Corvette und keinen riesigen Truck – der fährt einen Rasenmäher mit einer Höchstgeschwindigkeit von acht Stundenkilometern. Und damit eröffnet sich eine ganz neue Welt. Als wir die Strecke das erste Mal auskundschafteten, fuhren wir ein paarmal ganz langsam am Straßenrand entlang, aber Autos *können* ja kaum so langsam fahren. Selbst bei Standgas rollten wir noch mit 20 km/h vor uns hin. Für acht Stundenkilometer hebt sich nicht mal die Tachonadel; die *kennt*

In seinem Heimatort Laurens erregt Alvins Aufbruch
einige Aufmerksamkeit

Mit einer Höchstgeschwindigkeit von acht Stundenkilometern macht sich
Alvin auf den Weg nach Wisconsin

diese Geschwindigkeit überhaupt nicht! Also muß man bremsen. Und wenn man langsamer wird, nimmt man Dinge anders wahr. Insgesamt haben wir uns für die Fahrt nach Mount Zion genausoviel Zeit genommen, wie Alvin gebraucht hat. Er fuhr mit sechs bis sieben Stundenkilometern – so langsam, daß man dabei die Körner im Straßenbelag untersuchen kann. Einfach unglaublich!
Am Set hatten wir drei verschiedene Rasenmäher, und ich bin mit allen dreien herumgefahren. Das machte wahnsinnig Spaß. Viele Farmer behalten ihre alten Traktoren und Rasenmäher und veranstalten Shows – wie diese Oldtimer-Rennen. Die Leute lieben diese Geräte, und ich verstehe, warum.

Es ist der genaue Gegensatz zu der hektischen Aufnahme der vorbeirasenden Straße, die am Anfang von LOST HIGHWAY steht – da geht es um eine Reise, die nichts wiedergutmachen kann.

Allerdings! Ich erinnere mich, daß wir für diese Aufnahme Dan [Kneece] mit seiner Steadycam auf eine Art Kuhfänger vor den Kamerawagen schnallten, bei schwärzester Nacht. Es war um die zehn Grad unter Null, und wir mußten mit über 50 km/h fahren, und zwar 25 Minuten lang, weil wir nur sechs Bilder pro Sekunde aufnahmen, was dann bei normaler Abspielgeschwindigkeit vier oder fünf Minuten Film ergeben würde. Wir waren in Nevada, und es gab nur eine Spur in jede Richtung, die Straße mußte also wirklich *leer* sein, und wir mußten die hohe Geschwindigkeit die ganze Zeit über halten. Und Dan hielt seine Steadycam vielleicht 20 Zentimeter über dem Asphalt! 25 Minuten lang durfte er sich nicht bewegen, es war bitter kalt, und der Fahrtwind machte alles noch schlimmer, und vor ihm war *nichts*. Als die Einstellung vorbei war, konnte er sich überhaupt nicht mehr bewegen. Er war komplett tiefgefroren, wie ein Hamburger! Er war ein Held.

Ich wollte, daß THE STRAIGHT STORY ein Gefühl des Schwebens vermittelte, und das versuchte ich vor allem durch Luftaufnahmen der Landschaft zu erreichen. Ich

mußte den Helikopterpiloten einiges erklären, bis sie so langsam flogen, daß ich genau die Aufnahmen kriegte, die ich mir vorgestellt hatte.
Ich weiß ja, daß Sie gerne Musik einspielen, während Sie Szenen drehen, um den Darstellern die Stimmung nahezubringen. Hat es sich auf diese Beziehung zwischen Film und Musik ausgewirkt, daß Sie die ganze Zeit unterwegs waren?
Naja, mit der Musik haben wir uns erst beschäftigt, als die Postproduktion begann. Dieses Mal gab es nicht soviel Musik am Set. Hin und wieder schon, aber ich erinnere mich mittlerweile nicht mehr daran, was es war. Doch in der Luft da draußen schwang immer Musik mit. Es war wirklich schön. Wenn man rechts ran fährt, den Motor abstellt und ein paar Schritte weiter weggeht – weil das Knistern des Motors einen echt in den *Wahnsinn* treibt – und dann dem Wind und den Insekten lauscht, klingt das wie Musik. Alles andere ist so ruhig.
Angelo Badalamentis Musik für den Film ist schön, aber – wie man das in diesem Fall auch erwarten konnte – sie unterscheidet sich deutlich von seiner Musik für Ihre bisherigen Filme. Haben Sie gemeinsam eine neue Arbeitweise finden müssen?
Nein. Wir setzen uns zusammen und reden miteinander – er will immer, daß ich ihm von einer Stimmung erzähle. Während ich rede, spielt er. Ich muß ihn dauernd unterbrechen. Dann hebt er die Finger von den Tasten, und ich sage »Angelo...« und formuliere es noch mal neu, und schon legt er wieder los. Und ich rufe:»Nein, nein, nein, es ist wie...«, und dann suche ich wieder neue Wörter. Denn mit diesen Beschreibungen finden wir die Musik. Er fängt dann wieder an, etwas zu spielen, und schon sind wir mittendrin. Er braucht drei oder vier Versuche, weil er meine Worte erst interpretieren muß, dann tasten wir uns immer näher heran und schließlich trifft er eine Melodie, die genau paßt. Und darauf baut er dann auf. Die Musik zu THE STRAIGHT STORY haben wir komplett in meinem eigenen Tonstudio eingespielt. Angelo hat 14 tolle Musiker dirigiert. Wir waren

ziemlich unter Zeitdruck, weil es eine Deadline gab, doch wir wußten, wenn es gut lief, konnten wir immer weitermachen, solange die Leute nicht vor Erschöpfung zusammenbrachen.
Eigentlich lief alles wie bei anderen Filmen auch, nur daß wir uns dieses Mal sehr zurückgenommen haben, weil es ja nicht so viele Handlungsstränge gab. Das machte die Sache viel schwieriger, weil man sich nirgends verstecken konnte. Es passiert ja nicht richtig viel, da kann man nicht plötzlich wild abschweifen.
Bei der Abmischung war es dann also nicht nur wichtig, an welchen Stellen Musik dazukam, sondern auch, *wie* sie dazukam. Das ist verdammt schwierig, und es wird mit jedem Tag anstrengender, weil man irgendwann nicht mehr objektiv ist. Ein Beispiel: man kommt morgens an, ist frisch ausgeruht, die Szene ist neu, aber man hat sie im Gespür, und dann ist sie einen Wimpernschlag zu kurz oder zu lang, und das Gefühl geht verloren. Das ist ein kritischer Moment. Ein Gefühl kann ganz plötzlich entstehen, aber wenn nicht alles stimmt, dann entsteht es eben nicht!
Nichts auf dieser Welt ist perfekt, aber man muß sich trotzdem anstrengen, damit das Ganze besser wird als die Summe seiner Teile. Wenn jedes Element stimmt, dann geschehen die reinsten Wunder, darauf arbeitet man hin. Für mich ist ein Film in dieser Hinsicht wie Musik: Es geht um die richtige Reihenfolge. Bestimmte Geschehnisse müssen anderen vorausgehen, sonst funktioniert es nicht.
Die Verlangsamung für diesen Film erinnert mich daran, daß Sie früher einmal erwähnt haben, man müsse ab und zu die ganze Welt abbremsen, damit man tief in stille Wasser abtauchen und die guten Ideen finden kann. Nutzt Ihnen dabei die Meditation?
Es ist wunderbar, was Meditation in vielen Bereichen bewirkt. Sie ist tiefgründig und doch einfach. Auf eine seltsame Weise ähnelt sie dem Sex.
Wie meinen Sie das?
Das kann ich Ihnen erklären! Es ist so: Man ist ein Baum

und gut in Form, aber einige Blätter sind ein wenig braun. Es liegt etwas Mehltau auf ihnen, und die Äste sind ziemlich schlaff. Also nicht *kern*gesund. Der Stamm ist sogar etwas faulig. Das ist der Zustand, in dem sich die meisten von uns befinden. Und dann merkt man, daß man seine Wurzeln gar nicht in der nahrhaften Erde hat. Wenn man die Wurzeln dort hinkriegen würde, würden sich automatisch alle Teile des Baumes erholen. Und zwar bis zur Perfektion.
Die nahrhafte Erde ist das »einheitliche Feld«. Die moderne Naturwissenschaft hat das einheitliche Feld entdeckt. Man sagt, daß es existiert. Natürlich hat es viele Namen – »das Absolute«, »das Nichtmanifeste«, »das reine, glückselige Bewußtsein«, »die transzendentale Bewußtsein« – viele Namen. Es ist eine Einheit, es hatte nie einen Anfang und wird nie ein Ende haben. Es ist das Wissen. Es ist reine kreative Intelligenz. Es ist das einzig Wahre. Es ist im Universum, in uns allen, es durchdringt alle Existenz. Das ist der nahrhafte Boden.
Bei der transzendentalen Meditation wird man vom Mantra durch alle Schichten der Relativität geführt, und am Ufer der Relativität gleitet man dann hinein. Man transzendiert ins Absolute. Und man wünscht sich, dort bleiben zu können, aber man flutscht wieder heraus.
Es gibt zwei verschiedene Formen des Samadhi: zum einen das Große Samadhi, die Erleuchtung, da kann man ständig sein; und es gibt das Kleine Samadhi, von dem rede ich gerade. Zack, man ist drin. Und schon ist man wieder draußen. Dadurch entweicht der Streß aus dem Nervensystem, und es wird gereinigt. Wie eine Maschine muß man es immer wieder reinigen und mit Nahrung versorgen. Und wenn man das kontinuierlich jeden Tag macht, zwanzig Minuten morgens und abends, dann erreicht man einen Punkt, an dem man erkennt: »Ja, genau *das* bin ich.« Man ist es schon vorher, aber man weiß es nicht. Und plötzlich hält man alle Karten in der Hand, und das Leben ist herrlich.
Jeder Mensch hat dieses Potential, aber er muß sich darum kümmern. Man darf nicht an der Oberfläche des Lebens

David Lynch bei den Dreharbeiten zu THE STRAIGHT STORY in Iowa

bleiben und sich etwas vormachen – wie ein Durstiger, der behauptet, er wäre nicht durstig. Man muß das Wasser trinken.
Wie lernt man das?
Jeder Lehrer der transzendentalen Meditation kann einem das beibringen. Wenn man einen Rolls Royce kaufen will, ist ja auch nicht wichtig, wer der Verkäufer ist, am Ende fährt man mit einem Rolls Royce nach Hause! Genau so geht das.
Aber wie beweisen Sie, daß all das wirklich existiert?
Also, es ist doch so: Keiner kann jemals so etwas beweisen, weil es eine subjektive Erfahrung ist. Ich könnte Ihnen eine Geschichte erzählen... Ich sage nicht den Namen der Person – obwohl es schon ein *verdammt* großartiger Name ist... Okay, sein Name ist Dick. Nennen wir ihn einfach Dick. Also, Dick war ein *richtig* reifer Kerl. Wir waren in der sechsten Klasse, und Dick hatte fast schon einen *Bart*, so reif war der. Jedenfalls erzählte mir ein anderer Junge, daß Dick mit einem Steifen auf dem Klo war und daran herumgerubbelt hat und daß dann weißes Zeug aus seinem Penis gelaufen wäre. So wurde mir das erzählt. Und ich rief: »*Du verarschst mich doch! Du verarschst mich doch!* Was soll *das* denn für eine Geschichte sein? Ist doch *völlig unmöglich*! Ist vielleicht irgendwas mit ihm nicht in Ordnung? Was *soll* denn das?« Aber gleichzeitig hatte ich eine ganz vage Ahnung, daß es wahr sein könnte. Es ergab überhaupt keinen Sinn, aber trotzdem war da diese vage Ahnung, daß ich das auch wußte oder daß es wahr ist. Also hab ich's ausprobiert, und – ich konnte es gar nicht *fassen*! – aber es stimmte.
Deswegen sage ich, daß Sex und Meditation sich irgendwie ähnlich sind. Es ist real, aber es hat nur mit dir selbst zu tun. Keiner kann dir davon erzählen und es dadurch glaubhaft beweisen. Man kann sagen: »Glaub ich nicht, will ich nicht.« Aber jeder Mensch kommt in eine Phase, in der er nach etwas sucht, in der er sagt: »Da draußen gibt es etwas, das größer ist als ich. Es ist ein Geheimnis, und ich weiß, es existiert.« Und dann hört man vielleicht von Meditation und sagt sich: »*Das* muß ich mal probieren!« Und schon ist man

auf einem spirituellen Weg. Viele Leute hören davon, aber sie hören nicht zu.
Und trotzdem sagen Sie immer noch, daß Sie in Finsternis und Verwirrung umherirren. Müssen Sie vielleicht in diesem Zustand bleiben, um Filme zu machen?
Nein. Man kann es so sagen: Nachts ist es dunkel, und dann kommt der Übergang in den Morgen. Ich glaube, daß viele Menschen in dieser Übergangsphase stecken. Es wird heller, man erkennt schon einige Umrisse, aber es scheint noch keine Mittagssonne. Finsternis und Verwirrung sind sehr dicht. Aber die Meditation dreht die Welt ein wenig der Sonne entgegen. Diese Drehung wird beschleunigt.
Wie ist das denn dann mit Ihrer Vorliebe für die Dunkelheit?
Es ist wie ein Film, der perfekte Filmstoff. Man will das nicht in Wirklichkeit erleben, sondern durch den Film. Ich weiß nicht, warum das so ist. Es ist... Ich habe keine Ahnung, wie es ist... [Lacht.] Es ist so wunderbar, ein so reiches Erlebnis in einer anderen Welt zu haben – reine Magie.
Wie hängt das mit THE STRAIGHT STORY *zusammen?*
Jede Geschichte ist eben anders. THE STRAIGHT STORY kommt aus derselben Maschine, die auch LOST HIGHWAY hervorgebracht hat. Trotzdem sollte man jedes Projekt einzeln sehen. Wenn ich unter diesen Film nicht meinen Namen gesetzt hätte, hätten viele Leute nicht gemerkt, daß er von mir ist. Theoretisch könnte THE STRAIGHT STORY mein erster Film sein!
Aber wenn Sie die Wahl haben, ziehen Sie doch immer noch die dunkleren Visionen vor.
Aber man hat ja keine Wahl. Man läuft durch die Straßen, biegt um die Ecke, und da in einem Café sitzt ein Mädchen. Man konnte sich nie vorstellen, sich in so jemanden zu verlieben, aber man kann es nicht ändern. Man ist verliebt.
Aber wenn Sie ein Drehbuch schreiben oder daran mitarbeiten, dann stehen die Chancen doch gut, daß es eher dunkel und wild wird.
Das liegt an der Maschine. In manche Sachen verliebt man

sich eben viel leichter als in andere. Hauptsache, man verliebt sich überhaupt. Der Weg ist zu lang, und da liegen zu viele Steine, als daß man es schaffen könnte, ohne verliebt zu sein.

Wenn man bedenkt, daß THE STRAIGHT STORY in den Vereinigten Staaten von Disney vermarktet wurde, von der Kritik hymnisch gefeiert wurde und eine »lebensbejahende« Geschichte war, verwundert es doch, daß der Film nicht erfolgreicher war.

Ich denke bei jedem Film, den ich gerade mache, daß er ein Kassenschlager wird. Ich glaube, daß er den anderen genauso gefallen wird, wie er mir selbst gefällt, obwohl ich mir da wohl etwas vormache. Meine Filme spielen nicht genug Geld ein, um bei den großen Studios auch nur auf dem Radar zu erscheinen. Die fangen erst an, sich aufrecht hinzusetzen und nachzudenken, wenn es um Geld geht, und je mehr Geld es ist, desto... naja, desto gerader können die sich hinsetzen. Ich denke immer, vielleicht gibt es eine Geschichte, die mich wirklich glücklich machen und gleichzeitig eine Menge Geld einspielen würde. Ich hab sie nur noch nicht gefunden.

Billy Finds a Book of Riddles Right in His Own Backyard

MULHOLLAND DRIVE

»Wahrscheinlich«, »möglicherweise« und »vielleicht«: Unweigerlich kommen diese drei Worte wieder und wieder auf, wenn der Versuch unternommen wird, das raffinierte Rätsel namens »Mulholland Drive« zu beschreiben. Das sind drei Worte mehr als David Lynch selbst preiszugeben bereit ist, wenn es darum geht, seinen Film zu erklären. Um eine Vorstellung seines Widerwillens zu bekommen, muß man sich nur seine Inhaltsangabe vor Augen halten: »Teil eins: sie fand sich wieder in einem perfekten Geheimnis. Teil zwei: eine traurige Illusion. Teil drei: Liebe.« Anders ausgedrückt: »Nicht fragen.«

»VERTIGO auf Valium«, »Raymond Chandler in *Alice im Wunderland*«: solche farbenprächtigen, aber ungenauen Beschreibungen haben viele Journalisten dem Film angeheftet, schließlich ist eine »akkurate« Darstellung all der Vorgänge, Bedeutungen und Details unmöglich. MULHOLLAND DRIVE scheint sich jeglicher Logik zu entziehen und fühlt sich doch an wie aus einem Guß – seltsam nahtlos und vollständig, obwohl er unser Verständnis übersteigt und uns durch die Finger rinnt.

Lynch ist unfähig oder nicht willens (in welchem Verhältnis, darüber kann man spekulieren), den Film zu analysieren, weil er weiß, daß sein Traum namens MULHOLLAND DRIVE sterben würde, wenn die »Wahrheit« ans Licht käme. In diesem Sinne sind Worte die Feinde des Films – und Lynchs eigene Äußerungen könnten vielleicht die tödlichsten von allen sein. Empfindlich ist Lynch auch in Bezug auf die Tatsache, daß der Film – in einer früheren Form – der Pilotfilm einer geplanten Fernsehserie war. Ein Vergleich dieser Version, die letztlich vom Sender ABC abgelehnt wurde, mit dem erweiterten Kinofilm (mit einer genauen Analyse, was herausgeschnitten und was hinzugefügt wurde) ist ebenfalls gefährliches Terrain. Eine solche Untersuchung würde die Sichtweise nahelegen, daß es sich bei dem fertigen Werk um eine filmische Rettungsaktion handelt, und nichts könnte weiter von der Wahrheit entfernt sein.

Für Lynch existiert nur ein MULHOLLAND DRIVE, und das ist der Film, der 2001 in Cannes Premiere hatte. Und das Bemerkenswerte an diesem Films ist eben, wie bestimmte Elemente, an die man sich eine oder zwei Serienstaffeln lang hätte gewöhnen sollen, im Laufe eines Zweistundenfilms dazu gebracht werden, sich von Grund auf selbst zu erklären. Der Film ist ein treffliches Beispiel für einen Evolutionssprung – als wäre Lynch gezwungen gewesen, direkt nach der Pilotfolge von TWIN PEAKS den Film TWIN PEAKS: FIRE WALK WITH ME zu drehen, ohne all die Plotverfeinerungen und Charakterentwicklungen, die dazwischen stattgefunden haben. MULHOLLAND DRIVE besteht (hauptsächlich) aus einem neu geschnittenen TV-Pilotfilm und ungefähr 50 Minuten zusätzlichen Materials, das beinahe zwei Jahre später gedreht wurde. Aber genau in diesem Prozeß des Wieder-Erfindens von MULHOLLAND DRIVE, indem er eine Geschichte mit offenem Ende umarbeiten und teilweise abschließen mußte, »entdeckte« Lynch sein rauschhaft radikalstes Werk.

War das bedrohliche Mantra von TWIN PEAKS noch »Fire, walk with me«, so lautete der düstere Refrain von MULHOLLAND DRIVE: »This is the girl« – ein Satz, der viele Bedeutungen annimmt, je nachdem, wer ihn sagt – und wann. Was als leicht bedrohliche Feststellung am Anfang beginnt, wird letztlich zu einem klaren und tödlichen Befehl, wenn man den zunehmend komplexen Enthüllungen des Films folgt.

Mit MULHOLLAND DRIVE setzt Lynch das erzählerische Möbiusband-Verfahren aus LOST HIGHWAY fort, verdreht die Geschichte aber noch weiter, bis eine Spirale entsteht. Sind die ersten zwei Drittel des Films – in denen die Hollywood-Unschuld Betty Elms versucht, der an Gedächtnis-

verlust leidenden Rita bei der Suche nach deren wahrer Identität zu helfen – ein »Traum«? Ist das abschließende Drittel – in dem Betty plötzlich zur selbstmordgefährdeten und drogenabhängigen Versagerin Diane Selwyn wird und Rita zu ihrer intriganten lesbischen Geliebten Camilla Rhodes – die »Realität«? Oder ist es nicht vielleicht doch genau umgekehrt?
Die Antwort auf alle drei Fragen könnte »ja« oder »nein« lauten. Die ersten zwei Drittel von MULHOLLAND DRIVE – Dianes eventueller Wunschtraum – werden kohärent und flüssig erzählt, was beides nicht gerade auf einen Traum hinweist. Ebensowenig scheint sich dieser »Traum«, der eine eigene Variation der Figuren und Geschichten zeigt, zu einem bestimmten Zeitpunkt in Dianes Leben abzuspielen, wie das solche Phantasien in Filmen für gewöhnlich tun. Sogar Fred Madisons »psychogene Fuge« in LOST HIGHWAY unterwirft sich dieser Konvention – sie findet in einer Gefängniszelle statt. Auf der anderen Seite wird Dianes vermeintliche, bittere Realität durchaus wie ein Traum (oder ein Alptraum) dargestellt: unstet, abstrakt und fiebrig. In Wahrheit kann jeder der beiden Teile als reale Seite des jeweils anderen angesehen werden. Beide Teile korrespondieren wie gleichberechtigte Partner und drohen doch gleichzeitig, sich gegenseitig bloßzustellen.
Es scheint, als hätte Lynch mit MULHOLLAND DRIVE die Unterscheidung zwischen »Traum« und »Realität« ad absurdum geführt. Dadurch wird aus der Grenze zwischen diesen beiden Zuständen ein schlecht bewachter Checkpoint, wo niemand die Pässe zu kontrollieren scheint. Für diese neue Rezeptur hat Lynch seine geheimen Zutaten in unerwarteten Proportionen neu zusammengemischt. Es schmeckt nach einem Drittel »Realität« und zwei Dritteln »Realitätsverlust«, mit einem Schuß »Zukunftsrealität«. Aber manchmal schmeckt es weniger bitter, eher wie ein Traum innerhalb einer Illusion, versüßt mit einem Klacks Begierde und garniert mit einem Hauch von Vorahnung.
Los Angeles beheimatet die Traumfabrik Hollywood, und

in vielerlei Hinsicht ist diese Stadt auch Kontrollinstanz und Hauptfigur von MULHOLLAND DRIVE. Es ist ein Ort, wo jeder davon träumt, jemand (oder etwas) anderes zu sein. Die Stadt sorgt dafür, daß einige dieser Träume wahr werden, während sie die restlichen zertrümmert. Hier haben viele Möchtegern-Schauspieler zwei Namen – einen haben sie bei der Geburt bekommen, den anderen haben sie sich eigens für ihr erfolgreicheres Selbst erschaffen. Es ist eine Stadt voller Gespenster und Geisterhäuser – in praktisch jedem kleinen Appartement und auf jedem prächtigen Anwesen haben einmal Leute gewohnt, die entweder irgendwann berühmt wurden, beim Versuch, es zu werden, gestorben sind oder, wie Norma Desmond in Billy Wilders SUNSET BOULEVARD, tragisch in Vergessenheit gerieten.

Los Angeles ist gleichzeitig flirrend, fragil und falsch, kaum mehr als eine hochkultivierte Verkrustung am Rand der Mojave-Wüste. Wenn man all die Bewässerungsanlagen abschalten würde, zerfiele die ganze Stadt irgendwann wieder zu Sand. In MULHOLLAND DRIVE jedoch scheint die Stadt etwas zurückzuspucken von dem kreativen Saft und all der Anstrengung, die ihre Bewohner auf der Suche nach ihren Träumen so exzessiv betreiben. Ihre Geschichte ist so kurz, daß Vergangenheit und Gegenwart beinahe ineinander übergehen. Es kommt einem vor, als hätte sich die Kleindarstellerin Peg Entwhistle erst gestern (1932) im »Hollywood«-Schriftzug erhängt, nachdem sie keinen Studiovertrag erhalten hatte. Nur ein paar Augenblicke zuvor (1913) war der rücksichtslose Ingenieur William Mulholland Vorsitzender der Wasser- und Strombehörde von Los Angeles. Die Straße, die seinen Namen trägt, die Straße, auf der wir uns nun befinden, ist noch immer besessen von den verrückten, traurigen, bösen Geistern der Haupt-, Neben- und Kleinstdarsteller, die an die Stätten ihrer Morde, Selbstmorde und Orgien zurückkehren – sie lächeln noch immer für die Kamera und lechzen nach einer letzten Nahaufnahme.

Daß einem Ort eine so starke Persönlichkeit zugesprochen wird, ist freilich typisch für Lynchs Filme. MULHOLLAND

DRIVE scheint aus dem Blickwinkel der Stadt erzählt – als ob sie selbst die Charaktere und deren Geschichten in ihrem eigenen Hinterhof erfinden würde –, genauso wie die bizarren und brutalen Ereignisse in und um die Kleinstadt Twin Peaks Ausdruck der geheimnisvollen Kräfte waren, die dieser besonderen Landschaft innewohnten. Die Ereignisse *waren* der Ort, und der Ort war der heimliche Star. Die Serie hieß nicht »Das Leben und Sterben der Laura Palmer«, genauso wie MULHOLLAND DRIVE nicht »Die Diane Selwyn Story« heißt. Dieser spezielle Film wird unter dem Titel »Die Sylvia North Story« von den fiktiven Regisseuren Adam Kesher und Bob Booker gedreht, innerhalb der verwobenen Erzählstränge von MULHOLLAND DRIVE. Vermutlich.

Der Film macht uns alle zu Detektiven, aber ebenso wie Special Agent Dale Cooper müssen wir bereit sein, nicht nur unseren Verstand, sondern auch unsere spirituellen und intuitiven Kräfte zu nutzen, wenn wir einen logischen Kern in MULHOLLAND DRIVE »erfühlen« wollen, der für uns einen Sinn ergibt. Der Detektiv in mir hat seine Notizen zu diesem Fall ad acta gelegt. Viele Hinweise führen in die Irre, und die Schlußfolgerungen lassen sich kaum »beweisen«. Kürzlich entdeckte ich zwei Kommentare, die an den Rand dieser Notizen gekritzelt waren. Der eine erinnerte daran, daß Billy Wilders SUNSET BOULEVARD ein Film ist, der von einer Leiche erzählt wird, die mit dem Gesicht nach unten in einem Swimming Pool in Los Angeles treibt. Der andere bezieht sich auf eine Aussage, die Lynch früher in diesem Buch gemacht hat. Einmal wollte er ein Drehbuch verfilmen, das sein TWIN PEAKS-Partner Mark Frost schreiben sollte, mit dem Titel GODDESS: THE SECRET LIVES OF MARILYN MONROE, nach dem Buch von Anthony Summers. Das kam nie zustande. »Diese Frau mit ihren Schwierigkeiten, das war für mich eine faszinierende Vorstellung«, sagte Lynch. »Aber ich war mir nicht sicher, ob sie mir als reale Story auch gefallen würde.«

Die Umstände von Marilyns Tod waren bekanntermaßen mysteriös – man fand sie auf ihrem Bett, zusammengerollt

wie ein Fötus. Angeblich hatte sie Beziehungen zur Mafia gehabt. Sie hatte eine unglückliche Kindheit und fürchtete offenbar, daß sie aufgrund ihres Erbguts für psychische Krankheiten prädestiniert wäre. Als Sternzeichen war sie Zwilling – und sie sagte einmal, sie wäre »Jekyll und Hyde. Zwei in einem.« Tatsächlich wurde bei ihr das Borderline-Syndrom diagnostiziert. Menschen, die an dieser Persönlichkeitsstörung leiden, sind emotional instabil, extrem impulsiv und abhängig von ständiger Bestätigung durch andere. Sie sehnen sich nach Applaus und reagieren auf Zurückweisung mit schweren Depressionen. Marilyns langjähriger Freund, der Dichter Norman Rosten, sollte am Anfang von GODDESS mit den Worten zitiert werden: »Die Traumfabrik Hollywood hat eine Traumfrau erschaffen. Könnte sie aus dem Traum aufwachen? Und wie würde die Realität aussehen? Gäbe es für sie ein Leben außerhalb des Traumes?«
»This is the girl.« Das ist das Mädchen – wahrscheinlich, möglicherweise, vielleicht.

RODLEY: *Die Straße scheint ein wiederkehrendes Motiv in Ihren Filmen zu sein. Ich denke da an* WILD AT HEART, THE STRAIGHT STORY, LOST HIGHWAY *und jetzt* MULHOLLAND DRIVE.
LYNCH: Noch dazu ist Fellinis LA STRADA einer meiner Lieblingsfilme! Ich denke, daß eine Straße einen Weg nach vorne darstellt, in das Unbekannte, und das zieht mich in seinen Bann. Filme sind genauso – die Lichter gehen aus, der Vorhang öffnet sich und die Reise geht los, aber wir haben keine Ahnung, wohin.
Sie leben ganz in der Nähe des Mulholland Drive, er gehört zu Ihrer Nachbarschaft. Sie haben dort auch schon die Szene aus LOST HIGHWAY *mit Mr. Eddy und dem Verkehrsdrängler gefilmt. Gibt es etwas an diesem Ort, das Sie anzieht?*
Ja. Es ist eine wunderschöne Straße, die über den Kamm der Santa-Monica-Berge führt und eine herrliche Aussicht bietet auf das Tal zur einen und auf Hollywood zur anderen Seite.

Es ist eine geheimnisvolle Straße mit vielen Kurven. Nachts ist es dort richtig dunkel, und im Gegensatz zu so vielen anderen Orten in Los Angeles hat sich da seit Jahren überhaupt nichts verändert.
Im Gegensatz zum Film, der ja viele Phasen der Veränderung durchlaufen hat.
Naja, er hat schon eine Geschichte. Nach TWIN PEAKS, oder irgendwann in dieser Zeit, gab es die Idee für eine Spin-Off-Serie namens »Mulholland Drive«. Mark Frost und ich wollten sie machen, aber sie ist nie zustande gekommen – doch der Titel blieb hängen. Wir haben nichts geschrieben, wir haben nie darüber geredet. Da war nur – dieser Titel. Mark ist immer noch an MULHOLLAND DRIVE beteiligt, weil wir einen Vertrag hatten, daß er etwas Geld bekäme, wenn ich diesen Titel jemals verwenden würde. Und ich hoffe, das hat er!
Mitte der Neunziger habe ich versucht, das Projekt nochmal anzuschieben, und ein wenig mit dem Drehbuchautor Robert Engels gearbeitet, aber nichts geschah. Eigentlich war das nur ein Versuch, die Hoffnung aufrecht zu erhalten, doch dann geriet es völlig außer Reichweite.
Wie kam das Projekt denn dann ins Rollen?
Mein früherer Agent Tony Krantz sagte: »Warum drehst du nicht eine neue Fernsehserie mit dem Titel ›Mulholland Drive‹?« Wenn er das nicht gesagt hätte, hätte ich wohl nie mehr daran gearbeitet, das war also wirklich gut.
Wie der Begriff »Lost Highway«, der Sie damals dazu inspiriert hat, über einen Film nachzudenken?
Genau. Es gab am Anfang nur die Worte »Mulholland Drive«. Wenn man manche Worte ausspricht, formen sich Bilder, und in diesem Fall sieht man diese Bilder am Anfang des Films – ein Straßenschild bei Nacht, von Scheinwerfern beleuchtet, eine Fahrt die Straße hinauf. Das bringt mich zum Träumen, diese Bilder sind wie Magneten, die andere Ideen anziehen.
Aber mit welchem Konzept haben Sie dem Sender ABC Ihre Idee für eine mögliche Fernsehserie vorgestellt?

Eine bekannte Situation: Adam Kesher (Justin Theroux) verliert die Kontrolle über seinen Film

Betty (Naomi Watts) will Rita (Laura Elena Harring) helfen, ihre Identität herauszufinden

Ich hatte nur zwei Seiten, die ich ihnen vorgelesen habe, und dann noch ein paar Konzeptsachen, um ihnen die Stimmung und so was zu vermitteln. Und zu diesem Zeitpunkt haben alle gesagt. »Hört sich großartig an. Das machen wir.«
Ja, aber was stand auf diesen beiden Seiten?
Ein paar Sachen: Eine Frau will Filmstar in Hollywood werden, gleichzeitig wird sie auf einmal zur Detektivin und muß womöglich in eine gefährliche Welt eintreten.
Als sich diese Idee dann weiterentwickelte, was genau hat Sie da an MULHOLLAND DRIVE so gereizt?
Wenn mich jemand fragen würde »Warum genau hast du dich in dieses Mädchen verliebt?«, dann könnte ich auch nicht sagen, daß es nur diese oder jene Sache war. Es sind viele Aspekte. Es ist alles. Und genauso war es hier auch. Man hat eine Idee. Eben war sie noch nicht da. Und sie kommt *so schnell!* Und manchmal, wenn man die Idee hat, bringt sie gleich noch eine Inspiration mit, eine Energie, die einen antreibt. Vielleicht befindet sich die Inspiration schon *in der Idee selber* und überkommt einen einfach. Ich weiß es nicht. Aber die Idee ist echt klein, und dann entfaltet sie sich und zeigt sich, so daß man sie überblicken kann. Dann speichert man sie im Gedächtnis ab, um sie noch etwas untersuchen zu können. Sie ist schon fertig. Wie ein Samenkorn. Der Baum ist schon darin enthalten, aber es ist noch kein Baum. Es will ein Baum werden, aber es ist erst ein Samenkorn.
Manchmal zeigt sich mir eine Idee, und ich bin davon total überrascht. Als ich MULHOLLAND DRIVE schrieb, kam der Charakter des »Cowboys« eines Abends einfach hereinspaziert. Ich habe einfach angefangen, über diesen Cowboy zu sprechen. So passiert das – etwas taucht auf, das einen Wimpernschlag zuvor noch nicht da war.
Sind Sie dann darüber besorgt, wie so eine Idee zu allem anderen passen wird?
Nein, man ist ja selbst gerade in dieser Welt. Man ist auf dem Weg. Es gibt noch keinen Film. Bis der Prozeß abgeschlossen ist, macht man einfach weiter. Wenn es dann irgendwann

unterwegs so aussieht, als würde sie Gestalt annehmen, dann versammeln sich die anderen Ideen darum herum und überlegen, wie sie dazupassen könnten. Vielleicht stellt sich heraus, daß eine doch nicht dazugehört, dann steckt man sie in eine Kiste, für später.
Die längste Zeit dieses Weges muß man selbst Zuschauer sein. Man darf die Ideen nicht in Frage stellen. Wenn man das macht, entfernt man sich zu weit von sich selbst. Dann gerät man auf wirklich dünnes Eis und müßte versuchen, etwas für irgendeine abstrakte Gruppe zu formen, die sich ständig verändert. Ich glaube, das geht nicht. Man muß es erst einmal von innen heraus versuchen und auf das Beste hoffen.
Erzählen Sie mir von der Figur namens Diane – oder Betty, es gibt ja zwei unterschiedliche Charaktere, die von Naomi Watts gespielt werden. Wie sollen wir sie nennen?
Dieses Mädchen – Diane – sieht Sachen, die sie haben will, aber sie kann sie einfach nicht bekommen. Es gibt alles im Überfluß – die Party zum Beispiel – aber sie ist nicht eingeladen. Und das macht sie fertig. Man könnte es Schicksal nennen – wenn es einem nicht hold ist, kann man *nichts* dagegen machen. Man kann das größte Talent und die besten Ideen haben, aber wenn diese eine Tür nicht aufgeht, dann hat man eben Pech gehabt. Man braucht so viele Zutaten, *und* die Tür muß sich öffnen, damit man es letztlich schafft. Es gibt Witze darüber, daß in Los Angeles jeder gerade an einem Drehbuch schreibt und immer einen Lebenslauf mit Photo dabei hat. Es gibt also eine *Sehnsucht* danach, eine Chance zu bekommen, sich zu präsentieren – eine Art Kreativität liegt in der Luft. Jeder ist bereit, alles einzusetzen und auf Risiko zu spielen. In diesem Sinne ist es eine moderne Stadt. Es ist wie in Las Vegas, wo jeder einen Dollar hat und eine Million daraus machen will. SUNSET BOULEVARD hat diesen Traum von Hollywood für mich perfekt zusammengefaßt.
Haben Sie das jemals auch so empfunden in dieser Stadt – daß das der richtige Ort wäre, um als Regisseur Karriere zu machen?

Nein. Ich bin durch eine seltsame Tür hereingekommen, und ich habe es nicht einmal gemerkt. Ich kam im August 1970 in Los Angeles an, nachts, und als ich am nächsten Morgen aufwachte, strahlte das Licht heller, als ich es je erlebt hatte. Mit diesem Licht kommt ein Gefühl – ein Gefühl von kreativer Freiheit. Ich hatte mich also sofort Hals über Kopf in diese Stadt verliebt. Hoffentlich findet jeder Mensch einen Ort, wo er sich wohlfühlt und gerne ist – einen Ort, der etwas in ihm auslöst. Für mich ist das Los Angeles.
Über diese Stadt wurden so viele großartige Filme gedreht, besonders über Hollywood. War es schwer, sich einen auszudenken, der sich deutlich von den bisherigen unterscheiden würde?
Ich glaube nicht, daß man mit dem Vorsatz herangehen kann: »Ich mache jetzt einen Film über diese Stadt«. Die Ideen zu MULHOLLAND DRIVE tauchten einfach so auf, und sie beschrieben einen Teil dieser Stadt, und mehr kann man ohnehin nicht machen. Niemand kann alles erzählen. Es ist immer nur ein Teil, aber der kann harmonische Schwingungen haben, die sich richtig gut anfühlen. Aber man kann natürlich nicht das große Ganze zeigen, das verändert sich ja auch ständig.
Sie erwähnten Billy Wilders SUNSET BOULEVARD. Haben Sie beim Schreiben oder Drehen von MULHOLLAND DRIVE viel an diesen Film gedacht?
Nein. Ich bin mir sicher, daß die Dinge, die wir lieben, in uns herumschwimmen. Vielleicht lieben wir sie, weil unsere Gehirnmaschine von Anfang an auf eine bestimmte Art funktioniert, deswegen ist es schwer zu sagen, was zuerst da ist. Ich liebe Hollywood und seine Goldene Zeit, und SUNSET BOULEVARD hat das so grandios eingefangen. Ich liebe diese Welt einfach, ich liebe sie. Ich liebe es, wenn William Holden und Nancy Olsen einen nächtlichen Spaziergang über das Studiogelände machen. Wahrscheinlich kamen solche Sachen in Wirklichkeit überhaupt nicht vor, aber sie *hätten vorkommen sollen*. Jetzt, *in diesem Augenblick* sollte so etwas passie-

ren! Überstunden bis spät in der Nacht in diesen Quartieren für die Drehbuchautoren... Es ist einfach so *schön* – jeder Moment davon. Der Gedanke daran ist also schon lebendig in mir, aber ich habe nicht wirklich daran gedacht.
Los Angeles besteht aus viel mehr als nur Hollywood, aber Hollywood spielt nun einmal eine wichtige Rolle. Viele Filme spielen in Los Angeles – weil die Leute hier arbeiten –, aber sie könnten genauso gut woanders spielen. SUNSET BOULEVARD dagegen konnte nur hier stattfinden.
Und Sie haben einige Hinweise oder Anspielungen auf den Wilder-Film in MULHOLLAND DRIVE versteckt.
In MULHOLLAND DRIVE gibt es eine Einstellung von einem Straßenschild, auf dem »Sunset Boulevard« steht. Ich hätte auch sehr gerne ein wenig von der Originalmusik verwendet. Und es gibt eine Aufnahme vom Eingangstor der Paramount-Studios, aber die lassen niemanden mehr ihr Logo verwenden. Man darf nur noch den unteren Teil des Tores zeigen. Das ist eine ihrer Regeln, und ich finde das total albern. Aber das Auto, das man in MULHOLLAND DRIVE sehen kann, ist der echte Wagen aus SUNSET BOULEVARD. Ich glaube, man hat ihn in Las Vegas aufgetrieben.
Wilders Film war offensichtlich ein Angriff – wenn auch streckenweise ein liebevoller – gegen Hollywood und das Studiosystem, das damals das Sagen hatte. War MULHOLLAND DRIVE in gewisser Hinsicht als Satire auf die Filmindustrie gedacht?
In MULHOLLAND DRIVE geht es um mehr als nur um Hollywood, aber ein bestimmter Aspekt davon wird behandelt. Manche Leute haben satirische Elemente in dem Film gefunden. Ich habe darüber nicht allzuviel nachgedacht, aber ein Schuß Satire schwimmt in der ganzen Mischung schon mit herum. Ich habe nicht darauf abgezielt, aber Ideen haben viele Seiten. Genau wie im Leben gibt es manchmal Gelächter am Morgen und Tränen am Abend – man weiß nie, was passieren wird. Es ist schön, sich durch verschiedene Stimmungen und Gefühle hindurchzubewegen, je nachdem, welche Ideen gerade auftauchen.

Die Szene mit dem Filmregisseur Adam Kesher im Konferenzraum von Ryan Entertainment fühlt sich allerdings an, als würde sie auf realen, persönlichen Erfahrungen von Ihnen beruhen.
Natürlich. Ich glaube, die meisten Regisseure haben solche Erfahrungen gemacht. Ich habe immer Angst davor, daß jemand mich zu irgend etwas zwingt, weil ich mich so sehr mit meiner Arbeit identifiziere. Wenn gewisse Forderungen dem widersprechen, was ich für richtig halte, dann ist das grauenhaft. Das macht mir Sorgen. Wenn man nicht die komplette Kontrolle über seinen Film hat, dann kommt man leicht vom Weg ab und stirbt einen langsamen, qualvollen Tod.
Ich glaube, *jeder* kennt diese Situation. Darum geht es ja: Selbst, wenn man sie nicht erlebt hat, kennt man solche Vorfälle irgendwie und versteht sie, wenn man sie sieht. Ich glaube, jeder hat schon mal so eine Erfahrung gemacht – man glaubt, eine Situation im Griff zu haben, und plötzlich steigt das Gefühl in einem auf, daß man in Wirklichkeit nur eine Randfigur in einem viel größeren Spiel ist. Wahrscheinlich passiert so viel, von dem wir nichts wissen. Vielleicht ist es nur Paranoia, aber vielleicht finden auch dauernd Geheimtreffen statt, auf denen über wichtige Sachen entschieden wird.
Wie schon bei TWIN PEAKS *ist es Johanna Ray, die für die Besetzung zuständig war, gelungen, eine ganze Reihe von beeindruckenden Schauspielern zu finden – allein im Pilotfilm gab es über 50 Sprechrollen.*
Man hat eine andere Auswahl an Darstellern, wenn man fürs Fernsehen besetzt. Es müssen Leute sein, die langfristig an einem solchen Projekt mitarbeiten können, und damit ist Harrison Ford schon mal aus dem Rennen! Aber diese Stadt ist eine derartige Goldmine an Talenten, es ist unglaublich. Johanna steht immer auf der Seite der Schauspieler. Sie liebt diese Leute wie ihre eigene Familie. Und wenn sie sagt, daß jemand gut spielen kann, dann vertraue ich ihr. Dieses Problem ist also bei den Leuten, die ich mir ansehe, schon mal

Im fertigen Film taucht er kaum noch auf: Robert Forster als Detective McKnight

Eine Hauptrolle in der abgesetzten Serie wird zu einer Nebenrolle im Film MULHOLLAND DRIVE: Justin Theroux als Regisseur Adam Kesher

aus dem Weg geräumt, ich muß nur noch die Person finden, die am besten zu der Rolle paßt. Zuerst nimmt Johanna die Bewerber auf Video auf und spricht mit ihnen. Normalerweise hört sie sich ein paar Minuten lang ihre Geschichte an, und dann treffe ich mich mit ihnen. Aber es passieren auch öfter mal außergewöhnliche Sachen. Ich habe mich mal mit Billy Ray Cyrus unterhalten, obwohl er gar nicht auf unserer Liste für diese Rolle in MULHOLLAND DRIVE stand, und ich dachte: »Hey, der wäre doch perfekt als Gene, der Poolreiniger.« Es gibt also schöne, glückliche Zufälle.
Sich mit Schauspielern zu unterhalten ist phantastisch. Von einigen habe ich die unglaublichsten Geschichten gehört – *unfaßbare* Geschichten. Und dann zeigt sich auf einmal eine völlig neue Figur, aber nicht für den derzeitigen Film. Man muß sich sowas also merken. Als ich Grace Zabriskie das erste Mal traf, hat sie mir erzählt, daß sie aus New Orleans stammt. Sie fing an, diesen Cajun-Dialekt zu reden und *schwups* – ein paar Jahre später spielte sie diese Rolle in WILD AT HEART.
Bei einigen Figuren in MULHOLLAND DRIVE, wie zum Beispiel Robert Forsters Detektiv, oder auch Justin Therouxs Regisseur, hat man das Gefühl, ihre Rollen wären noch größer geworden, wenn die Serie gedreht worden wäre. Stimmt das?
Ich bin mir nicht sicher, weil ich mir nur über den Pilotfilm Gedanken gemacht hatte. ABC wollte irgendwann, daß ich ihnen ein paar Vorschläge mache, in welche Richtung es sich weiterentwickeln könnte, also habe ich mir einfach ein paar Storylines für sie ausgedacht. Das Coole an solchen Fortsetzungsgeschichten ist, zumindest für mich, daß man alles genau im Gefühl hat, wenn der Pilotfilm fertig ist. Es ist alles da, man hat es genau vor sich: die ganze Stimmung, alle Figuren und alles, was man während der Dreharbeiten gelernt hat. Erst dann weiß man, wohin das Ganze führt. Und es macht soviel Spaß! Dann muß man nur noch darauf reagieren, und die Ideen kommen, indem man dran arbeitet. Man wird immer tiefer in ein Geheimnis hineingezogen.

Man kann am Anfang viele Vorhersagen treffen, manche bewahrheiten sich nie, dafür werden sich vielleicht ganz andere, neue Dinge ereignen. Es ist schön, am Anfang überhaupt nicht zu wissen, wohin es geht, und es erst durch Aktion und Reaktion herauszufinden. Es wäre wunderbar, wenn man immer so arbeiten könnte. Aber ich mache den Verantwortlichen keinen Vorwurf daraus, daß sie wissen wollen, was als nächstes passiert – die stellen das Geld zur Verfügung, und das sind riesige Kosten. Aber wenn man alles vorher weiß, ist der Spaß weg. Dann wäre es einfach nur ein Job.
Es gibt einige Figuren in der Geschichte, die wie Abstraktionen des Bösen, der Furcht oder des organisierten Verbrechens wirken – wie der Cowboy oder der mysteriöse Mr. Roque in seiner Kammer aus Glas bei Ryan Entertainment. Können Sie etwas über den Schrecklichsten sagen: diesen grauenhaften, geschwärzten Obdachlosen hinter dem »Winkies«?
Okay, also: »Denny's Restaurant« am Sunset Boulevard hieß früher mal »The Copper Penny«. Es war direkt an der Ecke von Sunset und Gower. Ich glaube, Frank Capra hat mal dort gearbeitet, und früher war das genau die Ecke, wo jeden Morgen die Filmstatisten herumstanden und nach Arbeit suchten. Und das »Denny's« war ein ziemlich verrückter Ort. Ich kann es nicht beschwören, aber ich glaube, daß es in diesem Restaurant eine Zeit lang eine satanische Sitznische gab.
Was soll das denn sein?
Weiß ich ja auch nicht! Aber ich war früher öfters da zum Frühstücken – die hatten ein Großes Frühstückmenü. Jedenfalls sitze ich an einem dieser Tische, ich glaube allein, und hinter mir sitzen drei Typen, und sie reden über Gott. Es hört sich an wie eine nette Sonntagmorgenunterhaltung. Und als ich aufstehe, um zu bezahlen, werfe ich einen Blick hinüber, und da sitzen die Führer der Satanischen Kirche in dieser Sitznische. Sie haben sich leise und freundlich unterhalten. Mir kamen sie vor wie eine Kirchengruppe! Irgendwie war das sehr seltsam. Auf jeden Fall spielten sich in die-

sem »Denny's« verrückte Sachen ab, und das diente als Vorlage für diese Szene in MULHOLLAND DRIVE – für diesen Penner.
Die ganze Erzählung des Alptraums ist ja deswegen so grauenerregend, weil die Kamera immer ganz leicht nach oben oder unten zu schweben scheint. Man wird seekrank davon.
Das war von Anfang an Teil dieser Idee, Teil dieses Alptraums. Die Crew mußte einen speziellen Kranausleger beschaffen und ihn in ein enges Restaurant schaffen, damit Peter Deming und seine Kamera schweben konnten. Dieses Schweben hört nie auf; es ist, als würde man die Form einer Acht wieder und wieder nachfahren. Erst, wenn man die Kamera die ganze Zeit so bewegt, entsteht dieses Gefühl. Man muß bereit sein, zu sagen: »Genau so sollte es sein. So sieht die Idee aus.« Es könnte sein, daß es sogar *besser* wird als die Idee, aber man sollte nie sagen: »Naja, als Idee wirkte das zwar besser, aber jetzt machen wir es halt so.« Das darf nicht passieren.
Sie planen die technische Seite der Kameraarbeit also im Voraus mit Peter?
Wir reden darüber, bevor die Dreharbeiten beginnen, aber vieles davon ist nur Quatsch. Peter ist offen für alles. Selbst wenn er ein Experiment für idiotisch hält, macht er sich dran und versucht es mal. Ich kann ihm die wildesten Ideen hinwerfen, und zehn Minuten später rennen alle herum und freuen sich, es auszuprobieren. Es macht mir also keiner Druck, und ich kann gemütlich dastehen und schauen, ob ich noch etwas finde.
Ich bin immer wieder vom genauen zeitlichen Rahmen Ihrer Filme beeindruckt. LOST HIGHWAY schien gleichzeitig in mindestens zwei unterschiedlichen Jahrzehnten zu spielen, und MULHOLLAND DRIVE ist zugleich eindeutig zeitgenössisch und fühlt sich doch an, als würde er in der Vergangenheit stattfinden – in den 50ern oder vielleicht sogar den 30er oder 40er Jahren.
Aber genau so ist das im realen Leben doch auch! Mehrmals am Tag planen wir für die Zukunft, und mehrmals am Tag

denken wir an die Vergangenheit. Wir hören uns Oldies im Radio an und schauen alte Filme im Fernsehen. Es gibt so viele Möglichkeiten, die Vergangenheit noch einmal zu durchleben, und jede Sekunde gibt es etwas Neues. Es gibt zwar eine Art Gegenwart, aber die ist sehr flüchtig, weil sie wahnsinnig schnell vorüberzieht.
Noch gibt es viele Orte in Los Angeles, wo man das Goldene Zeitalter erahnen kann, aber es werden weniger. Wie dieser alte Bohrturm an der Stelle, wo jetzt das Beverly Centre steht. Wir haben dort Szenen für ERASERHEAD gedreht, und es war einer meiner liebsten Orte auf der ganzen Welt. Man mußte über einen Erdkringel hinübersteigen, um hinzukommen, und dann stand man in einer völlig anderen Welt. Dort gab es Öltanks, und dieser funktionierende Bohrturm stand einfach herum. Es war einfach unglaublich. Es gab ein Gelände zum Ponyreiten aus den 20ern und 30ern. Und diesen winzigen Schlüsselladen, vielleicht anderthalb mal anderthalb Meter, mit einem Dach. Und es gab einen »Tail of the Pup«-Hotdogstand, der inzwischen woanders hingezogen ist. Und es gab die Holzverarbeitung der Hull Brothers, ein funktionierendes Sägewerk, glaube ich, mit einem 30 Meter hohen Hügel Späne daneben. Außerdem gab es da eine Gärtnerei. Alles wie in den 30ern – hauptsächlich Dreck, da lag lauter Zeug herum. Die Gebäude waren uralt, und die Typen trugen diese grünen Schirmmützen und Armbänder. Das waren richtig alte Hasen, die kannten sich noch aus mit Holz und Hollywood und allem.
Was hat Sie daran so fasziniert?
Ich habe mich gefühlt wie als Kind bei diesen Jugendbandenkomödien – den »kleinen Strolchen« zum Beispiel. Ich konnte die 30er Jahre *spüren* – wie an einem Ort aus einer vergangenen Zeit, weil sich nichts verändert hatte. Wie auf einem Filmset. Diesen Ort gab es nur dort. Und dann war er verschwunden. Das Beverly Centre wurde draufgebaut. Jetzt ist er nur noch eine Anhäufung von Läden und Parkplätzen und Lichtern und Schildern. Es ist eine riesige Veränderung.

Schauten Ihnen die Leute von ABC während der Dreharbeiten zum Pilotfilm über die Schulter, oder ließ man Sie in Ruhe?
Die Dreharbeiten liefen hervorragend, aber jeder, der in diesem Geschäft ein bißchen Einfluß hat, sagt: »Ich will die Tagesaufnahmen sehen.« Die bekamen also Videobänder mit den Ergebnissen eines Drehtages zugeschickt. Früher waren solche Bänder etwas Heiliges, und nur eine Handvoll Leute durfte sie sich ansehen. Das liegt daran, daß diese Aufnahmen wie ein Steinbruch sind: eine *Menge* wertloses Geröll und dazwischen ein bißchen Gold. Aber irgendwie sieht alles gleich aus, wenn man nicht die Fähigkeit hat, das Gold zu erkennen. Man sagt diesen Leuten also: »Ihr könnt das Gold nicht erkennen.« Aber die antworten dann: »Quatsch! Klar können wir das Gold erkennen. Wir sind uns nur nicht sicher, ob *du* es erkennen kannst!«
Die schauen sich also alles durch, kriegen Panik, werden depressiv und machen sich Sorgen! [Lacht.] Wenn man genau dieselben Aufnahmen richtig zusammenmontieren würde, wären sie vermutlich sehr zufrieden, vor allem, wenn sie die früheren Takes nicht sehen, die für sie wie ein böses Vorzeichen wirken. Trotzdem haben sie das Gefühl, sie hätten ein Recht darauf, sich das anzusehen, und daß sie sonst etwas verpassen würden und nicht genug Kontrolle hätten. Ist schon seltsam.
In den Tagesaufnahmen sucht man nur nach den Teilen, die funktionieren – um sicherzugehen, daß man es in den Kasten gekriegt hat. Man weiß, man hat noch einen dritten Versuch gemacht, weil die ersten beiden nicht so toll waren, weil noch etwas gefehlt hat. Aber die anderen wissen das nicht. Die sehen nur ein paar schlechte Versuche und denken: »Um Himmels Willen, vielleicht will Dave *diese* Teile verwenden!« Das vernebelt ihnen so den Blick, daß sie alles verfälscht sehen.
Was hat ABC denn zum Pilotfilm gesagt, als sie ihn dann fertig geschnitten gesehen haben?

Naja, erst mal wollte einer der Verantwortlichen den Film sehen, *bevor* er ins Büro ging. Damals war der Film ja noch länger, und er wollte ihn anschauen, *bevor* er ins Büro ging! Danach sagte er, daß er fast im Stehen eingeschlafen wäre, so langweilig sei der Film gewesen! Das lief also schon mal nicht so gut, und dann starb der Film. Diese erste, längere Version wurde praktisch sofort zurückgewiesen.
Wollte man es als Fernsehserie am Leben erhalten?
Naja, der Pilotfilm wurde genau zur selben Zeit fertig wie THE STRAIGHT STORY, und mir war gesagt worden, daß ich ihn gern lang machen könnte. Dann, in letzter Minute, hieß es plötzlich, daß er nur 88 Minuten dauern dürfte. 88 Minuten für einen *zweistündigen* Sendeplatz! Das heißt, daß auf 88 Minuten meines Film 32 Minuten Werbung kommen sollten!
Zu diesem Zeitpunkt war der Pilotfilm, glaub ich, zwei Stunden und fünf Minuten lang! Ich hatte irgendwie gehofft, mit dem Sender vielleicht über einen dreistündigen Sendeplatz zu reden. [Lacht.] *Diese* Idee war also erst mal vom Tisch. Dann hatte ich die Idee, den Film zu teilen und nur die erste Hälfte als Pilotfilm zu nutzen – mit schöner Geschwindigkeit und Stimmung. Das aber akzeptierten sie auch nicht, sie bestanden auf einer 88-Minuten-Version – auf der Müllpressen-Version. Verstehen Sie, was ich meine? Wir wurden gezwungen, den Film zu schlachten – wirklich *abzuschlachten*! Er wurde zusammengedrückt und noch weiter zusammengedrückt, und das war *nicht* schön. *Überhaupt* nicht schön! Es war ein *Alptraum*!
Wie hat ABC dann auf diese Version reagiert?
Ich habe keine Ahnung, was die sich gedacht haben. Sie haben mich nie angerufen, sie haben nie mit mir geredet. Sie haben nicht mal eine kleine Postkarte geschrieben mit einem Bild darauf, auf dem sie mir zuwinken. *Nichts!* Sie haben andere Leute angerufen und denen gesagt, daß sie den Film nicht wollen. Daß sie kein grünes Licht gaben, erfuhr ich zwei Stunden bevor ich mit THE STRAIGHT STORY im Gepäck den Flieger nach Cannes besteigen wollte. Ich war ge-

rade noch mal pinkeln, stieg dann in den Wagen und fuhr zum Flughafen.

Ich verstehe die Menschen nicht. Ich weiß nur, wie gern ich diesen Film gedreht habe. Dann wurde ich gezwungen, ihn zusammenzustutzen, weil es einen Abgabetermin gab und man mir keine Zeit ließ, irgendetwas zu verfeinern. Er hat seine Textur verloren, wichtige Szenen und Handlungsfäden. Und außerdem waren 300 Videokassetten von dieser üblen Version im Umlauf. Viele Leute haben sie gesehen, was peinlich ist, weil die Kassetten noch dazu eine miese Qualität hatten.

Wenn es doch einen Selbstzerstörungsmechanismus gäbe, der alle noch existierenden Kopien auf Video vernichten würde, das wäre das *Schönste* für mich – denn es tat mir in der Seele weh! Ein schlimmer Moment. Wenn man einen Film fertigstellt, gibt es unterwegs viele schlimme Momente, aber die sind nicht alle so öffentlich. Es ist ein heikles Geschäft: Man muß einige schlimme Momente durchmachen, darauf reagieren und die Situation hoffentlich bereinigen. Wissenschaftler müssen sehr viele Rückschläge hinnehmen, bis ihnen mal der Durchbruch gelingt. Aber auf den Fehlern baut alles auf.

Ich dachte also, das Projekt wäre gestorben, was wirklich schmerzte, weil so viele Ideen, die ich liebte, in dieser Leiche gefangen waren. Aber wenn man nahe heranging, hörte man sie noch atmen. Das war schön. Es war also keine totale Enttäuschung. Tatsächlich spürte ich sogar einen Anflug von Euphorie, als das Fernsehen den Film ablehnte, und wenn ich einen Anflug von Euphorie spüre, dann werde ich hellhörig. Das Fernsehen hat ein mieses Bild und miesen Ton, es wird ständig von Werbeblöcken unterbrochen, und man hat von Anfang an nur Ärger damit. Ich wußte das ja alles schon, vor allem seit TWIN PEAKS. Die finden die Werbung immer wichtiger als die Sendung selbst.

Warum haben Sie es nach den schlechten Erfahrungen in der Vergangenheit überhaupt noch einmal mit dem Fernsehen versucht?

Die hübsche Camilla Rhodes (Melissa George) wird für die Hauptrolle in Adam Keshers Film gecastet

Die Idee einer Fortsetzungsgeschichte übt diese blöde Anziehungskraft auf mich aus. Bei einer Fortsetzungsgeschichte weiß man nicht, wohin sie einen führen wird, das ist aufregend. Das Erkennen und die Erkundung des Weges, das ist der Kitzel. Dafür mag ich das Fernsehen, für eine Werweiß-wohin-Fortsetzungsgeschichte. Also habe ich mir etwas vorgemacht und gehofft, daß alles gut laufen würde, daß sämtliche Verantwortlichen auf meiner Seite sein würden und sich alles ganz wunderbar entwickeln würde – weil die Geschichte eben so faszinierend ist. Wenn das Projekt aber abgeblasen wird, bevor es fertig ist, das ist schlimm.
Sie hatten die gleichen Probleme schon einmal mit ABC, oder? Haben die nicht Ihre Sitcom ON THE AIR *nach nur drei Folgen abgesetzt?*
Ja. Es war eine reichlich alberne Serie, aber einige Leute fanden sie lustig. Damals hab ich es nicht kapiert. Inzwischen glaube ich, daß ABC mich haßt. Jetzt hab ich's kapiert.
Sie scheinen nicht sonderlich nachtragend zu sein deswegen.
Nein, weil das alles nicht wichtig ist. Jeder spielt seine Rolle, und ABC hat MULHOLLAND DRIVE einen riesigen Gefallen getan, indem sie den Pilotfilm abgelehnt haben. Die Idee mußte einfach diesen Weg nehmen. Wenn ich jetzt zurückblicke, dann merke ich, daß sie eine sehr wichtige Rolle dabei spielten, diesen Film das sein zu lassen, was er immer sein wollte. Ich glaube wirklich, daß das stimmt. Der Film hat davon sehr stark profitiert.
Und da gibt es noch etwas, das ich noch niemandem erzählt habe... ich weiß nicht, ob ich es Ihnen erzählen soll. [Sehr lange Pause.] Naja, so wichtig ist es auch wieder nicht. [Lacht.] Fernsehen ist etwas anderes als Kino, und wenn man an das Wort »Fernsehen« denkt, passiert etwas. Ich weiß nicht genau, warum, aber bei mir geht da der Spaßfaktor ein wenig höher. Ja, ich glaub, das ist es. Und dann, wenn plötzlich etwas anderes daraus werden soll – ein Kinofilm etwa –, dann ist das, als würde man Kuchen backen, als hätte man einen ziemlich leckeren Kuchen gebacken, aber plötzlich kommen Leute zum Abendessen, und der

Kuchen soll das Hauptgericht sein! Dann fügt man in Gedanken kleine Hühnchenteile hinzu und ein wenig Gemüse, und ehe man sich's versieht, ist etwas ganz Neues daraus geworden. Es ist gesund, aber irgendwie auch süß, es hat Proteine und Gemüse, und die Leute flippen total aus! Die essen es, und jeder will das Rezept.

Aber wie sah zu diesem Zeitpunkt denn die Geschichte aus, kurz nachdem Sie den Pilotfilm gedreht hatten?

Sehen Sie, Chris, so gehe ich die Dinge nicht an. Das wäre, als würden Sie mich fragen: »Welche Szene genau haben Sie denn am 1. Juli gedreht?« Das ist gleichgültig, weil am 1. Dezember plötzlich alles Sinn gemacht hat! Der Pilotfilm war nur eine Phase, die wir überwunden haben.

Wenn der Pilotfilm ausgestrahlt worden wäre, hätten Sie dann, wie bei TWIN PEAKS, andere Regisseure für die Serie mit an Bord geholt?

Das ist ein weiterer Grund, warum ich glaube, daß es vielleicht ein Segen war, daß die Serie nie zustande gekommen ist. Man kann eine Fortsetzungsgeschichte nicht lange allein machen. Es wäre wunderbar, aber es geht nicht. Und jeder Regisseur hat natürlich seine eigene Ausdrucksweise, sobald man also andere heranläßt, wird die Geschichte in eine andere Richtung laufen. Die entscheidenden Ideen sind die, die man hat, wenn man gerade dran arbeitet – das sind die allerwichtigsten. Man bemerkt Dinge, eben weil man gerade dran arbeitet. Wenn man nicht da ist, passiert gar nichts. Angenommen, ich hätte eine Bleistiftskizze und ließe sie von jemand anderem zu Ende malen. Der macht die Zeichnung vielleicht noch farbig, zeigt sie mir, und ich sage: »Yep«. Aber wenn ich selbst weitermache, könnte ich zwischen der Bleistiftskizze und dem fertigen Bild noch hunderttausend Dinge ändern, weil ich mitten im Arbeitsprozeß bin und die Hand drauf habe. Am Ende hätte ich also etwas viel Besseres.

Wie haben Sie MULHOLLAND DRIVE zurück in Ihre Hände bekommen?

Pierre Edelman vom französischen Filmstudio Canal+ kam hierher, genau in diesen Raum, und er saß da, wo Sie gerade sitzen. Und er sagte – Gott segne ihn – »Ich weiß, ich kann eine Kopie des Pilotfilms von *Mulholland Drive* besorgen. Kriege ich Ihre Erlaubnis, sie mir anzusehen?« Und ich meinte: »Pierre, dieses Zeug wollen Sie ganz sicher nicht sehen.« Er fragte: »Aber Sie wollen ihn doch fertigstellen, oder etwa nicht?«, und ich antwortete: »Klar, aber ich habe keine Ahnung, wie! Und die Qualität dieser Videos ist gräßlich. Wirklich *gräßlich*!« Also sagte er: »Lassen Sie mich einfach einen Blick drauf werfen, damit ich wenigstens weiß, was es ist.« Ich habe dann zugestimmt, weil er ein wirklich netter Kerl war. Ungefähr einen Tag später kam er wieder und rief: »Ich *liebe* diesen Film! Daraus kann man einen Spielfilm machen! Sie müssen nur bescheid sagen.« Also sagte ich: »Machen wir's!« Erst ein Jahr später bekam Pierre die Rechte – ein volles *Jahr* später –, weil so viele Firmen involviert waren.

Gibt es nicht viele praktische Probleme, wenn man einen Film nach so langer Zeit weiterdrehen will?

Und wie! Ich erinnere mich an Jack Fisks Gesichtsausdruck, als man die Sets das erste Mal abbaute. Sie waren als Module gebaut und mußten sehr sorgsam auseinandergenommen werden. Aber bevor er es mitbekam, waren die Kulissen auseinandergebaut worden, und zwar ohne jede Sorgfalt. Sie waren in der Zwischenzeit eingelagert worden, und man mußte sie äußerst mühevoll wiederherstellen. Dann stellten wir fest, daß alle Requisiten und Kostüme verloren waren. Disney hatte sie »für weitere Verwendung« freigegeben, alles war weg. Wir hatten also große Probleme mit den Kulissen, und die Kostüme und Requisiten waren fort. Ich dachte: »Das wird nie was.«

Etwa zu dieser Zeit fiel mir dann auch ein, daß ich eigentlich überhaupt keine Ahnung hatte, wie ich diesen Film beenden sollte. [Lacht.] Ich hatte mich auf andere Dinge konzentriert und war ja ohnehin nicht sicher, ob daraus wirklich noch was werden würde – weil alles so ewig gedauert hatte.

Ein Pilotfilm ist ein Sonderfall. Er ist eben *kein* Spielfilm. In Wahrheit bricht er alle Regeln für einen Spielfilm: Er beginnt Geschichten, aber er führt sie nicht zu Ende. Ich wollte das ganze Projekt doch lieber absagen, aber dann mußte ich an all das Geld denken, das Pierre ausgegeben hatte, um die Rechte zu kaufen. Ein schreckliches Dilemma. Ich bekam eine Heidenangst, weil sich mir diese tolle Gelegenheit bot, ich aber keinerlei Ideen hatte. Es war also alles nicht so einfach.
Was hat Sie gerettet?
Naja, eines Nachts saß ich in meinem Stuhl und meditierte und dann, *bing* – fiel mir mit einem Schlag alles ein. Von 6 Uhr 30 bis 7 Uhr kamen die Ideen, und ich wußte, wie ich weitermachen mußte. Es war wie ein Geschenk – ein Segen. Also schrieb ich einiges auf, und alle Puzzleteile, die es schon gab, paßten zu dieser neuen Idee, wurden in sie aufgenommen und veränderten sich dadurch. Anfang, Mitte und Schluß, alles bekam eine andere Bedeutung. Es war ein Wunder, wie all das passiert ist.
Eigentlich hat man nie alle Ideen, die man für einen Spielfilm braucht, auf einmal. Sie kommen in Fragmenten. Zu jedem beliebigen Zeitpunkt kann man sagen: »Das sind die Fragmente, die ich jetzt schon habe. Wie soll ich daraus jemals einen Film basteln?« Aber diese Fragmente ziehen andere Fragmente an. Bei MULHOLLAND DRIVE hatte ich einen Haufen Bruchstücke, die alle sehr ähnlich waren – alle hatten ein offenes Ende. Also brauchten sie auch eine bestimmte Art von Idee, die sie miteinander verbinden würde. Das war der Trick.
Wie meinen Sie das – »der Trick«?
Die Surrealisten haben sich selbst ausgetrickst. Sie haben eine Handvoll Worte genommen, sie in die Luft geworfen – so stelle ich mir das zumindest vor – und dann geschaut, wie sie gelandet sind. Oder sie haben dasselbe mit ein paar Bildern gemacht, aufgepaßt, wie die gelandet sind und sich ihre Ideen aus zufälligen Anordnungen geholt. Man konzentriert sich auf ein bestimmtes Detail, und dieses Detail zieht Ideen

nach sich, die sich in überraschender Weise mit ihm verbinden, weil die ganzen Umstände überraschend sind. Und weil meine Probleme mit MULHOLLAND DRIVE so außergewöhnlich waren, kamen mir eben auch die entsprechenden Ideen.
Es gibt da dieses Sprichwort: »Wo man hinschaut, wird es lebendig.« Das ist ein so magischer und wahrhaftiger Satz. Darüber kann man sehr lange nachdenken. Es ist, als würden Aufmerksamkeit und Wunsch einen Köder bilden, und die Fische – also die Ideen –, das sind diese hübschen Dinge, die dann nach oben kommen. Die Fische kann man fangen, aber es ist kein Verlaß darauf, daß man jedes Mal etwas erwischt, wenn man auf die Suche geht.
Hatten Sie alle Ideen, die Sie brauchten, um MULHOLLAND DRIVE *in die Form eines Spielfilms zu bringen, bei dieser einen Gelegenheit, oder kamen später noch weitere hinzu?*
Naja, sehr vieles löste sich zu diesem Zeitpunkt, aber es gab danach Feinabstimmungen, und während der Dreharbeiten gab es noch weitere Feinabstimmungen. Aber ich denke nicht, daß während dieser zweiten Phase der Dreharbeiten noch neue Sachen dazukamen. Ich glaube, diese Ideen reichten aus.
Wie haben Sie die Schauspieler überzeugt, daß der Pilotfilm auch als Spielfilm funktionieren könnte?
Wir waren ja alle in Kontakt geblieben. Laura, die Camilla Rhodes und Rita spielt, behauptete, sie hätte von Anfang an gewußt, daß alles gut ausgehen würde – daß der Pilotfilm fertiggestellt und daß er gut werden würde. Ich glaube, tief im Inneren ging es allen so, aber irgendwann hat jeder mal am Telefon gesagt: »Dieses Projekt ist *so was* von tot! Der Film ist *tot!* Aus und vorbei!« Später habe ich mich noch mal mit Naomi und Laura zusammengesetzt, von den neuen Ideen erzählt und ihnen ein Drehbuch mit den neuen Szenen gegeben. Natürlich gab es da drin einige Sachen, über die man reden mußte! Aber es lief wunderbar, die beiden nickten die ganze Zeit nur und haben es genau verstanden. Ich glaube, alles hat schon irgendwo existiert – vollständig –

wir mußten es nur Stück für Stück entdecken. So fühlte es sich an. Schauspieler sind wie normale Menschen; sie kennen sich ziemlich gut aus und haben ihre eigene Sichtweise. Wir haben viel probiert und diskutiert – nicht so sehr, um über den Sinn zu streiten, sondern um das richtige Gefühl zu bekommen. Sie haben vielleicht ganz andere Ideen als ich, oder vielleicht ähnliche. Aber das ist nicht wichtig, solange es sich richtig anfühlt. Das sind manchmal schwierige Verhandlungen, aber Schauspieler können ziemlich abstrakt denken.

Als sich MULHOLLAND DRIVE vom Pilot- zum Kinofilm verwandelte, wurde er da komplizierter?
Nein, er wurde viel einfacher. Plötzlich wurde klar, was herauskommen würde. Es war wie an dem Tag, als ich in der Kantine des American Film Institute stand und wir gerade ERASERHEAD drehten. Die Dreharbeiten dauerten damals schon fast ein Jahr, und ich entwarf »Die Frau in der Heizung«. Ich versuchte, mir den Heizkörper in Henrys Zimmer vor Augen zu führen – es war nur zehn Meter entfernt –, aber es ging nicht. Also bin ich schnell hinübergerannt und habe mir die Heizung angesehen, und ich hätte beinahe geweint vor Glück: Sie war einfach *perfekt*. Sie war einmalig, denn sie besaß einen extra eingebauten Raum – für die Frau. Obwohl es die Idee von der Frau noch gar nicht gab, als wir den Heizkörper aussuchten. So fügte sich die Idee von der »Frau in der Heizung« zu allem, was vorher war. Ich wußte das natürlich schon. Genau so war es bei MULHOLLAND DRIVE.

Aber in MULHOLLAND DRIVE gab es doch viel mehr Elemente und Erzählstränge, die zusammengeführt werden mußten.
Ja sicher, aber wenn man an etwas arbeitet, dann kommen von überall her Erzählstränge und lose Enden. Einer davon kommt durch, während die anderen verkümmern und wegfallen. Manchmal muß man auch neue Richtungen einschlagen, um den Hauptstrang zu finden. Und vielleicht kommt ganz am Ende überraschend einer der Anfangsfäden in einer

anderen Form wieder und man denkt: »*So* paßt er da hinein«. In MULHOLLAND DRIVE sind alle Erzählstränge zusammengeführt.

Es gibt viele klare Hinweise in dem Film, während andere wichtige Andeutungen auf der Bild- oder Tonebene weniger offensichtlich sind. Daher hat es manchmal den Anschein, als würde es Ihnen Freude bereiten, das Publikum zu provozieren oder in die Irre zu führen.

Nein, so was darf man *niemals* mit seinem Publikum machen. Man hat eine Idee und formt sie so, wie sie gerne aussehen würde, man bleibt ihr einfach treu. Hinweise sind etwas Herrliches, weil ich glaube, daß wir alle Detektive sind. Wir grübeln über etwas, und wir finden etwas heraus. So sind wir nun mal. Menschen erinnern sich, sie treffen Schlußfolgerungen und Vorhersagen. Das ist wie in der Musik. Die Melodie beginnt. Wir erkennen ein Thema, es endet, und wenn es wiederkommt, ist es noch viel besser, wegen allem, was dazwischen lag.

Viele Zuschauer haben sich bemüht, den Film zu verstehen, doch ab einem bestimmten Moment wollten sie einfach von Ihnen hören, was er bedeutet – was er für Sie bedeutet.

Ja, und jedes Mal antworte ich das gleiche: Ich glaube, sie wissen in Wirklichkeit selbst, worum es geht. Ich glaube, daß die Intuition – der Detektiv in uns – die Puzzleteile so zusammensetzt, daß sie für uns einen Sinn ergeben. Man sagt, daß die Intuition den Menschen ein inneres Wissen gibt, aber das Seltsame an diesem Wissen ist, daß man es nicht erklären kann. Wenn man es versucht, merkt man, daß die Worte dafür fehlen, oder die Fähigkeit, dieses innere Wissen an einen Freund weiterzugeben. Und dennoch *weiß* man es! Das ist echt frustrierend! Ich glaube, man kann es nicht vermitteln, weil es so schön abstrakt ist. Auf der anderen Seite können Dichter diese Abstraktionen in Worte fassen und dem Leser auf diese Weise ein Gefühl geben, das er sonst nie gefühlt hätte.

Ich glaube, die Menschen wissen, was MULHOLLAND DRIVE für sie bedeutet, aber sie trauen diesem Wissen nicht.

Die geheimnisvolle Rita (Laura Elena Harring) hat ihr Gedächtnis verloren

Im zweiten Teil des Films wird sie zur intriganten Verführerin

Sie wollen es von jemand anderem hören. Ich finde es großartig, wenn Zuschauer den Film analysieren, aber meine Hilfe brauchen sie dazu nicht. Das ist ja das Schöne daran, wie ein Detektiv etwas zu ergründen. Wenn man was verrät, nimmt man ihnen nur die Freude daran, es selbst zu durchdenken und zu durchfühlen und zu eigenen Ergebnissen zu kommen.
Und es macht nichts, wenn diese Ergebnisse nicht dieselben sind wie Ihre?
Genau. Denn selbst, wenn man alles verstanden hat, bleibt noch ein abstraktes Element in dem Film, das man nur mit dem Gefühl ergründen kann. Man würde steckenbleiben bei dem Gedanken: »In gewisser Weise verstehe ich es, aber ich kann es nicht *genau* erklären.« Oder so. Die Bilder des Films sind immer dieselben, die Einstellungen haben dieselbe Länge, und es läuft derselbe Soundtrack dazu. Trotzdem hat jeder Zuschauer etwas anderes erlebt. Das ist noch so ein Grund, warum man niemandem zu viel erklären sollte: »Wissen« verdirbt diese Erfahrung.
Das ist wahrscheinlich der erste Film, der sogar auf den Plakaten – zumindest bei der Werbekampagne in Großbritannien – Hinweise zu seinen Rätseln liefert. Kam diese Idee von Ihnen?
Nein. Das war so: Der französische Verleih gehört zu Canal+, deswegen arbeitete ich mit denen enger zusammen als mit dem amerikanischen Verleih, obwohl der Film zuerst in den USA anlief. Eines Tages ruft also Pierre Edelman an und sagt: »David, wir überlegen uns gerade, ob wir nicht so etwas wie ›10 Hinweise zur Entschlüsselung von MULHOLLAND DRIVE‹ herausgeben.« Ich rief: »Pierre!«, kann man sich ja vorstellen... [Lacht.] »Aber laß mich mal drüber nachdenken, nur so zum Spaß.«
Es mußten echte Hinweise sein, aber sie sollten trotzdem sehr geheimnisvoll bleiben. So daß die Hinweise für die Leute mit der einen Lösung völlig offensichtlich waren und für die anderen Leute ein Weg, noch mal drüber nachzudenken und den Film aus einer ganz anderen Perspektive zu

sehen. Und man war der Meinung, daß das halbwegs funktioniert hätte, deswegen tauchten diese Hinweise später auch in Großbritannien auf. Eigentlich finde ich so etwas nicht so gut, aber die Hinweise waren ziemlich abstrakt.

Sie haben LOST HIGHWAY einmal – halb im Scherz – als einen Noir-Horrorfilm für das 21. Jahrhundert beschrieben. Glauben Sie, dieselbe Bezeichnung könnte auch auf MULHOLLAND DRIVE zutreffen?

Es ist ja nicht so, daß man sich vornimmt, eine bestimmte Art von Geschichte zu erzählen. Die Ideen bestimmen, was herauskommt, und wenn man erst mal genug Überblick hat, zu erkennen, was es ist, dann ist der Film schon fast fertig. Es ist erstaunlich, wie sich Filme im Laufe ihrer Entstehung entfalten. Es gibt vielleicht Elemente des Film Noir in MULHOLLAND DRIVE, da schwimmen ja eine ganze Reihe von Genres herum. Aber für mich ist es eine Liebesgeschichte.

In LOST HIGHWAY spielten zwei Schauspieler unterschiedliche Erscheinungsformen derselben Hauptfigur – Fred Madison. In diesem Film nun haben Sie das Prinzip umgekehrt und lassen alle Haupt- und einige Nebendarsteller jeweils zwei verschiedene Charaktere darstellen. Finden Sie die Regel, ein Schauspieler spielt eine Rolle, veraltet?

Man kann nicht hergehen und sagen: »Ich drehe nur noch Filme, in denen jeder Schauspieler mindestens zwei Rollen spielt.« Aber manchmal laufen die Ideen, die man hat, eben darauf hinaus. Das Konzept ist unheimlich faszinierend, aber bei MULHOLLAND DRIVE kam es eher unerwartet hinzu. LOST HIGHWAY handelt ja davon, es ist ein Film darüber, wie das Gehirn sich selbst austrickst, um sich davor zu bewahren, das Unerträgliche ertragen zu müssen.

Unser Gehirn meint es gut mit uns, wenn es manche Dinge ausblendet. Aber es hat seinen Preis, sie auszublenden. Sie können sich festsetzen und eitern. Wie weiträumig der menschliche Geist ist, wissen wir nicht. Er ist ein wunderschöner Ort, aber er kann eben auch stockduster sein. Manchmal kommen mir Ideen, die mich verrückt machen.

Ich weiß nicht, woher sie kommen, und ich weiß nicht, welchen Zweck sie erfüllen.
Das ist das Schöne an der Meditation: Sie reinigt von all dem Streß und diesen fürchterlichen Gedanken. Man kann sich mit Hilfe der Psychiatrie damit auseinandersetzen, aber dabei wird alles *nochmal* aufgewühlt. Das ist dann ein doppelter Schlag! Bei der Transzendentalen Meditation dagegen verwandelt sich all der Streß zu Wasser auf einer warmen Straße in der Sonne. Er verdampft einfach. Man macht ihn nicht noch mal durch, er verschwindet einfach. Das Nervensystem wird streßfrei, es füllt sich mit reinem Sein, und es bleiben keine dunklen Ecken. Es gibt nur Licht, und man sieht das wunderschöne große Bild in seiner Ganzheit.
Als Autor und Regisseur scheinen Sie allerdings nicht im geringsten daran interessiert zu sein, über diesen Zustand der Reinheit einen Film zu drehen. Ihre Charaktere befinden sich größtenteils immer noch im Reich der Finsternis und Verwirrung.
Das ist seltsam, da haben Sie recht. Es wäre interessant, wenn man so etwas wie ein reines, glückseliges Bewußtsein darstellen könnte, aber man müßte es natürlich als organischen Teil der Finsternis und Verwirrung zeigen. Wir sehen gerne netten Menschen dabei zu, wie sie in sonderbare Situationen gelockt werden, in denen sie eine Prüfung durchmachen. Jeder Film ist eine Art Experiment. Wir sammeln Wissen und Erfahrungen durch die Kombination von Gegensätzen. Unser freier Wille bringt uns oft in Schwierigkeiten, aber hoffentlich lernen wir daraus.
Wenn Sie Frauen in Gefahr bringen, scheinen Sie ihnen gerne beim Weinen zuzusehen. In TWIN PEAKS wurde schon viel geweint, in MULHOLLAND DRIVE noch mehr. Was fasziniert Sie so an weinenden Frauen?
Weiß ich auch nicht! Was *ist* es nur? Ich glaube, da kommen viele Dinge zusammen. Ich habe solche Szenen schon ein paar Mal gedreht. Vielleicht mache ich es noch öfter. Ich will eigentlich nicht sagen, was mich daran so reizt, weil die Erklärung nicht ausreichend wäre.

In TWIN PEAKS: FIRE WALK WITH ME sieht man Laura Palmer bitterlich weinen, als sie Julee Cruise im Roadhouse »Questions in a World of Blue« singen hört. In MULHOLLAND DRIVE schluchzen Betty und Rita unkontrolliert, während Rebekah Del Rio im Club Silencio ihre Version von Roy Orbisons »Crying« vorträgt. Wie kam es zu dieser Szene?
Das war ein Zufall. Mein Freund und früherer Musikagent Brian Loucks ruft mich immer mal wieder an und sagt: »Ich möchte dir den-und-den vorstellen, können wir auf einen Kaffee vorbeikommen?« Eines Tages rief er an und sagte: »Ich will dir Rebekah Del Rio vorstellen.« Brian und Rebekah kamen also um zehn Uhr früh vorbei, und weil ich zu John Neff gesagt hatte: »Ich glaube, sie will was singen«, hat er in einem meiner Aufnahmestudios ein Mikrophon aufgestellt – ein wirklich *schönes* Mikrophon. Rebekah wollte eigentlich nur auf einen Kaffee vorbeikommen und etwas für uns singen. Sie wollte gar nichts aufnehmen, aber sie kam rein, und vier Minuten später – ich glaube, noch bevor sie ihren Kaffee gekriegt hatte – stand sie im Studio. Und diese eine Aufnahme von ihr, vier Minuten nachdem sie von der Straße reingekommen war, haben wir im Film verwendet.
Genau diese Aufnahme!
Das Verrückte war, daß sie sich diesen einen Song von Roy Orbison ausgesucht hatte. Als ich gerade anfing, BLUE VELVET zu drehen, hörte ich »Crying« im Radio. Ich dachte: »Meine Güte! Den Song muß ich mir besorgen und schauen, ob er in meinen Film paßt.« Am Ende war er doch nicht ganz das Richtige, ich hörte mir auch andere Sachen an und entdeckte »In Dreams«. Der sollte viele Dinge auf wunderbare Weise verändern. Rebekah kennt Barbara Orbison, Roys zweite Frau, sie hatte »Crying« ins Spanische übersetzt. Es ist schon seltsam, daß das genau das Lied war, das fast schon in BLUE VELVET vorgekommen wäre.
Rebekah hat eine der schönsten Stimmen der Welt, also rief ich: »Verdammt, das ist ja *unglaublich*!« Und ich fing an, darüber nachzudenken. Nachdem sie wieder gegangen war,

hörten wir es uns an, und ich sagte: »Sie wird in diesem Film sein.« Ein paar Nächte zuvor hatte ich wieder eine Idee aufgeschrieben, und die gab Rebekah die Möglichkeit, im Film aufzutauchen.
Die Lippensynchronisation, die sie dann viel später bei den Dreharbeiten gemacht hat, war so ziemlich die beste, die ich je gesehen habe. Natürlich war das auch ihre Aufnahme, aber selbst da gibt es Sänger, die das nicht hinkriegen – Lippen und Zunge und Atmung stimmen nicht. Sie aber machte es in jeder Hinsicht perfekt.
Die Menschen in MULHOLLAND DRIVE *mimen nicht nur zu fremder Musik – wie beim Vorsprechen für den Film von Adam Kesher –, sie mimen auch fremde Leben. Ist die Figur der Betty in gewisser Weise die »Darstellerin« der Diane? [Lange Pause.] ... Eine Figur, die nur dann »real« wird, wenn sie in ihrem brillanten Auftritt beim Vorsprechen für Paramount jemand anderen spielt... [Immer noch Stille.] ... als sie genau dieselbe Szene spielt, die sie vorher mit Rita zusammen ziemlich schlecht geprobt hatte? Was geschieht da?*
Es ist, als würde man etwas zweimal machen – dasselbe Material, aber zwei verschiedene Herangehensweisen. Das ist immer interessant. In BLUE VELVET wird der Song »In Dreams« zweimal gespielt, und jedes Mal hat er ein total anderes feeling und eine andere Bedeutung. Vielleicht ist es auch dieselbe Bedeutung, und man versteht sie nur anders. Alle Figuren müssen sich irgendwie mit der Frage der Identität auseinandersetzen. Wie jeder Mensch.
Wenn Sie selbst sich nicht absolut sicher sind, gibt es dann jemanden, dem Sie vertrauen, daß er Sie korrigieren darf?
Man muß sich selbst vertrauen. Irgendwann gibt es natürlich eine Vorführung für andere Leute, und jeder gibt gerne seine Meinung ab. Also denkt man darüber nach. Wenn 20 Zuschauer sagen: »Diese eine Stelle habe ich nicht kapiert«, es aber sehr wichtig ist, *daß* sie die kapieren, dann kann es sein, daß man sagt: »Okay«. Man kann aus diesen Momenten lernen, vor allem von dem Gefühl im Raum, wenn man sich etwas mit einer Gruppe Menschen ansieht. Sowas ge-

schieht normalerweise vor der endgültigen Abmischung – der Ton ist da noch vorläufig –, und daraus entstehen viele Änderungen. Man glaubt, alles läuft prima, bis man mit anderen Leuten drinsitzt. Sie erzählen einem alles, nur dadurch, daß sie im selben Raum sitzen. Sie müssen dafür nicht ein Wort sagen.
John Neff, der für den Musikschnitt und die Tonmischung zuständig ist, erzählte mir, daß die letzte Abmischung für MULHOLLAND DRIVE sehr lange gedauert hat.
Jede Abmischung dauert lange, bis sich der Film mit seinem Ton und seiner Musik richtig anfühlt. Das gute am Abmischen in meinem eigenen Vorführraum im Keller ist, daß uns die Zeit, die wir brauchen, kein Geld kostet. Zu einem bestimmten Grad schon, weil man zusätzliche Leute einstellt, aber das Equipment ist immer soweit vorbereitet, daß man weniger Zeit mit den Einstellungen verbringen muß und stärker experimentieren kann. So dauert zwar der gesamte Prozeß der Tonmischung länger, aber die Vorbereitungszeit ist viel kürzer, solches Arbeiten mag ich. Man agiert und reagiert. Man schmeißt hier etwas raus und probiert dort etwas aus, man haut auf die Pauke und macht was ganz anderes, und dann kommt man wieder zurück und geht von der anderen Ecke ans Mischpult. So feilt man daran herum, bis es sich richtig anfühlt, und dann erst hört man auf.
Woher weiß man, wann es richtig ist? Man könnte es auch ewig weiter verfeinern...
An einem bestimmten Punkt fühlt es sich einfach richtig an, dann nimmt man sich die nächste Aufgabe vor. Man könnte es noch zehnmal korrigieren, und jedes Mal würde es sich irgendwie richtig anfühlen. Aber man hat nur eine bestimmte Menge Feuerholz, Rohmaterial, Ausrüstung, Personal und eine Stimmung. Eine bestimmte Jahreszeit. Mit all diesen Dingen muß man arbeiten, und das macht man einfach so lange, bis sich alles zueinander fügt und der Film sich richtig anfühlt.
Außerdem ist ein Film noch nicht fertig, bis man alles zusammen gesehen hat. Wenn man sich die Spulen einzeln an-

schaut, macht man sich was vor! Nach der letzten Abmischung muß man sich alles an einem Stück anschauen. Und dabei sollte man besser keine Schußwaffen im Raum haben, denn meistens ist das ein *Alptraum*.
Für mich heißt es dann normalerweise: Musik rauswerfen. Musik muß raus, raus und noch mal raus! Dann übertreibe ich es, und der Film ist nackt, das ist gut, denn dann ruft man: »Noch mal her mit der Musik, das muß ich mir noch mal überlegen.« Manchmal kommen auch noch neue Ideen, weil der Ton jetzt hier und da so spärlich ist. Und so macht man eben immer weiter, bis sich alles richtig anfühlt, und dann ist man fertig. Ich liebe es, Filme zu diesem Punkt zu bringen, wo sie für mich richtig sind. Dieser Teil ist einfach *herrlich*. Es wäre doch wunderbar, an Filmen herumzutüfteln und sie nie veröffentlichen zu müssen.
Als MULHOLLAND DRIVE dann doch das Licht der Welt erblickte, wurde er mit hymnischen Kritiken, Nominierungen und Preisen überhäuft.
Bei der Kritik kam er unglaublich gut an, finanziell nicht so richtig, weil er den Sprung zum Massenpublikum nicht geschafft hat. Warum? Ich hab nicht die *leiseste* Ahnung!

Filmographie

1967
SIX MEN GETTING SICK
Die Umrisse von sechs entrückten Figuren erscheinen. Ihre inneren Organe werden sichtbar, ihre Mägen füllen sich mit einer hellroten Flüssigkeit, die nach oben in die Köpfe steigt und Brechreiz auslöst.
Animation und Kamera (Farbe): David Lynch.
Einminütige Endlosschlaufe (16 mm), die auf eine Lichtskulptur projiziert wird.

1968
THE ALPHABET
Ein Mädchen liegt auf einem weißen Bett, ringsherum ist es dunkel. Kinderstimmen sagen das ABC auf. Einzelne Buchstaben erblühen im Sonnenlicht, eine Männerstimme singt ein Loblied auf das Erlernen des Alphabets. Ein Lebewesen wird geboren, doch eine Pflanze bestreut es mit Buchstaben, das Lebewesen bricht zu einem blutigen Klumpen zusammen, das Mädchen und sein Bett bekommen rote Spritzer ab. Einer nach dem anderen erscheinen die Buchstaben des Alphabets in der Dunkelheit. Das Mädchen greift nach ihnen, und eine Frauenstimme sagt, es habe sein ABC gelernt. Schlingpflanzen fesseln das Mädchen, das sich zuletzt vor Schmerzen krümmt; es wirft sich im Bett herum und spuckt einen Schwall Blut über das unbefleckte Laken.
Buch, Regie, Animation, Kamera (in Farbe) und Schnitt: David Lynch
Koproduzent: H. Barton Wasserman
Ton: David Lynch
Eröffnungssong: David Lynch
Singstimmen: Bob Chadwick und Peggy Lynch
Darsteller: Peggy Lynch
4 Minuten, 16 mm

1970
THE GRANDMOTHER
Ein kleiner Junge, der von seinen Eltern abwechselnd geschlagen und vernachlässigt wird, geht in seinem düsteren, unheimlichen Elternhaus auf Erkundung. Auf dem Dachboden findet er einen geheimnisvollen Sack mit Samenkörnern und steckt ein Korn davon in einen Erdhügel auf dem Bett. Aus dem Samen entwickelt sich eine große Pflanze, deren Wurzeln sich durch die Matratze bohren. Immer wenn der Junge mit seinen Eltern Ärger hat, weil er wieder mal ins Bett gemacht hat, besucht er heimlich seine Pflanze. Schließlich platzt sie und gebiert eine gütige alte Frau, die sich mit dem Jungen anfreundet. Doch bald darauf wird sie krank. Die Eltern lachen den sichtlich bekümmerten Jungen aus. Als die alte Frau stirbt, zieht sich der Junge in sein Zimmer zurück und verwandelt sich selbst in eine Pflanze.
Produzent: David Lynch, mit finanzieller Unterstützung durch das American Film Institute.
Regie, Buch, Kamera (in Farbe), Animation und Schnitt: David Lynch
Assistenz: Margaret Lynch, C. K. Williams
Standphotos: Doug Randall
Ton: Alan R. Splet
Toneffekte: David Lynch, Margaret Lynch, Robert Chatwick, Alan R. Splet
Musik und Musikeffekte: Tractor
Darsteller: Richard White (Junge), Dorothy McGinnis (Großmutter), Virginia Maitland (Mutter), Robert Chatwick (Vater).
34 Minuten, 16 mm

1974
THE AMPUTEE
Eine Frau sitzt da und verfaßt in Gedanken einen Brief. Die Korrespondenz geht offensichtlich um ein emotional belastetes Geflecht von Beziehungen und Mißverständnissen.

Ein Arzt kommt herein. Er setzt sich vor die Frau und versorgt stumm die Stümpfe ihrer Beine, die beide am Knie amputiert sind. Die Frau arbeitet weiter an ihrem Brief, ohne vom Arzt oder der Behandlung Notiz zu nehmen.
Produktion, Buch und Regie: David Lynch
Kamera (schwarzweiß): Herb Cardwell
Darsteller: Catherine Coulson (Frau), David Lynch (Arzt)
5 Minuten, Video

1976
ERASERHEAD
In den Tiefen des Planeten betätigt ein Mann Hebel. Bilder von Zeugung und Geburt erscheinen. Wir tauchen auf. Als Henry Spencer nach Hause in seine merkwürdige, ärmliche Wohnung inmitten einer verlassenen Industrielandschaft kommt, richtet ihm die Nachbarin aus, seine Freundin Mary habe ihn zum Abendessen bei ihren Eltern eingeladen. Dort erfährt er, daß Mary eine Frühgeburt zur Welt gebracht habe, die noch im Krankenhaus liege. Mary zieht mit dem »Baby« zu Henry, doch schon bald erträgt sie das nächtliche Geschrei nicht mehr und flüchtet zu ihren Eltern zurück. In seiner Phantasie sieht Henry eine Dame auf einer Bühne im Heizkörper auftreten. Sie singt ein Lied über den Himmel und zertritt dabei seltsame, wurmartige Wesen. Das »Baby« wird krank, und nachdem ihn die Nachbarin verführt hat, sieht sich Henry selbst auf der Bühne im Heizkörper. Sein Kopf wird von dem »Baby«, das in ihm wächst, wegkatapultiert und in eine Werkstatt gebracht, wo er zu Radiergummi-Enden für Bleistifte verarbeitet wird. Schließlich tötet Henry das Baby und löst dadurch eine kosmische Katastrophe aus. Der Planet explodiert, trotz der verzweifelten Bemühungen des Mannes an den zentralen Schalthebeln. Ein blendend weißer Blitz leuchtet auf. Henry trifft die Dame im Heizkörper, vermutlich im Jenseits. Sie umarmen sich zärtlich.
Produktion: David Lynch, in Zusammenarbeit mit dem

American Film Institute Centre for Advanced Film Studies
Regie: David Lynch
Buch: David Lynch
Kamera (schwarzweiß): Herbert Cardwell, Frederick Elmes
Ton: Alan R. Splet
Schnitt: David Lynch
Musik: Fats Waller, Peter Ivers
Ausstattung: David Lynch
Spezialeffekte: David Lynch
Darsteller: Jack Nance (Herny Spencer), Charlotte Stewart (Mary X), Allen Joseph (Bill X), Jeanne Bates (Marys Mutter), Judith Anna Roberts (hübsche Nachbarin), Laurel Near (Dame im Heizkörper), Jack Fisk (Mann im Planet), Jean Lange (Großmutter), Thomas Coulson (Junge), John Monez (Penner) und andere.
89 Minuten, 35 mm

1979
Lynch hat einen kurzen Auftritt als Maler (mit eigenen Gemälden) in John Byrums HEART BEAT.

1980
THE ELEPHANT MAN (DER ELEFANTENMENSCH)
1884. Fasziniert von einer als »Elefantenmensch« angekündigten Freakshow gibt der ehrgeizige Chirurg Frederick Treves dem unsympathischen Schausteller Bytes Geld, um den Elefantenmenschen privat in Augenschein nehmen zu dürfen. Von dessen Anblick zugleich abgestoßen und fasziniert, überredet er Bytes, einer geheimen Untersuchung im London Hospital zuzustimmen. Als Treves merkt, daß sein Schützling – John Merrick – brutal geschlagen wurde, nimmt er ihn als Patienten auf, trotz Bytes' wüster Drohungen. Treves stellt fest, daß Merrick nicht so schwachsinnig ist, wie er angenommen hatte, und beginnt, ihm Umgangsformen beizubringen, damit er beim Chefchirurgen Carr

Gomm einen guten Eindruck macht und im Krankenhaus bleiben darf. Ausgelöst durch das persönliche Interesse der Theaterdiva Madge Kendal wird Merrick in der besseren Gesellschaft zur Sensation. Auf königliche Intervention erhält Merrick unbefristetes Wohnrecht im Krankenhaus, doch nachts wird er von betrunkenen Neugierigen gequält, denen der Nachtportier gegen Bezahlung einen Blick auf das berühmte Monster gewährt. Merrick verschwindet und kehrt zu Bytes und dem Jahrmarkt zurück, doch als dieser ihn in einen Käfig sperrt, wird er von den anderen »Mißgebildeten« befreit. Sterbenskrank kehrt Merrick zu Treves zurück und sieht Madge Kendal auf der Bühne, bevor er sein massiges Haupt zum Sterben niederlegt.
Produktion: Brooksfilms
Ausführender Produzent: Stuart Cornfeld
Produzent: Jonathan Sanger
Regie: David Lynch
Buch: Christopher de Vore, Eric Bergren, David Lynch
Kamera (schwarzweiß): Freddie Francis
Ton: Alan R. Splet
Musik: John Morris
Ausstattung: Stuart Craig
Elefantenmensch-Maske: Chris Tucker
Darsteller: Anthony Hopkins (Frederick Treves), John Hurt (John Merrick), Anne Bancroft (Mrs. Madge Kendal), Sir John Gielgud (Carr Gomm), Wendy Hiller (Mrs. Mothershead), Freddie Jones (Bytes), Michael Elphick (Nachtportier), Hannah Gordon (Mrs. Treves), Helen Ryan (Prinzessin Alexandra), John Standing (Fox) und andere.
124 Minuten, 35 mm

1984
DUNE (DER WÜSTENPLANET)
Im Jahre 10991. Der Wüstenplanet Arrakis (Dune) ist die einzig bekannte Quelle des Universums für die Spice-Melange, die Leben verlängert, das Bewußtsein erweitert und

Reisen durch Raum und Zeit ermöglicht. Imperator Shaddam IV verwaltet den Spice-Handel und die Interessen der einzelnen Planeten unter der Leitung des Höchsten Wesens. Der Imperator bestellt das Haus Atreides, angeführt von Fürst Leto, als Verwalter von Dune, damit ist die bisherige Führung, das Haus Harkonnen mit Baron Vladimir, abgesetzt. Das Ganze ist eine Verschwörung zwischen dem Imperator und den Harkonnens, um die Atreiden zu vernichten; Baron Vladimir hat außerdem vor, den Imperator durch seinen Neffen Fedy Rautha abzulösen. Kaum ist Leto mit seinem Sohn Paul und seiner Konkubine Jessica auf Dune gelandet, werden sie verraten. Leto kommt um, Paul und Jessica können entkommen und werden von den Fremen, geheimnisvollen Wüstennomaden, gerettet. Einige Dosen Spice haben Pauls Hellsichtigkeit bereits gesteigert und ihm eine interplanetarische Verschwörung entdeckt, die seit neunzig Generationen versucht, ein Superwesen zu produzieren. Von den Fremen als der langerwartete Messias gefeiert, dessen Bestimmung es ist, in einen heiligen Krieg zu ziehen, um die Fruchtbarkeit auf Dune wiederherzustellen, führt Paul die Fremen auf ihren riesigen Sandwürmern in die Schlacht. Nachdem Harkonnen und die imperialen Mächte vernichtet sind, ist Paul nun Herr über Dune, Spice und das Universum – er selbst ist das Superwesen.

Produktion: Dino de Laurentiis/Universal
Produzentin: Raffaella de Laurentiis
Regie: David Lynch
Buch: David Lynch
Kamera (Farbe): Freddie Francis
Ton: Alan R. Splet
Schnitt: Antony Gibbs
Musik: Mary Paich, Toto, Brian Eno, Daniel Lanois, Roger Eno
Ausstattung: Anthony Masters
Figuren: Carlo Rambaldi
Darsteller: Francesca Annis (Lady Jessica), Kyle MacLachlan (Paul Atreides), Dean Stockwell (Dr. Wellington Yueh),

Max von Sydow (Dr. Keynes), Jürgen Prochnow (Fürst Leto Ateides), Brad Dourif (Peter de Vries), Jose Ferrer (Padisha Imperator Shaddam IV), Freddie Jones (Thufir Hawat), Silvana Mangano (Ehrwürdige Mutter Ramallo), Kenneth McMillan (Baron Vladimir Harkonnen) und andere.
137 Minuten, 70 mm

1986
BLUE VELVET
Lumberton, USA. Auf dem Rückweg von einem Krankenhausbesuch bei seinem Vater findet Jeffrey ein abgetrenntes menschliches Ohr und bringt es dem verschwiegenen Inspektor Williams. Dessen Tochter Sandy hat das Gespräch zwischen den beiden belauscht und erzählt Jeffrey, daß die Sache etwas mit der Nachtclub-Sängerin Dorothy Vallens zu tun haben könnte. Mit Sandys Hilfe bricht Jeffrey in Dorothys Wohnung ein und wird Zeuge, wie diese von Frank Booth sexuell erniedrigt und geschlagen wird. Jeffrey vermutet, daß Frank ihr Kind und ihren Mann – dem Frank das Ohr abgeschnitten hat – entführt hat. Er läßt sich mit der masochistisch veranlagten Dorothy ein und wird von Frank brutal zusammengeschlagen, nachdem dieser ihn zu Ben geschleppt hat, wo Dorothys Junge gefangen gehalten wird. Jeffrey vertraut Inspektor Williams sein Wissen an und muß kurz darauf erkennen, daß dessen Kollege in einem Mordfall aus der Drogenszene mit Frank unter einer Decke steht. Sandy und Jeffrey haben sich inzwischen ineinander verliebt, als Dorothy plötzlich splitternackt und blaugeschlagen vor Jeffreys Elternhaus steht und das heimliche Verhältnis ausplaudert. Jeffrey geht noch einmal in Dorothys Wohnung, wo er ihren Ehemann und Williams' Kollegen tot auffindet. Frank kommt, um Jeffrey zu töten, doch er wird von ihm erschossen. Jeffrey wacht zu Hause im Garten auf. Sein Vater unterhält sich mit Inspektor Williams. Sandy ruft ihn zum Mittagessen. Dorothy umarmt ihren Sohn.
Produktion: De Laurentiis Entertainment Group

Ausführender Produzent: Richard Roth
Produzent: Fred Caruso
Regie: David Lynch
Buch: David Lynch
Kamera (Farbe): Frederick Elmes
Ton: Alan R. Splet
Schnitt: Duwayne Dunham
Musik: Angelo Badalamenti
Ausstattung: Patricia Norris
Darsteller: Kyle MacLachlan (Jeffrey Beaumont), Isabella Rossellini (Dorothy Vallens), Dennis Hopper (Frank Booth), Laura Dern (Sandy Williams), Hope Lange (Mrs. Williams), Dean Stockwell (Ben), George Dickerson (Inspektor Williams), Brad Dourif (Raymond), Jack Nance (Paul), Priscilla Pointer (Mrs. Beaumont) und andere.
120 Minuten, 35 mm

1988
THE COWBOY AND THE FRENCHMAN
Im Wilden Westen. Eine Gruppe Rancher, angeführt von Slim, sehen ein merkwürdiges Wesen mit einer Baskenmütze auf sich zukommen. Sie fangen es mit einem Lasso ein. Es spricht eine seltsame Sprache, es ist ein Franzose namens Pierre. Die Rancher überlegen, ob es sich um einen Spion handelt, aber da Pierre kein englisch spricht und sie nicht französisch, hapert es mit der Verständigung – noch dazu ist Slim schwerhörig. Der Franzose trägt einen Korb mit Schätzen spazieren: eine Flasche Wein, eine Baguette, Gauloise-Zigaretten, Weinbergschnecken, einen reifen Camembert, Pommes frites und ein paar Miniatur-Eiffeltürme. Ein paar junge Damen bringen Bier mit, und es wird eine Party gefeiert – die Cowboys feiern mit den jungen Französinnen, die Cowgirls umschwärmen Pierre. Sie singen »Home on the Ranch« und rufen »Vive la France!«
Produktion: Erato Films, Socpress, Figaro
Ausführende Produzenten: Paul Cameron, Pierre Olivier

Produzent: Daniel Toscan du Plantier
Regie: David Lynch
Buch: David Lynch
Kamera (Farbe): Frederick Elmes
Ton: John Huck
Schnitt: Scott Chestnut
Ausstattung: Patricia Norris
Darsteller: Harry Dean Stanton (Slim), Frederick Golchan (Pierre), Jack Nance, Michael Horse, Rick Guillory, Tracey Walters, Marie Lauren, Patrick Hauser, Eddi Dixon, Jackie Old Coyote und andere.
22 Minuten, Video

Lynch tritt mit Isabella Rossellini in Tina Rathbones ZELLY AND ME auf.

1989
TWIN PEAKS *(Pilotfilm der Fernsehserie, mit Szenen aus anderen Folgen als Spielfilm in den Kinos)*
Twin Peaks, Oregon. In der Holzfällerstadt wird die Leiche der College-Schönheit Laura Palmer ans Ufer geschwemmt. FBI-Agent Dale Cooper wird zu Ermittlungszwecken vor Ort geschickt und freundet sich mit Sheriff Harry S. Truman an. Lauras Vater Leland versucht mit dem zwielichtigen Geschäftsmann Benjamin Horn Land, auf dem ein Kurbad entstehen soll, an eine Delegation norwegischer Bankiers zu verkaufen. Cooper findet den Buchstaben R unter einem von Lauras Fingernägeln, also besteht ein Zusammenhang mit der Ermordung der jungen Teresa Banks ein Jahr zuvor. Cooper und Truman stellen bald fest, daß Laura ein Doppelleben führte: Sie nahm Kokain und arbeitete vermutlich als Prostituierte, zusammen mit ihrer vermißten Freundin Ronette Pulaski. Ronette taucht schwer traumatisiert wieder auf und wird ins Krankenhaus eingewiesen. Lauras Mutter Sarah hat eine Vision von einem Mann, den sie am Morgen nach dem Verschwinden ihrer

Tochter in deren Zimmer gesehen hat. Ein geheimnisvoller Einarmiger nimmt Kontakt zu Cooper auf. Sie verabreden sich im Krankenhaus, wo der Einarmige Cooper zu Lauras Mörder führt, dem mysteriösen und dämonischen Bob. Bob wird erschossen. Fünfundzwanzig Jahre später. Cooper sitzt mit der toten Laura Palmer in einem merkwürdigen roten Zimmer. Sie flüstert ihm etwas ins Ohr, ein Zwerg tanzt zu Musik.
Produktion: Lynch/Frost Productions, Propaganda Films, Spelling Entertainment
Ausführende Produzenten: Mark Frost und David Lynch
Produzent: David J. Latt
Regie: David Lynch
Buch: David Lynch und Mark Frost
Kamera (Farbe): Ron Garcia
Ton: John Wentworth
Schnitt: Duwayne Dunham
Musik: Angelo Badalamenti
Ausstattung: Patricia Norris
Darsteller: Kyle MacLachlan (Special Agent Dale Cooper), Michael Ontkean (Sheriff Harry S. Truman), Sheryl Lee (Laura Palmer), Ray Wise (Leland Palmer), Grace Zabriskie (Sarah Palmer), Dana Ashbrook (Bobby Briggs), Phoebe Augustine (Ronette Pulaski), Catherine Coulson (Log Lady), Al Strobel (der Einarmige), Frank Silva (Bob) und andere.
112 Minuten, 35 mm

1990
WILD AT HEART
Cape Fear. Sailor Ripley wird nach einer zweieinhalbjährigen Freiheitsstrafe wegen Totschlags aus der Haft entlassen und braust mit seiner Freundin Lula Pace Fortune davon. Lulas Mutter Marietta, die die beiden um jeden Preis auseinanderbringen will, beauftragt ihren ehemaligen Liebhaber, den Privatdetektiv Johnnie Farragut, sie zu finden. Auf der

Fahrt nach New Orleans erzählt Lula Sailor, daß ihr Vater durch Selbstverbrennung umgekommen ist. (Sailor war damals der Fahrer von Mariettas Geschäftspartner, dem Drogenhändler Marcello Santos). Marietta bittet Santos, die beiden Ausreißer aufzuspüren. Unter der Bedingung, daß er Farragut umbringen darf, geht er auf ihre Bitte ein und nimmt Kontakt zum Drogenbaron Mr. Reindeer auf, der Killer auf Sailor und Lula ansetzt. Reumütig reist Marietta Farragut nach New Orleans nach, doch dieser wird von der verkrüppelten Killerin Juana umgebracht. Auf der Fahrt nach Big Tuna gesteht Sailor Lula, daß er gesehen hat, wie Santos ihren Vater ermordet hat. Bobby Peru, ein Handlanger von Mr. Reindeer, entdeckt, daß Lula schwanger ist, und überredet Sailor, bei einem Bankraub (einer Falle zu seiner Ermordung) mitzumachen. Doch Peru kommt dabei um, Sailor wandert wieder ins Gefängnis. Bei seiner Freilassung stellt Lula ihm seinen Sohn Pace vor. Zunächst von Selbstzweifeln geplagt, kehrt er nach einer Vision aus THE WIZARD OF OZ zu Lula zurück.

Produktion: Propaganda Films für Polygram
Ausführender Produzent: Michael Kuhn
Produzenten: Monty Montgomery, Steve Golin, Sigurjon Sighvatsson
Regie: David Lynch
Buch: David Lynch
Kamera (Farbe): Frederick Elmes
Ton: John Huck
Schnitt: Duwayne Dunham
Musik: Angelo Badalamenti
Ausstattung: Patricia Norris
Darsteller: Nicolas Cage (Sailor Ripley), Laura Dern (Lula Pace Fortune), Diane Ladd (Marietta Pace), Willem Dafoe (Bobby Peru), Isabella Rossellini (Perdita Durango), Harry Dean Stanton (Johnnie Farragut), Crispin Clover (Dell), Grace Zabriskie (Juana), J. E. Freeman (Marcello Santos), W. Morgan Shepherd (Mr. Reindeer) und andere.
124 Minuten, 35 mm

1992
TWIN PEAKS: FIRE WALK WITH ME
Washington State. Die FBI-Agenten Chester Desmond und Sam Stanley ermitteln in der Mordsache der Prostituierten Teresa Banks. Desmond findet wichtige Spuren, bevor er auf mysteriöse Weise verschwindet. Der mit Visionen begabte Agent Dale Cooper prophezeit, daß der Mörder erneut zuschlagen wird. In Twin Peaks geht die College-Schönheit Laura Palmer mit Bobby Briggs, der ihr den Stoff für ihre eskalierende Kokainsucht besorgt, und dem Motorradfahrer James Hurley. Ihrer besten Freundin Donna Hayward verrät sie, daß sie von Bob, einer dämonischen Gestalt, mißbraucht wird. Als Donna ihr zu einem zwielichtigen, von Jaques Renault geführten Club folgt, wird sie mit Drogen vollgepumpt und belästigt. Laura erkennt allmählich, daß Bob und ihr Vater Leland ein und derselbe sind. Sie wird Zeuge, wie der hitzköpfige Bobby einen korrupten Deputy erschießt und bekommt Besuch von Annie, einer blutigen Erscheinung aus der Zukunft, die ihr erzählt, daß Dale in der Waldhütte gefangen ist. Als James sich weigert, Lauras Geständnis über ihr geheimes Leben anzunehmen, trifft sie sich mit Ronette Pulaski, Jaques und dem Schläger Leo Johnson zu einer Orgie. Leland/Bob findet die gefesselten Mädchen. Er schleppt sie zu einem ausrangierten Eisenbahnwaggon, wo er Laura vergewaltigt und ermordet. Die Tote wird in die Hütte gebracht, wo sie eine Engelsvision hat.
Produktion: Twin Peaks Productions
Ausführende Produzenten: Mark Frost und David Lynch
Produzent: Greg Fienberg
Regie: David Lynch
Buch: David Lynch und Robert Engels
Kamera (Farbe): Ron Garcia
Ton: David Lynch
Schnitt: Mary Sweeney
Musik: Angelo Badalamenti
Ausstattung: Patricia Norris

Darsteller: Sheryl Lee (Laura Palmer), Ray Wise (Leland Palmer), Chris Isaak (Special Agent Chester Desmond), Kiefer Sutherland (Sam Stanley), Grace Zabriskie (Sarah Palmer), Kyle MacLachlan (Special Agent Dale Cooper), Dana Ashbrook (Bobby Briggs), Phoebe Augustine (Ronette Pulaski), Frank Silva (Bob), Moira Kelly (Donna Hayward), James Marshall (James Hurley) und andere.
134 Minuten, 35 mm

1994
Lynch hat einen Kurzauftritt als Angestellter einer Leichenhalle in Michael Almereydas NADIR.

1995
LUMIÈRE AND COMPANY
Drei Polizisten nähern sich der Leiche eines kleinen Jungen auf einer Wiese. Ein Frau sitzt zu Hause, sie wirkt verängstigt. Ein Gartentableau; drei schöne Frauen regen sich. Monster in Overalls spazieren durch eine Fabrik, während eine nackte Frau, die bis über den Kopf in einem Wassertank steckt, um ihr Leben kämpft. Die Polizei kommt an ein Haus. Ein Mann steht da und die Frau geht an die Tür ...
Produzent: Neal Edelstein
Regie: David Lynch
Kamera (schwarzweiß): Peter Deming
Kostüme: Patricia Norris
Darsteller: Jeff Alperi, Mark Wood, Stan Lothridge (Polizisten), Russ Pearlman (der tote Sohn), Pam Pierrocish (Mutter), Clyde Small (Vater), Joan Rurdlestein, Michele Carlysle, Kathleen Raymond (Frauen), Dawn Salcedo (Frau im Wasserbehälter) und andere.
55 Sekunden, 35 mm

1996
LOST HIGHWAY
Los Angeles. Jazz-Saxophonist Fred Madison hat seine Frau Renée im Verdacht, ihn zu betrügen. Mysteriöse Videos vom Haus, erst von außen, dann von innen (während sie schlafen), werden anonym vor die Haustür gelegt, und Fred trifft einen Mystery Man, der ihm kleine Streiche spielt. Später ist auf einem der Videos etwas zu sehen, das die blutüberströmte Leiche Renées sein könnte. Fred wird wegen Mordes verhaftet und leidet unter unerträglichen Kopfschmerzen. Am nächsten Tag wacht der Kfz-Mechaniker Pete Dayton in Freds Zelle auf und kann nicht erklären, wie er dorthin gekommen ist. Pete wird freigelassen, aber die Sache ist ihm nicht geheuer. Seine Freundin Sheila erzählt ihm, er hätte sich seit einem bestimmten Abend verändert. Darauf lernt Pete Alice kennen, die Freundin des Gangsterbosses Mr. Eddy, und beginnt mit ihr eine leidenschaftliche Affaire. Alice überredet Pete zu einem Raubüberfall auf den Pornovideo-Hersteller Andy, damit sie fliehen können. Andy kommt bei dem Überfall um, sie fliehen in die Wüste ins Lost Highway Hotel. Jetzt, da die Polizei hinter Pete her ist, zeigt Alice ihm die kalte Schulter. Pete wird durch Fred ersetzt. Mit einer Videokamera bewaffnet erscheint der Mystery Man, aber auch Mr. Eddy, der von Fred umgebracht wird. Mit lautem Sirenengeheul jagt die Polizei den schreienden Fred auf dem nächtlichen Highway durch die Wüste.
Produktion: CiBy 2000, Asymmetrical Productions
Produzenten: Deepak Nayar, Tom Sternberg, Mary Sweeney
Regie: David Lynch
Buch: David Lynch und Barry Gifford
Kamera (Farbe): Peter Deming
Ton: Sasumu Tokunow
Schnitt: Mary Sweeney
Musik: Angelo Badalamenti
Ausstattung: Patricia Norris
Darsteller: Bill Pullman (Fred Madison), Patricia Arquette

(Renée Madison/Alice Wakefield), Bathazar Getty (Pete Dayton), Robert Blake (Mystery Man), Robert Loggia (McEddy/Dick Laurant), Andy (Michael Massee), Natasha Gregson Wagner (Sheila), Gary Busey (Bill Dayton), Ricard Pryor (Arnie), Lucy Butler (Candice Dayton) und andere. 135 Minuten, 35 mm

1999
THE STRAIGHT STORY

Laurens, Iowa: Der 73jährige Witwer Alvin Straight erleidet einen schweren Sturz in seinem Haus. Sein Arzt ermahnt ihn, besser auf sich aufzupassen – eine Warnung, die er sowohl ignoriert als auch vor seiner erwachsenen Tochter Rose geheimhält, mit der er zusammenlebt. Rose erhält einen Anruf, in dem ihr mitgeteilt wird, daß der ältere Bruder ihres Vaters, Lyle, mit dem Alvin sich zerstritten hatte, einen Schlaganfall hatte. Alvin beschließt, daß er Lyle besuchen muß, der in Mount Zion in Wisconsin lebt, um den alten Familienstreit beizulegen. Zu blind, um selbst Auto zu fahren, und zu stur, um sich fahren zu lassen, begibt sich Alvin mit seinem motorisierten Rasenmäher auf die 500 Kilometer lange Fahrt. Während er mit 7 km/h vorankommt, begegnet er einer Reihe von Leuten, mit denen er sich anfreundet, darunter eine schwangere Ausreißerin im Teenager-Alter; eine Frau, die mit ihrem Auto zweimal in der Woche ein Reh überfährt und tötet; und ein Veteran aus dem Zweiten Weltkrieg, mit dem er die traumatischen Erfahrungen des Schlachtfelds teilt. Sechs Wochen nach Beginn seiner Reise kommt Alvin endlich an Lyles alter Holzhütte an. Die beiden Brüder setzen sich zusammen auf der Veranda und schweigen, offenbar glücklich, nach so langer Zeit wieder vereint zu sein.

Produktion: Alain Sarde presents with Le Studio Canal +, Film Four, Picture Factory

Ausführende Produzenten: Pierre Edelman, Michael Polaire
Produzenten: Mary Sweeney, Neal Edelstein
Regie: David Lynch
Buch: John Roach, Mary Sweeney
Kamera (Farbe): Freddie Francis
Ton: Susumu Tokunow
Schnitt: Mary Sweeney
Musik: Angelo Badalamenti
Ausstattung: Jack Fisk
Darsteller: Richard Farnsworth *(Alvin Straight)*, Sissy Spacek *(Rose Straight)*, Harry Dean Stanton *(Lyle Straight)*, Everette McGill *(Tom, der John Deere-Verkäufer)*, John Farley *(Thorvald Olsen)*, Kevin Farley *(Harald Olsen)*, Jane Galloway Heitz *(Dorothy)*, Joseph A. Carpenter *(Bud)*, Donald Weigert *(Sig)*, Tracey Maloney *(Krankenschwester)* und andere.
111 Minuten, 35mm

2001
MULHOLLAND DRIVE
Los Angeles: Ein verpfuschter Mordversuch an einer Frau, die in einer Limousine chauffiert wird, endet mit einem Autounfall. Die Frau stolpert davon und versteckt sich im Appartement von Ruth, einer berühten Filmschauspielerin, die vorübergehend die Stadt verläßt. Ruths Nichte, die angehende Schauspielerin Betty Elms, übernimmt die Wohnung und findet die Frau, die ihr Gedächtnis verloren hat und sich Rita nennt. In ihrer Handtasche befindet sich eine große Summe Geld und ein geheimnisvoller blauer Schlüssel. Begeistert nimmt Betty Rita unter ihre Fittiche, und gemeinsam beschließen sie, Ritas wahre Identität heruszufinden. Währenddessen weigert sich der Regisseur Adam Kesher trotz der Aufforderungen seiner mafia-ähnlichen Geldgeber, die Schauspielerin Camilla Rhodes in seinem neuen Film zu besetzen. Ein bedrohlicher Cowboy überzeugt ihn später, mitzuspielen. Rita erinnert sich an den Namen Diane Sel-

wyn. Als die beiden Frauen nach dieser Person suchen, stoßen sie auf deren Leiche. Die beiden Frauen beginnen eine Affäre, und etwas drängt Rita, in den Club Silencio zu gehen, wo sie eine blaue Schachtel finden, die zu dem Schlüssel paßt. Als sie den Behälter öffnen, erkennt Betty, daß sie Diane Selwyn ist und daß Rita sich in den erfolgreichen Filmstar Camilla Rhodes verwandelt hat, der sie für den Regisseur Adam Kesher verlassen hat. Diane, eifersüchtig bis an den Rand des Wahnsinns, heuert einen Killer an, der Camilla umbringen soll. Er verspricht, ihr als Zeichen für einen ausgeführten Auftrag einen normalen blauen Schlüssel zukommen zu lassen, aber Diane, die von einem älteren Ehepaar terrorisiert wird, mit dem sich Betty im Flugzeug angefreundet hatte, begeht Selbstmord.

Produktion: Les Films Alain Sarde, Asymmetrical Productions
Ausführender Produzent: Pierre Edelman
Produzenten: Mary Sweeney, Alain Sarde, Neal Edelstein, Michael Polaire, Tony Krantz
Regie: David Lynch
Buch: David Lynch
Kamera (Farbe): Peter Deming
Ton: Susumu Tokunow, Edward Novick
Schnitt: Mary Sweeney
Musik: Angelo Badalamenti
Ausstattung: Jack Fisk
Darsteller: Naomi Watts *(Betty Elms/Diane Selwyn)*, Laura Elena Harring *(Rita/Camilla Rhodes)*, Justin Theroux *(Adam Kesher)*, Ann Miller *(Coco Lenoix)*, Dan Hedaya *(Vincenzo Castigliane)*, Angelo Badalamenti *(Luigi Castigliane)*, Robert Forster *(Detective Harry McKnight)*, Brent Briscoe *(Detective Domgaard)*, Michael J. Anderson *(Mr Roque)*, Lafayette Montgomery *(Cowboy)* und andere.
146 Minuten, 35mm

Fernsehfilme

1989
TWIN PEAKS
Neunundzwanzig Folgen, im Anschluß an den Pilotfilm. Mit fortschreitenden Ermittlungen im Mordfall Laura Palmer stellt sich heraus, daß die Stadt Twin Peaks viele Geheimnisse hat, viele Einwohner geraten in Verdacht. Special Agent Dale Cooper begegnet in einer mystischen Vision Laura Palmer in einem roten Zimmer mit einem Zwerg. Durch eine Verschwörung, angezettelt von Benjamin Horn, soll das Sägewerk geschlossen werden, Horns Tochter Audrey startet eigene Ermittlungen im One-Eyed Jacks, einem Bordell außerhalb der Stadt. Alle Einwohner haben heimliche Affären. Auf den Hinweis eines Einarmigen namens Mike macht sich Cooper auf die Suche nach dem mysteriösen Bob. Kodierte Botschaften aus dem Weltraum und seltsame Erscheinungen (unter anderem ein Riese) verheißen nichts Gutes. Lauras Cousine Maddie reist zum Begräbnis an, bleibt jedoch in der Stadt, um James (Lauras heimlichem Zweitfreund) und Donna (Lauras bester Freundin) bei der Suche nach dem Mörder zu helfen. Lauras Vater Leland bekommt über Nacht weißes Haar. Später wird Maddie selbst vom dämonischen Bob ermordet, der offensichtlich von Leland Besitz ergriffen hat. Schließlich erkennt Leland, was mit ihm los ist und gesteht den Mord an seiner Tochter. Doch Bob, sein böser Geist, kann Lelands Körper entfliehen.
Agent Cooper wird daraufhin vom Dienst suspendiert und von seinem ehemaligen FBI-Partner, dem rachsüchtigen Windom Earl, verfolgt. Cooper erfährt mehr über die Schwarze Hütte – den rätselhaften »anderen Ort«, an dem Bob wohnt. Als die genaue Lage des Eingangs zur Hütte entdeckt wird, verliert Cooper seine Freundin Annie an die dunklen Hüttenmächte. Am Schluß befindet er sich im roten Wartezimmer der Hütte und begegnet sich selbst. Der »gute Cooper« bleibt in der Hütte gefangen, während der

»böse« Cooper nach Twin Peaks zurückkehrt. Aus dem Spiegel blickt ihm Bob entgegen ...
Regie (Folgen 1, 3, 9, 10, 15, 30): David Lynch.
Weitere Regisseure: Tina Rathbone (Folgen 4 und 18), Tim Hunter (5, 17, 29), Lesli Linka Glatter (6, 11, 14, 24), Caleb Deschanel (7, 16, 20), Mark Frost (8), Todd Holland (12, 21), Graeme Gifford (13), Duwayne Dunham (2, 19, 26), Diane Keaton (23), James Foley (25), Uli Edel (22), Jonathan Sanger (27), Stephen Gyllenhaal (28).
Koautoren: Harley Peyton (4, 7, 10, 12, 14, 17, 20, 21, 23, 26, 27, 28, 30), Robert Engels (5, 11, 12, 14, 17, 20, 23, 26, 29, 30), Jerry Stahl (12), Barry Pullman (13, 19, 25, 29), Scott Frost (16, 22), Tricia Brock (18, 24).
Darsteller: Kyle MacLachlan (Special Agent Dale Cooper), Michael Ontkean (Sheriff Harry S. Truman), Sheryl Lee (Laura Palmer), Ray Wise (Leland Palmer), Grace Zabriskie (Sarah Palmer), Dana Ashbrook (Bobby Briggs), Phoebe Augustine (Ronette Pulaski), Catherine Coulson (Log Lady), Al Strobel (der Einarmige), Frank Silva (Bob) und andere.

1990–91
AMERICAN CHRONICLES
TV-Dokumentarfilmreihe, produziert von Lynch/Frost Productions, Lynch ist einer der Ausführenden Produzenten. In der Folge *Champions* führen Lynch und Frost gemeinsam Regie.

1991–92
ON THE AIR
Die Serie spielt 1957 in New York beim Zoblodnick Television Network, dessen größter Erfolg die Lester Guy Show ist. Sieben halbstündige Folgen.
Produktion: Lynch/Frost Productions und Twin Peaks Productions (Folge 1) für ABC Worldvision Entertainment.
Bei der ersten Folge führt Lynch Regie. Als Koautor fun-

gierte er bei Folge 1 (mit Mark Frost) und Folge 6 (mit Robert Engels).

1992
HOTEL ROOM
Eine Trilogie mit Kurzgeschichten, die alle in Zimmer 603 des New Yorker Railroad Hotels spielen: *Tricks* spielt im September 1969, *Getting Rid of Harry* im Juni 1992 und *Blackout* im April 1936. Produziert von Asymmetrical Productions und Propaganda Films für HBO.

Werbespots

1988
Obsession. Vier Werbefilme für Calvin Klein
Georgia Coffee. Vier Spots über Georgia Coffee (in Dosen) für das japanische Fernsehen, die in Twin Peaks spielen. Es treten zahlreiche Serienfiguren auf.
We Care About New York. Informationsfilm im Auftrag der Stadt New York zum Rattenproblem.

1991
Dangerous. Trailer für Michael Jacksons Tournee *Dangerous*.
Wicked Game. Videoclip zu Chris Isaaks Song aus WILD AT HEART.

1992
Wer ist Giò. 60-Sekunden-Spot für den Giorgio Armani-Duft.
Opium. Werbefilm für Ives Saint Laurent.

1993
Zwei Spots für Alka-Seltzer Plus.
Revealed. Informationsfilm der American Cancer Society über Brustkrebs.

Barilla. Werbefilm
The Wall. Werbefilm für Adidas
The Instinct of Life. Werbefilm für Jill Sanders.

1994
Sun Moon Stars. Werbefilm für Karl Lagerfeld

1995
Longing. Video für den japanischen Sänger Yoshiki

Einzelausstellungen

1967
Vanderlip Gallery, Philadelphia

1983
Puerto Vallarta, Mexiko

1987
Rodger LaPelle Galleries, Philadelphia
James Corcoran Gallery, Los Angeles, California

1989
Leo Castelli Gallery, New York City
James Corcoran Gallery, Los Angeles, California

1990
No. O Gallery, Dallas, Texas
Tavelli Gallery, Aspen, Colorado

1991
Museum of Contemporary Art, Tokio

1992
Sala Parpallo, Valencia

1993
James Corcoran Gallery, Los Angeles, California

1995
Kohn/Turner Gallery, Los Angeles, California

1996
Artium, Fukuoka, Japan
Namba City Hall, Osaka
Park Tower Hall, Tokio
Painting Pavillon, Open Air Museum, Hakone

1997
Galerie Piltzer, Paris

2003
Atlas Gallery, Lodz

Gruppenausstellungen

1987
Pennsylvania Academy of Fine Arts, Philadelphia: Ausstellung zum 90-jährigen Bestehen des Stipendiaten-Programms 1897-1987.

1989
University of Hawaii, Honolulu

Sonstiges

1983–92
The Angriest Dog in the World
Wöchentlicher Comic Strip im LA Reader

1989
Floating Into The Night
Album mit zehn Songs aus BLUE VELVET, TWIN PEAKS und *Industrial Symphony No. 1.* Texte: David Lynch, Musik: Angelo Badalamenti, gesungen von Julee Cruise. Produktion: Lynch und Badalamenti. Warner Bros Records Inc.

1990
Industrial Symphony No. 1
Live-Aufführung an der Brooklyn Academy of Music. Auch auf Video.
Ausführende Produzenten: David Lynch und Angelo Badalamenti
Produzenten: Steve Golin und Monty Montgomery
Regie: David Lynch
Musik: Angelo Badalamenti
Bühne: Franne Lee
Choreographie: Martha Clark
Kamera: John Schwartzmann
Darsteller: Laura Dern (Frau mit gebrochenem Herzen), Nicolas Cage (Herzensbrecher), Julee Cruise (Traumgestalt der Frau mit gebrochenem Herzen), Michael Anderson (Holzfäller/Zwilling A), Andre Badalamenti (Klarinettist/Zwilling B), Lisa Giobbi und Felix Blaska (Solotänzer), John Bell (Reh).
49 Minuten, Video

1993
The Voice of Love
Album mit 11 Originalsongs, unter anderem aus WILD AT HEART und TWIN PEAKS: FIRE WALK WITH ME. Texte: David Lynch, Musik: Angelo Badalamenti. Warner Bros Records Inc.

1998
Lux Vixens (Living Night): The Music of Hildegard Von Bingen
Album mit 15 Songs, eingespielt von Joceyln Montgomery (Geige und Gesang), produziert von david Lynch, aufgenommen in den Asymmetrical Studios. Erschienen bei Mammoth/Pgd Records.

2001
Blue Bob
Album mit zwölf Songs von David Lynch und John Neff. Alle Songs wurden komponiert, eingespielt, abgemischt und produziert von Lynch und Neff unter dem Namen »Blue Bob«. Aufgenommen zwischen April 1998 und März 2000 in den Asymetrical Studios. Lynch spielt unter anderem Schlagzeug, eine Fernandes-»Blackbird«-Gitarre eigener Bauart und eine Parker-»Fly«-Gitarre. Erschienen bei Solitude/Mri Records.

Über den Herausgeber:

Chris Rodley ist seit über zwanzig Jahren unabhängiger Filmemacher. Als Regisseur hat er unter anderem an den preisgekrönten Dokumentarreihen *Andy Warhol: the Complete Picture*, *This is Modern Art* und *Pornography: a Secret History of Civilisation* mitgewirkt. Seit 1983 drehte er zudem Dokumentationen über Filmregisseure wie Wim Wenders, Donald Cammell, David Lynch, Sam Peckinpah, Dennis Hopper und David Cronenberg, sowie Filme über William Burroughs, Lord Byron, Dirk Bogarde, Johnny Cash, das Studiosystem in Hollywood, die amerikanische Independent-Bewegung und zeitgenössische britische Kunst. Er verfaßte das Buch *Cronenberg on Cronenberg* für Faber and Faber und arbeitet gerade an *Andy Warhol: Multiple Impressions*, ebenfalls für Faber and Faber. Chris Rodley lebt und arbeitet in London.

Stichwortverzeichnis

Acker, Kathy 257
Alice im Wunderland 353
Allen, Woody 329
Aloca, Michaelangelo 53
THE ALPHABET 28, 39, 49, 57 ff., 60, 64, 68, 71, 100
AMERICAN GOTHIC 245
THE AMPUTEE 90
Anderson, Michael J. 207, 221, 255, 285
The Angriest Dog in the World 156 f.
Armani, Giorgio 286
Arquette, Patricia 14, 303 ff., 309
The Art Spirit 25

Bacon, Francis 33, 80
Badalamenti, Angelo 14, 32 f., 162, 173 ff., 178, 226 f., 248, 253, 257, 282, 294, 320 f., 346
Baker, Fred 109
Ballard, J. G. 80
Bancroft, Anne 118
Barenholtz, Ben 109
Beach Boys 69
Beatty, Warren 120
Berdan, Brian 221
Bergman, Ingmar 86
Bergren, Eric 118 f., 120, 145 f., 299
Beymer, Richard 228, 240
BLACKOUT 290
BLUE VELVET 9 ff., 15, 20, 26, 39, 42, 44, 69, 80, 97, 134, 138, 141, 161, 162 ff., 191, 208, 238, 245, 265, 269 ff., 299, 302, 305, 313, 321, 323, 339, 387
Boone, Pat 168
Bosch, Hieronymus 187
Bouygues, Francis 255
Bowie, David 322
Brakhage, Stan 63
Brooks, Mel 112 ff., 118 ff., 127, 132, 146, 159
Buckley, Tim 175 f.
Burns, William 165

Cage, Nicolas 265, 270, 275, 282
Capra, Frank 12, 125, 336, 368
Captain Beefheart, s. Van Vliet, Don
Cardwell, Herbert 59, 78, 91, 94 f., 105 f., 317
Caruso, Fred 173 f.
Chadwick, Bob 64
Chandler, Raymond 353
Cheese and Ants 294
Chion, Michel 17
Clark, Larry 47
Clay Head with Turkey 294
Clayton, Jack 238
CLIFFHANGER 102
Clinton, Bill 279
Collum, Bob 59, 65 f.
Conner, Bruce 63
Cornfeld, Stuart 12, 14, 112 ff., 117 ff., 136
Coulson, Catherine 78, 85, 91 ff., 99
THE COWBOY AND THE FRENCHMAN 289
Cronenberg, David 42, 119, 121, 205
Cruise, Julee 162, 175, 178, 226 f., 255, 257, 282 f., 287, 294, 386
Culbertson, Ronnie 65
Cyrus, Billy Ray 367

d'Amico, Gary 296, 299
Dafoe, Willem 273
Dalai Lama 225
Daniel, Frank 82 ff.
DEAD RINGERS 121
Dean, James 337
Del Rio, Rebekah 386 f.
Deming, Peter 369
Dennis, Gill 82 f.
Dern, Laura 186, 201, 265, 270, 275, 282
Deschanel, Caleb 82 f., 232
Diebenkorn, Richard 39
Diller, Barry 113

417

Donohue, Walter 13
The Double 125
Dourif, Brad 198
Dream of the Bovine 289, 293
DUNE 63, 99, 104, 115, 136 ff., 162, 181, 191, 259, 278, 316, 324, 341
Dunham, Duwayne 169, 200, 221, 267, 275
Duras, Marguerite 176
Dylan, Bob 173

EASY RIDER 100 f., 257
Edelman, Pierre 377, 383
Einstein, Albert 137
Eisenhower, Dwight David 22
Eisner, Michael 113
THE ELEPHANT MAN 12, 51, 99, 102, 112 ff., 136, 139 f., 143 ff., 150, 155, 159, 162 f., 180, 183, 207, 275, 299, 313, 324, 329, 333 ff.
The Elephant Man and Other Reminiscences 121
Elmes, Frederick 78, 90, 94, 99, 105 f., 108, 187
Engels, Robert 14, 137, 208 f., 289 f., 299, 359
Entwisthle, Peg 356
ERASERHEAD 9, 11, 13, 15, 35, 40, 45, 49, 59, 65, 70, 74 ff. 77 ff., 112 ff. 122 ff., 127, 138, 143 f., 150, 155, 162 f., 183 f., 189 f., 197, 199, 208 f., 213, 221, 234, 252, 257, 291, 299, 303, 324, 330, 338, 341, 370, 380

Farmer, Frances 120
Farnsworth, Richard 330, 337 ff., 341 f.
Fellini, Federico 86, 93, 281, 358
Fenn, Sherilyn 32, 258, 275 f.
Fields, W. C. 206
Fisk, Jack 32, 48, 51 ff., 56, 101, 104, 341, 343, 377
Fisk, Mary 140
THE FLY 119
Ford, Glenn 125
Ford, Harrison 365
Forster, Robert 367

Francis, Freddie 51, 133, 139, 152, 341 f.
Freud, Sigmund 8, 88 f.
Friedkin, William 105
Frost, Mark 208, 210 ff., 213, 216, 227, 229 ff., 239, 243, 289 f., 299, 357, 359
THE FUGITIVE 220, 240

Gardenback 82
Gershwin, George 117
Getting Rid of Harry 290
Getty, Balthazar 305
Gibbons, Billy 166
Gielgud, Sir John 122 f.
Gifford, Barry 14, 147, 258, 261 f., 265, 267, 270, 275, 290, 297 ff., 307, 311, 315 f., 318, 323
Glover, Crispin 290
THE GODDESS 210 f., 211, 357
Godwin, George 87
Goldwyn, Sam 269
Golin, Steve 262, 272, 283
THE GRANDMOTHER 28, 48, 50, 58 ff., 60, 63, 67 ff., 68, 70 ff.
GUNS OF NAVARONE 137

Harring, Laura Elena 379
Harris, Thomas 141
Headly, Glenne 290
Hendrix, Jimi 173
Henri, Robert 25
Herbert, Frank 145 ff., 151, 154
Herzog, Werner 86 f.
HILL STREET BLUES 208, 210
Hiller, Wendy 123
Hitchcock, Alfred 12, 81
Hoffmann, E. T. A. 8
Holden, William 363
Hopkins, Anthony 129, 313
Hopper, Dennis 169, 193 f., 199, 228, 257
Hopper, Edward 34
Horn, Edmund 116
HOTEL ROOM 290, 300
Hunter, Tim 231, 241
Hurt, John 126, 129

IM LAUF DER ZEIT 342
INDEPENDENCE DAY 314
INDIA SONG 176
Industrial Symphony No. 1: Dream of the Broken Hearted 162, 282
THE INNOCENTS 238
IN PURSUIT OF TREASURE 101
Isaak, Chris 281
It's a Gift 206
IT'S A WONDERFUL LIFE 336

Jackson, Michael 257, 281 f., 318
Johnson, Lyndon B. 22
Jones, Freddie 273 f., 290
Jorgenson, Will 14
JULIA 180

Kael, Pauline 120
Kafka, Franz 80, 293
Kaye, Stanton 101
Keaton, Diane 232
Keeler, Toby 14, 18, 25, 48, 69, 77, 321
Keeler, Bushnell 25, 48, 53, 60, 298
Kennedy, John F. 21 f., 126
Khasky, David 84
King, B. B. 20
Die Kleinen Strolche 370
Kneece, Dan 345
Kokoschka, Oskar 51 f.
Konícek, Steppán 320
Koons, Jeff 257
Kraft, Bill 25
Krall, Nonie 24 f.
Krantz, Tony 211, 359
Kubrick, Stanley 102

Ladd, Diane 201
Larner, Melissa 13
LA STRADA 358
de Laurentiis, Dino 136, 141 f., 145 ff., 151 ff., 159 f., 181 ff., 200 ff., 211, 261
de Laurentiis, Raffaella 151, 154 f., 157, 159 f.
Léaud, Jean-Pierre 191
Lee, Sheryl 229
Leibowitz, Annie 257
Lester, Ketty 172

Little Richard 168
LIVING IN OBLIVION 207
Loggia, Robert 313 f.
LOLITA 38
Longo, Robert 47
LOST HIGHWAY 9 ff., 14, 18, 20, 29, 289 ff., 327 ff., 339, 345, 351, 354 f., 358, 369, 384
Loucks, Brian 386
Lucas, George 141
L'ULTIMO TANGO A PARIGI 33
Lynch, Austin 104
Lynch, Donald 15, 19, 21, 85, 100, 191, 339
Lynch, Jennifer 49, 57, 61 ff., 70, 85, 99 f., 103, 283
Lynch, John 15, 99 f., 106
Lynch, Martha 15, 23, 99 f.
Lynch, Mary 104, 108
Lyon, Sue 38
Lyons, Donald 18

MacLachlan, Kyle 170, 191, 223 f., 229, 273
Mahaffey, Noel 56
Maitland, Virginia 64
Malick, Terrence 107
Marx Brothers 235
Mason, James 38
Masters, Tony 151 f.
McGill, Everett 337
McGinnis, Dorothy 64
McInerney, Jay 290
Michaelson, Marty 115
Mirren, Helen 192
Monroe, Marilyn 210, 357 f.
Montgomery, Monty 261 f., 283 f.
Morris, John 132
MR. SMITH GOES TO WASHINGTON 12
MULHOLLAND DRIVE 328, 330, 353 ff., 361, 363 f., 367, 369, 375 f., 378 ff., 384 ff.
Mulholland, William 356
Muybridge, Eadweard 330

Nance, Jack 78, 85, 87, 91, 93, 99, 103, 109 f., 122 f., 198, 263, 303, 330

419

Nayar, Deepak 114
Neff, John 386, 388
Nicita, Rick 182, 201 ff.
Night People 297
Nixon, Richard 22
Nudes and Smoke 295

Olsen, Nancy 363
ON THE AIR 290, 296, 375
One Saliva Bubble 208, 211, 289
Orbison, Barbara 171, 386
Orbison, Roy 163, 169 ff., 222, 231, 283, 386
ORDINARY PEOPLE 114, 133
Oswald, Lee Harvey 22, 251

Palmer, Wendy 14
Parker, Alan 113
Penderecki, Krzysztof 320
PHILADELPHIA STORY 80
Poe, Edgar Allan 8
Polanski, Roman 125
Polemis, Arty 248
Pope, Gary 13
Powell, Ace 25
Presley, Elvis 20, 165 f., 172
Pullman, Bill 303, 311, 314

Rambaldi, Carlo 151
Ray, Johanna 193, 207, 228, 231, 314, 365, 367
REAR WINDOW 81
Reavey, Peggy 14, 48 ff., 61 ff., 70, 78, 84, 99 f., 103, 137, 257 f.
The Red Dragon 141
Redford, Robert 114, 133
Reed, Lou 323
Remington, Frederic 25
RESERVOIR DOGS 259
Reznor, Trent 323
RIVER'S EDGE 231
Roach, John 335
Rocking the Perimeter of Germany 86
Rockwell, Norman 187
ROMA 86
Ronnie Rocket 180, 221
Ross, Andrew 257

Rossellini, Isabella 14, 50, 164, 173 f., 192 f., 213, 257, 288
Rosten, Norman 358
Roth, Richard 141, 180
Rousseau, Henri 39
Ruby, Jack 22
Russell, Charlie 25

Sade 167
Salle, David 47
Samuelson, Bruce 55
Sanger, Jonathan 102, 118, 127
Schnabel, Julian 47
Schostakowitsch, Dmitrij 176, 180
Scorsese, Martin 172
Seaton, George 235
THE SHINING 131, 238
Signorelli, James 290
Silva, Frank 219 f., 229
Silverman, Freddie 113
SIX MEN GETTING SICK 56, 59
Small, Doreen 78
THE SOUND OF MUSIC 52
Spacek, Sissy 104 f., 337, 341
Spector, Phil 178
Spielberg, Steven 157
Splet, Alan 60, 65 ff., 72 ff., 78, 83 ff., 91, 106 f., 133, 169, 172, 180, 221
Springsteen, Bruce 172
Stanton, Harry Dean 276, 290, 337
STAR WARS III 141 f.
Stevens, George 63, 72
Stewart, James 12, 80
Stewart, Charlotte 93
Sting 167
Stockwell, Dean 163, 170
THE STRAIGHT STORY 327 ff., 333 ff., 341, 345 f., 351 f., 358, 372
Straight, Alvin 327, 330, 335 ff., 342 f., 345
Straight, Lyle 327
STROSZEK 86
Stubbs, George 141
Sullivan, Ed 165
Summers, Anthony 357

SUNSET BOULEVARD 95, 356 f., 362 ff.
Sutcliffe, Peter 249
Sweeney, Mary 14, 137, 297, 320, 329, 331 ff.
Syme, Jennifer 14

Tamblyn, Russ 228
Tati, Jacques 87
Tattleman, Harry 158
TERMINATOR II 318
Theroux, Justin 367
Thompson, David 12
Thorogood, George 166
TOP GUN 201 f.
Travolta, John 125
Treves, Frederick 121
TRICKS 290
Truffaut, François 191
Tucker, Chris 127 f.
TWIN PEAKS 9, 36 ff., 70, 81, 89, 92 ff., 97 f., 129, 134, 150, 177 f., 191, 196, 208 ff., 221, 234, 245, 257, 259, 281 f., 287, 289 f., 299, 307, 330, 354, 357, 365, 373, 376, 385
TWIN PEAKS: FIRE WALK WITH ME 9, 11, 112, 156, 208 ff., 234, 245 ff., 281, 289, 293, 297, 299, 315, 323, 354, 386

Van Vliet, Don 47
Vellani, Tony 63, 66, 83 f., 101, 105

VERTIGO 12, 353
Vinton, Bob 179
de Vore, Chris 118 f., 120, 145 f., 299

Wasserman, H. Barton 56 ff., 71
Waters, John 110
Watts, Naomi 362, 379
Wayne, Bernie 179
Wayne, John 330
Welles, Orson 272
Wenders, Wim 172, 342
Westerman, Judy 22
White, Richard 64
Wicked Games 281
WILD AT HEART 21, 32, 33, 40, 78, 112, 206 f., 210, 241, 257 ff., 299, 313, 333, 343, 358, 367
WILD PALMS 245
Wilder, Billy 95, 356 f., 363 f.
Williams, Charlie 61
Williams, Hank 297
Witt, Alicia 290
THE WIZARD OF OZ 80, 263 ff., 269
Wuliger, Debra 318 f.

THE X-FILES 245

Zabriskie, Grace 206, 367
Zobak, Jiri 320, 322
ZZ Top 166